Storia Di Crema: Terni Ristampata Con Annotazioni Di Gius. Racchetti Per Cura Di Giov. Solera, Volume 1...

Pietro Terni

STORIA DI CREMA

Vol. I.

STORIA DI CREMA

RACCOLTA

PER ALEMANIO FINO

DAGLI ANNALI DI M. PIETRO TERNI

RISTAMPATA

CON ANNOTAZIONI

DI GIUSEPPE RACCHETTI

PER CURA

DI GIOVANNI SOLERA

VOLUME PRIMO

CREMA

Presso Luigi Rajnoni Libraio

—

MDCCCXLIV.

TIP. RONCHETTI E FERRERI.

AL CONTE

FAUSTINO VIMERCATI SANSEVERINO TADINI

CAVALIERE GEROSOLIMITANO

SOCIO DI VARIE DOTTE ACCADEMIE

CULTORE FELICE DE' BUONI STUDI

DELLE PATRIE GLORIE SAVIO PROMOVITORE

LA STORIA DI CREMA

COMPILATA

PER MESSER ALEMANIO FINO

CON LE ANNOTAZIONI

DI GIUSEPPE RACCHETTI

IN SEGNO DI ALTA STIMA E DI VIVA GRATITUDINE

DEDICA

GIOVANNI SOLERA

Al Clarissimo Cavaliere e Procuratore di San Marco

IL SIGNOR

LUIGI MOCENICO

ora Generale Provveditore in Terra ferma. *

Due cagioni tra l'altre, clarissimo Cavaliere, mi movono ad offerire il presente libro a Vostra Magnificenza. L'una è l'antica mia servitù verso di lei. L'altra è il sapere di non poter al presente far cosa che più di questa abbia ad essere a grado a tutta la patria mia; essendo Vostra Magnificenza per quella sua natural bontà e prudenza, che già tredici anni ci mostrò nel suo felicissimo reggimento, da tutti universalmente amata e riverita. Movemi anco a ciò fare, il darmi a credere che punto non le abbia ad essere discaro a leggere i fatti di quella città, di cui ella tiene particolare protezione. E tra l'altre cose, so quanto le piacerà il vedere da che entrammo sotto questo felicissimo Stato (che fanno già centodicissette anni) come sempre gli siamo stati fedeli. E come non solo i cittadini, ma anco quelli del contado, abbiano in tutte le occor-

* *Questa e la seguente Dedica furono premesse all'edizione prima dell'anno* 1566.

renze poste le facoltà e la vita per mantenersi sotto l'ombra di quello. Inoltre (se è lecito paragonare le picciole cose alle grandi) Vostra Magnificenza vedrà Crema aver avuti i suoi principj in molte cose simili a quelli di Venezia. Perchè se dell'origine dell'una fu cagione il furor d'Attila, cagionarono il principio dell'altra le aspre guerre d'Alboino, re de'Longobardi, chiamato da Narsete in Italia. Se l'una fu fondata dal fiore della nobiltà italiana, massime delle città della Marca Trivigiana, edificarono l'altra molti dei buoni della Gallia Cisalpina. Se fu principiata l'una a' venticinque di marzo del quattrocento venti, nel giorno dell'Annunciazione della Vergine, ebbe principio l'altra a'quindici d'agosto del cinquecento settanta, il dì appunto dell'Assunzione di essa Vergine. Ed era ben ragionevole che nascesse la madre prima della figlia. Degnerassi adunque Vostra Magnificenza aggradire questo picciol dono con quella sincerità di cuore, ch'io glielo porgo. E le bacio la mano, sperando vederla un giorno posta in quella suprema dignità che a' suoi gran meriti si conviene.

Di Crema al primo d'agosto del MDLXVI.

Di Vostra Magnificenza Clarissima

Obbligatissimo servitore

ALEMANIO FINO.

Ai Magnifici Signori Provveditori di Crema

IL SIGNOR

MICHELE BENVENUTO

DOTTORE E CAVALIERE

IL SIGNOR

FRANCESCO ZURLA

DOTTORE

ED IL SIGNOR

NARNO MARTINENGO.

Sono intorno a due anni, che messer Battista Terni mi diede a rivedere una Cronica di Crema scritta già da messer Pietro suo padre; alla quale desideroso io (per quanto mi si concede secondo la debolezza del mio ingegno) di giovare alla patria, ed insieme di compiacere a chi può comandarmi, tralasciato ogni altro mio affare, mi misi subito d'attorno a darle quella perfezione che per me si potesse maggiore. E perchè messer Pietro, o ch'egli non scrivesse l'opera con disegno di darla fuori, o che non la potesse correggere e riordinare, l'aveva lasciata in una certa maniera, che averebbe per avventura apportato qualche fastidio a' lettori, io mi posi a ristrignerla ed a ridurla quasi in compendio. Il che ho io fatto tanto più volontieri, quanto che a ciò fare mi consigliaste ancora voi, signor Cavaliere, insieme col signor Cristoforo vostro cugino, il bellissimo giudizio de'quali io sempre stimai molto. Quanta in ciò sia stata la fatica mia, lo lascierò giudicare a voi, Signori, che avete più volte avuto nelle mani l'originale di messer Pietro. Non resterò già di dire che pochi si sarebbono posti a questa impresa, non già che non fosse lor riuscita la cosa più felicemente che a me, che poco mi stimo e vaglio manco, ma perchè averebbono forse stimata cosa vana lo stillarsi il cervello negli scritti altrui. Ora s'io vedrò questa mia prima fatica non esser stata male impiegata, mi sforzerò per l'avvenire di continuare l'istoria, dandomi a credere in tal maniera di soddisfare in qualche particella all'obbligo, che per ragione di natura io tengo alla patria, la quale prego nostro Signor Dio conservi e feliciti.

Crema al primo di settembre del MDLXVI.

A'comandi delle magnifiche signorie vostre

Prontissimo
ALEMANIO FINO.

NOTIZIE

INTORNO ALLA VITA ED ALLE OPERE

DI

ALEMANIO FINO

La famiglia Fini di Bergamo non era delle oscure in quella città, s'egli è vero, come da alcuni si disse, che quell'Antonio Fino, il quale fu compagno del conte Luigi Avogadro a far ritornare Brescia sotto il dominio de'Veneziani sul principio dell'anno 1512, derivasse da quella; e ciò sembra probabile, poichè nel sesto libro della Storia di Crema dell'Alemanio, questo nome di Antonio Fino è fra le poche aggiunte ch'egli fece agli Annali di Terni. Credesi che un ramo di quella famiglia venisse a trapiantarsi in Crema verso il finire del secolo XV, dal quale il nostro storico nacque; ma non si sa chi fossero i suoi genitori, nè in qual anno venisse al mondo. Il P. Donato Calvi ignorando, o forse fingendo ignorare tale trasmigrazione, annovera l'Alemanio tra i bergamaschi scrittori; e forse gliene diede motivo il trovare che in Bergamo continuò ancora questa stirpe, mentre in Crema rimase estinta dentro il secolo XVI.

Al pari della nascita pochissime cose si conoscono intorno alla vita del Fino, e queste tutte stanno raccolte in una lettera scritta dal P. Nicola Zucchi, altro cremasco istorico, in risposta all'Ab. Cesare Francesco Tintori, che da Roma gliene aveva chiesto notizie, della quale lettera trascriverò la parte che all'uopo nostro conviensi: « Circa alle notizie del be-
» nemerito della nostra città Alemanio Fino, ho fatto
» diligenti perquisizioni, nè ho potuto trovare vesti-
» gio del suo sepolcro, nè in chi terminata sia la sua
» famiglia, nè in casa di chi sieno pervenute le sue
» temporali facoltà; solo ho ricavato da un'opera del
» suddetto nostro istorico, il cui frontispizio, *Ale-*
» *manii Fini Cremensis Oratio in Æde Majori habita*
» *nono Calendas Junii MDLXXXI in adventu Re-*
» *verendissimi D. D. Hieronymi Diedi Primi Cremæ*
» *Episcopi*, stampata in Brescia *apud Vincentium*
» *Sabbium* MDLXXXI, aver egli avuta la sua abita-
» zione in città nel cantone di santa Monica, poscia
» fuori a santa Maria della Croce, alla custodia e ser-
» vigio di quel tempio e santuario, essendo sacerdote,
» con buona ed onesta provvisione, condotto ivi dai
» signori protettori di quel sacro luogo; di poi pre-
» bendario nella cattedrale. In Brescia e Padova ha
» goduto in quelle chiese principali di beneficj. Con
» pubblico impiego si è fermato molti anni in Vene-
» zia, senza che abbia potuto ritrovare però con che

» titolo, o in che figura, solo, com'egli scrive, per » varj interessi pubblici; aver parlato con il Doge se» renissimo, eccellentissimi tribunali, con ambascia» tori di Spagna e di Francia a mille volte, ed in » molte altre occasioni inchinato cardinali, e scritto » a'duchi di Firenze e d'Urbino. Dopo poi, abban» donata la Corte, si ritirò al privato e quieto vivere » con un chierico, e servía alla custodia suddetta » della chiesa di s. Maria della Croce fuori della » città, attendendo solo allo studio ed a sè stesso, » quivi facendo varj componimenti, ecc. ». Mori poi, al dire del P. Donato Calvi, l'anno 1585.

Molte opere sue ne rimangono, o da lui pubblicate o da suo nipote Numa Pompilio, il quale parecchie ne diede alla luce vivente ancora lo zio.

1. Esposizione dell'Inquieto, Accademico Pensoso, sopra il sonetto del Petrarca: *Padre del Ciel, dopo i perduti giorni*, ecc. Milano, presso Cesare del Pozzo, 1566. Quest'opera però non è sua, ma d'un giovine cremasco (di cui s'ignora il vero nome), come il Fino dice nella dedica alla marchesa Angela Pallavicina Benzona.

2. La Guerra d'Attila, flagello di Dio, tratta dall'archivio de'principi d'Este, di nuovo ristampata con gli argomenti innanzi a ciascun libro, e con la tavola delle cose più notabili, poste parimente nel margine, aggiuntavi da M. Alemanio Fino; con la dichiarazione d'alcune voci oscure che nell'opera si conten-

gono, fattavi dall'istesso. Vinegia, appresso Domenico Farri, MDLXIX, in 8.° Dal mentovato frontispizio rilevasi ciò che fece il Fino per questa ristampa d'un'opera compilata da Giammaria Barbieri, uno dei più dotti uomini del secolo XVI, il quale la trasse per la maggior parte da un poema diviso in due grossi volumi e scritto in antica lingua francese, di Nicolò di Giovanni da Casola, bolognese, come fece noto il Tiraboschi (Bib. Mod., t. 1, pag. 161). La prima edizione fu fatta, vivente l'autore, in Ferrara, per Francesco de'Rossi da Valenza nell'anno MDLXVIII, in 4.° Nel 1843 se ne fece una nuova edizione in Parma per Pietro Fiaccadori, in 16.°, nella quale si ristamparono gli argomenti a ciascun libro, e le note dell'Alemanio, come pure la Dichiarazione di alcune voci oscure del medesimo, posta in fine del volume. Nella prefazione a quest'ultima ristampa, il sig. Fortunato Cavazzoni Pederzini, il quale ne fu l'editore, prese uno sbaglio dicendo *il Fino autore di una pregiata storia di Cremona*. Alcuno poi ha erroneamente creduto che sotto il nome di Tommaso d'Aquileja, che leggesi nel proemio dell'opera, siasi nascosto Giovanni Battista Pigna.

3. Istoria di Crema, raccolta per Alemanio Fino dagli Annali di M. Pietro Terni. In Venezia, appresso Domenico Farri, MDLXVI, in 4.° Quest'opera incominciò egli sino dal 1564, come racconta nella dedica a'Provveditori di Crema, per compiacere a Giovanni Battista Terni, figlio dello storico, il quale gli

aveva dato a rivedere il manoscritto di suo padre, amando di pubblicarlo. Ma il Fino, a cui per sue ragioni non parve ciò convenirsi, attese a compendiarlo, e pubblicò i primi sette libri, che finiscono all'anno 1514. Piacque l'opera sua a'Cremaschi, e per pubblico decreto gli venne affidato l'incarico di proseguirla. In un antico manoscritto di Memorie ritrovasi: 1574, 19 *febbrajo. Si danno sei scudi d'oro al Rev. D. Prete Alemanio Fino, in ragione di lir.* 6, 7 *l'uno, a conto degli scudi* 24 *assegnatili per le sue fatiche d'aver riformata la Cronica di Crema, compilata per l'Ill.mo Spett. D. Pietro Terno, e ciò in vigore della Parte P. Genn.°* 1567. Egli infatti v'aggiunse due libri, i quali arrivano sino all'anno 1567, e tutta l'opera unita fu pubblicata in Venezia dal Farri suddetto l'anno 1571. Finalmente il decimo libro, che termina al 1586, venne dato in luce da Numa Pompilio, suo nipote, in Lodi, per Vincenzo Tajetti, 1587. Probabilmente in questo qualcosa vi fu aggiunto, quando voglia credersi vero che Alemanio morisse nel 1585. Dissi probabilmente, perchè il P. Donato Calvi, da cui ricaviamo l'epoca della sua morte, poco conosceva e Crema ed i Fini, e non so d'onde possa avere tratta una tale notizia. Alcuni sono di parere che Alemanio mancasse nel 1586, verso il finire dell'anno, non essendo giunto con la Storia che al luglio, e che tosto l'opera sua desse alle stampe il nipote, uscita poi nel 1587. Anche l'Ab. Quadrio e il Crescimbeni asseriscono che il Fino *viveva ancora nel* 1586. Siccome però trovo nell'atto di nomina alla prebenda de'

Benvenuti nella nostra cattedrale, esistente nella cancelleria vescovile fatta dai Patroni signori Conti Cosma cavaliere, e Cristoforo Benvenuti, il 22 ottobre 1584, nella persona del chierico D. Dario Tuccio, le seguenti parole: *quæ* (cioè la cappellanía o prebenda de'Benvenuti) *nunc vacat per obitum q.*[dam] *Rev.*[di] *Dom. præsbiteri Alemanii Fini Capellani .... instituti a dictam Capellaniam seu Prebendam diebus proximis defuncti*, così credo doversi ritenere che il Fino veramente finisse i suoi giorni nell'ottobre del 1584, arrivando colla sua Storia fino alla rinunzia che fece del vescovato Mons. Giacomo Diedo, e che il poco che rimane del libro decimo fosse aggiunto dal nipote Numa Pompilio.

La sopra indicata edizione di Venezia del 1571 ha il seguente titolo = Istoria di Crema raccolta dagli Annali di M. Pietro Terni per M. Alemanio Fino, ristampata con l'aggiunta di due libri e della tavola, con l'orazione del cav. Michele Benvenuto per l'anno centesimo, dopo che i Cremaschi si diedero a'Veneziani, ed altre per la creazione de' principi di Venezia, poste nel fine. In Venezia, appresso Domenico Farri, MDLXXI, in 8.° = È dedicata colla seguente epigrafe: Al Serenissimo Principe di Venezia Luigi Mocenico questa Istoria di Crema patria fedelissima Alemanio Fino umilmente dedica e consacra. — Negli esemplari da me veduti mancano tanto l'orazione del Benvenuto, quanto le altre orazioni rammentate nel frontispizio suddetto. Tutte però comparvero impresse co'tipi d'altro stampatore l'anno successivo, come rilevasi dal catalogo delle Istorie d'Italia raccolte da G. A. Coleti (pag. 54, n. 2). Eccone il titolo: Orazione del cav. Michele Benvenuto recitata nel Duomo di Crema a'xvi di settembre M.D.XLIX, ecc. Con altre orazioni recitate d'ambasciatori cremaschi nella creazione de' Principi di Venezia, raccolte e date in luce per M. Alemanio Fino. In Venezia, appresso Domenico Nicolino M.D.LXXII, in 8.° — Le orazioni degli ambasciatori cremaschi sono le seguenti: Orazione del cav. Michele Benvenuto al Serenissimo Principe Marc'Antonio Trevisan. — Pauli Francisci Christiani oratio ad Sereniss. Principem Franciscum Venerium. — Orazione dell'eccell. M. Giacomo Gennaro al Sereniss. Principe Lorenzo Priuli. — Orazione dell'eccell. M. Giulio Zurla al Sereniss. Principe Pietro Loredano. — Orazione dell'eccell. Curzio Clavello al Sereniss. Principe Luigi Mocenico. — Dalla lettera però di Numa Pompilio Fino, alla magnifica comunità e popolo di Crema, posta in fine dell'opera, apparisce che *essendo sopragiunto da febbre Alemanio mentre ch'egli facevala istampare, è toccato al nipote di supplire in sua vece a tale impresa.*

4. Parte prima delle Seriane, ovvero Difese di M. Alemanio Fino, nelle quali si discorre intorno a molte cose contenute nella sua Istoria di Crema. In Brescia, appresso Giacomo e Policreto Turlini fratelli, 1576, in 8.° (Cat. Coleti e Farsetti). Compendiando il Terni, omesso avea il nostro autore ogni apparato d'erudizione, contentandosi di narrar nudi i fatti. Ma non passò gran tempo, senza ch'egli venisse tacciato d'er-

rori, onde per difendersi compose le Seriane, così chiamate, perchè scritte a santa Maria della Croce, in riva al Serio.

5. Parte seconda delle Seriane. In Pavia, appresso Girolamo Bartoli, 1580, in 8.°

6. Risposta all'Invettive scritte da M. Francesco Zava contro le Seriane. Pavia, per Girolamo Bartoli, 1579, in 8.° (Cat. Farsetti, pag. 51). Il Zava era un celebre letterato cremonese, il quale, condotto nelle scuole nostre per maestro di rettorica, sostenne contro Alemanio che Crema era stata fabbricata dai Cremonesi; e sì questa briga divenne accanita che molte ingiurie si dissero i contendenti, e vi presero parte varj letterati d'Italia, de'quali ne rimangono stampate le lettere.

7. Scielta degli uomini di pregio usciti da Crema, fatica di M. Alemanio Fino. Aggiuntavi l'orazione latina e volgare recitata dall'istesso nella venuta di Hieronimo Diedo, primo vescovo di Crema. In Brescia, MDLXXXI. (In fine) Appresso Vincenzo Sabbio, in 8.°

8. Alemanii Fini Cremensis oratio in Æde majori habita nono calendas Julii MDLXXXI in adventu Reverendissimi D. D. Hieronymi Diedi, primi Cremæ episcopi. Ibid. apud eumdem Sabbium, eodem anno, in 8.° Ha frontispizio separato, ma va unita alla sopraccennata *Scielta* del n. 7.

9. Istoria di Crema, ristampata con l'aggiunta del decimo libro, le due parti delle Seriane, le risposte alle invettive scritte contro le Seriane di Francesco Zava, con la scielta degli uomini di pregio di quel tempo. In Crema, per Mario Carcheno, 1711, in 8.° Le Seriane sono stampate nel 1710. Nella *Scielta degli uomini di pregio* si lasciò l'orazione al vescovo Diedo. Vedi n. 7 e 8.

10. Capitoli alla Berniesca di M. Alemanio Fino, prima e seconda parte, raccolta la seconda parte dal nipote Numa Pompilio, e dati in luce in Pavia, appresso Girolamo Bartoli, 1579. Quest'opera è dedicata al sig. Giovanni Fino, bergamasco, il quale viene detto *capo, da cui deriva ogni chiarezza e splendore di tutta la famiglia nostra,* cioè la Fino.

11. Più rime di diversi in lode della Carità, con alcuni Epigrammi, dedicati al chiarissimo e splendidissimo sig. Pietro Zane, Podestà e Capitanio di Crema. Bergamo, 1582. Sotto il reggimento di questo Podestà fu eretta la chiesa di s. Giovanni decollato, detta della Carità.

12. La morte e le esequie dell'illustre cav. Asprando Vistarino, in ottava rima, per Alemanio Fino descritte, e dedicate al gran guerriero sig. Lodovico Vistarino, colonnello cesareo, da Vinegia l'ultimo di giugno MDLV, in 8.°

13. Rime di M. Alemanio Fino, ed altre d'incerto autore. In Milano, appresso Francesco Moscheni, 1561, in 8.° Sono citate dal Quadrio nella *Stor. e Rag. d'ogni Poesia*, vol. II, pag. 252; e dal Crescimbeni nella sua *Storia della volgar Poesia*. — Altre poesie del nostro autore trovansi nelle Rime spirituali del R. Gabriel Fiamma, stampate in Vinegia presso Francesco de' Franceschi, sanese, in 4.°, per la prima volta l'anno 1570, per la seconda l'anno 1573, e per la terza l'anno 1575; così pure nella Raccolta di varii Poemi latini, greci e volgari, fatti da diversi bellissimi ingegni, ecc., Parti I e II. In Venezia, per Sebastiano Ventura, 1572, in 8.° (V. Quadrio, vol. VII, pag. 79 e 131).

14. Interrogatorio intorno ai principj della lingua latina. Quest'operetta postuma vide la luce per la prima volta in Brescia, l'anno 1598.

15. Il Miracolo di santa Maria della Croce, fuori delle mura di Crema, scritto da M. Alemanio Fino. In Piacenza, appresso Francesco Conti, 1574, in 8.° Sono trentaquattro stanze che dedicò al Cardinale di Piacenza. Questo medesimo soggetto aveva trattato altra volta nella sua età giovanile, con alquanti cambiamenti anche nella parte storica, onde farne dono alla moglie d'un Podestà.

16. Il Donato. Venezia, per Domenico Farri. Era forse questo un componimento drammatico.

17. La descrizione dell'isola di Madera, già scritta in lingua latina dal molto illustre sig. conte Giulio Landi, ed ora tradotta dal reverendo M. Alemanio Fino. V'è posta la descrizione latina del primo autore, acciò possa il lettore leggere in quella lingua che sia più di gusto suo. In Piacenza, appresso Francesco Conti, 1574, in 8.° (V. Poggiali, Memorie per servire alla Storia letteraria di Piacenza, tom. II, pag. 216).

18. Della Istoria Viniziana di M. Pietro Bembo, cardinale, volgarmente scritta, libri XII. Aggiuntavi di nuovo la tavola delle cose più notabili, co'nomi di tutti i principi, patriarchi e cardinali Viniziani fino al Serenissimo Luigi Mocenico per Alemanio Fino. In Venezia, per Giordano Ziletti e compagni, MDLXX, in 4.°—Apostolo Zeno, nelle sue annotazioni alla Biblioteca dell'eloquenza italiana di monsignore Giusto Fontanini, afferma che tale edizione è la medesima prima fatta in *Vinegia, per Gualtero Scotto*, 1552, in 4.°, « non avendovi esso Ziletti altro merito se non quello » di averne mutata col frontispizio la dedicazione, e » di avervi aggiunti, dopo la tavola, delle cose nota- » bili, alcuni indici dei nomi di tutti i dogi, vescovi, » patriarchi e cardinali veneziani, compilati da Ale- » manio Fino, cremasco, di cui sono alle stampe di- » verse opere dal nostro monsignor Fontanini ta- » ciute ». (Bibl. del Fontanini, tom. II, pag. 242).

Il Fino ebbe fama a'suoi tempi di dotto ed elegante scrittore, e acquistossi meritamente una riputazione durevole con le sue opere; quindi venne lodato dal Crescimbeni, nel lib. v della Storia della volgar Poesia, come pure in altr'opera intitolata *Giornale de' letterati d'Italia*, t. 7, p. 468, di cui non sono noti gli autori. Il Tiraboschi così parla di lui: « Un ottimo storico ebbe » Crema in Alemanio Fino, che ne compilò la Storia » sugli Annali inediti di Pietro Terni, la pubblicò nel » 1566, e la difese poscia contro le censure d'alcuni » colle sue *Seriane*, in due parti divise ». Il quale elogio egli lo merita tanto per l'esattezza e la fedeltà de' suoi racconti, quanto per la correzione e l'eleganza del suo stile. — A' dì nostri però egli fu ripreso dall' ab. Bettoni, bergamasco, autore di una Storia inedita di Crema, con queste parole: « Tanto lo zio » (Alemanio) che il nipote (Numa Pompilio) però, » prendendo una strada opposta al Terni, caddero » nell'altro estremo di uno stile arido e conciso, che » appena si lascia leggere da chi ha il menomo sa» pore di colta letteratura. Oltrechè i fatti vi son » nudi e staccati affatto dalle circostanze che li pro» dussero. Niun cenno poi di storia degli altri po» poli che furono in relazione con Crema, e pochis» simo ancò de' governi a cui fu soggetta: di modo » che appena si sa onde avessero origine le guerre » e gli altri accidenti, che pure ebbero con Crema » rapporto. In somma, ella vi appar sempre isolata, » e se raccontano qualche gran rivoluzione che stra» scini seco la sorte di lei, vi è o smilza, o alterata, » che appena ravvisar si può tratta dalla storia in » grande ». È da osservarsi primieramente in questa censura, che il Bettoni tratta in pari modo i due Fini, come se entrambi avessero scritto la Storia di Crema, quando si sa per certo che il nipote altro non fece che pubblicare gli scritti dello zio, e tutto al più, come già dissi, è probabile abbia aggiunte poche linee alla fine del decimo libro. Che troppe cose il Fino sopprimesse al manoscritto del Terni, egli è verissimo, ma queste sono quelle appunto, per cui il Terni stesso fu dal Bettoni redarguito; e certamente nè l'uno nè l'altro seppe trovare il bel mezzo da lui inventato, di raccontare la storia de'Papi, de'Longobardi e degli Imperatori, chiamandola poscia Storia di Crema.

Queste sono le notizie che ho potuto raccogliere intorno alla vita ed alle opere dell' illustre nostro Alemanio Fino, la cui Storia per solo amore della patria ho impreso a ristampare. Possa questa tenue fatica ottenermi da' miei buoni concittadini quel benigno compatimento che forma l'unica meta delle mie brame! Così possa io venir a crescere nella studiosa gioventù della mia terra natía, su cui sono fondate le speranze dell'avvenire, quell'amore operoso, che dee stringere le anime bennate alla patria comune!

GIOVANNI SOLERA.

STORIA DI CREMA

LIBRO PRIMO (1)

Ebbe Crema il suo principio non dai cittadini di Cremna di Pamfilia, come sognano alcuni, nè dalla rovina di Parasso, come si pensò Giacomo Filippo nel suo supplemento, ma da molti nobili delle vicine città e castella, i quali spaventati dalle guerre d'Alboino re dei Longobardi, chiamato in Italia da Narsete luogotenente di Giustino imperatore (568), si ridussero con le loro cose più care in questo sito, tenendovisi sicuri per essere il luogo paludoso e quasi inaccessibile. Era cagionato ciò dall'Adda, dall'Oglio e dal Serio, i quali non avendo a que'tempi i loro vasi sì fondati, inondavano gran paese, di maniera che facevano in questi contorni molte paludi; e tutti que'luoghi bassi detti Régone erano sommersi dalle acque.

Tra le molte isolette le quali erano fra queste lagune, ve n'era una, detta la Mosa, la quale faceva due corna, l'uno verso levante e l'altro verso ponente. E come che fosse per la maggior parte selvaggia, vi era però un luogo più altetto del rimanente, il quale era ameno e piacevole molto a riguardare, e chiamavasi il Dosso dell' Idolo, volendo, credo io, dire del ludolo, dal ludolar dei lupi, che spesso ne' boschi vicini si udivano. In sul colmo del luogo era una chiesoletta, molti anni avanti fabbricata, come vedesi per una sepoltura ritrovatavi nel 1547 dandosi principio al nuovo palazzo, nella quale era scolpito l'anno 315; ed è verisimile che la chiesa vi fosse anche molto tempo prima, e potrebbe essere che le fosse stato dato principio nei tempi che i miseri cristiani erano fieramente perseguitati dall' imperatore Diocleziano. Era detta questa chiesa santa Maria della Mosa, ovvero in Palude. Qui, come in luogo selvaggio e non conosciuto tenendovisi sicuri, si ridussero già molti ne' tempi che i Goti, con l'ajuto di Teodoberto re di Francia, nel 538 distrussero Milano; e quando lo stesso re, ritornato in Italia con ottantamille fanti, vinse Belisario; e parimente nel 558 quando Buccelino, mandato dal re di Francia con numeroso esercito, travagliò anch'egli molto l'Italia. Fu in fine questo luogo a non pochi rifugio nel 564 essendo quasi tutta Italia miserabilmente afflitta dalla pestilenza. Molti adunque, come si è detto, dei luoghi circonvicini, fuggendo l' impeto di Alboino, si ritirarono in quest' isoletta fabbricandovi delle capannette; e per meglio assicurarvisi, ritirate tutte le navi della palude e delle acque vicine alla ripa verso ponente, sotto chiavi le ritenevano, non lasciando che alcuno indi si potesse partire senza licenza. Tiene fino al dì d' oggi il nome delle chiavi la villa detta corrottamente Chieve sulla ripa appunto del lago, dove furono già trovate certe colonne di rovere con le catene di ferro, a cui si legavano le navi. Vedendo in fine che le cose andavano di male in peggio, qui si risolsero abitare, dandosi a credere in sì fatto luogo dover essere meno sottoposti ai travagli della guerra.

Raunati pertanto tutti nella chiesa l' anno di Cristo 570, che fu l'anno ottavo di papa Giovanni III, e quarto dell'Impero di Giustino, ai quindici di agosto il dì dell'Assunzione della Vergine, qui conchiusero dar principio a nuova città. Laonde il dì seguente cominciarono a fabbricare una rocchetta verso levante, e da Cremete (2), uno di quei nobili che qui si trovavano, signore di Palazzo Pignano, castello a que'tempi di qualche nome, Crema la dimandarono, di cui mentre ch'egli visse ne fu detto signore. Questi adunque, intento ai comodi ed al bene della nuova Terra, cominciò a bonificare il paese che tutto era paludoso e selvaggio, dando con nuovi vasi esito alle acque e tagliando le selve (3). In questi principii, come io lessi già in una cronaca di Venezia, due famiglie di Crema, Ciurani e Gorliani, andarono ad abitare a Chioggia; indi ritiratesi a Venezia furono ornate della nobiltà veneziana.

Già era Crema di bastioni e di fosse attorniata quando Longino, il quale a nome dell' imperatore teneva ancora Roma e Ravenna, fatta lega con Lotario re d' Ungheria, sperando con tal mezzo racquistare il perduto regno, si mosse con grosso esercito contra Longobardi. Diede il subito apparecchio di tal guerra piuttosto paura che danno ai Cremaschi, ai quali o fosse per la fortezza del sito, ovvero per il poco conto che in quei principii era tenuto di Crema, non fu dato disturbo veruno. Nè durò molto questa guerra; perchè ucciso vilmente Lotario sotto Milano, dove, accampatosi con quarantamille fanti, per tre mesi avea tenuto l'assedio, nacque tal confusione nel suo esercito che rimasero vincitori i Longobardi. Era appena cessata la paura della guerra, che vi si aggiunsero nuovi travagli cagionati da un grandissimo diluvio d'acque che nel 584 nel mese di ottobre inondò non solo il nostro paese, ma tutta Italia. Crebbe allora tanto l'Adige che in Verona l'acqua arrivò fino alle più alte finestre di s. Zeno, ed a Roma il Tevere soverchiò le muraglie della città. Dietro al diluvio l'anno seguente fu una crudelissima pestilenza, la quale si estese per tutta Italia.

Poichè i Longobardi, dopo la morte di Alboino e di Clefe, uccisi l'uno per tradimento della moglie, e l'altro da un suo cortigiano, furono per dieci anni sotto ai Duchi, di comune consiglio ritornarono di nuovo sotto il governo regale, ed elessero per re loro Autari, il quale fu chiamato Flavio; laonde gli altri suoi successori furono parimente cognominati Flavj. Questi prese per moglie Teodolinda, figliuola di Garibaldo re dei Bajoari, e fatte le nozze in Verona, volendo gir a Pavia passò per Crema (589), dove dimorò per alquanti giorni. A questo tempo Enrico di Bergamo, con l'ajuto dei Cremaschi, edificò una chiesoletta a s. Benedetto in un campicello d'un suo podere ch'egli avea sotto Crema, fuori della porta del Serio, e la unì al monastero Cassinense; fu poi dotata di molti beni (4). Qui per molti anni dimorò s. Gottardo vescovo nei tempi di Enrico I imperatore (nel 1004, così il Terni).

Si facevano tuttavia le mura intorno Crema, quando nel 591 fu bisogno lasciar l'impresa per un gran secco il quale durò dal mese di gennajo fino al settembre, nel qual tempo non venne mai pioggia dal cielo. Venne parimente quest'anno gran copia di cavallette, le quali consumarono quel poco di verde che c'era rimaso: laonde ne seguì carestia tale che infinite persone perirono di fame. Pronosticò questi gravi danni una cometa la quale fu molte fiate veduta con spaventevoli modi per l'aria. Cessata la carestia, ritornarono i Cremaschi alla fabbrica delle mura, le quali furono fornite in ventiquattro anni (594). Era in que'principii il cingere della terra quanto vedesi ora contenere fra il Rio e la Crema, che allora erano le fosse. Ridotta Crema in fortezza cominciarono subito le genti a ridursele in gran numero ad abitare; e crebbe sì in breve tempo il numero degli abitanti che non potendo capire dentro le mura, fu bisogno aggiungervi tre borghi, i quali furono fatti nei tempi del re Agilulfo in meno di due anni. Il primo borgo fu quello di s. Benedetto, il secondo di s. Sepolcro, ed il terzo di s. Pietro. Nè è meraviglia che tanta gente vi si riducesse, perchè essendo a quei tempi prese dal re Agilulfo Cremona e Mantova (*a*), molti lasciando le rovine della patria si riducevano al nuovo castello, sperando in tal luogo vivere sicuri (5).

Venuto a morte a questo tempo Cremete non lasciando figliuoli dopo sè (602), Crema rimase libera ad Agilulfo, e di mano in mano agli altri re de'Longobardi, i quali signoreggiarono dugentodue anni e tre mesi. Cacciato poi Desiderio dal regno per la divisione fatta tra Carlo Magno e papa Adriano, ella pervenne a Francia; di maniera che per più di dugent'anni, da Carlo Magno fino ad Enrico I, stette ora sotto a're ed imperatori francesi, ora sotto l'impero de'Tedeschi. L'anno poi 1009 trovo che un Francese, detto Masano (6), era signore di Crema e di Lodi. Da questo Francese ebbero origine i conti di Camisano e di Masano. Da tre fratelli poi di Fiordimonte, moglie di Masano, i nomi de'quali furono Ingilforte, Leopardo e Terzo, discesero tre nobilissime famiglie; dal primo discese la famiglia dell'Aglio, dal secondo fondatore di Martinengo la Martinenga, dal terzo quella

(*a*) « Cremonae et Mantuae cladibus Cremense Castrum accolis » in eo loco, ut a Longobardorum injuriis tuto, confugientibus » ita crevit, ut tribus jugeris ad novam recipiendam multitudinem » augeri necesse fuerit ». (*Sigon.* lib. 1).

de'Terzi. Fu Masano molto sollecito a bonificare il Cremasco, massime quella parte che è verso tramontana, dove anco per albergo de' lavoratori edificò alcune case nei luoghi più alti, le quali furono già dette case di Masano, ed ora Camisano. Fu a Masano, per sospetto di ribellione, tolto il dominio di Crema da Corrado I, il quale costretto venir in Italia per molte città ribellatesegli assediò Milano tenuto da Elitprando che avea fatte ribellare le altre città. Furono allora confinati molti prigioni in Germania (1028), tra'quali furono tre Cremaschi, uno de'Carobbi, l'altro de'Bagnoli, ed il terzo de'Piaranici. Da questi confinati, dopo la grazia concessagli da Enrico II di tornare alle patrie loro, ebbe il suo principio l'Ordine degli Umiliati. Fondarono i Cremaschi tre monasteri: il Carobbio fondò ss. Giacomo e Filippo, il Bagnolo s. Marino, ed il Piaranica s. Martino (1046). Credesi che ciò avvenisse per voto fatto a Dio, essendo fuori di speranza di poter tornare alle case loro (7).

Dopo la morte di Enrico II e III successe nell'imperio Enrico IV, nemicissimo di Calisto pontefice, in dispregio del quale fece antipapa un vescovo spagnolo detto Bordino, il quale postosi in via per sturbare il concilio ordinato a Roma, fu per commissione di papa Calisto con grosso esercito incontrato da Giovanni da Crema, cardinale di s. Grisogono, da cui fatto prigione fu condotto a Roma sopra un camello con la coda in mano ed appresentato al concilio. Fu questo cardinale uomo di gran maneggi, e riedificò fino dai fondamenti la sua chiesa di s. Grisogono, dove in marmo si veggono scolpite queste parole:

In Nomine Domini.

Anno Incarnationis Dominicae MCXXIX. Indic. Sep. Anno Honorii II, Papae V, Joannes de Crema, patre Olrico, matre Ratilda natus, ordinatus cardinalis a Paschale II, Papa in titulo sancti Grisogoni, a fundamentis hanc Basilicam construxit et erexit, thesauro et vestimentis ornavit, edificiis intus et foris decoravit, libris armavit, possessionibus ampliavit, parochiam adauxit. Pro cujus peccatis quicumque legeritis et audieritis, intercedite ad Dominum, et dicite, o bone Salvator, nostraeque salutis amator, fili Christe Dei, parce Redemptor ei. Amen.

Ed avvenga ch'io non trovi di che famiglia fosse (*a*), è però cosa chiara ch'egli fu Cremasco non solo per la suddetta iscrizione, ma anco per l'autorità di Platina e di Giacomo Filippo, i quali lo chiamano Cremasco, l'uno nella vita di papa Calisto II, e l'altro nel duodecimo del suo supplemento. Dietro ad Enrico IV ottenne l'imperio Lotario. Ne' tempi di questo imperatore i Milanesi confederatisi coi Cremaschi (8) ed altri delle vicine città si accamparono sotto Como; e dopo molte battaglie rimanendo superiori, mandarono Cremaschi in Valcuvia alla difesa di Castel Nuovo, dove facendo molte correrie contra nemici incappa-

(*a*) Giovanni cardinale di s. Grisogono si era della famiglia de' conti di Camisano. Così il Fino medesimo alla Seriana IV. Di lui racconta il Giulini alcuni particolari, che nelle patrie memorie erano andati smarriti. All'anno 1116 dice che l'arcivescovo di Milano, Guidone da Clivio, dal concilio di Roma, dov'era stato confermato nella sua dignità a competenza di Grossolano, venne accompagnato dal cardinale Giovanni da Crema, quasi a testimonio della sentenza del papa (lib. 31). E all'anno 1129: « Giovanni da Crema cardinale venne a Pavia, e adunò ivi un concilio di vescovi suffraganei della metropolitana di Milano, e d'altri della nostra provincia contro l'arcivescovo Anselmo, il quale vi fu scomunicato assente per aver coronato Corrado qual re d'Italia, competitore del già re Lottario; e di più i Pavesi, i Cremonesi, e i Novaresi, e i loro vescovi, e quelli d'altre città, dichiararono la guerra ai Milanesi, perchè proteggevano il castello di Crema ». (Lib. 34).

rono un dì negli agguati dei Comaschi, di maniera che tra quelli che furono tagliati a pezzi, e quelli che furono menati prigioni a Como, rimase Crema priva di gran numero di persone (1127). Laonde i Cremonesi inteso ciò stimarono esser venuto il tempo opportuno d'impadronirsene (1130). Postisi pertanto insieme all' ingrosso vennero sotto Crema, ma i Cremaschi ajutati dai Milanesi si difesero in modo che poco appresso costrinsero i Cremonesi a lasciar l'impresa non senza scorno e danno; perciocchè molti ne furono menati prigioni a Milano. Di lì a poco sdegnatisi molto più, fecero sì che Lotario, tornando da Roma per andare in Alemagna, si pose all'assedio di Crema (*a*); ma inteso l'apparecchio che Milanesi e Bresciani (1133) facevano a nostra difesa, dato primieramente un assalto e nulla facendo, levò l'assedio, ed avvedutosi dell'inganno de' Cremonesi se n'andò a' danni loro. Indi a poco morendo Lotario (1137) lasciò la corona a Corrado II (9).

Dopo la morte di questo Imperatore (1152) fu eletto Federico Barbarossa (1155), il quale dopo molte imprese fatte in Italia, nel 1158 si pose con l'eser-

(*a*) « Il re Lotario il quale era rimasto in Lombardia, voglioso di » vendicarsi de' Milanesi che già avevano contro di lui coronato » Corrado, si erano appigliati al partito dell'antipapa Anacleto, ed » erano verisimilmente i principali fra quegl'Italiani, che dileggia- » vano e disprezzavano Lotario stesso per le poche sue forze; non » potendo farlo da sè, si collegò co' loro nemici, e verso il prin- » cipio di novembre passò coi Cremonesi all'assedio di Crema, » protetta e difesa dalla nostra repubblica. Sicardo nota que- » st'assedio sotto l'anno presente (1133), ma non dice il mese; » la cronichetta di Cremona più precisamente c'insegna che fu » verso la solennità d'Ognissanti; ed il nostro calendario di » s. Giorgio dice appunto nel giorno ottavo di novembre. Non » era quella un'impresa da intraprendersi, essendo così avanzata » la stagione; perciò il tentativo riuscì infruttuoso, ed il re dopo » un mese fu costretto a ritirarsi ». (*Giulini*, lib. 34).

cito sotto Crema, avendo dichiarati li Cremaschi ribelli dell'Imperio per essere confederati coi Milanesi e Bresciani. Veduta poi l'impresa difficile più che non si aveva pensato, mutando pensiero, levò le genti di Crema ed andò sotto Milano. Al fine maneggiandosi la pace, ella si conchiuse con molti capitoli, nei quali furono parimente compresi li Cremaschi come confederati dei Milanesi (*a*). Ma non passò molto che l'Imperatore ruppe la pace coi Cremaschi. Avvenne ciò per non aver essi secondo l'imperial comandamento voluto rovinare le mura e spianar le fosse della terra (*b*), e dall'aver dato soccorso ai Milanesi contra Lodigiani, ai quali un dì di s. Barnaba, essendo posti li Milanesi da verso Milano ed i nostri dalla banda d'Adda, avevano dato un fiero assalto scaramucciando dall'aurora fino al mezzogiorno. |

Rotta la pace li Cremonesi, i quali altro non bramavano che venire ai nostri danni, a'7 di luglio del 1159 vennero con molta gente all'assedio di Crema (*c*).

(*a*) « Nella pace che fu fatta dai Milanesi con Federigo I nel » primo assedio di Crema, era quest'articolo: che dati gli ostaggi, » e restituiti i prigionieri, l' imperatore in piena curia assolverà » dal bando i Milanesi e i loro alleati, purchè i Cremaschi pa» ghino centoventi marche di emenda, e renderà loro reciproca» mente tutti i prigionieri. Questa nuova tassa corrisponde quasi » a settantamille lire di Milano. Così in Goldasto ». (*Giulini*, anno 1159, lib. 41).

(*b*) « Aveva altresì alterati assai gli animi de' Milanesi il sen» tire, che Federigo aveva dato ordine, che si distruggesse il ca» stello di Crema, ad istanza de'Cremonesi, che perciò gli ave» vano promesse quindicimille marche d'argento ». (*Giulini*, anno 1159, lib. 41).

(*c*) « Al principio di luglio (1159) i Cremonesi, ottenuta dal» l' imperatore sentenza favorevole circa alle ragioni che avevano » sopra di Crema, si portarono ad assediare quel forte castello; » per lo che i Milanesi, che già da gran tempo lo proteggevano, » mandarono a soccorrerlo uno de' loro consoli chiamato Man-

Indi ad otto giorni v' aggiunse l' Imperatore con l'esercito. Era già entrato in Crema Manfredo Dugnano, consolo di Milano, con quattrocento fanti, con cui erano per capitani Squarzaparte Bisnato, Orlando Oppizzone e Gasparo Menilotto. V'erano anche molti Bresciani, e, secondo alcuni, il re d'Ungheria anch'egli v'aveva mandata gente. Accortosi poi Federico del nuovo soccorso che dai Milanesi si apparecchiava a favor nostro, lasciato l'esercito sotto Crema, se n'andò con trecento Tedeschi a Lodi: indi tolti molti Lodigiani cavalcò a Landriano, dove dato ordine coi Pavesi, e fatta una rinboscata, trasse alfine i Milanesi negli agguati, di maniera che molti de'buoni di Milano fatti prigionieri furono menati a Pavia. Fatta quest' impresa l' Imperatore ritornò all' assedio di Crema.

Vedendo li Milanesi non poterci soccorrere, per distorre le genti imperiali da Crema si posero con trentamille fanti sotto Manerbe, castello verso il lago di Como; ma stimando Federico di maggior importanza l'assedio di Crema che la difesa di Manerbe, gli mandò il conte Gossovino, il quale col soccorso di cinquecento cavalli fece che i Milanesi lasciarono l'impresa. Li Cremonesi intanto fabbricarono un castello di legno tant'alto che soverchiava le nostre torri. Era questo castello fatto in quadro con le ruote sotto per poterlo condurre agevolmente ove fosse bisogno. Due solai avea l' uno sopra l' altro; il primo di braccia trenta per ogni quadro, alto poco più delle mura di Crema;

» fredo da Dugnano, con quattrocento fanti, e diversi militi sti-
» pendiati, tra i quali v'erano, Obizzone da Madregniano, Squar-
» ciaparte da Bucinate o Busnate, Oldrado da Basilica Petri, cioè
» Bescapé, e Gasparo Menclosso, ed altri .... Più di sei mesi
» durò l'ostinato assedio di Crema, la quale non si arrese, che
» alli ventisette di gennajo dell'anno 1160 ». (*Giulini*, lib. 41).

nel mezzo di questo v'era il secondo solajo d'assai minor grandezza, in foggia di torricella che scopriva tutta la terra. In questo stavano gli arcieri che ferivano quelli che andassero per le contrade di Crema; nell'altro poi si rinchiudevano quelli che battevano le mura, e gettavano i ponti per entrar nella terra. Fu l'altezza di questo castello braccia settanta. Fecero appresso tre grandissimi mangani, oltre i molti piccoli fatti con molte preterie e gatti. L'Imperatore anch'egli, con que'Principi e Duchi che si trovavano all'assedio, fece fare molti siffatti istrumenti di guerra secondo l'uso di que'tempi. Da poi si compartirono intorno la terra in tal maniera: l'Imperatore si mise alla porta del Serio di là dal fiume; li Cremonesi alla porta Ripalta; il duca Corrado, fratello dell'Imperatore, alla porta d'Ombriano: il duca Federico, suo nipote, tra la suddetta porta e quella di Pianengo; l'Imperatrice, la quale arrivò ai dicinove di luglio accompagnata da Enrico duca di Sassonia, si pose tra la porta di Pianengo e quella di Serio, dove già si erano posti i Pavesi. Ed avvenga che poco da poi si partisse l'Imperatrice, vi rimase però il duca di Sassonia insieme co'Pavesi. L'Imperatore, mutato pensiero, levatosi dalla porta andò a porsi tra quella di Ripalta e d'Ombriano, dove era quel grandissimo castello dei Cremonesi. Guelfo, duca di Baviera, il quale giunse ultimo di tutti, si pose nel luogo ove prima si era posto l'Imperatore. Li Cremaschi all'incontro fornirono le muraglie di gente, di mangani, di briccole e d'altre macchine bisognevoli; e posta una parte dei soldati alla piazza, fecero alloggiare il rimanente nelle case vicine alle mura. E quantunque si vedessero attorniati da tante migliaja di persone non rimanevano però di darla fuori, ora da una banda ora dall'altra attaccando diverse scaramuccie. Morto in questo mezzo papa Adriano IV, per la discordia nata fra' cardinali furono eletti due Pontefici; fu da quattordici cardinali eletto Orlando Sanese, cardinal di s. Marco, e detto Alessandro III; altri nove, tra quali fu Guido da Crema, cardinale di s. Calisto, elessero Ottaviano Romano, cardinale di s. Clemente, e chiamaronlo Vittore III, a cui, come dirassi al suo luogo, fu poi sostituito il cardinal Cremasco.

Per grande che fosse il numero delle genti che i Cremaschi avevano d'attorno, non cessavano però, come ho detto, di darla fuori. Un dì tra gli altri usciti nello spuntar dell'aurora per la porta d'Ombriano, attaccarono il fuoco nel mangano dell'Imperatore alla cui guardia era posto il duca Corrado, e cogli Alemanni valorosamente scaramucciarono: avvenga che sopraggiungendo poi il conte Ottone, il conte Roberto di Bassavilla ed altri gran personaggi, quattro dei nostri fossero presi; al primo fu tagliato il capo, al secondo i piedi, al terzo le braccia, il quarto con molte ferite fu ucciso; e vedendo al fine il disavvantaggio si ritirarono entro la terra, nella quale ritirata molti per la gran calca caduti nelle fosse vi s'affogarono. Fu breve l'allegrezza dei nemici; perciocchè poco dapoi usciti li Cremaschi per la suddetta porta con miglior ordine che prima, dopo averne ucciso gran numero gli fecero ritirare a mano dritta fino ad un ponte posto sopra un'acqua, dove, a guisa di un altro Orazio Cocle, fermatosi un Tedesco, detto Furio, si oppose in maniera ai Cremaschi che diede agio ai suoi di rinfrescarsi, sopraggiungendo quelli che erano accampati da quella banda; il che vedendo i nostri, bellamente si ritirarono nella Terra. Fu per tal fatto da indi in poi quel ponte detto ponte *Furio*, e fin al dì d'oggi dicesi quella contrada corrottamente Ponfure.

Sanguinosa battaglia fu quella che venne fatta in assenza dell'Imperatore, il quale se n'era andato a s. Bassano sul Cremonese a trovar l'Imperatrice; perciocchè avvedutisi li Cremaschi di ciò uscirono con seicento cavalli ed assalendo i nemici per una gran pezza stettero alle mani. Qui fu tanto il numero che dall'una e dall'altra parte rimasero uccisi che, come scrive Ottone de' fatti di Federico, pareva che l'acque vicine corressero sangue umano; e comechè d'ambe le parti valorosamente si combattesse, furono però al fine costretti i nemici a ritirarsi. Tornato Federico ed inteso quanto in sua assenza era successo, si risolse far ogni sforzo per pigliar Crema. Fatta pertanto provvisione di più di duecento botti, e di più di duemille carra di fascine, mandategli dai Lodigiani, fecele gettare nella fossa con gran quantità di terra sopra; comandò poi che s'avvicinassero co'gatti e col castello alle mura; ma non giunsero appena al mezzo della spianata fossa che i Cremaschi con pietre e sassi gettati con mangani e briccole cominciarono con tal impeto a tirare nel castello che fu bisogno ai nemici di fermarsi. Federico vedendo che pel continuo colpeggiar di sassi malagevol cosa era d'andar sotto le mura col castello, prese nuovo partito, di maniera che avendo molti prigionieri cremaschi, comandò subito che fossero legati ignudi avanti del castello a rincontro dei nostri mangani, dandosi a credere che mossi a compassione del sangue proprio dovessero cessare di percuotere il castello; ma essi, maravigliosa cosa di dire! stimando assai più il difendere la patria che il perdonare ai padri, a' figliuoli, a'fratelli e ad altri parenti, posposta la natural compassione, non si astennero per questo di tirar nel castello, di maniera che nove dei nostri prigioni rimasero uccisi, Codemaglio Posterla ed Enrico Landriano con due altri Milanesi, il prete dei Caluschi, Truco de'Bonati, Aimo Gabiano, e due altri Cremaschi, de'quali non trovo i nomi; ad Alberto Rosso cremasco fu rotta una gamba, ed a Giovanni Caraffa un braccio. Mosso in fine a pietà l'Imperatore fece levare dal castello il rimanente dei prigioni, i quali furono Negro Grasso, Squarzaparte Bisnato, Ugone Crusta milanesi; Arrigo Bianco, Alberto Zuffo, Sozzo Berondo ed alcuni altri Cremaschi; e veduto che il castello da un lato cominciava a conquassarsi comandò che fosse ritirato a dietro. Sdegnati allora li Cremaschi per quei prigioni posti ignudi innanzi del castello, de'quali molti n'erano stati uccisi, pigliarono Albrigone Locabassa lodigiano, e Belerto Mastagio cremonese con altri prigioni e gettaronli così vivi coi mangani oltre le mura, de'quali alcuni caddero appunto al cospetto dell'Imperatore; il che gli accrebbe sì lo sdegno che fece impiccare subito due prigioni cremaschi; ed essi all'incontro in suo dispregio impiccarono sulle mura due de' suoi che avevano prigioni. Sdegnatosi più fieramente l'Imperatore, fece dirizzare molte forche per attaccarvi il resto dei prigioni cremaschi; ed avvenga che i suoi consiglieri, massime i Vescovi ed altri Prelati, molto si affaticassero per torlo giù di tal pensiero, non poterono però far sì che tra Cremaschi e Milanesi nove non ne fossero impiccati per la gola. Avvedutosi in fine Federico che i Cremaschi si esporrebbero anzi a mille morti che mai arrendersegli, determinò dargli un'altra battaglia. Racconciato adunque il castello e copertolo di panni di lana e di cuoi bagnati, acciocchè i sassi non vi potessero far botta, nè meno accendervisi il fuoco, di nuovo lo spinsero sotto le mura. E quantunque se gli opponessero i nostri gettando tuttavia co' mangani sassi grossissimi, non cessavano però le genti imperiali, confidatesi della nuova provvisione, d' appressarsi alle mura. Faceva la via al castello un' altra macchina minore, dimandata gatto, fatta parimente di legno; era questa macchina assai lunga ed alta sì che i soldati vi potevano star sotto in piedi agiatamente. Era il suo coperchio di travi posti in colmigna nella foggia che sogliono farsi i tetti delle case; aveva poi le ruote sotto di modo che con agevolezza si conduceva ove fosse bisogno; sotto questo gatto stavano sicuri quei che tiravano il castello. Appressato il gatto alle mura, e tirato il castello al mezzo della fossa, quelli che stavano sotto il gatto cominciarono con un trave ferrato d'un capo a battere sì faltamente la muraglia che in poco spazio di tempo ne fecero diroccare più di venti braccia in lunghezza; laonde i Cremaschi vi fecero subito un bastione di legne e di terra; indi fatta una mina la quale si stendeva fin dov'era il gatto, all'improvviso vi attaccarono il fuoco. Qui i Tedeschi nel difendere il gatto dal fuoco fecero co'nostri una gran scaramuccia, e poco mancò che non entrassero nella terra per la mina per cui erano usciti i Cremaschi. Avvicinato più il castello alla muraglia, i balestrieri che vi erano dentro cominciarono a tirare tante saette che niuno poteva comparire sulla muraglia che non fosse o morto o ferito. Si disposero pertanto i nostri d'attaccare un'altra fiata il fuoco nel gatto in modo tale che non potessero i nemici così agevolmente spegnerlo. Il dì adunque dell'Epifanía ascesi su una macchina di legno posta nel luogo dove era stata rovinata la muraglia, acceso il fuoco coi mantici in molte botti che avevano parecchiate piene di secche legna, di zolfo, di lardo, di sugna, d'olio e di pece liquida gettaronle sopra il gatto con un ponte di legno il quale stendevasi oltre le mura meglio di dieci braccia; onde si appiccò in modo il fuoco nel gatto nel quale trovavasi l'Imperatore, che da terza fino a vespro ebbero che fare a spegnerlo.

Vedendo Federico che i Cremaschi in tutto gli rendevano buon conto, si pensò di levar loro l'ingegnere; il che agevolmente gli venne fatto, perciocchè Marchese, che così si chiamava l'ingegnere, come quello che più aveva a cuore il guadagno che la fedeltà, mosso dalle grandi promesse fattegli dall'Imperatore, calossi una notte dalla muraglia e passò nel campo dei nemici, dove, oltre la gran somma dei denari e presenti, ebbe in dono da Federico un bellissimo corsiero. Li Cremaschi che da Marchese si videro traditi, temendo il gran danno che gliene potrebbe avvenire, gli posero addosso una taglia di cento lire di moneta vecchia a chi l'ammazzasse e duecento a chi glielo desse vivo nelle mani. Ma egli confidatosi nel favore di Federico, a nostra rovina fabbricò subito un castello simile a quello de' Cremonesi, e vi acconciò un ponte lungo quaranta braccia, e largo sei, fatto in maniera che quando si gettasse, s'avesse a distendere fuor del castello venti braccia, altrettanto rimanendone sul castello per contrappeso. Posti in ordine amendue i castelli, ordina l'Imperatore di darci un generale assalto; comandò pertanto che il duca Corrado ed il Conte Palatino andassero con le loro compagnie sul castello dei Cremonesi, su quello poi fatto da Marchese mandò altri signori tedeschi e lombardi col fiore delle genti di tutto l'esercito. Altri capi si compartirono coi loro soldati d'attorno la terra di maniera che tutta la cinsero. Comandò poi che dato il segno della battaglia si avessero a gettare i ponti d'amendue i castelli, ed il resto delle genti sparso intorno le mura nel gettare dei ponti dovesse ad un istesso tempo con le scale appoggiatevi salir sulle muraglie. Avendo in fine con efficaci parole riscaldati gli animi dei soldati al combattere, fece dare il segno della battaglia. Laonde spinsero subito innanzi i castelli, e per più appressarli alle mura abbruciarono i gatti che erano posti avanti. Gettati i ponti d'ambidue i castelli, avvegnachè quello del Marchese non fosse sì tosto gettato, si appresentò il duca Corrado con le sue genti sulla muraglia valorosamente combattendo per entrar in Crema. Ributtato il duca dai Cremaschi, i quali, comechè d'ogni intorno avessero poste con bellissimo ordine le difese, avevano messo il fiore della gente a dirimpetto dei castelli, un alfiere tedesco, detto Bertolfo d'Arrar, dandosi a credere che gli altri dovessero seguir l'insegna, saltò dalle mura in Crema, dove dopo aver mostrate molte prove del suo valore alfine rimase ucciso. Uno dei nostri, non meno crudele che coraggioso, levatagli la pelle del capo, se l'attaccò all'elmo. Guadagnato lo stendardo di Bertolfo li Cremaschi ingagliarditisi fecero siffatte difese che coi mangani ruppero da un lato il ponte del castello del duca. Rotto il ponte, il duca, che già era ferito, al meglio che potè si ritirò al castello. Qui molti dei nemici per la gran fretta di ritirarsi caddero dal ponte nella fossa; altri si ricoverarono sul ponte del Marchese. L'Imperatore vedendo la battaglia non aver il desiato fine, fece ritirar le genti. Tra i Tedeschi che virilmente si portarono fu lodato il conte palatino di Baviera, detto per nome Ottone; perciocchè ributtato più fiate dai Cremaschi ritornò sempre con grande ardire per salir sulla muraglia. E quantunque in quest'ultimo assalto gl'Imperiali avessero la peggiore, vi furono però ammazzati e feriti molti dei nostri da'balestrieri, i quali erano sulle torri dei castelli. Posto fine a questa battaglia scorsero parecchi giorni che non si fece scaramuccia alcuna. Gli è vero che Federico, parendogli strano che avendo già domate tante famose città, ora non potesse soggiogar una piccola terra, faceva tuttavia molestar i Cremaschi dai suoi arcieri, laonde non pochi venivano ammazzati.

Stando le cose in questi termini, si facevano dai Cremaschi varj discorsi intorno al caso loro; alcuni fastiditi dal lungo assedio persuadevano a trattar la pace coll'Imperatore; altri erano di contrario parere, offerendo sè ed esortando gli altri piuttosto a morire che mai sottoporsi a Federico, e dar questo contento ai Cremonesi e Lodigiani, dai quali sapevano quanto fossero odiati. Or mentre stanno in questi dispareri, due gran personaggi di Federico, il Patriarca d'Aquileja ed il duca di Sassonia, antivedendo quel che ai Cremaschi potrebbe avvenire ogni volta che Crema venisse presa a forza, mossi da carità, dimandarono i Cremaschi a parlamento. Laonde radunato il consiglio elessero due ambasciatori, Giovanni de'Medici ed Albino de'Bonati, ai quali appresentati al cospetto dei suddetti signori, il Patriarca che bellissimo dicitore era, ragionò a lungo persuadendoli con efficaci ragioni alla pace, la quale dopo molti abboccamenti fu infine conchiusa ai venticinque di gennajo del 1160 con queste condizioni: che i Cremaschi dessero Crema all'Imperatore, ed essi, donatagli la vita, ne uscissero portando seco quel tanto che potessero per una fiata sola, dandogli libertà di andar ad abitare dove piacesse loro, ma che i Milanesi e Bresciani uscissero disarmati senza pigliar cosa veruna. Entrato Federico in Crema uscirono fuori per la porta di Pianengo da ventimille persone, computativi i soldati milanesi e bresciani (10). Molti nell' uscire, o fosse per la gran calca, o perchè avessero soverchio peso, caduti sul ponte, furono sollevati con le proprie mani dall'Imperatore. Usciti li Cremaschi della terra si ritirarono alle loro ville; ma la plebe per essere l'ora tarda e per non saper dove girsene, alloggiò nella chiesa di s. Pietro, e nelle case vicine. Usciti i nostri, i primi che entrassero furono i Lodigiani e Cremonesi con una parte de'Tedeschi; entrando poi gli altri, e veduto che i primi aveano posta ogni cosa a ruba, attaccarono il fuoco alle case, laonde tutta Crema fu abbruciata. L'infelice plebe, la quale s'era fermata in s. Pietro e nel contorno, veduta cader la patria, non potendo contenere il dolore che ne avea, cominciò con pianti e batter di mani a rammaricarsi; e quindi avvenne che fu poi detta questa chiesa s. Pietro in Battadizzo. Li Cremonesi e Lodigiani non contenti della gran rovina fatta dal fuoco gettarono a terra quel poco che era rimaso in piedi, ispianando le fosse e, che peggio è, rovinando le chiese. Dimorato l'Imperatore in Crema per cinque giorni, e donate le armature dei Cremaschi a'Lodigiani, se n'andò a Lodi, indi a Pavia; ed i Cremonesi il dì di s. Biagio se ne ritornarono a Cremona. Fu tale l'allegrezza dell'Imperatore per l'aquisto di Crema che (come scrive il vescovo Ottone) ne mandò lettere a diversi Principi (*a*).

(*a*) Di sì fatto tenore si fu la lettera di Federigo mandata a parecchj Principi: « Federicus Dei gratia Romanorum Imperator, et semper augustus, scire credimus prudentiam vestram quod tantum divinae gratiae donum ad laudem, et gloriam nominis Christi, honori nostro tam evidenter collatum occultari vel abscondi tamquam res privata non potest; quod ideo dilectioni vestrae, et desiderio significamus, ut sicut carissimos, et fideles, vos participes honoris et gaudiorum habeamus. Proxime siquidem die post convertionem s. Pauli plenam victoriam de Crema nobis Deus contulit sicquae gloriose ex ipsa triumphavimus, quod tamen miserae genti quae in ea fuit vitam concessimus, leges enim tam divinae, quam humanae summam semper clementiam in Principe esse debere testantur ».

ANNOTAZIONI AL LIBRO I.

(1) *A quali e quante trasformazioni andasse soggetto il terreno su cui Crema fu fabbricata.*

Innanzi che dar principio alla narrazione del Fino, tornerà forse utile l'esaminar brevemente su qual terreno Crema venisse fondata, e se quel terreno fosse popolato o deserto, e a quali e a quante trasformazioni stato soggetto ne' secoli anteriori, per quelle vicende che dalla creazione del mondo sino a' nostri dì, gran parte ne fu cambiata della superficie, imperciocchè, oltre i vantaggi che da queste cognizioni ne cavano le scienze fisiche e naturali, s'aggiunge la curiosità degli uomini, ed è virtuoso sentimento, che li stimola ad indagare, non chè la storia dei loro antenati, ma la storia altresì del suolo sul quale gli antenati loro nacquero e vissero. Laonde se bene poca materia di fatti storici sia possibile ritrovare intorno al territorio nostro cremasco, innanzi che la città si fondasse, pure io mi proverò, con la scorta d'alcuni miei eruditi compatriotti che mi precedettero in tali ricerche, e coll'osservare sì la qualità che le ineguaglianze del nostro terreno, ad arguirne come meglio potrò i cambiamenti ch'ebbe anticamente a provare.

Cominciando dunque da quella prima forma la quale fu nel mondo lasciata da che cessò il fuoco, di cui le vestigia si trovano sulle più alte montagne, e da che l'acqua ebbe deposte le materie calcaree ad investire quel nucleo, le quali all'asserire de' naturalisti arrivano a quattrocento tese sopra il livello del mare, senza disputare per nulla come e quando avvenissero quelle grandi catastrofi, osserverò solo che la natura nel vasto bacino della Lombardia, avea lasciato una profonda vallata in questa regione, più bassa di quasi tutte l'altre che la circondavano. Qui nessuno mai giunse a scoprire le radici delle montagne, per quanto profondamente venisse scavato il terreno; qui nessuno scavando potè mai altro trovare che terreno di trasporto. Quasi da per tutto poca terra vegetale al di sopra, più o meno profonda, indi ghiaja o sabbia. Egli è a credere dunque che al primo colare de'fiumi qua dentro tutto questo paese allagasse, o meglio, che a quell' età sempre sia stato qui lago. Tosto al primo impeto delle acque, che non aveano letto scavato e costante, anzi cadendo precipitose da un alto terreno, distaccavano dai monti grossi macigni, e li stritolavano travolgendoli nel loro corso, per cui risultavane ghiaja e sabbia, ben presto quel cavo riempirono; chè le materie deposte al fondo non poterono più trasportare; e questa probabilmente si è la base di tutto il nostro terreno. Tre fiumi concorsero a radunare un tanto deposito, cioè l'Adda, il Serio e l'Oglio, le sorgenti dei quali si trovano assai discoste fra loro, quantunque dell'Adda l'origine, debba rispetto a ciò considerarsi dal punto che esce dal lago, e scorre tra i colli ancor lunga via a confine della Brianza e del Bergamasco; e nell' Adda al di sotto del lago mette pur capo il Brembo, grosso torrente che deriva dalle superiori montagne. Perciò il fondo del nostro terreno contiene minerali di varie sorta, assai diversi fra loro, di cui le cave sono sparse per lungo tratto nella catena delle Alpi Rezie. Soprattutto abbondano i sàli calcarei, carbonati per lo più, sotto variate apparenze, ed ottimi a farne calce; poche le pietre, a riserva del quarzo ridotto in sabbia, e della mica mista alla calce carbonata. In quanto ai metalli, il ferro colorisce la maggior parte dei sali, e nelle sabbie che tutt' ora ne porta il Serio si contengono minute pagliuzze d'oro.

Riempiuto così di tali frantumi quel cavo, e staccati dall'acque i macigni mal fermi che a principio ritrovarono nel loro corso, è da credere poi giugnessero nel trascorrere di parecchi secoli a soprapporvi più minute materie, e terra altresì vegetale trasportata nelle alluvioni, e lasciata in sedimento nell'uno o nell'altro luogo, conforme che l'uno o l'altro fiume la trasportava; cagione forse della notabile differenza di fertilità che si riscontra in sì piccolo spazio di terreno; e qui è da notarsi in quanto alla fertilità del nostro suolo, che la regione di mezzodì supera di gran tratto quella di tramontana, d'onde entrano l'acque; nè credo molto dilungarmi dal vero, supponendo che le particelle più sottili e leggiere, rimanendo a lungo nell' acqua sospese, si depositassero l'ultime nell'attraversar questo spazio. Giunto poi il suolo ad un'altezza quasi uniforme, invece che lago, cambiossi la superficie in palude a fior d'acqua. Quanto fosse vasta questa palude è difficile determinarsi, nè varrebbe il dire fra i due letti ne' quali scorre presentemente l'Adda e l'Oglio, perchè potrebbe darsi che forse allora di su a tramontana questi due fiumi entrassero nel Cremasco assai più vicini fra loro.

In tale stato il territorio nostro, e parte ancora del Lodigiano e del Cremonese dovea trovarsi, nel tempo che degli abitanti della Lombardia incomincia a parlare la storia, cioè ai tempi di Brenno, imperocchè in quanto ai nipoti e pronipoti di Noè, e alle colonie greche e trojane, anche se vere, non ne somministrano più storia che tanto. A que' tempi parecchie città della Lombardia erano già fabbricate, ed altre se ne aggiunsero poscia nel durare della Repubblica e dell' Impero romano. Ne' contorni nostri erano Milano, Como, Bergamo, Brescia, Cremona, Piacenza, Pavia, e Lodi vecchio. Queste ne fanno corona all'intorno, e qui nel centro non sorse città. Si potrebbe dire che il territorio nostro fosse diviso in villaggi soggetti altrui. Ma come mai in tanti secoli che durò il dominio di Roma, su questo terreno non è memoria fosse mai combattuto, non mai fosse passato esercito? Sempre discendendo dall'Alpi come Annibale fece, per incamminarsi a Roma da Pavia, o di lì presso, innanzi che fosse quella città, si passava o a Piacenza o a Cremona; sempre i Romani conducendo in Francia gli eserciti, tenevano la stessa via; e insino a' tempi della decadenza dell' Impero, le vie militari da Brescia a Milano, attraversavano l'Adda a Vaprio, o tutto al più a Cassano. Parecchi fatti d'armi avvennero in queste contrade, e talvolta presso a villaggi dei quali se ne smarrì la memoria, come Bebriaco, ma non mai però che si potesse credere essere in questa regione. In quasi dodici secoli che Crema regge, nel cavar fondamenta, o fosse, o livellare terreni, avvenne sovente trovare sotterra avanzi d'antichità, ma non mai tali che comprovassero essere anteriori al tempo del basso Impero. Fondamenta di torri, di bastie, di castelli, pozzi, sepolture. Non un'urna romana, un frantume di vaso etrusco, un'iscrizione celtica o latina. La data più antica su d' una sepoltura l'anno 315, e nel luogo appunto che si sa certo essere stato il primo ad emerger dall' acqua. E sì i Romani in ispecie hanno disseminata quasi tutta l'Europa di loro iscrizioni, che si ponevano per leggiere cagioni, in sino ai sepolcri de' centurioni e delle lor mogli e figliuoli. Nè si trovò mai imagine di nessuna pagana divinità, prova manifesta che su questo terreno, non mai popoli idolatri v' ebbero stanza. E non è da supporsi che il tempo o le alterazioni del suolo distruggessero tali monumenti, imperciocchè de' posteriori al secolo XIII parecchi se ne trovarono, anche de' più minuti, insino materiali e strumenti da alchimisti. Mi si opporrà forse che le prove negative mai non affermano, ma a ciò rispondo, che quando tolgono queste la possibilità di trovarne di positive, affermano parimenti.

Insino dunque al secolo II o III questa regione non ebbe abitanti, e l' acque vi cambiavano forma e livello, secondo le leggi di gravità ; ma il terreno in parecchi luoghi elevatosi a fior d'acqua, cominciò qua e là a vegetare, chè ognuno conosce quanti la natura abbia mezzi per trasportar semi dovunque. In allora dove abbarbicarono piante, resero il terreno più sodo che non altrove, e nelle piene i fiumi scavaronsi canali, nei luoghi disgombri, abbassando il livello dell' acqua, e sorsero parecchie isole. Da quel punto è a supporsi che gli uomini aggiungessero le loro forze a quelle della natura per asciugare ed estendere gli emersi terreni. Che non è bisogno il credere che vi penetrassero soltanto per la persecuzione sopportata in altri paesi, imperciocchè dove il terreno offre vitto, tosto se ne impadroniscono gli uomini, e vi mettono dimora. Chiaramente apparisce che il primo punto scoperto, sia stato il luogo dove al presente è la città nostra costrutta, e proprio al centro di questa, non già perchè, come asseriscono alcuni, fosse il più elevato di tutto il resto, trovandosi anzi, che le acque scendenti da tramontana vi passano per entro e discendono a mezzodì, ma forse perchè fu dove allignando prima le piante, lo difesero dalle inondazioni, ed i nuovi canali scavatisi naturalmente, diedero sfogo alle acque versandole nei terreni più bassi, che molti ne sono a occidente. E quel punto infatti venne tosto abitato, e fu dove si trovarono i sepolcri più antichi, messi prima che nascesse Cremete, o venissero Longobardi in Italia. Resta poi un dubbio impossibile a dissiparsi, e si è in quale epoca i tre fiumi Adda, Serio ed Oglio cominciassero a scavarsi un letto, il quale a poco a poco divenendo maggiormente profondo, finì col lasciare a secco tutta la nostra provincia, rimanendone solo una porzione paludosa, per secondarie cagioni che in seguito si diranno. Forse al tempo di cui parliamo la corrente dei fiumi s'era già separata, piegando l'Adda verso ponente, formandosi il Serio un proprio letto dov'adesso è tuttavia il canale del Serio morto, e l'Oglio scendendo dirittamente a metter capo nel Pò. È probabile altresì che quest'ultimo in breve spazio di tempo separasse tutt'affatto le acque sue da quelle degli altri, scorrendo sul territorio cremonese. L'Adda rimase più a lungo congiunta a tramontana col Serio, e si richiesero forse ancora alcuni secoli a restringersi nel letto in cui si trova presentemente. Al tempo della fondazione di Crema, si sa che verso ponente scorrea sotto Chieve, ed allagava gran parte delle campagne lodigiane; e per l'ampiezza del suo letto a que' tempi, non le si dava più il nome di fiume, ma bensì di lago Gerondo. Poscia scavando sempre più a ponente, tutte le sue acque raccolse presso il monte Eghezzone (così chiamavasi allora la costa su cui fu poscia fabbricata Lodi nuova), da cui fu ritenuta; indi più giù scorrendo fra mezzodì e levante, staccò dal territorio lodigiano due villaggi, cioè Cereto ed il Comune della Persia, lasciandoli congiunti al Cremasco; e sarebbe forse trascorsa più oltre, se l'alta costa di Cavenago non glielo avesse impedito, e si può credere con l'opera degli uomini che abitavano allora quelle elevate pianure. Alla sua sponda destra adunque nulla si conosce de' cambiamenti fatti, perchè di mano in mano che acquistava terreno, o che profondava il letto, le materie scavate trasportava oltre nel Pò, ma alla sinistra lasciò ben distinte tracce del suo ritiramento; e ciò apparisce in tre periodi facesse, lo che in alcuni luoghi assai chiaro si scorge, come a Caseletto Ceredano, dove sono formati tre piani, il primo dell'alte campagne a livello del territorio cremasco; il secondo quello su cui è piantato il villaggio; e il terzo assai più spazioso, il quale quasi tutto nel secolo XIV era ancora palude; e di poco anche nel XVI aveva migliorato, ciò apparendo dal tenue censo che v'impose la Repubblica veneta.

Il Serio poi che attraversava proprio quasi nel mezzo il territorio cremasco, pel poco profondo letto, e per le frequenti alluvioni, mantenevalo ingombro di vaste paludi. Più di quattro secoli durò in tale stato, e noi dalla storia del Terni sappiamo, che il primo il quale si provasse a prosciugarlo si fu Masano, che viveva ed era padrone di Crema sul cominciare del secolo XI. Raccontasi altresì che per meglio riuscirvi egli voltasse il corso del fiume, facendolo passare assai da presso alla città, quando prima n'era lontano circa due miglia. Nè ciò sembra contraddire alle traccie che ne lasciò sul terreno, imperciocchè un abbassamento notabile seguita la costa che si chiama Dossi d'Izano, e prosegue da Ripalta Arpina fin presso a Castelleone, apparendo avesse il Serio allora foce nell'Adda poco sopra Pizzighettone. Altro argomento per credere questo si è, che non trovasi memoria essere stata fondata Crema in riva al fiume. Supposto ciò adunque, gli avvallamenti fatti dalla corrente del Serio, da Sergnano sin'oltre Montodine, furono l'opera di quasi otto secoli e mezzo. Anche in questi avvallamenti varii piani si scorgono, ma più confusi che non quelli dell'Adda, e racconta il Terni che ai tempi suoi trovò due pozzi asciutti a Ripalta Guerina, il di cui fondo sovrastava di molte braccia il livello del fiume, segno ch'erano stati scavati quando il livello dell'acqua era superiore al fondo dei pozzi, senza che ne fossero paludose le campagne all'intorno.

Resta adesso ad osservare per qual cagione una porzione del Cremasco rimanesse paludosa, anche dopo che l'acque, o da per sè, o per opera degli uomini, trovaron libero scolo. Questo non avviene già perchè i Mosi (che noi così chiamiamo le paludi nostre, e il Fino tal voce ne fa derivare dal latino *limosa*), abbiano il loro fondo più basso che non l'acqua dei fiumi, fra i quali sono rinchiuse, ma solo per venir circondate o attraversate da'parecchi canali, i quali ad arte tengonsi elevati, acciò che possano correre più lunga via a comodo dell'irrigazione. E quantunque sia vero che la lor superficie è più bassa che non quella delle terre vicine, e alquanto dechini verso settentrione, pure se non vi fossero acque maggiormente elevate, basterebbe la larga fossa lor data a scolo, per affatto prosciugarle; sì che a' dì nostri non si scorgerebbe più traccia essere qui stato un tempo vastissimo lago, indi incolta palude. E non ostante ciò, continuamente quel terreno perduto si va restringendo per opera dei possessori, che ad assodarlo non risparmiano spese e fatiche.

Ora mi si domanderà forse dove io metta il *Forum Diuguntorum* di Tolomeo, e la città di Parassio o Parasio o Parasso da tanti scrittori citata. Circa a questa seconda risponderò quando m'occorra parlare dell'isola Fulcheria e de' suoi confini; e in quanto alla prima credo aver già provato non potere essere stata mai città romana ne'confini del nostro territorio, e perchè non n'è rimasta memoria o segnale, e perchè apparisce che non contenea tanto terreno asciutto da potervi capire. Esclusa da questa regione, lascio ad altri il pensiero di collocarla altrove, senza contraddire a chi la vuole Pizzighettone o diversamente. E crederei più probabile ancora fosse avvenuto a quella come a Bebriaco, nominato da Tacito e da Svetonio, di cui tanto se ne smarrì la memoria, da non ritrovarne più traccia. E ciò più facilmente alla prima poteva avvenire, non mai stata nota per alcuno storico avvenimento, ma perchè nominata soltanto da un Geografo, il quale parecchie volte sbagliò nella descrizione dei luoghi, e più assai lo fecero sbagliare coloro che con la scorta delle sue descrizioni, nelle carte geografiche i luoghi segnarono.

(2) *Chi fosse Cremete, come ottenesse il dominio di Crema, e come lo conservasse per tutta la vita sua.*

Pietro da Terno, il più diligente raccoglitore dell'antiche memorie cremasche, nulla ne racconta di Cremete prima dell'edificazione di Crema. Gli abitanti della Gallia Cisalpina a quei tempi, si chiamavano ancora per la maggior parte Romani, non già perchè tutti discendessero da quel popolo, imperciocchè trattone alcune colonie romane, le quali pure s'erano mischiate col sangue barbaro, discendevano gli altri dagli antichi Galli; ma il nome di Romani significava in allora uomini che aveano fatto parte di quella Repubblica, ne'paesi stati dichiarati colonie, anche che non lo fossero, a differenza degli altri che v'erano stati soggetti puramente per diritto di conquista. Anche a que' tempi però la Gallia Cisalpina aveva altri abitanti, uomini barbari, cioè forestieri, che avevano già innanzi conquistate queste provincie, de' quali parecchi vi avevano stabilito dimora per matrimonj od altro, mantenendovisi in isplendido stato, per le dovizie acquistate con le rapine; e questi barbari crebbero poi in seguito grandemente, allorchè i Longobardi conquistarono la Gallia Cisalpina, e il nome d'essa fu cambiato in Lombardia. Sì che la popolazione, se bene riconosciuta dai nuovi dominatori in quanto ai diritti per una sola, pure con l'assenso loro si divise in due grandi classi, di quelli cioè che vivevano coi costumi romani, ed erano i nazionali, e gli altri, cioè forestieri, che non vollero ripudiare le costumanze portate seco dalla lor patria. A quali di costoro appartenesse Cremete è difficile indovinare. Egli era già signore e potente prima che i Longobardi giungessero. Il nome suo potrebbe dirsi greco, ma di que'già anticamente ricevuti in Roma. Barbaro nò certo. Nella giurisdizione apparisce barbaro più che romano. Ai ministri degl' Imperatori di Costantinopoli veniva accordato supremo e dispotico arbitrio, non mai giurisdizione sovrana in qual siasi piccola terra; e pare che Cremete possedesse il nostro distretto in sovranità. Forse dirà taluno essere stato clandestino il dominio suo, perchè ignoto ai ministri dell'Imperatore; ma come mai fabbricare un palazzo, mantener corte, senza che nessuno il discopra? E sì in queste isole egli fece tutto da sè, occupando terreno, ricevendo soggetti, senza che mai nessuno vi mettesse piede a sindacare i suoi fatti, e lo dichiarasse fellone. Sembra altresì dalle memorie rimaste ch'egli usasse un' insegna propria del suo casato. Ai Romani erano affatto ignote cotali insegne portate dai barbari, e che poscia tutti assunsero i grandi coi nomi d'armi gentilizie, di stemmi, d'imprese. Egli è a credersi dunque che Cremete, quantunque Romano della Gallia Cisalpina, pure avesse adotati i costumi dei barbari, e le precedenti invasioni, non che la gran confusione ch'era a que'tempi in Italia, gliene dessero agio. Non essendoci di lui tramandata legge alcuna, e nè pure quale legislazione per governare il suo popolo avesse eletta, ciò che da ogni dubbio ne caverebbe, sembra indizio certo non aver esclusa la barbara, perchè altrimenti al cominciar del dominio che ben presto ne assunsero i Longobardi, lasciandovi però Cremete qual Duca, qualche novità vi avrebbe prodotta il cambiar delle leggi.

Parimenti ignoto del tutto, e più difficile ad indagarsi si è di qual patria egli fosse. Supporlo nativo dell'isola della Mosa, e padrone di questa per diritto d'occupazione, pare assurdo supposto; imperciocchè sarebbe stato piuttosto povero contadino che non cospicuo ed eccelso signore; nè i nuovi pervenuti, così docilmente e senza contrasto gli si sarebbero sottomessi, avesse pur avute le prerogative e i talenti di Romolo. Alcuni lo dissero Cremonese, ma senza fondamento di sorta, e forse da ciò ebbe origine la credenza de'Cremonesi essere la città nostra della loro colonia. Ma di qualunque paese si fosse, certo che giovine ancora ripudiò la sua patria, senza dare favore a quella o richiederne, a tale che la fece ai suoi soggetti dimenticare, com' egli dimenticata l'aveva, cagione per cui non n'è rimasta memoria. A fondare la sua città raccolse tutti gli abitanti dell'isola, e quanti profughi gli capitarono dalle circonvicine contrade, infestate allora da tutti i mali che la conquista de' Longobardi vi aveva portati. E in breve crebbe la popolazione, sì per la sicurezza del luogo, come per la liberale maniera con la quale venia governata.

Rassodate in seguito le conquiste de'Longobardi, e stabilito in Lombardia ordinato governo di regno, la cui metropoli si fu Pavia, non isfuggì alla loro potenza anche questa piccola e nascosa terra, sì che troviamo esservi passato, dimorandovi alcuni giorni, il re Autharit con la moglie Teodolinda l'anno 589. Ciò mostra fosse Cremete con lui convenuto già innanzi sul dominio della città; ragione per cui egli ci venne confidentemente, non in apparato di nemico; e non potea essere, ch' egli lo volesse riconoscere quale signore indipendente della provincia. Anzi sarebbe più ragionevole il credere che questa convenzione fosse allora già vecchia, fatta poco dopo la fondazione, come lo dimostra la quiete con che i Cremaschi attesero ad edificare le mura pel lungo corso di 24 anni, senza mai che nessuno nell'opera loro li molestasse.

Cremete governò 47 anni e tre mesi (Fino, Seriana xxi), ma questo suo governo pare s'intenda cominciasse prima della fondazione della città, imperocchè altrimenti sarebbe morto dopo Agilulfo, ciò ch'egli nella storia smentisce. Sarà dunque probabile che già da 15 anni governasse l'isola della Mosa prima della edificazione di Crema, e così sarebbe avvenuta la sua morte nel 602, come dice il Sigonio. Fu Cremete riconosciuto dai Longobardi qual duce della provincia, ed è a credersi che ne' dieci anni dell'interregno la governasse da assoluto signore come tutti fecero gli altri duchi suoi pari, e riconoscesse poi nell'anno 584, in cui Autharit montò il trono, la sovranità di lui, nel modo che allora usavasi, cioè prestando omaggio e ubbidienza al sovrano, senza perdere nulla delle sue prerogative nel governare i soggetti. Morto lui senza lasciare figliuoli, i Longobardi, come osserva il Giannoni (Storia civile di Napoli, lib 4) non si curarono di darvi successore, forse perchè piacque loro tenersi soggetta immediatamente una provincia sì vicina alla sede reale, mandandovi a governarla ministri con assai più limitata autorità, e da potersi rimuovere a senno loro.

(3) *Isola Fulcheria.*

In qual tempo e per qual ragione un tratto di paese nella Lombardia assumesse il nome d'isola Fulcheria è a tutti ignoto, non avendone nessun antico scrittore tramandata memoria. Perchè fosse detta isola pare facile indovinare, perchè in mezzo ai fiumi; Fulcheria poi non può supporsi derivatole che dal nome d'un uomo. Ai tempi di Cremete certo non era chiamata così, quantunque il maggiore terreno scoperto si denominasse isola parimenti, ma con l'aggiunta della Mosa. Più oltre sotto gl'imperatori d'occidente, questa denominazione correva, come di provincia già antica; ed intendendosi appunto essere quel terreno su cui Crema sta fabbricata, con suo distretto. Egli è necessario dunque arguirne che glielo imposero i Longobardi; e non già negli ultimi periodi del loro dominio, perchè certo lo aveva nel regno di Grimoaldo, come più sotto si proverà; e in quanto al Fulcherio che le diede il suo nome non può essere altri che un longobàrdo statone governatore.

Morto il duca Cremete senza figli, i re non si curarono dargli successore nel ducato, come già si raccontò, ma al governo della provincia avranno ben provveduto altrimenti; e perchè era loro costume il dividere in dominj le terre, distribuendole premio di servigi e di valore, così questo dominio caduto dalla potestà di un Romano, avranno diviso fra barbari in quel modo che più parea convenirsi, levando, aggiungendo, tutto loro essendo il terreno. Se dunque una porzione posta tra i fiumi avessero a tale assegnata per nome Fulcherio, ecco apparirne tosto l'origine. Ma questo dirassi è un cavar fatti da congbietture, fatti insussistenti sovente. Ciò io concedo assai di buon grado; nondimeno mancandone affatto a quell'età la storia dell'interne provincie di sì vasto regno, prego si voglia a me pure concedere questo supposto, sopra il quale mi proverò rischiararne le conseguenze.

Finchè questo dominio feudale (e dico feudale per esprimermi nella forma di possesso, che forse allora questo nome non conoscevasi) durò in una famiglia, quella di Fulcherio probabilmente, di cui il nome appare d'origine barbara, forse non saranno mai avvenute contese circa ai confini, o cambiamento alcuno di questi, perchè le investiture recenti e con gran cura conservate dai proprietarj. Indi decaduto da quella famiglia, o per mancanza di prole, o per cambiamento di sovranità, egli è naturale, e sarà indubitatamente avvenuto, che gli avidi e potenti vicini, o per violenza, o per frode, o per ragioni di doti, di eredità, si saranno provati ad impadronirsene, se non in tutto, almeno per quelle porzioni a cui pretendevano: e da qui incominciossi la disputa de'suoi confini. Le consecutive vicende lo fecero trapassare di dominio in dominio, e i supremi signori, accordandolo e confiscandolo, talora lo consideravano circoscritto come trovavasi, talora volevano indagarne l'origine, se bene il documento ne fosse smarrito. Ned è a meravigliarsi che i medesimi supremi signori ne donassero talora porzione ad alcuno, e il resto scemato ad altri con integro il nome; indi che i successori, non volendo riconoscere quelle donazioni, o concessioni già fatte, il tutto di nuovo richiamassero a sè, e dividessero in altro modo come più loro piaceva. Di questo pienamente avvenuto nell'isola Fulcheria io darò prova, acciocchè si conosca essere stata soggetta del pari che l'altre provincie a variazioni e contrasti, imperciocchè chi voglia domandare i confini d'uno Stato qualunque, egli è necessario aggiungervi in quale età.

Il conte Giorgio Giulini, erudito ed accurato scrittore, si ostina ad escludere dall'isola Fulcheria la Ghiara d'Adda, quantunque con la sua storia medesima somministri patenti prove in contrario. S'egli si fosse contentato dire, ai tempi dell'imperatore Federigo I la Ghiara d'Adda era territorio milanese, chi vorria contrastarglielo? Ma no: egli ragiona diversamente, dicendo: A'tempi di Federigo io provo che la Ghiara d'Adda era territorio milanese, e con ciò provo che la Ghiara d'Adda non formò mai parte dell'isola Fulcheria; ed ecco che tosto da que' medesimi, nelle opere de'quali egli attigne la storia sua, viene smentito. Giorgio Merula, all'asserire del Terni (lib. 1) vuole che l'isola Fulcheria fosse la Ghiara d'Adda. In un'altra storia di Crema inedita, trovo che in un catalogo degli Umiliati di Milano, nel quale erano scritte tutte le loro case, leggevasi: « In » Insula Fulkeria ultra Abduam, de Ripalta, de Vailato, de Tri» vilio, de Calveusano, de Caravagio, de Brignano ». E non vale ch'egli corregga questi, a suo credere, abbagli degli scrittori, perchè troppi v'incapparono unanimemente. Ecco due esempi di queste sue correzioni. All'anno 1279 racconta che quando il marchese di Monferrato comandava in Milano a nome dell'arcivescovo Ottone Visconte, il quale incautamente tanta autorità gli avea conceduta, e se ne trovava pentito, i Torriani invitati e sostenuti dai malcontenti, entrarono nel Milanese, e diedero il guasto a parecchie terre. L'arcivescovo allora andò in persona ad assediare Ozeno, « lo prese e lo distrusse; e dall'altra parte il marchese » (di Monferrato) rovinò Trezzo, e varcata l'Adda s'impa» dronì coll'ajuto dei Trivilliesi di tutta l'isola Fulcheria, o » forse più giustamente della Ghiara d'Adda ». (Giulini, lib. 57).

Più giustamente invero a quell'età, ma lo storico avea usato dell'antica denominazione. E in altro luogo: « Fra gli altri dicono » i nostri scrittori, che Gullielmo della Pusterla ottenne (da » Enrico VIII, nel 1311) la signoria dell'isola Fulcheria, col qual » nome credo ch'essi intendano la Ghiara d'Adda... Nobili mi- » liti Gullielmo de' Pusterla contulit dominium insulæ Fulche- » riæ etc. ». Così l'autore degli Annali Milanesi (Giulini, lib. 61). E anch'io credo così, perchè non so che i signori della Pusterla siano mai stati padroni di Crema, specialmente in tempi sì dalle storie illustrati; ma pure torna bene il ripetere che la Ghiara d'Adda riteneva ancora il suo antico nome. Se tuttavia sussistesse quel tempio, o fosse a cognizione nostra quale di que'che sussistono sia il mentovato dal Giannoni in tal modo: « Molte » chiese rifece (Grimoaldo re de' Longobardi), ed altre nuove » costrusse, fra le quali celebre fu quella dedicata a S. Ales- » sandro nell'isola Fulcheria ecc. (*a*) » (Giannoni, Storia civile di Napoli, lib. 4. Cita Sigonio, de R. Ital. ad an. 672); se di quel tempio fosse restata sicura memoria, forse sarebbe anche sciolto ogni dubbio, imperocchè nell'isola Fulcheria, come dal Giulini vien limitata, non è possibile si ritrovasse, conservando noi documenti della fondazione di tutte le chiese che sono tuttora, come di quelle che si distrussero. E qui è ancora provato per soprappiù che questa nostra contrada portava già il nome d'isola Fulcheria verso la metà del secolo VII.

Ora tornando al Giulini, aggiungerò che attenendosi al rac-

(*a*) Se può credersi a F. Celestino da Bergamo, egli racconta così questo fatto: « Nel 663 hebbe'l possesso del regno Longobardo « Grimoaldo che pur era heretico Ariano; e fu convertito alla Fede » Catholica da S. Giovanni Vescovo di Bergamo, il quale in questi » tempi con la sua santità e dottrina illustrava la Chiesa; a cui » perciò il Re donò la terra di Fara posta nell'isola Fulcheria » (Ghiara d'Adda dicesi adesso) la quale parimente da simil peste » ariana era stata per opera del medesimo Santo nostro Pastore » liberata: e dotò di molti poderi la Chiesa, quivi fabbricata in » onore di S. Alessandro » (Historia Quadripartita di Bergamo, lib. 2, cap. 27). E da ciò risulterebbe che l'isola Fulcheria estendevasi anche alla sinistra del Serio, o che il Serio a quel tempo anche Fara chiudeva nell' isola.

conto della sua storia, apparirebbe l'isola Fulcheria ancora più vasta di quanto ei nega concedere, entrando nel Bergamasco altresì. Ei dice dunque: « Vicino al contado dell'isola Fulcheria » v'era il contado dell'isola Brembana, e queste isole dovevano » anticamente essere formate, s'io non erro (ed erra certo), dalle » inondazioni dell'Adda e dell'Ollio » (lib. 47). Se fu paese che si chiamasse isola Brembana in Lombardia, certo dovea riportare il nome dal fiume, o torrente Brembo, quale infatti chiude vasto spazio di terreno, e questo gettandosi nell'Adda, poco sopra a Canonica, se fosse stato vero che le due isole confinavano fra di loro, certo che la Fulcheria conteneva più che non era la Ghiara d'Adda. E qui richiamando l'altro passo citato sopra, dove fa donare l'isola Fulcheria a Gullielmo della Pusterla, apparirebbe assai dubbio fosse la Ghiara d'Adda, com'egli suppone, imperciocchè nè pur là rimase memoria di loro dominio, in tempi tanto copiosi di croniche e storie, ma piuttosto parte del territorio tra l'Adda e il Po, dove tuttavia rimane una grossa terra col loro nome, cioè Casale Pusterlengo, che si sa eglino esserne stati padroni; e se l'imperatore Enrico VIII chiamava isola Fulcheria quell'ampia tenuta, veggasi di quanto verrebbe ingrandita anche dalla parte di mezzogiorno.

Ma la prova più forte che l'isola Fulcheria conteneva un tempo la Ghiara d'Adda offre il Giulini medesimo nella sua storia, ed io userò delle stesse parole sue a convincerne i lettori: « Il re Corrado dovendo per forti motivi differire la già destinata sua venuta in Italia, aveva intanto mandato in questo regno come suo Legato il vescovo di Costanza. Seguitava allora la discordia tra i Cremonési e i Cremaschi protetti dai Milanesi. Per tal cagione alcuni vassalli del vescovo di Cremona, che godevano terre vicine a Crema, e singolarmente nella Ghiara d'Adda milanese, si erano alleati coi Cremaschi, e non volevano più prestare i soliti servizii dovuti al loro signore ». Che i feudatarj vicini a Crema avessero il vescovo di Cremona per loro signore, era in conseguenza delle donazioni e di Enrico III, e della principessa Matilde. Ora domanderò al Giulini, in virtù di qual atto lo fossero anche quelli della Ghiara d'Adda milanese, ch'io non conosco, e ch'egli non produce? Se la Ghiara d'Adda era sempre stata de' Milanesi sì nell' ubbidienza laica che ecclesiastica, a che prò allearsi coi Cremaschi e coi Milanesi medesimi contro il vescovo di Cremona? E se dipendevano da questo, per quale altro titolo poteva essere, se non per le donazioni medesime? Ma seguitiamo più oltre il Giulini: « Egli (il vescovo « di Cremona) perciò ricorse al Legato, il quale scrisse sopra « di ciò una forte lettera al popolo di Crema ». E se il Legato imperiale scriveva ai Cremaschi e non ai Milanesi per richiamare al dovere i feudatarj della Ghiara d'Adda, al territorio di cui vogliam credere appartenessero? « La lettera è senza data: » ma il Muratori che l'ha resa pubblica, l'ha creduta scritta intorno » a quest' anno (1146). Ella comincia così. Ego Costantinensis » Episcopus, et Domini Churadi Romanorum Regis Legatus, Con- » sulibus, et Comitibus, omnique Populo Cremensi salutem. Notum » vobis fieri volumus, quia Dominus noster ex latere suo Nos » in partes istas dirigens, totius Italici Regni negotia ad honorem » suum jure tractanda Nobis commisit; Nosque omnibus oppressis, » et præcipue Ecclesiis justitiam facere; treguam firmiter ser- » vare; et omnes qui in Regno isto captivi tenentur liberare; » et quosque rebelles, et nostri immo Domini Regis mandati » repugnantes, ejus bamno subiicere; et fideles ejus de adventu, » et servitio suo diligenter commonere præcipuit. De cetero » autem Vobis Comitibus, qui Domini Regis Vassali, et Fideles » estis, ex parte sua præcipimus, ut de adventu et servicio ejus, » Vos diligentissime preparetis. Seguita poi la doglianza del ve- » scovo di Cremona contro i suoi vassalli ». Finalmente il Giulini, per provare anche ad onta di ciò, che la Ghiara d'Adda apparteneva ai Milanesi, ne ripete l'acquisto dalla distruzione della città di Palasio, e con questo confessa non essere stata sempre loro. Ma anche in tal modo il vescovo di Cremona non potea avervi dominio, se non in quanto fosse parte dell'isola Fulcheria. E giacchè egli qui introduce discorso di questa favolosa città, sarà bene raccontarne la supposta storia con le stesse parole sue, perchè in quanto alle prove che mai non fosse stata, ampiamente tratta il nostro Alemanio Fino nella prima Seriana.

Parasso, Parasio, o Palasio, vuolsi fosse una città vescovile posta fra Trevilio e Crema; ma nessuno sa dirne il luogo dove stesse fondata. Per la somiglianza del nome, dissero molti essere là dove adesso è la villa nostra di Palazzo Pignano, senza badare che Palazzo non è nella Ghiara d'Adda, contado già di Parasio. Fra Giacomo Filippo nell'undecimo libro del suo supplemento (Fino, Seriana I) scrive, che per eresia fu distrutta dall'arcivescovo di Milano, e da' vescovi delle vicine città verso la metà del secolo X. A questo proposito racconta il Giulini: « I beni » della mentovata Adelmania, (beneficio ecclesiastico dal nome » del fondatore) sono verso la Ghiara d'Adda; e quindi forse » è nata l'opinione di alcuni, i quali vogliono che il nostro » Adelmano, allora quando era arcivescovo di Milano, unito » coi vescovi di Piacenza e di Cremona, portasse la guerra » ad una città detta Parrasio, ostinata nell'eresia, appunto nel » territorio che ora chiamasi Ghiara d'Adda. Troppo fu angu» stiato quel prelato nel tempo del suo governo dall'emulo » Manasse, per poter aver campo di pensare a guerre esterne, » e poi finchè l'Italia ebbe i suoi re che qui risedevano, non » vi furono guerre dichiarate fra le città. Perciò si dee piut» tosto credere al Fiamma (Flamma, Maip. Flor. mihi 151), » che trasporta questi fatti oltre la metà del secolo seguente ». (Giulini, lib. 12, e a questo proposito sono anche citati Leandro Alberti, Italia, pag. 599. Morigia, Istoria, lib. 2, pag. 310). Ecco com'egli stesso trova improbabile questo fatto, in quella età in cui viene collocato dagli storici più autorevoli, poichè in quanto al Fiamma quasi dappertutto gli nega fede, eccettuato nelle asserzioni che convalidano qualche sentenza sua. Nell'anno poi 1059 riprende la storia di Parrasio, e dice, che fu impresa dell'arcivescovo Guidone, quella della distruzione sua. Si ferma a provare che non fosse città e nè pur vescovado, ma puramente prepositura con alcuni privilegi, ch'erano appunto quelli della prepositura di Palazzo cremasco, sì che sembra ignorare non trovarsi più terra con questo nome o con altro somigliante nella Ghiara d'Adda, essendo Palazzo dentro il presente territorio cremasco, il più angusto che abbia mai avuto. E in tale abbaglio cadde anche altrove, dove racconta, che « nello stesso giorno settimo di giugno (1299) il marchese » d'Este con settecento cavalli e quattro mille fanti, e con tutti

» i Cremonesi era entrato nella Ghiara d' Adda milanese, ed » erasi accampato a Palasio (lib. 59) ». Indi torna a rifiutare l' autorità del Fiamma, il quale scrive che gli abitatori di Palasio si trasferissero nel luogo dove ora è Crema, e vi fondassero una nuova città, chiamandola con questo nome perchè la primiera loro patria era stata abbruciata, dal verbo latino cremare. « Questa pure ha l' aria d' una favola, se non che » parmi verisimile che Crema sia stata accresciuta dagli antichi » abitatori di Parasio; tanto più che quella città non comincia » ad aver fama nella storia se non dopo questi tempi (lib. 23) ».

Quella poi che al Giulini sembra incontrastabile prova, e tale da convincere pienamente, che la Ghiara d' Adda non fu mai compresa nell' isola Fulcheria, si è la descrizione delle terre in questa contenute. Ma non sarebbe anzi questa prova in contrario? Gl' imperatori che diedero i due decreti da lui riportati, non hanno già detto, si è questa l'isola Fulcheria che possedea Grimoaldo re de' Longobardi, in tutta la sua integrità; ma disse il primo, si è questa l'Isola Fulcheria ch' io intendo essere mia regalia; e l' altro, si è questa estensione di terreno ch' io dono ai Cremonesi: e così ne descrissero le terre, appunto perchè sapevano che il dir puramente isola Fulcheria avrebbe dato motivo a nuove contese pe' suoi confini. Veniamo adesso al primo di questi decreti, trascrivendo le parole del Giulini medesimo, per saperne la cagione che lo promosse: « Nello » stesso mese d' ottobre (1187) l' imperator Federigo volle che » si determinasse giuridicamente, se l' isola di Fulcherio era » una regalia, oppure apparteneva alla città di Crema. A tal » fine egli destinò alcuni suoi ministri, i quali difendessero le » ragioni imperiali avanti a tre giudici della Corte, fra i quali » v' era il nostro Ottone Zendadario. I ministri dell' impera- » tore dicevan così: Credit Dominus Imperator, et verum est, » quod insala Fulcherii cum omnibus suis pertinentiis est Rega- » lia. Et credit, quod post destructionem Cremæ dominus im- » perator habuit, et tenuit cum hoc ordine, habendo plenam » jurisdictionem, et dominium locorum infrascriptorum videlicet » (e vedasi che qui non si esamina ciò che fosse stato prima della distruzione di Crema, e molto meno a' tempi dei

Longobardi): « Azanum, Torlinum, Palatium, Mons, Vallianum,
» Bagnolum, Clevum utrumque, Placianum, salvo jure Laudensium, quod habent in Placiano, Capregnanega, Credaria, Roveretum, Moscacianum, Monstodunum, Gomedum, Rivoltella, et Rivolta, Umbrianum, Sanctus Laurentius, et Sanctus Andreas, et totum hoc quod est extra fossatum et suburbium Cremæ ». « Tanto basta a provare con evidenza, che l'isola di Fulcherio altro non era che una parte del territorio di Crema qui minutamente descritta; e che in essa non entravano le terre possedute da'Milanesi fra l'Adda e l'Ollio » (se questa conseguenza è vera, vero è altresì, che tutto quanto stava rinchiuso nel fossato e ne' sobborghi non entrava nell'isola Fulcheria, perchè escluso dalla regalia), « e a loro confermate poco prima dallo stesso imperatore in quel tratto di paese, che addomandasi Ghiara d'Adda milanese ». E qui pure è a osservarsi che la conferma suppone non essere stata in origine di buon acquisto, e che se poco prima le avea a lor confermate, come comprenderle adesso nelle sue regalie? Seguita indi: « Così veniamo ad avere una giusta idea dell'isola di Fulcherio, che fin'ora, e presso gli storici e presso i geografi, si trova assai mal formata. I Cremaschi avendo consultato i loro giudici, fra i quali v'erano tre milanesi, Guglielmo Calzagrigia, Arnaldo di Sopralacqua e Nazaro da Rozano, giudicarono più opportuno il non opporsi alle pretensioni del principe » (e con ciò dunque non confessarono d'avere il torto; molto più che avevano altre ragioni da opporre, lasciate dal Giulini perchè forse le ignorava, e che io fra poco dirò, le quali per loro meglio tennero in petto); « onde l'isola di Fulcherio, eccettuato il solo castello di Crema, fu a lui assegnata ».

L'altro diploma si è dato da Enrico VI a favore de' Cremonesi, e così ne parla il Giulini: « Il diploma si legge presso il signor Muratori (Ant. Med. Aev., t. 4, pag. 231), e contiene la libera cessione di tutti i diritti imperiali sopra il Castello di Crema, sopra l'isola di Fulcherio, con tutti i privilegi spettanti ad essa depositati presso i Pavesi; sopra alcune terre di qua e di là del fiume Serio; e sopra un territorio detto Vavre, dal nome di un luogo che u' era il prin-

» cipale. Oggidì quelle terre vicine al Serio nominate, e quel-
» l'altre del distretto di Vavre, e quelle che propriamente for-
» mano l'isola di Fulcherio, la quale nel presente diploma viene
» anche più precisamente limitata, tutte insieme unite for-
» mano il contado di Crema. Perciò l'isola di Fulcherio non
» solamente non abbracciava la Ghiara d'Adda milanese, ma
» nè anche tutto il contado di Crema, essendo ristretta ad una
» sola parte di esso, come abbiamo veduto sotto l'anno 1188,
» e come più precisamente si vede nella descrizione che ne
» fa qui l'imperatore Enrico: Hæc autem sunt loca in Insula
» Fulcherii constituta. Palatium, Pignanum (questi due nomi
» vanno accoppiati, non essendo che un solo paese chiamato
» Palazzo Pignano), Montes, Vajanum, Bagnoli, Clevus, Caver-
» gnanega, Palazanum, Credaria, Roveretum, Moscazanus, Mon-
» todanus (e qui manca Gomedum), Rivoltella, Rivolta, Um-
» brianus. Non si può a mio credere più esattamente illustrare
» la corografia dell'isola di Fulcherio, di quanto mi è riuscito
» di fare. Per qual ragione poi quel territorio si chiamasse
» anticamente isola, si potrebbe forse argomentare dalle inon-
» dazioni dell'Adda e dell'Ollio, che ricoprendo ne' vecchi
» tempi i vicini territorj, avessero lasciato quello esente da'
» loro insulti ».

Il nome d'isola Fulcheria, per quanto apparisce dalle storie, sembra a me essere stato dato, non già alle terre comprese fra l'Adda e l'Oglio, ma bensì a quelle fra l'Adda e il Serio, lo che apparisce chiaramente anche dai due decreti suddetti i quali la parte del territorio cremasco, oltre il Serio, dentro l'isola non comprendono, e derivato fosse da un Fulcherio che l'abbia posseduta in dominio sotto i Longobardi, barbaro sembrando anche il nome, e perciò dagli scrittori è chiamata indistintamente isola Fulcheria ed isola di Fulcherio.

Ora sarà qui utile osservare un altro decreto di Federico I, ch'io credo non sia stato mai pubblicato, dal Terni trovato negli archivj cremaschi, e che il Fino citò ma non diede in luce. In questo si prova che il territorio cremasco apparteneva già ai conti di Camisano, con tutti i diritti e le regalie, perchè loro viene tolto per delitto di fellonia, e donato al comune di

Crema, ma non v'è punto fatta parola dell' isola di Fulcherio; ed ecco forse con quale pretesto due anni e mezzo dopo l'imperatore medesimo dichiara regalia l' isola Fulcheria, e la ritoglie a'Cremaschi, come sopra provò il Giulini. Questo ha la data di cinque giorni dopo che fu posta la prima pietra della riedificazione di Crema. « In nomine Domini, Patris et Filii et Spiritus » Sanctus, Amen, anno ejusdem millesimo centesimo octuagesimo » quinto, die XII maij indictione 3ª, in praesentia Gualphredi » de Turricella et Aruisii Vesilicensis Judicum Curiæ Imperatoris » Federici, et Jamphosii Olivae, et Ducis Avoritii Saxoniche » militum, et Conciliarum Curiæ Imperatoris cum ligno quod » in sua tenebat manu. Federicus Dei gratia Romanorum Imperator et semper Augustus investivit dominos Benzonum, et » Alexium de Sabino, et Ottonem Gambazochen, et Nigrum de » Rivoltella, et Albertum de S. Vito omnes de Crema, ad partem » et utilitatem comunis, et universitatis hominum castri de Crema, » benefitii nomine, nominative de omnibus honoribus, et omni» bus directis, et juribus, et actionibus, et rationibus, comunan» tiis, piscationibus, usibus aquarum, aqueductibus, advocariis » Ecclesiæ, seu Ecclesiarum, et duelli faciendis, et ordinandis, et » judicandis, et omnibus Decimis, et juribus, et actionibus perti» nentibus Comitibus de Camisano, in Castro, et Castro et muro, et » nomine illius Castri, et de omnibus terris cultivatis, et inculti» vatis, et stantibus in dicto Castro de Crema, et extra illud Castrum » infinita, et Territorium dicti Castri de Crema, et ejus finita no» mina benefitii, quas res tenebant Comites de Camisano, vel » eorum antecessores, illas videlicet res spectantes, et omnia jura » quæ spectare dignoscentur regariæ Imperatoris, et de omnibus » terris cultivatis et incultivatis, et honoribus et juribus perti» nentibus Comitibus de Camisano, et Territorio et finita Castri » de Crema, et de omnibus emancipationibus, seu manumissioni» bus faciendis, et consentiendo, et auctoritatem prestando eis fa» ciendis, et de omnibus hereditatibus, et illorum qui defuncti fue» rint in Castro, et extra Castrum de Crema, et ejus jurisdictione, et » de omnibus, hæreditatibus, et successionibus sine legittimo hærede » interibunt et in consentiendo mulieribus et minoribus in rebus » suis alienandis cum utilitate, in consultis mulieribus faciendis.

» Ita ut ammodo in antea, Comune, et universitas, et homines
» Castri de Crema, qui nunc sunt, et pro temporibus erunt ha-
» beant, teneant, et possideant beneficiario nomine omnia præ-
» dicta, et omnia alia jura spectantia dictis Comitibus Camisani
» regariæ Imperatoris in eo Castro, et finita et Territorii Cremæ,
» cum ipsi juraverint fidelitatem ipsi Domino Imperatori, et om-
» nibus aliis futuris Imperatoribus, et similiter fidelitatem facere
» debent universi homines nunc, et pro temporibus habitaverint
» in prefato Castro Cremæ, nullius juris seu investituris, factis
» et faciendis in Comitibus de Camisano, vel eorum antecessori-
» bus vel successoribus inutilis, ineficax, et nullius momenti, et
» eficatiæ sit, et esse debeant irrita, et cassa, et hoc factum est
» quia dicti Comites de Camisano non observaverunt fidelitatem
» Imperiali Majestati et contra fidelitatem venerunt et fecerunt,
» quia sic inter eos placuit, et conventum. Actum est hoc feli-
» citer in prædicto Castro de Crema super fossato illius Castri, et
» ad hoc fuerunt rogati, Rogerius Vesconte, Paganus de la Turre,
» Ugo de Camerano de Civitate Mediolani. Gotio de Gambara et
» Bonapas Zaba de Brixia rogati testes etc. ».

Finalmente, con la scorta del conte Giulini, alla cui diligenza dobbiamo innumerevoli notizie intorno alle antichità lombarde, e con quel poco che altrove m' è riuscito trovare, esporrò qui brevemente la storia dell' isola Fulcheria, sin tanto che questo nome significò una tenuta più o meno vasta secondo le età e le circostanze. La prima volta che questo nome s' incontra, è senza dubbio sotto il re Grimoaldo, il quale vi fabbricò una chiesa. Stato fosse egli, od alcuno de' suoi antecessori che avesse concesso in dominio o governo a un Fulcherio questo paese, dal nome stesso apparisce vi fosse compreso tutto ciò che rinchiudevano a que' tempi i due fiumi Adda e Serio, perchè se oltre questo v' era terreno non paludoso a que' tempi, certo non all' isola apparteneva. Da Montodine dunque, estremità meridionale, stendevasi a tramontana sino al territorio bergamasco, cioè sino a' confini di quella diocesi, perchè le giurisdizioni ecclesiastiche andarono meno soggette in tutte le età che non le politiche ad alterarsi; e con ciò è manifesto che la Ghiara d'Adda vi si comprendeva. Dopo per lunga età non occor-

più parlare agli storici di quel terreno, il quale probabilmente seguitò sempre la sorte delle altre provincie vicine, sin tanto che potenti sovrani, come furono i re Longobardi, i primi imperatori Francesi e i re d'Italia, tutto questo centro di Lombardia possedevano senza contrasti. Allorchè poi gli imperatori Tedeschi elettivi, impacciati sempre nelle intestine discordie di loro contrada, non potendo più tenersi soggetta l'Italia, come provincia da loro governata, ne cessero l'utile proprietà a'principali baroni, e per sè non conservarono che il supremo dominio, con qualche censo, e col diritto d'investitura, l'isola Fulcheria ricomparisce in potere del marchese Bonifacio, uno dei più potenti feudatarj di nostre contrade. Morto egli verso la metà del secolo XI, e poco dopo anche l'unico suo figlio maschio, per nome Federigo, dovevano tutti i suoi feudi ritornare alla camera imperiale, perchè le femmine non vi succedevano; e infatti Enrico III nel 1055 la donò ad Ubaldo vescovo di Cremona con suo diploma. Indi la contessa Beatrice, vedova del marchese Bonifacio, trovò il modo di ritenere tutti i feudi del marito a nome della figlia, la quale dopo la morte della madre ne restò libera padrona, e per ciò cadde a vuoto la donazione fatta dall'imperatore al vescovo di Cremona. Convien credere che i Cremonesi oltremodo vagheggiassero allora tale dominio, perchè trovasi che nel 1098, in data del primo di gennaio, la principessa Matilde ne fa cessione non al vescovo soltanto, ma al vescovo insieme ed alla comunità di Cremona; ed è prova dell'importunità loro, la poca generosa cessione ch'essa ne fece, di cui la carta fu pubblicata dall'Ughelli, cioè che quel vescovato con tutti i suoi capitani e militi, e la città con tutti gli abitanti dovessero prestare i loro ossequii e servigi alla principessa, che vuol dire riconoscerla per signora. E qui osserva Giulini: « Nel diploma dell'imperatore Enrico » si nomina l'isola di Fulcherio senz'altro aggiunto; ma in » quello di Matilde si legge: Il contado dell'isola di Fulche- » rio. De toto Comitatu insulæ Fulcherii. È vero che questo » contado non abbracciava punto la Ghiara d'Adda milanese, » e di tal verità io ne ho già addotte delle prove, e dell'altre » anche più evidenti ne addurrò sotto l'anno 1191 ». E di quest' osservazione di Giulini mi gioverò anch' io per mostrare, che quell' aggiunta De toto Comitatu insulæ Fulcherii, avessero voluta appunto i Cremonesi, per pretendere col Cremasco anche la Ghiara d' Adda, che forse a quell' età i Milanesi si avevano già ripresa; imperciocchè il dire De toto Comitatu insulæ Fulcherii, non vuol già significare De toto Comitatu Cremæ, come il Giulini spiega più innanzi, essendo l' isola di Fulcherio una porzione del Cremasco, quella cioè posta alla destra del Serio, con la Ghiara d'Adda di più; e significa il comitato di Crema tutte le terre soggette a Crema a destra e a sinistra del Serio, senza la Ghiara d' Adda; così i Cremonesi, che forse alle terre fuori dell' isola pretendevano con altri diritti, richiesero l' espressione De toto Comitatu insulæ Fulcherii per poter pretendere anche alla Ghiara d' Adda, come avvenne in effetto. E da ciò nacque indubitatamente il costante favore de' Milanesi concesso ai Cremaschi, i quali lasciavano loro di buon grado quella provincia, che forse già da un pezzo s' avevano usurpata. E questo mostra anche il Giulini aggiungendo: « Ciò non pertanto » mi è stato necessario il trattare della riferita cessione, per» chè questa fu il pomo d' oro, che destò e mantenne per » tutto il secolo seguente una perpetua discordia fra le città » de' Lombardi ». (Lib. 28.)

Per una lunga serie di anni adunque fu disputata con l' armi la proprietà del Cremasco, ma il nome d' isola Fulcheria parea quasi andato in disuso, quando l' imperatore Federico I Barbarossa per suoi maliziosi fini nuovamante nel trasse fuori. Egli stretto da necessità avea promesso ai Milanesi di lasciare rifabbricar Crema, quindi allorchè la rifabbrica fu cominciata donò tutto il contado di Crema ai Cremaschi, senza nominar per nulla l' isola Fulcheria. Poco dopo prescrivendone i confini a suo modo, perchè il di più avea già ai Milanesi accordato, cioè la Ghiara d' Adda, pretese sotto questo nome gran parte del Cremasco come sua regalia. Enrico VI indi, suo figlio, descrivendo i confini dell' isola come avea fatto il padre, senza avere per nulla riguardo ai decreti di lui, spogliò i Cremaschi anche del resto di lor territorio, e il tutto donò ai Cremonesi. Dopo d'allora questo terreno fu lungamente ancor disputato, non più sotto il nome d'isola Fulcheria, ma sì bene di contado o territorio cremasco; nè alla Ghiara d'Adda, divenuta proprietà de' Milanesi e per antico dominio e per concessione imperiale, nessuno pensò più di pretendere.

(4). *Chiesa e Monastero di san Benedetto.*

Trovasi nella storia di Crema, compilata da Pietro da Terni, il quale fu il primo che con accurato e diligente lavoro mettesse mano a quest'opera, radunando quanti potè documenti e pubblici e privati, che la chiesa e il monastero di san Benedetto furono fondati verso la fine del secolo VI da Enrico conte di Bergamo, errore in cui forse incorse per inganno di qualche confusa carta, che due lontanissime epoche congiunse in una. Parimenti il Fino, sull'autorità sua, cadde nell' abbaglio medesimo. Corretta però tal confusione, tutto ciò che si racconta è vero. Sotto il re Autharit fu Crema accresciuta di tre borghi fuor delle mura, coi nomi di san Benedetto, di san Pietro e san Sepolcro. Di quest'ultimo distrutto, si sa che la chiesa pure chiamavasi san Sepolcro. Nell' altro di san Pietro si costrusse una chiesa col nome medesimo, e parimenti in quello di san Benedetto; anzi è probabile che dalle chiese fossero dati i nomi ai borghi. Io non vo' con ciò dire che i muri di quelle chiese sieno i medesimi che sussistono ancora oggidì, anzi potrebbesi asserire sieno stati più volte rifatti anche in quelle antichissime età, imperciocchè nelle meno remote d' alcuni cambiamenti sappiamo. A quella di san Pietro non è tramandata memoria che monastero alcuno venisse aggiunto, e per que' che si fondarono ne' suoi contorni, anche nuove chiese furono fabbricate. Ma non così di quella di san Benedetto, presso la quale apparisce vi fossero monaci in sul finire del secolo X, raccontando il Terni che il vescovo san Gottardo abitò parecchi anni in Crema, verso il 1004, e credesi a san Benedetto. Quali monaci fossero non è facile indovinare, perchè i Benedettini di Monte Cassino non lo possedevano ancora. E tanta fu la fama di santità che quel pio vescovo acquistò nella nostra contrada, da far erigere due chiese in suo onore dopo che fu morto, l'una in città, l'altra fuori (Terni, lib. 1). D'entrambe queste, ogni memoria è perduta, e forse potrebbe essere la seconda di fuori la parrocchiale di Ripalta Guerina, tuttavia dedicata a quel santo.

Verso la fine del secolo XI unito alla chiesa di san Benedetto eravi già un capace monastero, ed è a credere fosse quello fatto fabbricare dal conte Enrico di Bergamo; e forse in tal circostanza anche la chiesa avrà ricostrutta, già antica di quattro secoli. Fu egli che donò l'uno e l'altra ai monaci di Monte Cassino. Nessuno cred' io potrebbe indovinare in quale maniera ne fosse divenuto possessore, ma si può asserire per certo, non sia stato per sovranità, come alcuno pretende sull' asserzione del Lupi, il quale sostiene non altro essere stati i conti di Camisano, che un ramo della famiglia de' conti di Bergamo. Se ciò fosse vero, come mai nell' istromento di donazione non avrebbe usato di questo titolo, almeno all'altro accoppiato, imperciocchè da quello e non da questo gliene derivava la signoria della contrada? E infatti nell' istromento apparisce donar egli cosa di sua proprietà, senza usar titolo di signoria. Sembrerebbe dunque più verisimile, che i Cremaschi gli avessero venduto o donato quelle fabbriche, acciocchè egli a sue spese le riparasse, o ricostruisse ad uso di monastero, per chiamarvi i Benedettini, dotandoli inoltre generosamente del suo. Nè parmi giusta conseguenza asserire, essere stati signori tutti quelli che donarono alle religioni, sapendosi certo che infiniti sudditi fondarono ed arricchirono monasteri. E molto più lo potevano coloro, i quali comperarono in altre contrade, con le ricchezze accumulate nella lor signoria.

La storia di quel monastero, dal tempo della donazione sino a quasi tre secoli dopo, apparisce da una carta conservataci trascritta dall' abate D. Cesare Tintori, che in tal modo ei riporta:

« Correndo l'anno di N. S. 1732, fu scritta una lettera a
» Roma al R. abate D. Fortunato Tamburini, monaco Benedet-
» tino, da certo P. D. Erasmo di Gaeta, archivista di quel mo-
» nastero di Monte Cassino, nella quale in data del 2 giugno del-

» l' anno suddetto contenevansi le infrascritte notizie intorno al » priorato di san Benedetto di Crema :

I. « La donazione fatta nel 1097 del suddetto monastero di » san Benedetto dal C. Enrico e dalla sua moglie al mona» stero Cassinese. (Qui non è detto che il donatore fosse conte di Bergamo, ma ciò viene altrove e replicatamente affermato. E devesi osservare di più, che la concorrenza della moglie in tal donazione comprova essere stata di privata facoltà appartenente ed all' uno ed all' altra, imperocchè altrimenti, donando del pubblico, non sarebbe abbisognato il nome di lei.)

II. « Una bolla di Calisto Papa ritrovasi in questo archivio » di Monte Cassino, II di questo nome, il quale riceve sotto » la protezione della S. A. il suddetto monastero e i suoi beni, » de' quali se ne descrivono alcuni, e li concede alcune esenzioni.

III. « Una bolla di Alessandro III data nell' anno 1178 con » la quale riceve sotto la sua protezione apostolica il suddetto » monastero e i suoi beni, e specificamente ne nomina molti.

IV. « La concordia fatta nell' anno 1155 da Oberto arcive» scovo di Milano, tra Ugone vescovo di Piacenza e Giovanni » priore di san Benedetto di Crema, per la parrocchiale chiesa » d' Ombriano di Crema, situata nella diocesi allora di Pia» cenza, ed ora di Crema, spettante al suddetto monastero.

V. « L' istromento del possesso che pigliò di detto monastero » nell' anno 1314 a' 9 di luglio, Fr. Alberto Cassinese monaco, » creato priore del detto monastero dal vicedecano e monaci » Cassinesi ».

VI. « Nell'anno 1377 Antonio degli Alferi Cremasco, venne » in Monte Cassino; e per istromento pubblico riconobbe per » suo superiore l'abate Cassinese, e gli prestò la solita ubbi» dienza, e pagò il censo che doveva per detto monastero, e » si numerarono le chiese ch'erano soggette al detto monastero » di s. Benedetto in Crema.

« Finalmente asserisce l'archivista esservi più altre carte a ciò » spettanti, delle quali esibisce mandarne le copie ».

Forse quest'informazione fu data nel 1732 per nuove pretensioni de'monaci di Monte Cassino sopra il monastero di Crema, ed è perciò che non vengono esposte che le carte in loro favore; e nondimeno apparisce, che anche nel durare del loro lungo possesso, nacquero parecchi contrasti, per cui assai poco godettero dell'ubbidienza e de' frutti che ridondar ne doveano. Tali contrarietà dunque vedremo adesso come da altre memorie appariscano. Prima di tutto dai documenti esposti rilevasi, che prima dell'anno 1314 i monaci di Crema si eleggevano da per sè stessi il loro priore, senza dipendere da Monte Cassino, perchè in quest'anno soltanto, da colà venne un priore, che vi prese il possesso, rimandandone l'atto all'abazia, da custodirsi in quell'archivio. E ciò fu per quella volta soltanto, perchè un priore cremasco nel 1377 andò egli all'abazia, e per istrumento pubblico (inutile solennità se fosse stata di consuetudine tal sommissione) prestò ubbidienza e pagò il censo. Verso la metà del secolo XV trovasi che le rendite erano amministrate dal Comune di Crema per conto de'priori *pro tempore*, e che il Comune le assegnò in provvedimento alle monache di s. Monica (Ronna, t. III, p. 76). E ciò fu soltanto per autorità del Consiglio de'nobili, con parte presa li 29 febbrajo, come apparisce da un registro originale de'frati Eremitani di s. Agostino, dei quali le monache di s. Monica dipendevano. Perciò dubito abbiano mai fruito di quelle entrate, non trovandosi conferma nè del principe, nè del pontefice. O se fu, certo per poco, perchè all'asserire del detto abate Tintori, sotto il pontificato di Paolo II, il quale cominciò nel 1464, fu dato in commenda il priorato di s. Benedetto di Crema a Giovanni Monelli. Anche il Terni, ed il Fino (lib. v) raccontano che Giovanni Monelli ebbe da quel pontefice un'entrata di duemille ducati, senza nominare per nulla da qual beneficio gli provenisse, ed è probabile fosse appunto sul priorato di s. Benedetto, imperciocchè il pontefice medesimo con altri beneficj cremaschi favorì Erasmo Bernardi, cioè con la prevostura de' ss. Giacomo e Filippo; aggiungendovi poco dopo anche l'altra del Duomo. Nel 1493, epoca forse in cui il beneficio era vacante, impetrarono i Cremaschi che venisse assegnato ai monaci Benedettini di s. Giustina di Padova. Nè ciò pure si ottenne, perchè poco dopo se ne trova Commendatario monsignor Luigi Tasso, vescovo in prima di Parenzo, indi di Recanati, il quale n'era in possesso nel 1507 quando concorse col vescovo Ariense Erasmo Bernardi a mettere la prima pietra d'una nuova cappella nella chiesa di s. Agostino (Terni, lib. XI). Finalmente a'24 giugno 1520 monsignor Tasso lo cedè ai canonici Lateranesi, riservandosi una pensione vitalizia, di cui poco potè godere, mancato per morte violenta. Tale cessione fu fatta solennemente, e, come racconta il Ronna (tom. 3), « previa stipulazione di capitoli convenuti con la magnifica città » registrati nel libro decimoquinto delle parti e provvisioni in » cancelleria dell' illustrissima città a carte 60, e seguenti ». Il monastero passò ai canonici Lateranesi non altro che quale priorato, come era stato sino allora, che fu nel penultimo anno di Leone X, e venne poi elevato ad abazia da Paolo V nel secolo susseguente. Soggette a quel monastero erano quattro parrocchie del territorio, cioè quella di s. Maria d'Ombriano che possedeva fino dal 1155; e l'altre tre di Cremosano, di Campagnola e di Ricengo pervenutegli poscia, ma non più tardi del 1377. (Ab. Cesare Tintori). La chiesa, forse per vetustà cadente, fu rifabbricata dai fondamenti e posta la prima pietra dall'abate Don Serafino Verdelli Cremasco, il quale fu poscia Generale della sua religione, l'anno 1621, e in due anni finita. (Tintori, Canobio). Avendo la Repubblica Veneta decretato che tutti dovessero chiudersi i monasteri, i quali non contenevano un numero prefisso di monaci, caddero sotto questo decreto due monasteri nostri in Crema, de'Cistercensi cioè di s. Bernardo, e de'canonici Lateranesi di s. Benedetto. Io riporterò la narrazione del Ronna, riguardo a quest'ultimo. « La insigne abazia di san Benedetto, ch'era rappresentata dai reverendissimi canonici Lateranesi, fu soppressa li 2 novembre 1771, essendovi abate il reverendissimo P. Don Gregorio Tadini Patrizio Cremasco: rimanendo appoggiata la chiesa parrocchiale al suo attuale curato il reverendo P. Don Giuseppe Pavani, il quale fu poi nominato proposto da monsignor vescovo D. Antonio Maria Gardini li 21 maggio 1786. Del convento e beni di detta canonica fu fatta vendita dall'eccellentissimo Magistrato sopra monasteri all' illustrissimo signor Gio. Torre q. signor Giovan Francesco di Brescia con istrumento 13 gennajo 1773. Monsignor vescovo trasferendo nell'acquirente il gius di eleggere il parroco di san Benedetto in città, e quelli di Ombriano, di Ricengo, di Cremosano e di Campagnola nel territorio, con l'obbligo però di corrispondere annualmente a cadauno di detti parrochi la decretata congrua di scudi 100 d'oro che formano lire 1400 per cadauno.

Detti beni e ragioni furono poi venduti dal prefato sig. Gio. Torre al nob. sig. Don Faustino Bernardi q. nob. sig. Antonio Maria con istromento 21 novembre 1775, atti sig. Giacomo Bonetti nodaro di Brescia. Enunciata tal compera col mezzo dei pubblici stridori li 25 novembre detto anno in atti sig. Gio. Luigi Chiarasco nodaro allora attuario di S. E. podestà e capitanio, ed essendo comparsi li nobili signori Fulvio Bremaschi, e Fratelli Giavarina a pretendere alcuni di detti beni con titolo di prelazione asseriti in rispettive loro scritture del dì 14 dicembre, detto anno 1775, l'anzidetto nob. sig. Bernardi rilasciò alli summentovati sig. Comparenti tutti gli stabili, come sopra acquistati, con di lui costituto 3 gennajo 1776, atti del mentovato signor nodaro Chiarasco, per il prezzo già da detto nobile signor Bernardi convenuto di lire 540000 piccole, correnti al tempo de' pagamenti, oltre l'indosso degli aggravi in detti stridori dichiarati.

Le nomine poi, ossiano juspatronati delle surriferite parrocchie, col peso dell'indicata congrua, passarono in ragione delli signori infrascritti:

Di Campagnola nell'illustrissimo sig. Andrea Tergnani Nodaro collegiato di questa città, con istromento 23 maggio 1776 anzidetto nodaro Chiarasco.

Di san Benedetto in città nel nobile sig. Don Fulvio Bramaschi, e quella di Ricengo negl' illustrissimi sig. Fratelli Giavarina, con istrumento 15 febbrajo 1783 di detto nodaro Chiarasco.

Di Ombriano toccò agli stessi signori Fratelli Giavarina; e di Cremosano al prefato nobile sig. Bremaschi per istrumento 26 febbrajo 1787 del summentovato nodaro Chiarasco ». (Ronna, T. 2).

(5). *Governo Politico di Crema.*

Apparisce dalla storia che sino dalla sua fondazione fosse Crema governata da Cremete, e come s'è già detto alla nota 2 non già nel modo che usavano i Romani, ma sì bene alla foggia de'Barbari. Egli è da avvertire altresì, che dopo la conquista de'Longobardi, tutte l'altre città ad essi soggette, vennero spogliate d'ogni dominio, e gli abitanti di quelle ridotti, se non ischiavi, miserabili almeno per la perdita e degli onori e delle sostanze; sì che i nuovi invasori aggiunsero alla prerogativa di governare l'altra di dividersi fra di loro i poderi e le abitazioni, e formare così la più elevata classe di società, riducendo i nazionali alla condizione di plebe e di servi. Ma ben diversamente avvenne ai Cremaschi, i quali sfuggiti agli orrori della conquista, diedersi poscia ai vincitori soggetti, allorchè rassodato il governo, con maggiore giustizia i sudditi venivano retti. In tal modo Cremete conservò il suo dominio, e in tal modo i nobili suoi seguaci, venuti per salvezza a convivere seco, formarono la sua corte, e ottennero da lui proprietà di terreni, privilegi onori e maggioranza. Rimasero plebe i nativi dell'isola già agricoltori sotto Cremete, i servi de'nuovi pervenuti, gli artigiani e tutti gl'ignobili de'paesi all'intorno, che la paura avea fatto nell'isola rifuggire. Tolta questa differenza di condizione, ei pare che nei diritti sociali tutti fossero eguali fra loro, come lo dimostra l'adunanza tenuta da tutto il popolo nella chiesa della Madonna della Mosa, per deliberare intorno alla fondazione della città.

Durante la vita di Cremete, Crema a lui rimase soggetta, nè ciò può essere stato altrimenti, che ne'modi usati in tutta la monarchia, cioè aver Cremete, siccome i duchi Longobardi, governati i sudditi, riservando per sè alcuni privilegi, cioè di boschi, di cacce, di pesche e d'altro, riscuotendo le imposte d'investitura, le tasse sui frutti della terra, sull'industria e sui lavori degli uomini, e imponendo balzelli quando ne venisse il bisogno, per ripartire l'intero prodotto col Re in certa proporzione determinata, che all'assunzione di Autharit al trono, fu convenuto nella metà.

Dalla morte di Cremete sino ai tempi di Masano, non si ha più notizia alcuna del governo di Crema, ma egli è facile indovinare che durò sotto le leggi Longobarde sino a che dominò questa nazione, passando indi per tutti i cambiamenti a cui furono soggette le città vicine, sotto gl'imperatori francesi, i re d'Italia e gl'imperatori tedeschi. Ricomparisce poi con sua storia particolare sul principio del secolo XI, allorchè Masano n'era signore, e senza dubbio retta da governo feudale, sotto un conte come tutte l'altre vicine, senza cognome a principio, perchè a que'tempi cognomi non si usavano ancora, ma che distinguevasi pel nome di un luogo di privata sua possidenza, il quale, aggiunto al titolo di signoria, l'usò egli come carattere di dignità, e lo tramandò ai discendenti come distintivo di stirpe, sì che sempre chiamaronsi conti di Camisano. Governando egli dunque il Cremasco nella qualità sua di conte, al pari di tutti gli altri, anche il territorio nostro venne chiamato contado di Crema, nè ardisco asserire che prima nol fosse, ma certo si è, che da quel tempo i Cremaschi cominciarono a sostenere la prerogativa, e per quanto gl'invidiosi e rapaci vicini gliela volessero contrastare, se la mantennero a viva forza, durando indipendenti sin tanto che non prevalsero potenti tiranni, i quali tutte le città lombarde spogliarono di lor libertà. Nè sotto questi rimasero pure tranquilli pienamente, e fu bisogno che dalle guerre loro si ristessero essi medesimi, e determinati i confini degli Stati per reciproche convenzioni, troncassero così ogni pretesto di ribellione ai soggetti; lo che avvenne finalmente ai tempi di Francesco Sforza, il quale con la repubblica di Venezia divise la Lombardia. Le guerre che seguitarono dopo quel tempo, e parecchie e rovinose ne furono, non più s'intrapresero per odj municipali, ma per volontà di Sovrani, a cui i Municipj servivano, e contro cui sarebbe stata follía il voler contrastare. Crema allora sotto il veneto governo dovette piegare la testa, nè più le avvenne di poter rialzarla.

Tornando adesso al reggimento di Masano, ripeterò ch'era pienamente feudale, soggetti gli uomini alla sua volontà, nessuno escluso dalla milizia, ed arbitro egli d'investire i vassalli d'ogni possesso, con quelle condizioni e patti che più a lui piacevano, di spogliarneli con la confisca per delitto di fellonia. Legislator egli del pari, e giudice insieme, sì de'nobili che de' plebei. Soggetto però al supremo dominio degl' Imperatori, giogo da cui nessuno ancora avea tentato sottrarsi, e che fu sostenuto pel corso di parecchi secoli dopo. La plebe della città, o castello che dir si voglia, imperciocchè a que' tempi non usavasi troppo scrupolosamente pesar questi nomi (1), trovavasi a miglior condizione che non i contadini, ridotti allo stato quasi

(1) Molto si è parlato e scritto intorno al nome che competevasi anticamente alle case ed altre pubbliche fabbriche che contenevansi dentro le mura di Crema. Città senza dubbio chiamavansi tutte quelle in cui risiedeva un re, o un duca, o che contenevano nel lor territorio molti paesi, di cui avevano dominio. All'altre, non già per decreto sovrano, od altro pubblico documento, ma in forza soltanto dell'uso derivato dalla grandezza del luogo, dal numero degli abitanti, e dalla nobiltà loro, conservavasi quel nome che i loro fondatori le avevano dato; nè in fatti m'occorse mai ritrovare nelle antiche storie che nomi tali venissero cambiati per maggior decoro degli abitanti, come ne'tempi più moderni s'accostumò. Crema sorta fortezza ne'suoi principii, chiamossi castello, e in quasi tutti gli atti pubblici è usato un tal nome, o l'altro di comunità, dato sovente anche alla stessa Milano, imperciocchè non era frequente, specialmente nelle Repubbliche, l'uso di scrivere *urbs* o *civitas*; nè della denominazione di castello mai se ne offesero i Cremaschi di que'dì. Se si volesse riferire quante volte nella storia sia chiamata Crema città, se ne potrebbe un grosso volume formare, e basta leggere il solo Giulini per averne prova. Trattandosi poi nel secolo XVI di erigere in Crema un vescovado, si volle fregiarla del nome di città per decreto sovrano. Ed era ragione, che Crema sovrana di sè medesima essendo sempre stata contenta del modesto suo titolo di castello, serva che fu, l'innalzassero i suoi padroni all'onor di città. Nè parmi bella prova quella che alcuno asserì, essere il vescovado che distingue le città dai villaggi. Se ciò fosse vero, Roma non sarebbe divenuta città che sette secoli dopo la sua fondazione.

di schiavitù; e questa si è la ragione, per cui, come osserverò in progresso, non mai i villici ebbero voce nelle pubbliche deliberazioni, nè pur quando la terra nostra si reggeva a repubblica.

Nell' assedio messo dall' imperatore Federico I, quando i Cremaschi conobbero non poter più sostenersi, non osarono nè i capitani, nè i nobili far cosa alcuna di propria autorità, ma sì prima di trattare l'accordo, come quando ritornarono gli ambasciatori con la risposta dell'imperatore, riferirono al popolo, segno evidente d'essere riconosciuto questo a parte del governo. Il decreto di Federigo, col quale concede la riedificazione di Crema, è indiritto al comune ed università degli uomini del castello di Crema; e dopo che fu ricostrutta di propria autorità i Cremaschi crearono tre Consoli e due Podestà, assistiti da un consiglio maggiore (Terni, lib. 3). Seguitando innanzi, non solo la città si reggeva a repubblica, ma ogni porta, imperocchè dalle porte erano denominati i quartieri, faceva da sè, e correggeva a suo modo gli statuti per opera di commissarii: « electos » in consilio Portae Rivoltae (od altra), ex voluntate Consilii » dictae portae, et universitatis ejus ».

Costituito il governo a repubblica, e per quanto appare con grande concordia de'cittadini, entrarono a turbare la quiete le fazioni de'Guelfi e de'Ghibellini. Le due principali famiglie di Crema, cioè de'conti di Camisano e de'Benzoni, s'erano sempre disputato il primato senza pretesto alcuno, se non quello dell'ambizione. Offertasi questa nuova opportunità da loro chiamata ragione, i conti abbracciarono il partito dell'impero che era il ghibellino, quantunque Federigo I gli avesse spogliati d'ogni loro prerogativa, perchè s'erano dopo riconciliati co'suoi successori, e i Benzoni tosto, non per amore di parte, ma per odio ai Conti, dichiararonsi per la Chiesa, quale in apparenza a principio sostenevano i Guelfi. Gli altri minori nobili si divisero anch'essi, parteggiando o per l'una famiglia o per l'altra; ed anche la plebe appresso, conforme ne aveva più utile, o a questi o a quelli aderì; e i contadini divennero passivi strumenti dei loro padroni. A principio i Conti furono soverchiati dai Benzoni, essendo questa assai più numerosa famiglia, e fors'anche più ricca.

Sin tanto che non ebbero i Ghibellini altro sostegno che quello degli Imperatori a gran fatica poteano sostenersi, ma entrati i Visconti in dominio, le cose cambiarono affatto d'aspetto. Allora i conti di Camisano ripresero ardire, trovandosi forti abbastanza per far fronte ai rivali, e i Benzoni n'ebber la peggio. Ma non s'avvilirono questi perciò, e al tempo di Luchino Visconti ebbero la destrezza d'imparentarsi coi Principi medesimi, dando una loro figliuola per moglie a Giovanni di Oleggio. Costui, del quale in altro luogo darò più diffuse notizie, non appariva già pubblicamente essere della famiglia Visconti, ma tutti lo credevano figlio naturale dell'arcivescovo Giovanni, il quale sempre svisceratamente l'amò ; e per quanto si sforzi il Giulini a volerlo smentire, l'autorità di tutti gli storici di que'tempi, e dei Villani in ispecie, merita maggiore credenza. Questa nuova parentela non fu lor sì proficua quanto avrebbero desiderato; e morto Luchino, sotto il governo dell'Arcivescovo, appena appena valsero a sostenersi ; essendo allora che i principi fomentavano anzi che estinguere le discordie, per cavarne profitto. Nè tutto il male qui si contenne, che successi all'Arcivescovo i suoi tre nepoti, Giovanni da Oleggio essendosi ribellato, e ritenuta Bologna per sè, dov'era stato mandato dall'Arcivescovo governatore, chiese nella lotta soccorso a'suoi congiunti Benzoni. Indispettiti costoro pel poco conto in che i Principi li teneano, e sperando dall'Oleggiano maggior favore quand'ei vincesse, in tutto quanto poterono e con le persone e con le sostanze prestaronsi a suo favore. Ma egli che nella sua conquista non potea mantenersi, cavatone il miglior partito a vantaggio suo, vendè Bologna al Papa, e abbandonò i congiunti in gravissimi guai. Infatti furono tutti i Benzoni banditi, insino alle donne maritate in altre famiglie. Allora fu quando i conti di Camisano consolidarono il loro potere, non ritrovandosi più in patria chi ad altro valesse che ad invidiarli. L'esiglio fu lungo, pure a poco a poco vinsero la durezza di Bernabue, e vennero ristabiliti anche nel possesso de'loro averi. La lotta allora si ridestò, senza però poter i Benzoni giugnere per un pezzo allo splendore primiero.

Avvenne in questi tempi che Bernabue donò Crema alla moglie, ma sembra non fosse ciò che per assegnarle una rendita, perciocchè in quanto al governo non venne fatta novità di sorta, seguitando i consoli cremaschi, e il podestà mandato dal principe ne' loro ufficii. Era Regina della Scala, moglie di Bernabue, donna eminentemente superba, per cui nessuno de' Cremaschi potè avvicinarsele onde ottenerne favore, e perciò rimasero le fazioni quasi sopite. Ma l'ambiziosa Regina, ingelosita oltremodo e della grandezza del nipote Giovan Galeazzo, e del favore che suo marito accordava ai figliuoli illegittimi, che molti ne avea, giunse a persuaderlo che a' suoi proprii nati da lei, accordasse il governo d'una porzione degli Stati, per avvezzarli al comando e renderli animosi e potenti. Crema venne assegnata a Carlo, ed egli ne prese il possesso con tutta quella leggerezza ch'era sua propria, e che trasfuse anche in suo figlio. La mensa, le donne, i stravizi, erano le uniche cure sue. Così contenendosi, poco poterono approfittare del suo favore i faziosi, quindi del pari se ne dovettero tutti star quieti.

Intanto che tali eventi accadevano, una di quelle menti straordinarie che la natura tratto tratto, ma non sovente produce, maturava vasti disegni, da eseguirsi appena che la fortuna gliene porgesse occasione. Si era costui Filippino Benzon, soprannominato Compagno. Egli avea due fratelli minori, ambiziosi al pari di lui, ma assai meno perspicaci, e per ciò forse più onesti e buoni. Dopo il tracollo di Bernabue, imprigionato, indi avvelenato dal nipote, giudicando esser quello momento opportuno, ordì co' fratelli le fila opportune a' disegni suoi, ma il potere de' Conti prevaleva ancor tanto, che dopo aver fatti inutili sforzi, s'avvide che non avrebbe mai potuto riuscirvi, se non usasse la frode. Fingendo dunque essere in discordia co' suoi fautori, prestò orecchio alle sollecitazioni del conte Rinaldo, capo in allora della famiglia de' conti di Camisano, il quale desiderava torlo ai nemici, immaginandosi che senza lui i Guelfi avrebbero affatto piegato il collo. Compagno seppe sì bene governarsi in tale briga, che persuase a Rinaldo dargli vinto il partito, a' suoi Guelfi procacciar loro miglior fortuna, componendoli con gli avversarj. I Conti risiedevano allora a Camisano, onde il giorno di martedì, 17 giugno 1398, fu fatto un parlamento dei due partiti nella casa di Nicolò Vimercati al castello di Ricengo, dove tutti i principali intervennero. Era allora in Crema vicario generale di Giovan Galeazzo Visconti, cioè podestà, certo Bertolo de'Angelli, nè si sa certo s'egli pure nella trama entrasse, ma dalle conseguenze apparisce che sì, perchè assegnò egli le multe ai giudicati colpevoli. Nell'adunanza il conte Rinaldo mostrò gran desiderio di pace, e per allegrezza d'avere stabilito l'accordo, disse voler egli pure per cinque o sei giorni diventar Guelfo. Il dì susseguente, com'era pattuito, egli entrò in Crema con gran seguito di fautori, e all'improvvista fece mettere le mani addosso a più di cento ottanta Guelfi, fra i quali diecinove Benzoni, compreso Compagno, e Nicolò Vimercati, nella di cui casa s'avea pattuito l'accordo. Fra tutti ne vennero sei impiccati, cioè quattro forastieri e due cremaschi, tutti plebei a quanto sembra, escluso il solo Febo Placeuzi di famiglia patrizia. Degli altri ne furono fatte parecchie classi, e quali sostenuti nel castello di Porta Ombriano, quali banditi, e quali multati. Non v'ha memoria che a tutte queste violenze il podestà s'opponesse per nulla, e forse non l'avrebbe potuto anche volendolo, ma, come dissi già sopra, fu egli che tassò le emende, col consenso di Giovanni Benzoni, esprimendo la scrittura rimasta di questa storia, *tamen fuit minus malum*. Compagno coi fratelli e parecchi altri de'suoi presto venne liberato, e più che non prima crebbe in potenza. Scioltosi così dagli emuli della propria fazione, fra i quali parecchi di sua famiglia, che vennero confinati in varii luoghi, tutto s'adoprò ad abbattere i nemici, e con sì prospera riuscita, che da quel tempo la famiglia de'conti di Camisano precipitò sì bassa da non potersi più riavere, e con la preminenza anche le vaste sue tenute perdendo, in meno d'un mezzo secolo venne ridotta a povertà.

Disposte tutte queste fila Compagno, e mirando a farsi signore della patria appena le condizioni de'tempi lo permettessero, fu dalla morte prevenuto proprio quando trovavasi al punto di riuscirvi. Ma l'opera sua non andò per questo perduta, e i suoi due fratelli Paolo e Bartolomeo ne approfittarono, si può dire senza merito alcuno.

Mancato nel settembre del 1402 Giovan Galeazzo Visconti,

cadde in spaventoso disordine tutto lo Stato suo. Nel testamento di lui Crema lasciò al figlio naturale Gabriele, nè i Cremaschi ardirono tosto ribellarglisi, anzi mandarono ambasciatori a prestargli ubbidienza; ma poscia nell' universale disordine impervertendo anch' essi, accanitamente tra Guelfi, e Ghibellini si contrastarono il dominio della città. Paolo Benzone, capo in allora de' Guelfi, giunse facilmente ad impadronirsene; e signore che ne fu con la forza, volle anche apparirlo giuridicamente, quindi radunato un Consiglio, nel novembre del 1403, da quello gli fu conferita la signoria, avutone anche a compagno il fratello Bartolomeo. Questo congregato Consiglio, che chiamossi generale della terra di Crema e del suo distretto, venne intimato da cinque Benzoni, Sergnano, Paolino, Alberto, Giovanni e Coradino; e v' intervennero i sindaci del Comune, i consiglieri, fra tutti in numero quasi di cento cinquanta, de'quali una metà forse plebei, e inoltre quanti altri del popolo capiva la sala. E prima di tutto questi sindaci e consiglieri « considerantes » se liberos, nullum dominum super caput habere, rectorem » vel gubernatorem », dichiaravano aver diritto di eleggere chi li governi; indi l'elezione fanno cadere sui due fratelli Benzoni. Nell'istromento dell' investitura loro, viene fatta bensì menzione del distretto, come se vi avesse prestato il suo assenso, ma non apparisce che fossero i contadini chiamati al Consiglio.

Breve fu la durata di lor signoria, morendo ambidue di peste nel 1405; e con testamento lasciarono eredi i figliuoli. Poco dopo, cioè nel settembre dell' anno medesimo, radunato nuovamente il Consiglio, si venne all' elezione d'altro signore nella persona di Giorgio, senza far più menzione de' figliuoli di Paolo e di Bartolomeo, quantunque uno almeno ne vivea ancora. Questa volta nell' istromento d' investitura non è fatta parola nè di popolo nè di distretto, quantunque i consiglieri plebei siano ancor numerosi. Le frasi son più magnifiche, e i consiglieri giurano « in manibus prælibati domini, quod erunt perpetuo fi- » deles subditi, et servitores prælibati Georgii ». E sotto: « D. Georgius acceptans prædicta, promisit ipsis subditis, et » servitoribus suis etc. ». Alquanto duro fu di costui il governo, usando da despota la sua autorità, mandando ai confini, confiscando le proprietà de'soggetti, ma nondimeno talvolta fu giusto e generoso; sì che più assai del suo divenne grave il giogo de' libertini e soperchiatori suoi figli, ch' ei non sapea contenere. Nulla però fu cambiato nell' ordine della pubblica amministrazione, e quantunque più nulla al popolo si riferisse, nondimeno entrava del pari coi nobili nelle magistrature.

Costretto Giorgio a fuggire nel gennajo del 1423, tosto Crema cadde in potere del duca Filippo Maria Visconti, il quale protesse i Ghibellini, ma nulla innovò in quanto al governo della città. Alla sua morte, avvenuta nell'agosto del 1447, costituitisi i Milanesi in repubblica, e perciò entrati in guerra con Francesco Sforza che pretendeva succedergli nel ducato qual marito dell' unica sua figlia Bianca, quantunque naturale, assai nelle parole lisciarono i Cremaschi per tenerseli amici, ma ne' fatti mandarono commissario Gaspare Vimercato con tale autorità, che tutta la terra e il distretto tiranneggiava a suo modo. Trascrivo qui in prova la lettera con la quale fu partecipata a'Cremaschi la costui scelta. « Capitanei et Defensores » libertatis Ill. et Excelsæ communitatis Mediolani. Reputantes » et habentes terram Cremæ veluti dextrum quomdam oculum, » adque præcipuum quoddam membrum hujus inclitæ civitatis » Mediolani, valdeque posse in omnem casum conducere statui » communitatis prælibatæ maxime atento quod homines tanta » cum caritate devotione, ac affectione se se movent ad se exibendos nobis, ac penitus, et omnino dedicandos, decrevimus unum » sibi dare virum ad regimen ipsorum prudentem modestum, » et eis gratum super omnia; experti igitur multotiens, et in » importantissimis quidem negotiis fidem prudentiam integritatem et singularem virtutem ac probitatem strenui Gasparis » de Vimercate, et præsertim quia in ea terra multum temporis » moratus natura loci, et hominum tenet egreggie, pariter et » peritiam rerum ibi agendarum serie præsentium ipsum facimus » constituimus, et creamus comissarium in eadem terra Cremæ » tam nomine et vice communitatis prædictæ, quam pro bono, » utilitate tutela et oblectatione hominum eorum, dantes et concedentes ei auctoritatem, et baliam, agendi, ordinandi, et disponendi præicipiendi mandandi et cetera.

» Datæ Mediolani die secundo septembris MCCCCXLVII. Signata » Raphael ».

Seguitarono poscia sempre in tal modo le lettere de'Milanesi, indiritte ai presidenti, al comune, e agli uomini della terra di Crema, e sempre il commissario cresceva in opprimere e sopraffare. Egli con inganno mise i Guelfi fuori della città, e al cominciare dell' anno 1449 invece che lasciar scegliere a' Cremaschi i nuovi consiglieri, come era costume, dieci soli ne elesse di sua autorità e suoi confidenti, e a questi affidò il governo del Comune. Stanchi finalmente i Cremaschi di tante sue oppressioni trattarono d'arrendersi a' Veneziani, mandando ambasciatori nel loro campo.

I Veneziani che s' aveano divisa con Francesco Sforza la pelle dell'orso prima di prenderlo, cioè le terre che possedeva tuttavia la repubblica di Milano, e in tal divisione ad essi assegnata Crema, oltremodo si rallegrarono di poter così facilmente riuscirne a capo, senza spese, pericolo e sangue. Perciò ricevuti assai onorevolmente i messaggieri, riconobbero i cittadini quali assoluti arbitri di sè stessi, e padroni di rendere la città a chi più loro fosse piaciuto; quindi accordarono una generosa capitolazione, con privilegi in perpetuo accettandola come suddita del loro dominio; e ciò fu perchè sapevano trattare i Cremaschi nel tempo medesimo anche con Francesco Sforza, il quale, per la facilità dell'acquisto, poteva essere tentato a mancare di fede. Vennero tosto i Veneziani introdotti dal castello di Serio; nè al commissario Vimercati fu fatta ingiuria.

Come sotto la repubblica di Milano aveano i Ghibellini oppressi e sbanditi i Guelfi, così del pari sotto la veneta, disfogaronsi questi a danno di quelli, e quasi immediatamente parecchi ne vennero mandati a'confini; tanto più che i Veneziani medesimi, rotta eglino la fede allo Sforza, s'erano collegati co' Milanesi, e temevano perciò che irritati i Ghibellini non se l' intendessero seco lui.

Alla fine dell' anno il provveditore veneto Orsato Giustiniano (magistratura instituita a principio, ma che non durò), imitando l' esempio del commissario, elesse di propria autorità cento consiglieri al governo del Comune. Egli è da credersi fossero questi tutti nobili, perchè la plebe se ne lagnò, e ad istanza sua l'anno appresso il successore del Giustiniano Giacomo Antonio Marcello nominò il nuovo Consiglio in numero di trecento uomini. Occorre qui per la prima volta trovar menzione de' contadini, a' quali, quantunque non fosse mai stato concesso diritto alcuno nell'amministrazione del governo, non si perdonarono però i castighi; e in quest'anno 1451, insieme a molti altri cittadini, cento e ventuno ne vennero confinati. Parendo indi al nuovo provveditore Dandolo che troppa confusione fosse stata nel Consiglio de' trecento, per l'anno appresso li ridusse a sessanta, eletti parimenti di sua volontà. Nè intanto si ristava dal perseguitare i Ghibellini, i quali, rotti i confini la maggior parte, erano accorsi all'esercito di Francesco Sforza, per cui tutti in una volta furono dichiarati ribelli, e i loro beni si confiscarono. Il Consiglio per l'anno 1454 elesse il Dandolo stesso, tutto di Guelfi, salvo che d'uno solo Ghibellino. Finalmente la peste dei partiti fu sradicata in Crema per opera di un frate Gio. Battista da Novara dell' ordine de' Predicatori, il quale dopo lunghe preghiere ed esortazioni ottenne dai Guelfi che il Consiglio pregasse il principe voler concedere pieno perdono senza distinzione di sorta a tutti i Ghibellini. La grazia fu conceduta, ma non tutta in un tratto, e in varie volte vennero rimessi i banditi, ultimi fra i quali si furono i poveri contadini. Mitigata così la discordia fra i nobili, e in progresso di tempo dimenticate le ingiurie antiche, pervennero questi ad affratellarsi insieme formando un sol corpo, e da qui cominciò un'altra gara, non più coi nomi di Guelfi e di Ghibellini, ma di Nobiltà invece e di Plebe. E perchè innanzi i gentiluomini allettavano i plebei, ammettendoli anche compagni nelle magistrature, per giovarsi di loro nelle discordie civili, così diventati strumenti inutili, s' accordarono di ridurli quasi allo stato di schiavitù. L'impresa costò loro fatica e pericoli, ma pure in capo a molti anni vi riuscirono.

Un mezzo secolo dopo tali vicende, nel quale i nobili aveano sempre badato ad abbassare la plebe e rimuoverla dal governo, occorse la celebre lega di Cambraj; e in breve Crema si trovò minacciata dall'armi francesi. Avendola i Veneziani abbandonata a' cittadini spettava o d'arrendersi o di resistere. I consiglieri col podestà non seppero nulla determinare, onde Socino Benzon pronipote che fu di Compagno, odiando i Veneti per anteriori brighe, radunò in duomo i consiglieri insieme al popolo, e perorando onde persuadere d'arrendersi al Re di Francia, concluse in tal modo a nome de' magistrati: « nondimeno che » non volevano fare effetto alcuno senza saputa e consentimento » del popolo, acciò che mai lamentare si potesse; e se loro » erano forse di opinione contraria, che dicessino liberamente » l'animo suo, che il Consiglio era per fare, se non quello che » volevano loro ». (Terni, lib. 8). A tali parole proferite da Socino non fu alcun nobile che avesse ardire di contrastare.

Seguitarono poi tre anni di governo militare francese, nel quale, eccettuata la violenza, nessun ordine fu osservato; e parimenti altri due, ritornata Crema sotto l'obbedienza de'Veneziani, ne'quali oltre il durissimo assedio, le estorsioni de'capitani, le rapine, gli omicidj e gli stupri de' soldati, s'aggiunse fierissima la peste a imperversare, per cui nè fu più legge in vigore, nè ordine fra i rettori e i soggetti. Ma cessate appena tante calamità, nuovamente attesero i nobili alla loro impresa di soggiogare la plebe, e inventarono perciò una nuova maniera di sgherri non mai stata in prima, per di cui mezzo poter rendersi temuti, anzi spaventevoli. Solevano un tempo i loro maggiori mantenere a tutte proprie spese certo numero di bravi, per difender sè stessi, od offendere gli avversarj. Ma quegli erano ricchi feudatarj, e pochi perciò, ma in seguito cresciuta la nobiltà, e menomata in ricchezze, trovò più facile spediente, quello cioè d'accordar protezione senza stipendio. Quanti erano perciò malviventi, ladri, falsarj, banditi, col favore del suo patrocinio, potevano liberi passeggiar la contrada, e durare nelle loro ribalderie. Tale temperamento ad entrambi tornava proficuo, chè i padroni senza costo avevano bravi, e ai ladri servi non mancava pane. I governi, fosse per debolezza, o fosse per mantenere in lustro i maggiori sudditi, per lo più li lasciavano fare, ma tratto tratto a dismisura crescendo il disordine, provavansi a porvi riparo. De' primi provvedimenti, ch'io sappia, presi contro sì infesta genia, racconta Alemanio Fino nel libro decimo, dicendo che il podestà Lorenzo Priuli nel 1577 pubblicò un rigorosissimo editto per estirparli. Ma convien dire producesse ben poco frutto, perchè all'asserir del Canobio nel 1590 i banditi ed altri malviventi avevano così infestato il Cremasco, che nessuno potea più trasportare nulla da un luogo all'altro senza essere derubato, per cui era quasi impedito il commercio. Il podestà Luigi Mocenigo provossi del pari a volerli snidare, e al dire de' suoi adulatori vi riuscì, e per ciò, come per altri suoi beneficj gli fu posta una statua di bronzo con iscrizione sopra l' erario pubblico, nel muro che guarda la piazza. Ma vedremo in seguito quanto presto ripullularono. E a questa volta lo scrittore parla assai chiaro, manifestando la causa di sì grave calamità. « Erasi intanto, dic' egli, in terra » ferma, e specialmente in questa patria, introdotto un pessimo » abuso, che li rettori, e particolarmente li provveditori generali, » facevano a intercessione, e per altri mezzi de' loro favoriti, » salvacondotti a' banditi, onde correva spesse volte periglio di » esorbitanti disordini ». Indi di tale abuso nuovamente parla all'anno 1619. « Perchè i rappresentanti all'occasione di presenti » rumori facevano lecito di propria autorità concedere ai banditi » ed ai relegati salvacondotti ». Dopo gli sforzi fatti dal podestà Mocenigo nel 1590, ecco nuovamente all'anno 1604 il Canobio medesimo raccontare: « S'era ammorbato di maniera il paese » per l'introduzione scandalosa di bravi, sgherri, e simili uomini » facinorosi, che ci fu che fare con replicati divieti a snidarli ». E degli stessi banditi riprende poi a parlare all'anno 1627.

La briga cominciata tra i nobili e il popolo sino da quando i nobili medesimi cessarono dalle fazioni, crebbe poi di mano in mano, quanto più questi e per comunanza di cariche, e per vincoli di matrimoni, andavano dimenticando non che l'odio, ma insino i sospetti, e tanto progredì, che ottennero i plebei a difesa loro un nuovo magistrato composto di più persone, le quali chiamavansi i sindaci del popolo con la prerogativa del *Veto*, come i tribuni della plebe in Roma, limitato però negli effetti suoi, imperciocchè non sospendeva gli ordini del Consiglio, o de' provveditori che n'erano i tre presidenti, se non sino a tanto che fossero riveduti dal Senato di Venezia. Di costoro trovo la prima memoria nel Canobio all'anno 1601, ma egli ne parla già come di vecchia instituzione, e racconta che dal Senatò appunto fu comandato ai provveditori di non molestare i sindici del popolo. Da qui apparisce quanto fosse questo ufficio pericoloso, perchè i nobili per non averli avversi li *molestavano*, cioè impedivano l'esercizio di lor facoltà. E le maggiori contese nacquero quasi sempre in occasione di carestia, perocchè i sindici pretendevano non mancasse grano da comperare alla plebe, e i nobili volevano essere liberi nel commercio di quello. Il loro numero verso la metà del secolo XVIII, al dire del Zucchi, si era di ventiquattro, fra i quali avea preferenza il più vecchio e chiamavasi capo, ma ignoro affatto, se tanti fossero anche ne' tempi anteriori. È da osservarsi però che anticamente altresì il popolo aveva sindici in Crema, ma quelli formavano una magistratura che partecipava al governo, e sottoscriveva insino i trattati, quando i posteriori non avean voce che per implorare soccorso alla plebe, se oppressa o affamata.

Riporterò qui parte d'una scrittura con la data del 1702, nella quale brevemente è narrato come si governasse Crema a que' tempi. « Il suo governo risiede in un patrizio veneto eletto » dal gran Consiglio col nome di podestà e capitanio per sedici » mesi, che esercita tutta la giurisdizione civile e militare. L'erario » è in cura del Camarlengo altro patrizio; alla milizia soprain» tende il governatore, e di un ricetto di munizioni, piuttosto che » castello, ha cura il castellano, per il passato cittadino, ora anch' » esso patrizio veneto, tutti però al podestà subordinati. Gli of» fizj della città sono dispensati dal Consiglio generale ch'è limi» tato dal 1701 tra il numero di 90 ed il 145, eletti dal Consi» glio stesso, e che durano in vita. Al quale, sebbene non vi è » decreto particolare, l'uso però lunghissimo ha introdotto, che » non si ammettono per il più, se non soggetti di famiglie nobili » o almeno molto civili, e capi di questo corpo sono tre prov» veditori, due de'quali si rinnovano ogni sei mesi, restando gli » altri per un anno ». Da qui apparisce che a quell'epoca non erano affatto esclusi i plebei dal Consiglio, ma in seguito, se non per decreto, almeno per lunga consuetudine, vinsero ancor questo punto: e perchè il principe avea accordato al Consiglio medesimo la facoltà di rilasciare patenti di nobiltà, di questa si valsero a non infrangere mai sì fatta consuetudine, elevando prima al grado di nobili, coloro che, o per volontà propria, o per raccomandazione di potenti, ammettevano nel loro corpo.

Ora non resta che osservar di passaggio, un ramo assai importante di pubblica amministrazione, quella cioè delle imposte dirette e indirette. Di quando Crema era repubblica non soggetta a nessuno, poco o nulla rimase memoria su questa materia. Ma per giudicarne, siccome sogliono tutti gli storici degli altri paesi, dirò che a que'tempi essendo gravosissime le spese della guerra, convien credere di necessità, che anche i cittadini assai indiscretamente venissero taglieggiati. Sono però ad osservarsi alcune circostanze che diminuiscono l'eccesso che a prima giunta sembrerebbe apparirne. Prima di tutto erano essi medesimi che si tassavano in proporzione di lor facoltà, supplendo ai poveri i ricchi, imperocchè non s'avrebbe potuto altrimenti. Indi l'esercito de'cittadini non mercenario, fuori che fosse dal suo territorio, sempre viveva a spese altrui e più agiatamente che non solesse in sua casa; e per ultimo le confische così frequenti, somministravano grandiosi prodotti. Caduta poi Crema in mani straniere, assai più ebbe a sopportar strettezze, per la voracità de' principi, de' condottieri d'eserciti, e de'soldati medesimi stanziati nelle sue mura. Nè migliorò sotto il governo del suo cittadino Giorgio Benzon, il quale per mantenersi in dominio gli era necessità ricomperarselo ad ogni tratto, col soccorrere il duca Filippo Maria Visconti, la cui mala condotta sempre lo metteva alle strette, e di tali o tributi o prestiti ne parla anche il Fino. Di più l'investitura all'Imperatore, l'annuo tributo al Duca, le secrete leghe coi vicini tiranni, le spese delle fortificazioni che faceva eccessive, lo sciupamento de'figli, e la liberalità sua lo costrinsero a spogliare i soggetti. Dopo della fuga di lui, le guerre che seguitarono, appieno resero i cittadini diserti. Caduti poscia sotto il dominio veneto, migliorò d'alquanto la sorte loro. È tradizione che quella repubblica fosse assai moderata nell'aggravare i sudditi; e questo è vero se si riguarda soltanto all'imposta diretta, cioè sugli stabili, i quali fu la prima a censire, acciocchè pagasse ciascheduno proporzionatamente in ragione di rendita, e tale porzione, che tutti senza grave incomodo potessero sopportare. Ma perchè anche in quello Stato erano gravi spese, così ciò che da una parte condonava, raccogliea dall'altra, e tante erano le gabelle, i generi di privativa, e i monopolj per favorire la metropoli, che mai più in nessun luogo altrettanto. Aggiungansi altre tasse indirette con nomi diversi, e sui terreni medesimi, e sui lavoratori di questi; e più di tutto, rovina ai soggetti, l'appaltare ogni sorta di gravezza a ingordi pubblicani, con sì ampj privilegi, da lasciar loro facoltà d'impunemente rubare, ed arricchire a dismisura con quello d'altrui. E tutto ciò in tempo di pace, imperocchè se avveniva che guerreggiasse, più nell'aggravare non conosceva misura, e sì lo conobbero i Cremaschi, nell'assedio sostenuto da Renzo Orsino da Ceri, a'quali toccò il mantenimento del presidio, e gli alloggiamenti nelle lor case, e gli stipendj altresì, se avveniva che da Venezia non giugnessero in tempo, per cui n'ebbero spogliate le chiese, e distrutte quasi le abitazioni.

Trascriverò qui per ultimo parecchi passi della storia del Canobio, in prova che non è tutto vero quanto si asserisce intorno alla moderazione della Repubblica veneta, nell'aggravare d'imposte i sudditi. Nel 1645, racconta, cominciata la guerra coi Turchi, cominciarono altresì le gravezze straordinarie, essendo le ordinarie nella Repubblica veneta assai moderate. Prime furono le offerte spontanee, e i Cremaschi cominciarono a pagare sei mille ducati, parendo ad essi fare gran cosa; ma tosto dopo per Ducale furono aggravati per tre volte più, facendo il Senato comparire che anche ciò fosse spontaneo; e perchè dubitavano de'privati, vollero rendere il pubblico mallevadore. Dopo nell'anno medesimo s'aggravò il Cremasco di sessanta galeotti, in ragione di ducati 130 per ogni uno. Nel principio appena del 1646 fu ripartita tal somma arbitrariamente sulle persone. Indi a qualche mese si richiesero bombardieri, e di questi un grosso numero, per cui chi non volle andare convenne riscattarsi sino a cinquanta ducati. Tornarono a chiedere poscia offerte spontanee, e il solo Carlo S. Gio. Toffetti pagò cento mille ducati; altrettanto o più il vescovo Badovero. Nel principio del 1647 altri galeotti furono ordinati per tutta la terra ferma, poscia il tributo di un campatico intero, vale a dire in quell'anno doppie gravezze. In luglio toccarono ancora a'Cremaschi trentasei galeotti, in ragione di ducati 130. Nel 1648 il Doge scrisse a'Cremaschi per persuaderli a fare e mantenere a proprie spese una compagnia di soldati. Indi fu messa una nuova contribuzione di 200,000 ducati sulla terra ferma, detraendo però da tale imposta le somme pagate spontaneamente. Nel 1649 un' altra imposizione di 100,000 ducati sopra terra ferma, e qui si eccitarono i sudditi ad altre offerte spontanee, per cui Gasparo S. Gio. Toffetti pagò 100,000 ducati. Poi altri cinquanta galeotti a ducati 130. Nel 1650 venne a Crema Tadeo Gradenigo, e mise una nuova gabella in tal modo. Furono chiamati tutti i padri di famiglia, e a giudizio di tre Cremaschi, tassati in quanto poteano sopportare, non meno di ducati cinque, e non più di ducati cinquanta per ciascheduno. Nel 1654 furono assegnati a Crema altri galeotti quarantadue e mezzo. Un altro campatico fu posto in tal modo nel 1656, cioè, che secondo le ultime tasse, chi pagava meno di quanto portava l'estimo fosse a quello agguagliato, e pagasse il di più; chi invece pagava più, seguitasse pure sul piede stesso; e in aggiunta bandite una quantità di valute, non restava con che pagare, e conveniva saziare l'avidità degli esattori con grosse somme, acciò riscuotessero in quel modo che più loro aggradiva. Nel 1657, oltre i galeotti, s'ordinò la levata d'uomini, e convenne anche pei galeotti dar gli uomini, poichè il podestà non si contentò nè pure del doppio prezzo. Di tanto numero di campadeghi, taglioni straordinarj, ed altre simili gabelle, maggiormente riusciva grave l'incomodo, quanto che per saziar l'ingordigia de'ministri non si trovava mai dinaro che fosse sufficiente, per ottimo che fosse, ai pesi di marco, onde conveniva contribuire il 13 e il 14 per cento sul calo delle monete. Nel 1659 furono coscritti i bombardieri. Nel 1660 ducento soldati, ed alcuni altri bombardieri. Sin qui il clero non avea nulla contribuito, ma in quest'anno ottennero i Veneti facoltà d'aggravarlo con un sussidio straordinario di cento mille scudi d'oro, e i secolari furono aggravati di doppie imposte. Altri cento mille scudi d'oro poi furono concessi dal Papa sul clero nel 1663. Così il Canobio che viveva e scriveva la sua storia proprio a quei tempi.

(6). *Conte Masano.*

Volle alcuno provare coll' autorità del Lupi che i conti di Crema fossero un ramo di que' di Bergamo, e vuol provarlo con una quantità di pergamene, dimostranti tutte ch' essi avevano vasti possessi sul territorio cremasco, non già dominio. A tale proposito dice il Muratori: « Ma perchè si trovi in » qualche paese un contratto di un marchese, non si ha tosto » ad inferire ch'egli fosse marchese di quella provincia; per» ciocchè i principi e signori grandi possedeano de'beni in varie » parti d'Italia ». (Dissertaz. sopra le Antichità ital., disc. VI). Parimente vuolsi che l' isola Fulcheria, e gran parte del Cremonese siano stati per secoli parte del territorio bergamasco Al tempo de' Longobardi, dipendesse Crema immediatamente dai re dimoranti a Pavia, o dai duchi di Bergamo, già torna lo stesso. Indi poi, sotto gl' Imperatori o Re francesi e italiani, forse che anche i Conti di Bergamo l' avranno usurpata per qualche tempo, come fecero anche gli altri suoi vicini; ma egli è impossibile provare sia stata mai lor retaggio, perchè non fece mai parte di loro diocesi. Nè vale il dire che il marchese Bonifacio l' ottenesse in dote dalla sua seconda moglie Richilda de'duchi di Bergamo, perchè gli Stati s'usano portare in dote, non le giurisdizioni ecclesiastiche, e l' isola Fulcheria fu conceduta da Matilde sua figlia al vescovato di Cremona, nè i vescovi di Bergamo la richiamarono mai come loro diocesi. Le antiche pergamene sciolgono, è vero, gran dubbii, ma per chi vuol abusarne, e da un atto accidentale di tali persone o di tali epoche dedurne non già una momentanea circostanza, ma un diritto permanente, quale storia v'ha che non si possa smentire, o qual altra che crear non si possa? (Veggasi la nota 3, pag. 29, isola Fulcheria). Io riterrò dunque che con tutte le carte del Lupi questo Masano non fosse de' conti di Bergamo, ma bensì alcuno di que' signori francesi discesi in Italia nelle guerre di que' tempi, e impadronitosi per diritto o per frode del territorio cremasco. L' abate D. Cesare Tintori, nelle sue Memorie Cremasche manoscritte, così racconta di lui. « Masano

» venne in Italia nel 997 da Francia, e fu da Ottone III, forse » in premio del suo valore, essendo suo generale, fatto signore » di Crema e di Lodi, e di molte altre terre, come consta per » tre bellissimi privilegi con Bollo d' oro, spediti dal medesimo » Cesare, uno sotto il dì 26 aprile, l' altro ai 13 giugno, ed » il terzo a' 5 settembre 1000, nei quali oltre ciò conferma, et » quatenus opus sit, dichiara Signori e Signore, Baroni e Ba- » ronesse, Conti e Contesse tutti quelli che sono nati, e na- » sceranno in perpetuo da detta casa de Camisani ». Dov' egli tai privilegi vedesse, non dice. Ma anche senza ciò Masano diede il nome alla terra che fu poi sua sede e castello, nome che il Lupi ne' conti di Bergamo ritrovare non seppe, il quale da per sè solo si mantenne poi illustre per lunga età, senza che nè mendicasse splendore d' altra illustre prosapia, nè mai quell' origine ricordasse.

(7). *Ordine degli Umiliati.*

Racconta il Giulini (lib. 17, anno 1016): « Da alcuni Mi- » lanesi che trovavansi fra questi (cioè prigionieri dell' impe- » ratore Enrico II), molti scrittori hanno creduto che abbia » avuto l' origine l' Ordine famoso degli Umiliati, il quale es- » sendo cresciuto in questa città (Milano), si dilatò poi per » molte parti dell' Italia. » Indi al lib 22: « Molti tardarono » la prima instituzione degli Umiliati sino all' anno 1046, dai » prigionieri rilasciati da Enrico III, invece che da quelli ri- » lasciati da Enrico II, o come chiamasi s. Enrico ». (Notisi che qui il Fino quantunque scriva Enrico II, intende parlare del III, facilmente succedendo tal varietà negli Enrici, perchè molti omettono Enrico I che non fu imperatore, ma soltanto re di Germania). Qui come vedesi il Giulini non riconosce che i soli Milanesi institutori di quest' Ordine, perchè il Fino forse non lesse mai, non facendone mai menzione nella lunga sua Storia. Ma da quest'autore appunto avrebbe potuto determinare l' epoca del fatto ch' ei lascia incerta. È però necessario osservare, che fu chi contrastò al Terni la verità del racconto (e il Fino da lui lo trasse), dicendo che a quel tempo non si usavano cognomi. Ei non è vero che non si usassero del tutto, ma pochi erano ancora; pure, se chi contraddisse avesse meglio osservato, sarebbesi accorto che questi non sono cognomi, ma indicazioni del luogo di loro dimora, o di loro feudi, appunto com' era costume. Il primo da Carobbio, cioè che abitava in una contrada di tal nome, comune a que' dì, il secondo da Bagnolo e il terzo da Piaranica, ville del territorio nostro.

(8). *Brixianorum, o Bressanoro.*

Sarà utile qui ricordare alcune antecedenze a questo fatto, omesse dal Fino. « Anno Domini MXCVIII primo cepit guerra de Cremona (Crema) Frixorium Cremonentium ». (Cronichetta di Sicardo vescovo di Cremona). Due anni dopo questo primo scoppiar della guerra, avvenne uno strepitoso fatto, così raccontato dal Giulini (lib. 31): « In quo facto Mediolanenses » in majori gaudio gavisi sunt, quia in ipso mense (junii MCX) » susceperunt triumphum de Cremonensibus victis et superatis » apud Brixanorii Campum ». Così Landolfo. Sicardo del pari: « Anno Domini MCX fuit bellum inter Mediolanenses et Cre» monenses, apud Brixianorum, Cremonensibus perniciosus ». Il Calendario Sitoniano: « XIV Kal., anni Domini MCX, » Bellum de Brexanore ». Il Sassi afferma che « Brixianorium » si è Brezzano, alla riva del fiumicello detto Longina, non » molto lungi dal castello di Busseto nel contado di Cremona, » al mezzogiorno della stessa città ». Non sarebbe forse più verisimile il credere che il *campum Brixianorii* fosse il Bressanore anche de' nostri dì, dove è costrutta una magnifica chiesa, chiamata Santa Maria di Bressanore, proprio al confine tra il Cremonese e il Cremasco, e vicino al luogo dove fu fabbricato in seguito Castel Leone, come il più esposto alle scorrerie dei Cremaschi, invece che mandarli a combattere oltre Pò, sino ai confini del Parmigiano? Pure in Sicardo è scritta quest' altra notizia: « Quando secunda guerra de Crema fuit, Ribaldus et

» Anselmus Consules fuerunt MCXXX ». Tale notizia (cioè che la guerra durasse in Lombardia mentre l' imperatore Enrico V vi dimorava) « fin ora inosservata la debbo alla Cronichetta » di Cremona .... Quando Civitas Cremensium fuit capta MXCVI » in Sancto Alexandro (26 agosto. Giulini, lib. 31) ». Della sconfitta de' Cremaschi a Castel Nuovo, veggansi il Corio, P. 1, p. 66, ed il Giulini, lib. 33, i quali ne determinano l' epoca nell' anno 1127.

(9). *Seguito di Storia.*

Tra la fallita impresa di Lotario II dell' assedio di Crema, e la venuta di Federico I Barbarossa iu Italia, si cavano dalla Storia di Milano parecchi altri fatti. In tal maniera seguita il Giulini (lib. 34): « Fin qui gli affari de' Milanesi erano sem» pre andati prosperamente: ma poi cominciarono a cangiar » faccia. La prima sventura (Anno 1133), al dire di Landolfo, » fu che un drappello di nostri militi fu da' Cremonesi sorpreso » e fatto prigioniero. Quindi i Cremonesi stessi fatti più ani» mosi si posero a fabbricare un castello, che potesse frenare » le scorrerie de' Cremaschi uniti co' Milanesi ; e la fabbrica » fu terminata per la festa di San Michele. Sicardo dice che » la nuova fortezza fu chiamata Castel de' Visconti, o Castel » Visconte: la Cronichetta di Cremona la chiama Piceleone, ed » il Fiamma Pizzighettone. Fra il territorio di Crema e di Cre» mona, v' è Castel Visconte presso al fiume Ollio; v' è Pizzi» ghettone presso l' Adda, e v' è Castel Leone nel mezzo. Con » tutto ciò io credo che il castello fabbricato dai Cremonesi » in quest' anno sia Pizzighettone, più anticamente detto Pice» leone ». (seguita le prove di questa sua opinione; e stando anche all' autorità del Terni non fu a quest' epoca fabbricato Castel Leone, ma bensì nel 1188 da un Gerardo conte di Camisano podestà di Cremona). Poi seguita, lib. 36: « Qui (sulle » rive del Mincio presso Mantova), o pure a Guastalla, fu dove » si agitò la gran causa pel contado di Crema, fra i Milanesi » ed i Cremonesi, la quale fu decisa a favore de'nostri ». Ciò accadde nel 1136 appena venuto l' imperatore Lotario in Italia, adirato contro i Cremonesi, che non lo vollero ubbidire, per cui tolse loro due fortezze e le distrusse, cioè San Bassano e Soncino. L' arcivescovo di Milano Robaldo, che si trovava nel campo dell' Imperatore, scomunicò i Cremonesi. E più oltre: « I Milanesi proseguirono felicemente la guerra contro i » Cremonesi, e *Anno MCXXXVIII fuit maximum prælium inter Cremonenses et Mediolanenses*, così la cronaca di » Parma e quella di Cremona, *quando maxima pars Populi* » *Cremonæ fuit capta ad Cremam MCXXXVIII quinta die* » *mensis junii* ». A' 5 giugno del 1139 racconta Giulini un' altra battaglia tra i Milanesi e i Cremonesi vicino a Crema, cioè a Rivolta o Rivoltella. Sospetta egli possa essere stata la medesima dell' anno innanzi, perchè anche nel giorno medesimo; e ciò per errore di data negli scrittori. All' anno 1146 (lib. 37), seguita come l' imperatore Corrado mandasse in Italia per suo Legato il vescovo di Costanza, il quale stimolato dal vescovo di Cremona, scrisse ai Cremaschi una lettera, comandando si sottomettessero ai Cremonesi. (Vedasi ciò più diffusamente alla nota 3, pag. 29. Sul principio d'agosto 1154 (lib. 39), i Cremaschi chiamati in soccorso dei Milanesi contro ai Pavesi, furono alla battaglia di Lavernagola, dove essendo nella giornata rimasta la vittoria indecisa, accadde la notte che il campo de' Milanesi si spaventò fuor di ragione, e tutto fu messo in fuga senza che nessuno lo seguitasse. Tale viltà scotta al Giulini, e va cercando pretesti per medicarla, fra i quali suppone che i Lodigiani e i Cremonesi, i quali, come sudditi loro, erano nel campo, avessero eccitato il tumulto. Dopo quel fatto forse i Cremaschi tornarono a casa, poichè d' essi non si parla più. E nel 1157 furono i Cremaschi dai Milanesi chiamati per andar contro ai Cremonesi che voleano assediar Maléo, ma invece furono condotti contro i Pavesi a Landriano. Nè in uno nè in altro di questi luoghi accadde briga perchè i nemici si ritirarono.

(10). *Popolazione di Crema e del suo territorio in varie epoche della storia.*

Racconta il Terni: « Uscirono pur alfine gli sfortunati Cre-
» maschi che circa xx millia erano con quelli pochi soldati che
» ancor dentro aveano, il detto giorno di Marte 27 genaro
» l' anno predetto 1160 », l' anno cioè che Crema fu presa e distrutta da Federigo I Barbarossa. Il Fino narrando il fatto medesimo venne da alcuni biasimato, come che avesse troppo esagerato nel numero, ond'egli scrisse a sua difesa la Seriana vi. Forse si possono anche le sue ragioni menargli buone, ma omette la principale, quale avrebbe difeso sì lui che il Terni, imperciocchè questi afferma che i soldati erano pochi; e tal ragione si è, che se si vuol prestar fede agli storici antichi, non già cremaschi, ma ad essi stranieri ed anche nemici, circa alle molte imprese loro e dentro e fuor della terra, convien credere altresì essere stati assai più numerosi a que' tempi, che non lo furono in seguito.

Da quell' epoca in poi nessuno parla più della popolazione di Crema (e forse per assai lunga età non è stato costume di numerarla), sino all'anno 1574, in cui per asserzione del Fino nella medesima Seriana vi, arrivava al numero di dodici mille persone. In egual numero è riconosciuta dal Canobio tredici anni dopo, cioè nel 1587. Nè più ne viene fatto menzione, se non quasi cent' anni appresso in una relazione latina di Antonio Maria Clavello, e trovasi diminuita appunto della metà. Ciò fu nel 1670, contenendo la città 6000 abitanti, e 24000 il contado. Una sì strabocchevole diminuzione non può essere avvenuta senza che importanti cagioni la producessero. Sappiamo appunto che nel secolo XVI assai lucroso fioriva in Crema il commercio, per numerose fabbriche di panni, di tele e di drappi. Sino dal 1449, anno in cui i Cremaschi si arresero ai Veneziani, aveano per patto espresso nella capitolazione, che la Repubblica non avesse ad aggravare di dazj i tessuti che si fabbricavano in città. Il Senato attenne i patti, ma i nostri rettori municipali pochi anni appresso, per utile del Comune li sottomisero ad una tenue tassa. A principio i tessitori si lasciarono sorprendere, e pagarono, ma cresciuti in numero per l'utile che da tale commercio ne derivava, e crescendo la mercanzia altresì, per cui l'aggravio rilevava d'assai, cominciossi una causa che durò un secolo e mezzo. Questa fu portata a Venezia nel secolo XV, a Milano ne'tre anni del governo francese, e nuovamente a Venezia dopo che quella repubblica riebbe Crema. Da per tutto i tessitori rimasero soccombenti. Nondimeno rifiutandosi sempre costoro di pagare, si passò a' fatti, e ad essi vennero levati i pegni anche pel debito anteriore. Allora con altro pretesto, con quello cioè della scarsezza de' grani, i giornalieri de' tessitori, in grandissimo numero che essi erano, si sollevarono contro i provveditori li 2 maggio 1611. Fu tosto mandato l'inquisitore di terra ferma Lunardo Mocenigo, e ai 16 del mese stesso tre ne furono impiccati, ed altri condannati a servire sulle galere. L'inquisitore ottenne ringraziamenti ed onori per avere pacificata la terra (Ronna, t. 5), ma gli operaj spaventati fuggirono tutti a Piacenza, dove trovarono vitto col lavoro medesimo, e per quanto il Senato pubblicasse amnistíe e perdoni, non vollero più ritornare; sì che fu necessario dismettere quel commercio. In tale briga ambidue i partiti perdettero il punto, perchè ai soccombenti fu tolto il lucro, ed al Comune trionfante l'entrata del dazio, non essendosi più dopo d'allora parlato di tasse per le poche tele che si seguitò a fabbricare. A ciò devesi attribuire lo scemamento di popolazione, per li tanti operai mancati e in queste arti e in altre che distrusse la gravezza de' dazj, la voracità de' gabellieri, e il monopolio della metropoli. Ne è da passare inosservata la peste del 1630.

Il numero medesimo d'abitanti mantenevasi ancora nel 1702, cioè di 6000 in città, e 24000 nel contado, come apparisce da un manoscritto di quel tempo; e nel 1750 per una relazione mandata al principe da Vettor da Mosto, inquisitore di terra ferma, intorno allo stato della provincia cremasca, trovasi che nella città erano gli abitanti notabilmente cresciuti, ma non già i contadini, essendo questi in numero di 23921, e i primi di 8132. In altri 16 anni però, cioè sino al 1766, crebbero ancora e gli uni e gli altri, ammontando i cittadini a 8266, ed a 30000 i foresi. Così trovasi nel libro intitolato *Cremensium episcoporum series*, pag. 17, note 15 e 20. Se questo aumento de' foresi può credersi, egli bisogna attribuirlo a un nuovo genere d' alimento divulgato a quell' età, cioè del *maïs*, o formentone, come volgarmente si chiama, il quale in prima era tenuto a vile, come attestò la plebe nella sedizione del 1750. Il Ronna, scrivendo nel 1791, s'esprime in tal modo: « Si contavano in Crema » senza rammentare tempi troppo remoti al secolo decimosesto » li 12, sin li 14m. abitanti, laddove adesso non vi si contano » appena 8m. (Tanto guasto non portò la peste sofferta nel » passato secolo, come ha portato l'abbandono delle arti) ». Ronna, t. 5.

L' ultimo ragguaglio della popolazione cremasca si è quello pubblicato dal conte Faustino Sanseverino nella sua opera intitolata *Notizie statistiche e agronomiche intorno alla città di Crema e suo territorio*, il quale all'anno 1841 la fa ammontare in città ad 8418, e in campagna a 39,036.

LIBRO SECONDO

Cessata la guerra, que'miseri Cremaschi che altrove non avevano abitazioni, ritornarono a Crema (1160) ristorando al meglio che potevano l'abbruciate case (*a*). Li Cremonesi intanto, desiderosi di averci sotto il loro dominio, comprarono da Federico la giurisdizione di Crema per sedicimille lire, dandogliene alla mano dieci mille, ed il rimanente poi alla pasqua (*b*). Inteso ciò i

(*a*) Racconta il Corio (part. 1, pag. 94) che Arialdo di Arzago, dopo la presa di Crema, si fece cittadino di Lodi. È probabile fosse questi un Milanese uscito da Crema dopo la resa della città, perchè di tale casato fra noi non trovo memoria.

(*b*) Questa compra fecero forse i Cremonesi dopo essersi trovati delusi dall'Imperatore che tante promesse aveva loro fatte. Ciò apparisce da un privilegio che in tal modo riporta il Giulini: « Anche i Cremonesi alli 13 dello stesso mese di giugno (1162) » ebbero un privilegio, con cui per singolar grazia ottennero il » diritto, che già prima avevano, di regolarsi sotto il governo » de'loro consoli; ma con l'obbligo che i consoli eletti ogni anno » dovessero presentarsi al principe, per ricevere l'autorità, e pre- » stare a lui uno stretto giuramento; che la città pagasse un con-

nostri nobili si fortificarono nelle ville, deliberatisi non voler abitare in Crema mentre li Cremonesi ne fossero signori (*a*). Venuto a morte papa Vittore in Lucca, il quale era stato confermato dal Concilio fatto in Pavia, fu per commissione di Federico fatto in sua vece Guido Cremasco, cardinale di s. Calisto, e detto papa Pasquale. Questi andato a Roma e pigliata la chiesa di s. Pietro, costrinse papa Alessandro a fuggire. Mentre si facevano queste cose in Roma, le città lombarde, avvedutesi dell'apparecchio di Federico per venire in Italia, se gli confederarono contra; il che agevolmente si fece per essere fuor di modo tiranneggiati i popoli dagli agenti imperiali; perciocchè toglievano ai Milanesi delle sei parti delle entrate le cinque; dai Cremaschi poi, i quali erano allora sotto il governo di Lamberto Vignani Lodigiano, scodevano i due terzi. Fatta la lega, papa Alessandro pacificatosi col popolo di Roma, per mezzo di Giovanni cardinale, ripigliò la chiesa di s. Pietro, onde fu bisogno che Pasquale si ritirasse a Lucca.

» siderabile annno tributo; e con altri aggravj e condizioni. Ottennero altresì dall'Imperatore gli avanzi della distrutta Crema; » ma egli volle tenere per sè tutto il territorio di essa, ch'era « buono e fruttifero ». (Giulini, lib. 43).

(*a*) « Stava molto a cuore ai nostri (cioè i Milanesi) il ristabilire il ponte sull'Adda nel luogo di Pontirolo. A tal fine si » erano portati di nuovo colà (nell'ottobre del 1660), e con l'ajuto » del conte Enrico da Crema, e de'Cremaschi, avevano preso a » rialzarlo (Giulini, lib, 41) ». Lo stesso conferma il Morena a pag. 80. e il Corio v'aggiunge (p. 1, pag. 94): « Il conte Enrico » da Crema essendo co'Milanesi alla guardia del ponte di Pontirolo nel 1160, andò con essi a Doveria che saccheggiarono ». Forse quest'Enrico era della famiglia de'conti di Camisano. Da qui apparisce che anche dopo la distruzione della patria, non era tanto prostrato il valore de'Cremaschi, da non riappiccar tosto guerra coi loro nemici.

Giunto Federico in Italia nel 1167, tra i molti capitani che egli assoldò in Italia, scelse due Cremaschi, Gilberto de'conti di Camisano, e Lantelmo de' Greppi, la qual famiglia poco dappoi si cominciò a chiamare de'Benzoni, da Benzone fratello di Lantelmo (*a*). Ora Federico raunato un grosso esercito lo divise in due parti: una, fattone generale il conte, ne mandò in Toscana in soccorso di papa Pasquale, ed egli con l'altra al fine si accampò sotto Ancona; e mentre che l'Imperatore se ne stava a questo assedio, Pasquale col conte andò con le sue genti a Roma, tirando gran parte dei Romani alla sua divozione. La lega intanto, non volendo unirsegliele i Lodigiani, si pose con molta gente sotto Lodi. Qui i Cremaschi raccordevoli dei passati danni fattigli da'Lodigiani, postisi a Selva Greca, luogo sotte le mura di Lodi, gli molestavano con continue scaramuccie; mandò perciò l'Imperatore con molta prestezza Lantelmo Greppi in soccorso dei Lodigiani; ma non potè egli arrivare sì tosto che si arresero; laonde tratto Lamberto governatore fuor di Lodi, se ne andò con le genti a Pavia. Ora facendosi queste cose in Lombardia, i Romani ebbero una gran rotta dai Toscolani. Levatosi pertanto Federico dall'assedio d'Ancona s'indirizzò alla volta di Roma temendo ch'ella non fosse presa da' Toscolani. Oppostosi papa Alessandro a Federico, ed avuta in fine la peggiore, partissi una notte di Roma e si ridusse a Benevento; laonde posto Pasquale nel

(*a*) Durò fedele questo Lantelmo all'Imperatore, anche pienamente conclusa la lega lombarda. Ciò narra il Morena, dicendo che Lantelmo da Crema andò a Pavia appena entrati i Lodigiani nella lega contro Federico (Ottone Morena, pag. 112), e aggiunge il Corio (part. 1, pag. 111) che v'andò insieme a Lamberto procuratore, o meglio governatore de'Lodigiani. E ciò sembra probabile, perchè nella riedificazione di Crema i Benzoni vennero dall'Imperatore favoriti.

pontificato, avendo i Romani giurato di averlo per lor papa, con solenne pompa un dì di s. Pietro coronò Federico, il quale partitosi poco dappoi per la pestilenza nata in Roma, se ne venne alla volta di Lombardia, lasciando papa Pasquale con una grossa guardia di Tedeschi nel pontificato, nel quale egli se ne stette fino all'anno 1173, che fu poi ucciso sulla piazza di s. Pietro.

Ora per tornare al primo ragionamento, rimase Crema disabitata anni 25, stando i nobili, come s'è detto, a' loro poderi; e quantunque vi dimorassero quei poveri Cremaschi che non avevano ville nè poderi, erano però spesse fiate costretti a partirsene, perciocchè venivano i Cremonesi ad abbruciargli le abitazioni. Ma piacque pur finalmente a Dio di soccorrerli, perciocchè l'anno 1183 fatta la pace in Costanza tra Federico e le città lombarde, a persuasione di Enrico re de'Germani suo figliuolo, il quale desiderava coronarsi, fu da Federico ordinato che si riedificasse Crema; e ciò fece egli in dispregio dei Cremonesi essendo sdegnato contro di loro per non aver essi mandati ambasciatori, come avevano fatto le altre città di Lombardia, a Milano ad allegrarsi della coronazione e delle nozze di Enrico suo figliuolo; e perchè sapeva l'Imperatore non poter fare maggior dispetto a' Cremonesi che ristorar Crema, la quale avea distrutta a persuasion loro, volle che si chiamasse frissora dei Cremonesi. Ma non ebbero sì tosto i Cremaschi dato principio alla Rocca che vi giunsero adosso li Cremonesi con molta gente, e gettarono a terra la principiata fortezza. Entrato perciò l'Imperatore co'Milanesi e Cremaschi su'l Cremonese gli fece grande rovina. Fu allora abbruciato Soncino e spianato Castel Manfredo; ed erano i Cremonesi per farla male se non si fossero alla fine inchinati a Federico chiedendogli perdono per mezzo di Sicardo lor vescovo; benchè partitosi poi l'Imperatore ritornassero a travagliarci di maniera che fu mestieri cessare dalla fabbrica fin all'anno 1185, nel quale ritornato Federico in Italia ad istanza de'Milanesi, di nuovo ordinò che si riedificasse Crema, rimettendo la cosa a quel tempo che fosse determinato da'consoli di Milano (*a*). Designato adunque il tempo della riedificazione venne a Crema Federico imperatore, Enrico re dei Germani suo figliuolo, Guglielmo marchese di Monferrato suo genero, ed Uberto Crivello arcivescovo di Milano, che fu poi pontefice e detto Urbano III. Ci vennero insieme i consoli e molti nobili milanesi con gli stendardi dell'imperio, di Milano, di Brescia, di Bergamo, di Piacenza, e d'altre città amichevoli a' Cremaschi; ed a'sette di maggio dell'anno predetto diedesi principio con molta solennità ad una rocchetta nel luogo dove si vede a'dì nostri la beccaria. Donò allora il marchese di Monferrato l'arma sua alla nostra comunità, ed è appunto quella che tiensi fin al dì d'oggi col cimiero delle due corna di cervo nella corona, col brazzo nel mezzo che tiene la spada in mano. Posti i termini della cinta della terra, la quale

(*a*) « Il colpo che più ferì i Cremonesi, fu che Federigo nel » presente diploma promise, che avrebbe procurato in ogni ma» niera che Crema si riedificasse interamente; e si sarebbe opposto » a chiunque avesse ciò contrastato, fulminando contro gli oppo» sitori il bando imperiale ». Ciò contenevasi nel diploma spedito ai Milanesi dall' Imperatore li 11 febbrajo 1185 dopo la pace conclusa in Reggio. Ed oltre avere tal cosa promessa l' Imperatore nel suo diploma, la giurò ai Milanesi per mezzo di Rodolfo suo cameriere, insieme a tutto il resto in quello contenuto. « Alli 6 » di maggio i Milanesi presero a riedificare il castello di Crema » secondo il convenuto, facendone sicura fede Sicardo, e più » precisamente il Calendario di s. Giorgio, e la Cronichetta di » Daniele ». (Giulini, lib. 46).

volle che fosse maggiore di prima, l'Imperatore ai dodici di maggio investì il popolo di Crema dei privilegi e beni de'conti di Camisano, già privati per sospetto di ribellione ed infedeltà, come chiaramente si vede nell'istromento dell'investitura fatta ai dodici del detto mese del 1185 (*a*).

Erano i Cremaschi tanto desiderosi di rifare la patria che in tre mesi l'attorniarono sì fattamente di fosse e di bastioni, avvenga che non vi fosse ancora principiata la muraglia, che si sarebbe potuta difendere da'nemici. Furono a questa fabbrica mandati molti guastadori dai Milanesi e Piacentini. Fu primieramente nel luogo detto di sopra fatta la rocchetta con due torri per assicurarsi da quel lato dove si entrava in Crema con le barche. Durarono queste torrette, che così poi le domandarono, con l'aquila scolpitavi nel mezzo e col nome di Federico imperatore, fino all'anno 1500, nel quale facendosi la nuova muraglia furono rovinate. Fu in questa riedificazione, togliendo entro i borghi vecchi, aggrandita Crema da tutte le parti fuorchè da settentrione, non potendo allargarvisi per la palude. L'aggrandirono poi li Veneziani da quella banda più che dall'altra serrando dentro dal monastero vecchio di santa Chiara fin alla porta d'Ombriano quello spazio che si vede ora oltre la Crema (*b*) (1187). Erano a questi tempi in sì vil prezzo i terreni nel Cremasco, che, come si vede per istromento fatto in Crema ai 14 d'agosto del 1187, uno

(*a*) Vedi l'istromento d'investitura alla nota 3, Isola Fulcheria, del lib. I.

(*b*) L' imperatore Federico I Barbarossa, dopo aver prima promessa in dono Crema ai Cremonesi, gliela vendè; indi la tolse loro per donarla ai Cremaschi; e finalmente in quest'anno 1187 fece dichiarare l'isola Fulcheria sua regalìa, usurpandosi così ancora la metà del suo territorio. (Vedi la nota del lib. I).

dei Visconti vendè a Lanfranco Catani ed a dieci altri compagni intorno a sei miglia di paese, cominciando dalla porta d'Ombriano fin al Tormo, in lunghezza, e poco meno in larghezza pel prezzo di lire delle imperiali cento e dicinove; un Rainero de'Preandrei di Vidolasco vendè a Giovanni Greppi tutto il sito che è tra il Serio morto e Capralba che arriva a più di tre miglia di paese, per soldi 40; ed uno dei conti d'Azzano comprò quaranta pertiche di terra nella sua corte per quattro lire ed un soldo in somma.

Venuto l'anno 1190 diedesi principio a cinger Crema con una muraglia di cinque teste, e cominciò a reggersi la terra sotto il governo di tre consoli e due podestà, i quali amministrassero ragione, differenti però dall'autorità de'consoli. Intorno a questi tempi Pietro Gregori, dottor nelle leggi, lasciata Cremona, dove poco innanzi partitosi per le fazioni da Terni, città del ducato di Spoleto, egli si era ridotto, se ne venne con la famiglia ad abitare a Crema, e pigliando il cognome dalla patria si cominciò a chiamare Pietro da Terni. Speravano li Cremaschi di avere ormai qualche riposo, quando nel 1191 vi s'aggiunsero nuovi travagli, perciocchè li Cremonesi per loro ambasciatori gli annunciarono d'aver ottenuto il dominio di Crema da Enrico, il quale era succeduto nell'imperio dopo la morte di Federico suo padre, e che perciò si risolvessero o di sottoporsi a loro o d'aspettarne una crudelissima guerra e rovina della patria (1). Non vollero così subito risolversi li Cremaschi, ma tolto tempo a rispondere, diedero avviso a'Milanesi, i quali con amorevoli parole offertisigli ad ogni lor bisogno, li esortarono a mantenersi nella libertà loro; e mandati ambasciatori all'Imperatore lo pregarono che volesse mantenere i capitoli della pace fatta in Costanza. Ingagliarditi pertanto i

Cremaschi da' Milanesi risposero voler vivere nella libertà concessa loro da Federico; laonde deliberatisi li Cremonesi di voler il dominio di Crema a forza, poichè altrimenti non lo potevano avere, si unirono coi Bergamaschi per venire ai nostri danni; ma oppostisegli i Cremaschi co' Milanesi alla ripa d'Oglio diedero loro tal sconfitta che oltre i molti uccisi ed affogati nel fiume, molti ne furono menati prigioni a Crema ed a Milano (*a*), e seguendo i nostri la vittoria entrarono nel Bergamasco, dove presero Romano, Cortenova ed altri luoghi. Parve gran scorno a' Cremonesi il vedersi rotti da' Cremaschi coll' ajuto però de' Milanesi: unitisi perciò oltre i Bergamaschi co' Lodigiani, Pavesi e Comaschi s'avviarono sul Milanese, stimando che, preso Milano, Crema non potrebbe più tenersi; ma affrontatisigli li Milanesi e fatta appresso l'Adda una gran scaramuccia tolsero loro il carroccio con perdita di molte persone; perchè oltre i molti che da' Milanesi furono ammazzati, più di trecento uomini si annegarono nell' Adda, rimanendo prigioni centocinquanta Cremonesi, quarantaquattro Lodigiani, e duecento altri fanti della banda loro; ed erano per seguire non poche rovine se Trusardo, luogotenente d'Enrico in Italia, postosi di mezzo, non avesse pacificato queste città. Rimase per questa pace la Terra nostra nello stato suo di prima; ma quantunque fossero acchetate le cose, non restarono però li Cremonesi in nostro danno di fortificare Castiglione (*b*), princi-

(*a*) Questa si fu la battaglia chiamata nelle Storie milanesi dell'Albera. Il Giulini (lib. 47) ignorando essere l'Albera una terra poco distante dall'Oglio, quasi al confine tra il Cremonese e il Cremasco, vuole che tale battaglia fosse avvenuta a Port' Albera, vicino al Po.

(*b*) Castiglione o Castelleone fabbricato nel 1188 da Gherardo

piato, secondo alcuni, poco innanzi da Gherardo de' Conti di Camisano, essendo podestà di Cremona. Sdegnati li Cremaschi per la fortificazione di Castiglione fecero sì che i Milanesi si mossero contro li Cremonesi con sforzo tale che rompendoli, molti ne uccisero e molti ne fecero prigioni, di maniera che in sei anni ebbero dai Milanesi e Cremaschi tre grandissime sconfitte.

Erano sì desiderosi i nostri di assicurarsi nella Terra, che l'anno 1199 fornirono le mura d'intorno Crema con torrioni vent'uno fatti secondo l'uso di quei tempi. Fecesi in questa riedificazione la porta di Ponfure; furono ancora fatti alcuni molini a man destra della porta del Serio con mura e fosse d'intorno acciò fossero sicuri dagli assalti de'Cremonesi, i quali spesse fiate scorrevano sul Cremasco; e perchè prima che fossero finite la muraglie venivano per impedire la fabbrica, era stata partita Crema in ventisette parti che vicinanze le dissero. Di queste alcune presero il nome dai più nobili cittadini, ed altre dai luoghi. Alle vicinanze della porta d'Ombriano donarono il nome i Pojani, i Fabri, i Buonsignori e gli Spoldi; a quelle di Pianengo, a cui era sottoposta la porta di Ponfure, i Cagliati, i Beccarj, i Guinzoni, s. Michele, Pontefurio, ed il borgo di Pianengo; alle vicinanze della porta del Serio diedero il nome il Borgo di sopra, il Borgo di sotto, i Conti di Palazzo, il Castelletto (era così detta questa vicinanza per la rocchetta fabbricatavi nei primi principj di Crema), gli Alfieri, i Civerchj, i Draghi, i Guarnieri, ed i Barni; a quelle di Ripalta i Meleguli, i Gandini, i Terni, i Conti d'Offanengo, i Toli, gli Spoldi, de' quali, come s'è detto,

de'Conti di Camisano in allora podestà di Cremona. (Terni, lib. 3). Il Corio scrive che fu edificato nel 1196. (Part. 1, pag. 145).

un'altra ve n'era nella porta d'Ombriano, i Capitani di Ripaltella e la Piazza. De'Conti di Camisano, per nobili che si fossero, non c'era vicinanza veruna; perciocchè, essendo privati de'loro privilegi da Federico, abitavano fuori alle lor castella. A ciascuna di queste vicinanze era deputato uno de'nobili per capo, il quale, a differenza dei Consoli che reggevano la Terra, chiamavasi Console minore. E s'avveniva che fosse gridato all'arme, vent'uno di questi consoli si riducevano con le loro vicinanze alla muraglia, uno per torrione, cinque alle porte ed uno alla piazza. Bellissimo ordine nel vero, poichè senza assoldare genti straniere si teneva sicura la Terra da' nemici.

Morto in questi tempi Enrico, l'anno decimo del suo imperio, gli successe dopo molti contrasti Filippo suo fratello. Sotto questo Imperatore, l'anno 1205, Crema fu un'altra volta abbruciata, ma da chi nè perchè, non lo ritrovo. A mal partito dovevansi per certo trovare que'nostri antichi, vedendosi di nuovo arder la patria dopo tanti travagli, con sì lunghe fatiche riedificata; ed è maraviglia che vedendosi qui la fortuna tanto contraria non prendessero partito di girsene altrove ad abitare. Ma fu certamente voler divino che per travagliati che fossero, quindi non vollero giammai partirsi, presaghi forse ed indovini che ne'tempi avvenire questa dovea essere la più felice terra di Lombardia, e che sarebbe andata di pari con le vicine città di nobili cittadini, di belli edificj, e di copia di tutte le cose bisognevoli al viver umano (2). Ucciso Filippo imperatore, l'anno 1208, fu eletto nell'imperio Ottone IV, il quale a'prieghi de'Cremaschi e Milanesi rivocò la concessione già fatta da Enrico a'Cremonesi della giurisdizione di Crema (3). Diede ciò tanta allegrezza a'Cremaschi che per tre giorni con fuochi pubblici ne diedero manifesti segni. Furono parimenti da questo Imperatore concessi molti privilegi all'abate di Cerete (4). Non stette molto Ottone nell'imperio, perciocchè privatone nel 1212 dal Concilio fatto in Roma, fu posto in suo luogo dagli elettori Federico II nipote del Barbarossa, il quale regnando 33 anni, concesse amplissimi privilegi a'Cremaschi, e diede loro autorità di punire i malfattori senza che vi intervenisse il Vicario imperiale.

Sotto questo Imperatore ebbero principio in Italia le fazioni de'Guelfi e Gibellini, dalle quali, come vedrassi a'suoi luoghi, fu molto danneggiata la Terra nostra; ma perchè varj sono i pareri degli scrittori intorno a queste dannose parti, dirò solo quello che io me ne credo, e che più mi pare accostarsi al vero. Devesi dunque sapere, secondo il vescovo Ottone, ne'confini della Francia e della Germania essere state anticamente due famosissime famiglie, una degli Enrici di Gibellinga, l'altra de'Guelfi d'Aldulfio, produttrice l'una d'Imperatori, l'altra di Duchi. Ambedue queste famiglie, come quelle che concorrevano nella grandezza degli onori, furono lungo tempo tra loro nemiche; laonde avendo per la loro grandezza infiniti partigiani, furono detti gli uni Ghibellini e gli altri Guelfi, e quinci si cagionarono non pochi disordini in Alemagna. Cessarono poi queste parti quando i principi elettori elessero nell'imperio Federico I, il quale venne appunto ad essere come pietra angolare ad unire le divise pareti d'ambedue le suddette famiglie per essere egli nato di sangue e di questa e di quella; di maniera che il primo principio di questa peste fu in Alemagna, e finì nell'elezione di Federico I. Ma rinnovossi poi in Italia sotto Federico il giovine, venuto a gara con papa Gregorio IX; perciocchè si cominciarono a chiamare Ghibellini i partigiani dell'Imperatore, e Guelfi i fautori del Papa; ed è opinione di molti che principiasse in Pistoja, indi di mano in mano infestasse tutta l'Italia, di Venezia in fuori, la quale avendo ad essere l'onore e sostegno della cristianità, per particolar dono di Dio e per il sapientissimo governo di que' signori, a guisa di vergine sempre rimase intatta. Pare che fossero pronosticate queste maledette fazioni da un grandissimo freddo che fu l'anno, secondo alcuni, 1233, nel quale agghiacciossi in maniera il Po, che da Venezia a Cremona conducevano le mercanzie per il fiume sui carri. I vini si agghiacciarono nelle botti, le viti e gli altri arbori si seccarono ne'campi, e molti si trovarono morti agghiacciati ne'letti; laonde ne seguì anco carestia e pestilenza tale, che perirono infinite migliaja di persone per tutta l'Italia (a). Fu tale la tirannia di Federico e de'suoi agenti che non potendosi tollerare da'popoli, si unirono insieme Milano, Lodi, Como, Novara, Vercelli, Alessandria, Piacenza, Brescia e Crema, e presero l'arme contro di lui; laonde ridottesi ambe le parti nel Bergamasco, chè Bergamo solo e Pavia erano rimasi alla divozione dell'Imperatore, attaccarono una gran scaramuccia a Cortenova, dove furono rotte le genti della Lega, delle quali ritiratasene gran parte in Crema, vi si fortificò entro temendo che non venissero dietro le genti dell'Imperatore, le quali poi, contro l'opinione di tutti, s'inviarono alla volta di Brescia. Ma di là a pochi dì rimessasi la gente della Lega e fatta la massa a Crema per rimover l'assedio da Brescia, entrò di nuovo sul Bergamasco dando il guasto or a questo luogo or a quell'altro; di maniera che costretti i Bergamaschi a soc-

(a) Ciò viene confermato anche dal Fiamma, quasi con le parole medesime.

correre il loro territorio, lasciarono debole l'esercito imperiale sotto Brescia, dove poi non potè far nulla.

Deposto Federico nel Concilio fatto in Leone, ad istanza di papa Innocenzo IV, vacò la corona anni, secondo Eusebio, vent'otto, nel qual tempo, nel 1249, guerreggiando i Milanesi co'Pavesi e Lodigiani, ridotti alle strette appresso Lodi vecchio, erano per farla male se non era lor dato soccorso dai Cremaschi mandandogli Spinella de'Medici, nostro cittadino, con tutte quelle genti che più poterono (5). Ebbe intorno a questi tempi il suo principio in Crema la famiglia de'Verdelli da un Giovanni venuto da Verdello di Bergamasca (*a*). Venuto l'anno 1258, ne'tempi d'Ezzelino da Romano, guerreggiando li Cremonesi co'Milanesi, Uberto Pallavicino, signor di Cremona e di Piacenza, per il mezzo di Bosio da Dovera, entrò nel mese di luglio in Crema, con le genti cremonesi, e cinquecento fanti della Marca, e pigliate le torri e fortezze costrinse il popolo cremasco a giurargli ubbidienza, come leggesi nei libri vecchi del monastero di s. Benedetto, a' quali in ciò deesi anzi credere che al Biondo, il quale nell'ottavo della seconda Deca vuole che Crema rompendo la fede a' Milanesi si desse

(*a*) « Per lo stesso fine vi sono in quell'occasione (nell'occasione cioè dell'assassinio di s. Pietro Martire) degli altri Brevi » diretti ai podestà di Milano, di Crema, di Brescia, di Lodi e » di Pavia, che dimostrano la collera del Pontefice contro del » conte Egidio di Cortenova, gran protettore degli eretici (Giulini, lib. 54, anno 1254). Nel 1257 i nobili e popolani di Milano erano in grande discordia, e in vicinanza di Nerviano stavano le due fazioni per azzuffarsi in generale battaglia; e sarebbe facilmente seguita, se gli ambasciatori delle città di Brescia, Bergamo, Crema, Novara, Pavia e Lucca, ed il conte Egidio di Cortenova, non si fossero interposti per conciliare una » tregua che riuscì (Giulini, lib. 54).

volontariamente a'Cremonesi; ma ebbe egli forse riguardo a' Benzoni ed a'loro partigiani, i quali consentirono all'entrar del Pallavicino (a). A questi tempi i nostri cittadini facevano separatamente i loro consigli e statuti per ogni porta, e dividevano l'entrate della Comunità per ciascuna porta, a cui però serviva un cancellier solo, ed era appunto cancelliere a questo tempo un Ternino Terni, e dietro a lui Manfredo anch'egli de'Terni (6).

Era già vacato l'imperio anni 28, quando l'anno

(a) « Il marchese Oberto Palavicino, che con Buoso da Dovera » signoreggiava in Cremona, avendo ottenuto anche il dominio di » Crema, le diede per podestà un cittadino milanese, della nobi- » lissima famiglia da Mandello (Giulini, lib. 54, anno 1258) ». Anche il Figati nella sua cronaca di Crema manoscritta, dice: « Nel » 1258 Uberto Pallavicino s' impadronì di Crema per opera dei » Benzoni ». Quanto durasse il governo del Pallavicino nessuno racconta, ma forse fu breve, perchè i Milanesi non impresero a vendicarsi. Nel 1271 ricomparisce libera ancora. « Rivolto poi il » pensiero alla guerra, Napo (della Torre) mandò seicento militi » contro i Cremaschi che non mantenevano i patti fatti con la » Repubblica di Milano. I nostri (cioè i Milanesi) cominciarono a » saccheggiare il territorio di Crema; e dopo quindici giorni si » unì con essi un corpo di dodicimila fanti del contado di Mi- » lano, e delle terre milanesi di là dell'Adda (cioè alla sponda si- » nistra), con alcuni Lodigiani ed alcuni Cremonesi proscritti, ad » istanza dei quali si faceva la guerra. Però il nostro esercito si » avanzò contro la città di Cremona, ecc. (Giulini, lib. 56, anno » 1271) ». Nè più si parla della spedizione contro Crema. Anche il Corio (Part. 2, pag. 256), racconta questo fatto in tal modo: « Al giugno seguente (1271) i Milanesi fecero seicento militi con- » tra de' Cremaschi, con ciò fosse che non avessero osservato i » capitoli quali avevano con loro; onde di fuora od intorno al » castello diedero il guasto per quindici giorni ». Convien però credere che il Pallavicino, se non colla forza, con l'autorità almeno governasse i Cremaschi, se per suo mezzo erano stati i Ghibellini scacciati, come racconta il Fino.

1273 fu eletto imperatore Rodolfo, conte di Cornubia (*a*). Questi l'anno terzo del suo imperio, per il mezzo di un suo cancelliere insieme col legato del Pontefice, fece giurare a'Cremaschi, come parimente avea fatto a tutti gli altri popoli di Lombardia, di osservare i comandamenti del Papa e dell'Imperatore (*b*); e ciò penso che egli facesse per mantenere i popoli in pace, i quali divisi per le fazioni della Chiesa e dell'Imperio, commettevano infiniti omicidj. Fu a questi tempi, l'anno appunto 1277, fondato lo spedale di s. Spirito da due fratelli de'Bombelli, Alberto ed Ottobono, con patto che di mano in mano ne fossero padroni i loro discendenti. Non potè il giuramento detto di sopra spegnere gli odii accesi per tutta la Lombardia. Erano già per tutte le città e castella i capi delle fazioni, signoreggiando quando i Guelfi e quando i Ghibellini. Aveva il marchese Pallavicino cacciati fuor di Crema i Guelfi, i quali non potendo altrimenti risentirsi, aspettarono l'occasione, la quale si parò loro avanti nel 1278; perciocchè unitisi con Raimondo, patriarca d'Aquileja, e Cassone Torriani, ambedue fratelli, con altri fuorusciti di Milano, venuti in soccorso de'Lodigiani contro Ottone Visconti capo de'Milanesi, a forza entrarono in Crema, dove dopo l'aver saccheggiate molte case, volendo infine abbruciare i palazzi di quelli che avevano introdotto

(*a*) A' tempi di Napo e Francesco Torriani, cioè verso il 1275, i Cremaschi tennero sempre per questi, ed aveano stipendiati contro l'arcivescovo Oto Visconti, il marchese di Monferrato, gli Spagnuoli ed i fuorusciti nobili milanesi. (Corio, part. 2, pag. 257).

(*b*) Nel settembre del 1275 il vescovo di Ferrara, il legato apostolico, col cancelliere del conte Rodolfo imperatore eletto, vennero a Crema, com'erano stati in più altri luoghi, a far giurare la osservazione dei precetti della santa Chiesa, e fedeltà all'Imperatore. (Corio, part. 2, pag. 268).

il Pallavicino in Crema, per un grandissimo vento nato all' improvviso si abbruciò quasi tutta la Terra (*a*). Entrati i Guelfi in Crema, cacciarono i Ghibellini, i quali fu bisogno che stessero fuori fino all'anno 1282, nel quale poi col braccio del marchese di Monferrato, di Bosio da Dovera e di Gabrino di Monza, ritornarono a casa (7), essendo fuggiti i Guelfi a Castiglione ad unirsi con quei di Lodi, i quali dopo grande mortalità cacciati fuor della Terra là s'erano ridotti. Fecesi allora il marchese di Monferrato signor di Crema, con molta soddisfazione de' Ghibellini, i quali pochi dì dappoi scorrendo a Castiglione si azzuffarono co'Guelfi ed ebbero la peggiore.

Vedendo gli Anziani di Milano i danni e le mortalità che tuttodì si facevano, procurarono che i popoli, lasciate le fazioni, si pacificassero insieme; laonde tutti i fuorusciti se ne tornarono alle patrie loro (*b*).

(*a*) « Dal Tesino poi, prima che terminasse lo stesso mese di » luglio, i Torriani si portarono all'Adda, sopra di cui si andava » rifacendo da'Milanesi il ponte; e colà presero ducent' uomini » parte della città, parte del contado, che attendevano al lavoro. » Cassano, Vaprio, Trezzo, tutto il Monte di Brianza fino ad In- » cino, e di là dall'Adda (cioè a levante), Bregnano, Trivillio e » Caravaggio vennero nelle loro mani; e Crema stessa fu presa e » incendiata. (Giulini, lib. 57, anno 1278) ».

(*b*) « A questo tempo l'arcivescovo di Milano pensava liberarsi » dalla soggezione del marchese di Monferrato. Vennero allora a » Milano i legati de'Cremonesi per trattare di concordia, e persi- » stendo il marchese di Monferrato a volere che Buoso da Do- » vera ritenesse Crema, Soncino e Ruminengo, gli ambasciatori » si rivolsero al Visconti, e con lui conchiusero il trattato di » pace, senza parlare di Buoso. Gli stabiliti capitoli furono ap- » provati dai primati della città; e tante furono e sì vigorose le » istanze fatte da loro al marchese, ch' egli non giudicò oppor- » tuno allora il contrastar di vantaggio, e si arrese a confermarli. » (Giulini, lib. 57, anno 1282) ». Questa è la pace che fu chia-

Pacificatisi adunque insieme, i Cremaschi diedero principio alla fabbrica del Duomo l'anno 1284. Vogliono alcuni che egli fosse edificato da'Guelfi in due anni, il che vedesi esser falso; perciocchè, come si può vedere nell'arco sopra l'altare di s. Apollonia, non era ancora fornito nel 1311, nel qual tempo erano soprastanti alla fabbrica Giacomo Gabiano ed Orazio da Prada (8). La pace fatta, come s'è detto di sopra, tra' Guelfi e Ghibellini, ruppesi in meno di tre anni e mezzo; perciocchè nel 1286 levatisi i Ghibellini contra i Guelfi, cacciarongli fuori di Crema. Fu l'anno predetto fondata la chiesa di s. Martino da' frati Umiliati, e pose giù la prima pietra Rodolfo Guinzone prevosto del duomo e vicario del vescovo di Piacenza; dove è d'avvertire che a que'tempi il borgo di s. Pietro, nel quale fu fondata questa chiesa, era sotto la diocesi piacentina, avvenga che ai nostri dì riconosca il vescovo di Cremona.

Dopo la morte di Rodolfo ebbe la corona Astolfo, sotto cui i Guelfi cacciati fuori di Crema dai Ghibellini, ritornarono alla patria, per una pace fatta nel 1295 a s. Colombano, alla quale intervennero i sindaci di Milano, gli ambasciatori di Brescia, di Crema e di Lodi (9). L'anno poi 1299, e secondo dell'imperio di Alberto I, eletto dietro ad Astolfo, nacque gara tra i Cremaschi e Matteo Visconti capo de'Mi-

mata di mille anni, come attesta il Terni, e che durò così poco Anche il Corio racconta questi fatti quasi nella maniera medesima (Parte 2, pag. 279). Indi seguita all'anno 1285 (Part. 2, pag. 284): « Dopo che il marchese di Monferrato si dichiarò pei » Torriani, i Cremaschi si mantennero pei Milanesi, mandando » la lor fanteria nell'esercito ». E Giulini (lib. 57, anno 1285): « I Cremaschi si ritrovarono nell'esercito dell'arcivescovo Ottone » contro i Torriani sotto a Castel Seprio, dove fu trattata la pace » senza conchiudersi nulla ».

lanesi. Fu cagionato ciò, cred'io, dalle fazioni, massime che allora trovavasi in Crema con molti fuorusciti di Milano, Enrico di Monza nemico del Visconte. Venne pertanto a Crema Azzo marchese di Ferrara con 700 lancie e 4000 fanti, e congiuntisi co' Cremonesi e Bergamaschi, entrò in campagna. Venuto infine alle mani co'Milanesi, ebbe egli la peggiore; di maniera che i partigiani del Visconte seguendo la vittoria, erano per venire ad accamparsi a Crema; ma fu in quel mezzo trattata la pace da Guerzo Carcheno, da Gasparo Garbagnato e da Apollonio di Monza, facendo d'ogni loro differenza compromesso in Ubertino Visconte e nel conte di Cortenova per la parte di Milano, ed in Sergnano Guinzone e Giovanni Greppi per la parte di Crema (10). Rotta poi questa pace, seguirono di nuovo molti danni tra' Guelfi e Ghibellini fin all'anno 1309 (*a*), nel quale pacificaronsi insieme per il mezzo di Pagano della Torre vescovo di Padova. Intravenne a questa pace a nome de'Cremaschi Venturino Benzone (11); ella però non durò molto, perchè poco appresso furono eziandio cacciati i Ghibellini, i quali si ridussero col Visconte sul Bresciano, finchè venuto in Italia Enrico VII eletto Imperatore dopo la morte di Alberto I, tutti furono

(*a*) Nel primo giorno d'ottobre 1309, avendo Guido della Torre imprigionato Cassone della Torre, arcivescovo di Milano, per una congiura ordita contro di lui, bentosto « accorsero molti, e per » assistere Guido in sì grave cimento, e per conciliare la con» cordia. Fra gli altri vennero Pagano della Torre, vescovo di » Padova; .... Filippo conte di Langosco, signor di Pavia; An» tonio Fisirago di Lodi; Guglielmo Brusatò di Novara; Simone » da Carrobbiano di Vercelli; Venturino Benzone di Crema, e gli » ambasciatori di Como e di Bergamo. Coll'opra loro alli 29 di » ottobre furono stabilite alcune condizioni colle quali venne re» stituita la libertà all'arcivescovo Cassone (Giulini, lib. 60) ».

rimessi nelle patrie loro con grandissima rovina dei Guelfi, massime della nostra Terra, perchè furono allora da questo Imperatore in dispregio de' Guelfi rovinate le mura di Crema (*a*). Di là a poco Ottorino Soresina vicario imperiale eletto podestà di Crema da Venturino Benzone, da' conti di Fornuovo, e d'alcuni altri, col consentimento dell'Imperatore, si tenne per parecchi giorni in pace. Ma mentre i conti di Fornuovo procacciano di aver ciò ch'era lor stato tolto essendo fuorusciti, si rinnovarono le nimicizie civili, di modo che il Benzone col favore de'suoi partigiani cacciò fuor di Crema i conti; il che intendendo l'Imperatore dal Soresina, il quale visto il tumulto de' Cremaschi erasi partito, mandò tantosto due nobili milanesi, Guglielmo Pusterla e Cavalchino di Monza, a fine che avessero ad acchetar le cose. Entrati in Crema gli ambasciatori imperiali, avvenga che da molti fossero pregati a far sì che il Soresina ritornasse al suo reggimento, fu lor risposto dal Ben-

(*a*) « Breve per altro fu la dimora del sovrano (Enrico VIII, » o VII, come lo chiama il Fino, che monta lo stesso, per la ragione detta già sopra) in Pavia; e dopo pochi giorni, alli 17 » dello stesso mese (aprile 1311), si vide ritornare con Matteo Visconte a Milano. Qua era giunto Ottorino da Soresina cavalier » milanese, che reggeva Crema come regio vicario; ed avea raccontate le turbolenze nate in quella città. Per sedarle furono » colà mandati Gugliemo della Pusterla, e Cavalchino da Monza, » ma senza frutto. V' erano delle novità anche in Lodi, in Cremona, ed in Brescia . . . . . Non v'era dunque più altra strada » che mover l'esercito regio, per punire i ribelli, ed acchetare i » sediziosi . . . L'armata se ne partì il giorno 19 aprile. Non aspettarono il suo arrivo le città di Lodi, di Cremona e di Crema, » e prima si umiliarono, chiedendo perdono de' loro delitti. Il » re Enrico si portò a Lodi, poi a Crema, e di là a Cremona; » e in ogni luogo imposti gravi castighi ai cervelli torbidi, tornò » ad acchetare la Lombardia. (Giulini, lib. 60) ».

zone: che egli aveva bene in riverenza l'Imperadore, ma non voleva già che un forastiero nemico della sua fazione avesse ad essergli superiore. Spiacque tanto la risposta del Benzone all' Imperatore che chiamatolo perciò a sè più volte e non comparendo, se gli sdegnò contro in maniera che poco dappoi fu con tutti i suoi partigiani cacciato fuor di Crema, quantunque per suo fratello, dopo l'essersi arrenduto Lodi, egli gliene mandasse le chiavi. Andò allora il Benzone con tutti i Guelfi a Cremona a Guglielmo Cavalcabò capo dei Guelfi cremonesi; e perchè i Soncinaschi, cacciato fuor della terra il governatore imperiale, s'erano resi al Cavalcabò, unitisi insieme ambidue se ne andarono a Soncino, temendo che non vi si accampasse, come anco avvenne poco dappoi, il conte d'Ombergo generale dell' Imperatore in tutta Lombardia.

Erano in Soncino, oltre i terrazzani, i Guelfi di Cremona, di Bergamo e di Crema; fuori poi col conte erano parimenti oltre i Tedeschi i Ghibellini cremonesi, bergamaschi e cremaschi. Nei primi assalti che diede loro il conte gagliardamente si difesero i Soncinaschi col valore del Cavalcabò e del Benzone; spaventati poi per essere tagliate a pezzi le genti che venivano da Cremona in lor soccorso, lasciando le difese si ritirarono nelle proprie case; laonde vista la viltà de'Soncinaschi il Cavalcabò col Benzone prese partito di uscir dalla Terra: ma ecco nell'uscire vennero alle mani co' nemici, e veduto in fine il gran disavvantaggio, il Cavalcabò s'arrese al conte il quale scordatosi d'ogni pietà gli fece subito tagliare il capo. Il Benzone preso da' Cremaschi che erano col conte, benchè a moll'altri donassero la vita, fu per commissione di Nazario Guinzone, capo allora de' Ghibellini di Crema, miserabilmente ucciso (12).

Tal fine ebbe il Benzone, il quale oltre gli altri titoli e gradi onoratissimi, era stato capitano del popolo milanese e gonfaloniero di santa Chiesa, in servizio della quale si adoperò sì fattamente, che oltre ad un palazzo donatogli in Avignone da papa Clemente V, quello che trasportò il seggio papale d'Italia in Francia, fu con tutti i suoi discendenti fatto esente dalle decime ecclesiastiche. Mosso infine Enrico a compassione delle rovine che tuttodì si facevano tra queste parti si dispose d'unirle insieme; ma poco sterono unite; perciocchè cacciati di nuovo i Torriani fuor di Milano rimase superiore il Visconte. Veduta poi la crudeltà che da' Torriani fuorusciti era usata, i Milanesi e Bresciani, Cremonesi, Cremaschi e Lodigiani si posero volontariamente sotto il governo dell'Imperatore, essendosi per l'addietro, come chè dessero censo all'Imperatore, governati da loro stessi. Ma i Milanesi parendo lor strano a vedersi di liberi fatti servi, ribellando dall'Imperatore cominciarono poco appresso a travagliare i Cremonesi, Bresciani, Cremaschi e Lodigiani; laonde l'Imperatore fece Matteo Visconte suo luogotenente in Milano, dandosi a credere con l'autorità d'un tanto personaggio poter facilmente acchetar le cose.

Morto Enrico nel 1313, vacando l'imperio per le discordie un anno, papa Clemente costituì Roberto re di Puglia vicario imperiale in Italia. Posto in fine nell'imperio Lodovico duca di Baviera regnò anni 33. Fu questo, secondo alcuni, l'ultimo Imperatore a cui Crema fosse soggetta, o ch' ella desse il censo. Furono a questi tempi cacciati fuori di Crema i Conti di Camisano ed i Guinzoni capi de'Ghibellini da'Benzoni e loro aderenti (13) (1315); ma non molto dappoi i Ghibellini eletto per lor capitano generale Cane della Scala signor di Verona, cominciarono alzar il capo, e fu lor tanto favorevole la fortuna che ridussero i Guelfi a mal partito. Dispostosi pertanto papa Giovanni XXIII di soccorrere i fautori della Chiesa, si unì con Filippo re di Francia e con Roberto re di Puglia, e mandò molte genti in Lombardia a soccorso de'Guelfi (1321). Mandò in particolare a Crema Pagano della Torre patriarca d'Aquileja con cento uomini d'arme. I Bresciani parimenti e i Cremonesi a' prieghi del Pontefice le mandarono seicento lance; ma non aspettarono i Ghibellini cremaschi che il Patriarca si accampasse sotto Crema, perchè usciti fuori si ridussero a Piacenza, dove allora trovavasi Galeazzo Visconte figliuol di Matteo, con gran numero di Ghibellini riduttivisi da tutte le città: laonde il Visconte adunato un esercito, e di quello fatti capitani Vergusio Landi e Ponzone de'Ponzoni, se ne venne all'assedio di Crema; ma il Patriarca si avea fortificato entro in modo che il Visconte, quantunque molto danneggiasse il contado, alla Terra non potè far nulla (*a*). Nè solo i Guelfi

(*a*) « Galeazzo Visconti unì in Piacenza, dov'egli risedeva, una » buona armata sotto il comando di Verzusio Landi piacentino, » e di Ponzino de' Ponzoni cremonese; e si portò con essa sotto » a Crema. Trovavasi in quella città il nuovo patriarca d'Aquilea » Pagano della Torre co' suoi, e con settecento altri militi fra » Cremonesi e Bresciani. Per un mese si trattenne Galeazzo in» torno a Crema, ma vedendone impossibile la conquista, avendo » devastato tutto il territorio, rivoltossi improvvisamente contro » Cremona, e per istrada prese Soresina. Mentre Galeazzo asse» diava quella città, il Landi ed il Ponzone si aggiravano per la » campagna a'danni de'Guelfi. Due fatti d'armi, che allora inter» vennero, ambidue riuscirono bene pel Visconti. Uno fu col Conte » di Sartirana, il quale a grande stento potette salvarsi colla fuga; » l'altro coi Cremaschi e colle genti del Patriarca, che facevano » una scorreria nel territorio di Soncino; ove incontratisi con le » genti di Galeazzo furono del tutto disfatti colla perdita d'alcuni » de' loro primarj officiali, fra i quali Amizo detto Armacollo della

cremaschi difesero sè stessi, ma trascorrendo con le genti forastiere or qua ed or là, oltre i danni che fecero sul Soncinasco ed altrove, abbruciarono Spino di Lodigiana. L'anno poi 1322 diedero non poco ajuto a Cremona ed a Monza, avvenga che ambedue al fine fossero prese dal Visconte. Indi a due anni procacciando i Guelfi di Monza di tornare nella patria, ebbero i nostri in favore, i quali v'andarono con Massimino della Chiesa e con uno detto Barbarano che sotto di sè avea 300 fanti. Qui non avendo effetto il disegno de'Monzaschi, molti furono uccisi e molti fatti prigioni.

Era ormai stanca di guerreggiare l'una e l'altra fazione, nè mezzo vi si trovava di pacificarsi. Dispostisi pertanto i Guelfi di vederne il fine, si unirono insieme come disperati tutti quelli della Toscana, di Bologna, di Reggio, di Parma, di Cremona, di Brescia, di Crema, di Bergamo, di Pavia, di Lodi, di Novara, di Vercelli, di Como, di Tortona, di Alessandria e di Genova, e se n'andarono a Monza guidati dal Patriarca d'Aquileja e da Raimondo Cardona, capi della Chiesa (*a*) (1323). Presa poi Monza si drizzarono alla volta di Milano, dove dopo molte zuffe rimase superiore il Visconte. Fu in questo mezzo, per aver favoreggiato il Visconte nemico della Chiesa e per molt'altre cagioni, scomunicato l'Imperatore da papa Giovanni XXIII, il quale diede di ciò particolare avviso a'Cremaschi, come appare per lettere scritte loro d'Avignone l'anno XI del suo pontificato (*b*). Vedesi poi per alcune altre

» Torre, che fu condotto prigioniero a Piacenza. (Giulini, lib. 62, » anno 1321) ». Parimenti racconta anche il Terni ed il Corio.

(*a*) I Cremaschi erano coll'esercito pontificio, che entrò nel Milanese contro Galeazzo Visconti. (Giulini, lib. 63, anno 1323).

(*b*) Qui è omesso che nel 1331 Crema si assoggettò spontanea-

lettere papali, scritte pur d'Avignone, a questi tempi Crema esser stata per alquanti anni sotto il governo della Chiesa; e l'anno appunto 1332 c'era podestà, a nome del Pontefice, Matteo Tencatazzi bolognese. Fu l'anno predetto dato principio al monastero di s. Domenico da un frate Venturino da Bergamo dell'ordine dei Predicatori, a cui li Cremaschi per la sua buona vita avevano donata una chiesoletta di s. Pietro Martire, la quale era dove oggi è l'altar maggiore di s. Domenico; ed acciò più agiatamente si potesse fabbricare il monastero alcuni nobili de' Mandoli gli donarono certe case che vi erano contigue. Venuto l'anno 1335 pacificatosi Azzo Visconte co' Cremonesi diede loro il dominio di Crema, la quale, secondo alcuni, dopo la morte di Giovanni pontefice erasi sottoposta ad esso Visconte. Spiacque in maniera a' Cremaschi il vedersi di nuovo sotto i Cremonesi, che molti ciò non potendo sofferire, si assentarono (*a*). Fu allora

mente a Giovanni re di Boemia, come viene attestato dal Giulini e dal Terni; e il Corio per soprappiù scrive che fu a' 26 di gennajo.

(*a*) Di questa soggezione di Crema ai Cremonesi il Giulini non fa menzione, anzi al contrario racconta così (lib. 65, anno 1335): « Seguitò poi Azzone le sue vittorie, e nel mese d'agosto s'impadronì della città di Lodi, scacciandone il tiranno Tremacoldo. » Anche Crema venne nelle sue mani alli 18 d'ottobre, e con » essa venne Caravaggio e Romano. Il Fiamma, nel Manipolo » di Fiori, vi aggiunge anche gli Orzi e Borgo S. Donino ». Anzi ricordando egli una processione instituita in Milano dal medesimo principe Azzone Visconti, il giorno della Natività di M. V. nell'anno medesimo 1335, dice che comandò a tutte le città e nobili borghi mandassero per quella festa qualche delegato che portasse l'insegna di ciascun luogo, e un palio da offerire alla Metropolitana; e fra queste città e borghi trovansi nominatamente Cremona e Crema. Ma forse Giulini parla di ordinazioni seguite negli anni

fatta da Cremonesi una Rocchetta appresso la porta del Serio, la quale, come dirassi al suo luogo, fu poi aggrandita da'signori Veneziani. Non poterono però i Cremonesi signoreggiarci lungo tempo, perciocchè l'anno 1338 il Visconte s'insignorì eziandio di Cremona; laonde ritornammo di nuovo sotto di esso Visconte.

successivi, imperciocchè certo non poteva agli 8 settembre 1335 chiamarvi i Cremaschi, se non s'impadronì di Crema che agli 18 d'ottobre.

ANNOTAZIONI AL LIBRO II.

(1) *Crema donata ai Cremonesi.*

L'imperatore Enrico VI donò Crema ai Cremonesi nell'anno 1191, ma non fu spedito il diploma che l'anno seguente in Hagenaw, ad istanza degli inviati de' Cremonesi medesimi colà mandati a tal uopo. Il tenore di quel diploma, che il Muratori pubblicò per intero (Ant. Med. Aev., tomo 4, pag. 231) veggasi alla nota 3 del libro I, Isola Fulcheria. Ma non contenti ancora di ciò i Cremonesi, vollero che l'Imperatore ne desse loro propriamente in persona l'investitura. Il Giulini in tal modo quella cerimonia racconta: « Veniamo ora a descri-
» vere i due diplomi di Enrico dati alli 6 di giugno (1195) in
» Como, de' quali abbiamo dianzi fatta menzione. Fino dal-
» l'anno 1191 quel Sovrano avea donato ai Cremonesi il ca-
» stello di Crema, e l'isola di Fulcherio. Nell'anno seguente
» poi avea confermata la donazione con suo diploma; ma ciò
» non bastando ancora, i Cremonesi desideravano, ch'egli ne
» desse loro la positiva investitura solenne; e l'Imperatore volle
» compiacerli. L'atto dell'investitura fu pubblico, e seguì nella
» piazza avanti quella porta di Como, che chiamavasi e ancor
» chiamasi *Porta Turris*. Colà Enrico colle proprie mani, se-
» condo si praticava nella concessione de' feudi imperiali, diede
» ai deputati di Cremona la lancia ed il Gonfalone, il quale
» era rosso con entro croce bianca. Nella carta fin qui esami-
» nata si vede, che l'Imperatore avea data ai Cremonesi l'in-
» vestitura di quanto già aveva ad essi donato; ma non si
» esprime cosa fosse questa donazione. Lo dichiara poi un'altra
» pergamena scritta nello stesso giorno, dove si racconta, che
» l'Imperatore trovandosi nella piazza pubblica di Como presso
» al palazzo vescovile protestò, che l'investitura data poc'anzi
» ai Cremonesi era di Crema e dell'isola di Fulcherio, e comandò
» ad uno della sua Corte, che andasse come suo messo a dare

» in sua vece al vescovato, ed al comune di Cremona il possesso dell'uno e dell'altra. Quell'inviato, ch'era anche cameriere dell'Imperatore, e chiamavasi Giovanni Lilo d'Asia, cioè d'Aquisgrana, tosto si accinse ad eseguire i comandi del suo signore; ma i Cremaschi consigliati dai Bresciani e dai Milanesi, se gli opposero sì fattamente che non potette far nulla. Per la qual cosa egli portatosi a Cremona, colà nel pubblico parlamento, nel decimoterzo giorno di giugno, pubblicò contro i Cremaschi, i Milanesi, e i Bresciani il bando dell'impero. Anche di tal atto ne fu rogato pubblico istromento, che cogli altri due fu ritrovato dal signor Muratori nell'Archivio di Cremona, e fu dato alla luce colle stampe nella sua opera *Antiq. Med. Aev.*, tomo 1, pag. 621 ». (Giulini, lib. 47).

(2) *Seguito di storia.*

Al dire del Corio (part. 2, pag. 154) nel 1210 Crema era signoreggiata da Bosio di Dovera. E all'anno 1213 racconta: « I Milanesi entrarono ostilmente nel Cremasco, e fu dai Cremaschi fabbricata una forte bastía sul Serio, la quale dopo aspra battaglia i Milanesi collegati co' Piacentini la distrussero. Fatta poi tregua, i Piacentini entrarono in Crema per divozione della giornata il dì della Pentecoste. (Part. 2, pag. 156) ». Ma probabilmente è questo un errore, anticipando egli sino all'anno 1196 la sconfitta ch'ebbero i Milanesi dai Cremonesi, la quale il Giulini riferisce al 1213. « Nel secondo giorno di giugno, in cui cadde la festa di Pentecoste, i Milanesi col loro carroccio, passato il Serio, ed entrati nel territorio di Cremona, giunsero a Castel Leone . . . Con essi v'era militi e arcieri di Piacenza, fanti e cavalieri di Lodi e di Crema, altri militi di Como e di Novara ecc. (lib. 49) ». In questa battaglia i Milanesi perdettero il loro carroccio, e la maggior parte rimasero o morti o prigionieri. Indi più innanzi il Giulini medesimo racconta che i Cremaschi si trovarono ad una battaglia tra i Cremonesi e i Parmigiani, contro i Milanesi, Piacentini, Lodigiani e Cremaschi, avvenuta tra Fontana e Caurcio, oggi

Caorso, il giorno 30 agosto 1216, conseguenza d'un'altra stata il dì prima, senza che nessuno riportasse piena vittoria. A quel tempo i Milanesi erano scomunicati insieme a' Piacentini, perchè sostenevano l' imperatore Ottone, ma di Crema non fa alcuna menzione, quantunque fosse del partito medesimo. Il continuatore di Sicardo e Caffaro aggiungono che i Cremonesi fecero una scorreria sopra le terre de' Cremaschi in quest'anno, presso all'Adda, dove posero a ferro e a fuoco ogni cosa. Nel 1218 a' 6 di giugno, secondo il continuatore di Sicardo, o agli 8, secondo il Giulini, i Cremaschi furono ancora coi Milanesi nella battaglia fra Zubello o Gibello, e Altis Villis o Altavilla, nella quale riportarono vittoria sui Cremonesi. (Giulini, lib. 49). Il Muratori nelle sue Dissertazioni sopra le Antichità Italiane racconta che nell' anno 1230 i Milanesi indussero i Cremaschi a ribellarsi a Cremona. (Dissert. 47). Nessun altro storico di ciò fa menzione, nè apparisce pure che a quel tempo Crema fosse ai Cremonesi soggetta.

(3) *Privilegio d'Ottone IV a favor de' Cremaschi.*

Così diceva il decreto riportato dal Terni:

« In nomine Sanctæ ed Individuæ Trinitatis Otto quartus » Romanorum imperator et semper augustus, quod in tempore » fit, tempore defluente evanescit, et ideo facta hominum non » imprudenter humana solertia scribere consuevemus; Inde est » quod attendentes, et memoriter tenentes fidem ac devotionem » fidelium nostrorum Cremensium: quam circa nostrum Im» perium, et nos semper habuerunt, et in posterum se habituros » non dubitamus; Justis eorum petitionibus duximus condescen» dentiam; Ea propter largimur et concedimus eis omnes pos» sessiones, et jura, et consuetudines quas habebant in castro » Cremæ, et burgo, et villa, et in aliis locis circumstantibus, et » in terris, et in aquis quæ habebant et tenebant ante guerram » domini Federici Imperatoris divæ memoriæ, per annum vel » infra xxx annos antea regalibus investientes beneficiis impe» riali auctoritate nostra hoc ipsis statuimus, et concedimus, ut

» tam per aquam, quam per terram liberam habeant navigandi » comeandique facultatem; Ita ut nec tributum nec teloneum » alicui debeant, nec albergariam, postremo ne alicui subjaceant » exactioni, Imperialibus solumodo præceptis obnoxij, denique » volumus ut omnino securi foris, et infra locum in pace degant » ab omni infestatione immunes, retinentes ipsum locum Cremæ » Imperio nostro; ita ut nec nobis, nec successoribus nostris » alienare ullo modo liceat, sed semper sub nostra protectione » constituti securi remaneant. Statuimus insuper, ut nullus Dux, » Comes, nec aliqua Civitas habeat ibi jurisdictionem, vel di» strictum nisi Nos tantum, et nostri successores, et pro supra» scriptis concessionibus, et in retentione, et tuitione ipsorum » dabunt singulis annis ab istis kalendis Martij in antea in signum » subjectionis marchiam unam auri, solvendum nobis vel certo » nuntio nostro Mediolani; omnes quoque homines de Crema » a XXXV annis, usque ad LXX jurare debeant nobis fidelitatem » et successoribus nostris, et in Sacramento fidelitatis addicent » quod non vetabunt sed dabunt Castrum de Crema nobis, et » successoribus in pace et in guerra si requisitum fuerit. Item » jurabunt quod non facient aliquam specialem societatem cum » aliqua civitatum vel persona, absque consensu nostro; Consules » etiam quos eligerint, vel unus nomine aliorum recipere debeat » investituram Consulatus a nobis, vel a nuntio nostro si fue» rimus in Lumbardia singulis annis. Cassamus quoque, et irritum » deducimus omnes concessiones, et data, et scripta si qua fe» cimus et nostri antecessores, de ipso loco Cremæ, vel de pos» sessionibus, vel de consuetudinibus, et juribus, seu jurisdictio» nibus Cremensium. Præcipiendoque sancimus ut nulla persona » secularis vel ecclesiastica, vel Civitas nulla, vel Potestas in » prædictis omnibus eos molestare, vel desuestire præsumant. » Quod si quis aliqua occasione, vel ausu temerario facere tempta» verit centum libras auri purissimi componat, medietatem Ca» meræ nostræ, et aliam medietatem ipsis cremensibus. Hujus » N. facti et concessionis testes.

» Petrus Præfectus urbis, et Joannes ejus filius Gulielmus » Marchio Montisferati, Thomas Comes Subaudiæ, Gulielmus » Marchio Malaspina, Tulinus de Romano, Salinguerra de Fer-

» raria, et alij quamplures. Datum apud Laudam per manum
» Conradi Spirensis Episcopi Imperialis Aulæ Cancellarius. Nono
» kalendas Februarij anno MCCXII. Indict. XV, Imperii Nostri
» anno tertio feliciter. Amen.

(4) *Monasterj di Cistercensi di S. Maria in Cereto, e di S. Bernardo in Crema.*

Cereto, piccola villa del Lodigiano che confina col territorio Cremasco, è posto in un basso terreno, l'ultimo abbandonato dall'Adda, sì che anche presentemente trovansi vaste paludi ne'suoi dintorni, le quali con gran cura e indefessamente si procura di rassodare. Anche anticamente, prima cioè che fosse il monastero fondato, e la villa altresì, imperciocchè da quello ebbe questa origine per abitazione de'contadini che lavoravano le poche terre atte a coltura, chiamavasi il luogo col nome medesimo. Ma non sempre però fu ritenuta la maniera medesima di scriverlo e di pronunciarlo. Pare che ne'suoi principj si usasse Cerete, come usò il Fino, o Cerrete come trovasi in una antica iscrizione, di cui parlerò poco sotto, la quale se bene rifatta a'tempi più moderni, è da supporsi fosse stato il nome conservato nella sua integrità, e molto più perchè in paese assai lontano. In seguito l'ultima *e* si cambiò in *o*, e questo rimase costante. Sulle prime scritture che così è usato, trovasi Cerreto, forse perchè credevasi derivasse il nome dalla pianta Cerro che una volta abbondasse colà; ma non è da credersi poter allignare spontanea in quelle paludi. Ne'più corretti documenti italiani trovasi Cereto, e perciò io credo sia quello da preferirsi, quantunque in tempi ancora più bassi si trovi altresì scritto Ceretto.

Il Monastero di Cereto si è il secondo de'Cistercensi fondato in Italia, al tempo che il santo abate di Chiaravalle Bernardo trovavasi a Milano, o appena dopo n'era partito; così ch'è da credersi venisse fabbricato contemporaneamente a quello di S. Maria in Balneolo, o Bagnolo, come il volgo chiamava sul Milanese, che fu anche detto di Chiaravalle in memoria del santo suo fondatore. In quanto all'anno dell'erezione, sebbene non si possa errare di lungo periodo, perchè il nome di Cistercensi deriva dall'Abadia di Cisteaux in Francia, la quale ebbe origine l'anno 1098, e che nel 1139 venisse spedita una bolla del Papa diretta al monastero di Cereto, pure si trovano dispareri. Un monaco Cistercense, Roberio Rusca, in certo opuscolo intitolato Memorie Cistercensi, dice che venne fondato l'anno sesto dell'ingresso di S. Bernardo in Religione, e così cadrebbe nell'anno 1131. Tristano Calco non prefige epoca, dicendo solo non prima del 1140. Ma il Moriggi, che concorda con lo storico nostro inedito Canobio, la determina all'anno 1136. E il Canobio a parer mio più d'ogni altro merita fede, imperocchè viveva proprio nei tempi in cui i monaci di Cereto, avendo conceduto a livello già prima i beni che possedevano sul territorio cremasco al N. H. Nicolò Dolfini, sostenevano una lite con gli eredi di lui, per cui fu necessario cavare quante carte nel monastero medesimo si trovavano, per produrre in giudizio quelle che facessero all'uopo.

Del pari che intorno all'epoca, s'incontrano dispareri sull'illustre benefattore che lo dotò. Tristano Calco lo chiama un conte Arderico, e il Lupo che da per tutto ritrova Bergamo, vuole che questo conte, Alderico, o Alberico, fosse uno della stirpe de'conti di Bergamo passati a Crema. Alcuni argomenti però in contrario, sembrano irrefragabili. Prima di tutto trovasi ancora in Roma, a S. Croce in Gerusalemme, la seguente iscrizione:

CONGREGATIO ORDINIS CISTERCENSIS
DECREVIT NONIS NOVEMBRIS QUOTANNIS
ANNIVERSARIUM CELEBRARE PRO ANIMA NOBILIS VIRI
ALBERTI DE OLDRADIS QUI INTUITU BEATI PATRIS NOSTRI
BERNARDI MONASTERIUM DE CERRETE
IN AGRO LAUDENSI PROPRIA SUBSTANTIA FUNDAVIT ET DOTAVIT
ET CONGREGATIONI CISTERCENSIUM
D. D.
MEMORIAM TANTI BENEFICII QUAE OLIM AB. D. SEBASTIANUM
AD CATACUMBAS EXSTABAT VETUSTATE COLLAPSAM EADEM
CONGREGATIO HIC REPONI CURAVIT.

Qui sono omesse tutte le date che probabilmente sulla prima, posta a S. Sebastiano, saranno state, ma nondimeno v'è chiaramente espresso il nome del benefattore, per opera de'monaci stessi beneficati. Per tradizione dicesi che quella prima pietra fosse stata posta al tempo di Calisto II, il quale essendo morto nel 1124, verrebbe di troppi anni ad anticipare la fondazione. Forse qui v'ha sbaglio di nome, e il Pontefice sotto cui fu eretto il monastero, e che lo dichiarò soggetto immediatamente alla Santa Sede, fu Innocenzo II, quegli che, poco dopo, giudicò altresì di questa prerogativa spogliarlo, e ciò a maraviglia concorda coll' Intuito Patris Nostri Bernardi, il quale trovavasi a Milano nel 1135, anno in cui forse se non cominciato il monastero, furono da Oldrado offerte le Terre. Anche il Moriggi, nel lib. 2 della Nobiltà di Milano, attribuisce questa fondazione ad Oldrado; e così finalmente scrive il Canobio: « Essendo » sin dall'anno 1136 stato fondato il monastero di S. Maria » (oggi detto de' SS. Pietro e Paolo) dell'ordine Cistercense in » Cereto, fu dotato, come appare ne' libri dell'origine di detto » Ordine della pietà di Pietro (invece che Alberto) Oldrati gen- » tiluomo milanese, d'un'amplissima Abazia, i beni della quale » parte sono nel territorio lodigiano e parte nel cremasco in » quel tempo unito allo Stato di Milano, ed al presente del » serenissimo Dominio Veneto ». Si trovano dunque tre nomi dati ad una persona medesima, quale si è il fondatore dell' Abazia di Cereto. Ciò quasi sempre avviene quando si vuol cavare storia dalle pergamene, facilmente discordanti fra loro. E perchè in tali casi sogliono sempre i compilatori cercar maniera di farle apparire concordi, così anch'io osserverò che il citato Tristano Calco nel narrare che quel monastero « Comes Albericus in proprio solo sultarico condiderat » non ha già espresso la persona lodigiana, come parve ad alcuni, ma il padrone del suolo sultarico, in parte lodigiano e in parte cremasco, che potea essere milanese, o di qualsiasi altra contrada. Tolta in tal modo la difficoltà della patria del donatore, in quanto all'altre del nome può ognuno vedere quanto poco sieno diversi fra loro Alberto e Alberico, e forse significavano anticamente lo stesso, se non che le diverse età preferirono piuttosto l'uno che l'altro. E di que' tempi era quasi universale costume il chiamare i nobili col solo nome. Resta poi il terzo nome di Pietro usato dal Canobio, e per attribuire questo alla medesima persona converrebbe credere fosse un secondo nome, di che a quell'epoca si ha pochi esempi. Perciò potrebbe anche credersi fosse cambiato per errore di copia, che pur tanti se ne riscontrano; ed ecco come il conte Alberico del Calco, risulterebbe lo stesso del nobile Alberto da Oldrado dell'iscrizione, e del Pietro Oldradi del Canobio. Convien credere che tosto ne' suoi principii cadesse questo monastero nel rilassamento che con gran cura cercavasi in allora estirpare, perchè il pontefice Innocenzo II credè bene assegnargli un superiore che assai più dappresso ch'egli era potesse invigilare sulla loro condotta; quindi fu questa Bolla spedita: « Innocentius servus servorum Dei. » Dilecto filio Brunoni Abati Monasterii Sanctae Mariae, quod » in Villa Balneoli in Mediolanensi territorio situm est, eiusque » successoribus regulariter promovendis in perpetuum... Abba- » tiam de Cerreto, quae de Beati Petri juris extitit, tibi, tuisque » successoribus Apostolicae dispensatione concedimus, ut vide- » licet per Te, ac Fratres tuos ibidem honestas et religio refor- » metur; et idem locus tam temporaliter, quam spiritualiter » gratum incrementum suscipiens monisterio Claravallis sub- » jaceat » (Giulini, lib. 36). Qui apparisce avesse già l'Abadia cambiato il suo primo titolo di S. Maria in quello di S. Pietro; ma nondimeno è da osservarsi che ambedue s'usano tanto promiscuamente negli scritti antichi, che da alcuni sembrerebbe risultare, essere stato quello della Vergine surrogato all'altro di S. Pietro e Paolo. Nè forse sarebbe fuor di ragione il credere, che d'entrambi fosse fregiata sin dal principio.

Alcuni anni dopo trova il Giulini un Brunone abate di Cereto, e dubita sia quegli istesso a cui è diretta la bolla di papa Innocenzo II, il quale fosse passato a Cereto qual abate per riformare quel monastero. Ciò io giudico affatto impossibile, imperciocchè passando a Cereto avrebbe perduta la sua supremazia, nè la riforma sarebbe già dipenduta da lui, ma dal nuovo abate eletto a Chiaravalle, così ordinando la bolla pontificia. Avrebbe dunque potuto passarvi con l'autorità sua, per fermarvisi quel tempo necessario a ricondurre l'ordine; ma tornando a Chiaravalle si sarebbe ancora chiamato abate di quel monastero, e non già di Cereto. Pure così non fu, imperocchè sottoscrivendosi ad una sentenza dell'arcivescovo di Milano Robaldo, disse: « Ego Bruno, qui tum quando haec sententia » ordinata est, tenebam Abbatiam de Cerreto, modo vero cara» vallensem de Mediolano ». Questo Brunone dunque si è un altro levato dall'Abazia di Cereto, per metterlo a governare quella di Chiaravalle; onde anch'io sull'esempio del Giulini, aiutando con le supposizioni a progredire la storia, dirò che in così pochi anni, quanti ne passarono dal 1139 nel quale fu spedita la bolla d'Innocenzo II, al 1144 che si è il presente della sottoscrizione, l'Abazia di Cereto avea fatti tanti progressi nella perfezione della vita monastica, che i suoi riformatori vollero essere governati da uno di coloro che avevano incarico di riformare; non simulando però che si potrebbe quest'evento anche interpretare al rovescio, dicendo che i monaci di Chiaravalle vollero per superiore un abate già provato nell'indulgenza. E la rilassatezza de'tempi non contrasterebbe gran fatto a quest'opinione.

Verso la metà del secolo XII, tornando il pontefice Eugenio III da Francia confermò all'Abazia di Cereto i privilegi concessi già da'suoi antecessori: « Eugenius autem ex Gallia reversus » iter per circumspadanas urbes fecit et Novarice agens confir» mavit indulta a majoribus Caenobio Cereti Laudensis agri, » quod paucis ante annis Comes Albericus in proprio solo » sultarico condiderat (Tristanus Calcus, lib. 7, hist. Mediol.) ». Questo Papa venne esaltato alla cattedra di S. Pietro, senza che prima fosse stato cardinale. Cistercense anch'egli, abate in Roma del monastero di S. Anastasio, e stato discepolo del medesimo S. Bernardo. Chiamavasi parimenti Bernardo, ma vuolsi non fosse nome, bensì aggiunto a tutta la sua famiglia. D'onde provenisse tale famiglia m'è ignoto, ma un figlio di suo fratello Uberto, per nome Giovanni, trovavasi a Piacenza nel 1197 capitano dell'armi imperiali, dove fermò dimora. Della discendenza di questo fu un Alberto che nel 1390 venne ad albergare in Crema, e diede qui origine alla nobile famiglia Bernardi (Geneal. Cremasche MS.).

Una vasta estensione di terreno era stata donata all' Abazia, ma, come dissi già sopra, paludosa la maggior parte. Volendo dunque sodarlo i monaci per renderlo fruttifero il meglio che si poteva, a quest' opera badarono per sè stessi in quella porzione compresa nel Lodigiano in mezzo a cui era posto il loro cenobio, facendola lavorare cioè a' contadini ch' essi pagavano, e a loro spese cavando fosse, mettendo piantagioni, contenendo l'acque del fiume, e tutto infine provvedendo quanto all' uopo credevasi necessario. L' altra porzione invece ch' era nel territorio cremasco, lontana alquanto, distribuirono fra molte famiglie di contadini, con titolo non bene espresso, ma con la condizione ch'essi assodassero e coltivassero que' terreni a tutto lor costo, e ne dividessero i prodotti in certe proporzioni determináte. Fu questo a principio tale contratto che rese padroni i monaci in pochi anni d'una vastissima possidenza ubertosa, stata sino a que' dì una deserta e sterile grillaja; ma del contratto medesimo, in progresso di tempo, tante insorsero quistioni e piáti, che forse non passò mai anno senza che o dall' una parte o dall'altra ne venisse portata querela ai giudici.

Non è noto in qual epoca accadesse all'Abazia di Cereto quello che accadde anche a tutte l'altre ricche Abazie, cioè d'esser data in commenda. Avventurata però maggiormente ch'altre non furono, potè conservare parte di sue possidenze, quelle poste nel Lodigiano, a sostentamento de' monaci, invece d' una pensione del commendario; l' altre cremasche perdettero. Sotto quel surrogato governo, non è ben nota la storia, ma certo che i nuovi possessori non ne cavarono quel profitto che si avrebbe potuto, pel continuo piatire, e inoltre per tutte l' altre infedeltà che si commettono dai ministri prezzolati, quando i padroni d' ogni cosa, ignari e lontani, non possono per sè stessi invigilare sull' amministrazione e sui lavori dei soggetti. Si è prova di ciò, che essendo ultimo abate commendario di Cereto mons. Pietro Donato Cesis vescovo di Narni, che fu poi cardinale, nel 1570 si compose coi monaci, rinunciando la sua commenda, per una vitalizia pensione di quattromille scudi. Ciò venne stabilito con assenso del pontefice Pio V, il quale ne spedì la bolla appositamente riunendo detta commenda al monastero di Cereto, e permettendo ai monaci stessi di erigere un nuovo monastero in Crema con dignità abaziale, sotto l'invocazione di s. Bernardo, con applicargli la metà o altra conveniente parte de' frutti di detta commenda. Tosto l'anno medesimo 1570 i superiori di Cereto eressero, cioè dichiararono erigere, il monastero di s. Bernardo, eleggendone abate il P. Don Marziale Risi milanese, il quale ricevè l'anno appresso dal Senato veneto, esecutore della bolla, tutti li beni e terre della commenda, in nome del suo monastero. Morto in seguito il commendario, e cessata perciò la pensione, i monaci di Cereto, dicendo trovarsi troppo danneggiati da' contadini lavoratori, alienarono in modo di livello tutti gli stabili sul territorio cremasco al N. H. Dolfin pel prezzo di ottanta mille scudi, accordandogli però il tempo di venticinque anni ad assegnar loro tal somma investita o in Roma o in qualunque altro Stato ch' essi aggradissero, e ricevendone intanto la pensione medesima ch' essi pagavano al commendario, cioè di quattromille scudi annui. Questo avvenne nell' anno 1587, e assicuratasi così l'Abazia d'una rendita determinata e sicura, pensò altresì a fondar realmente il monastero di s. Bernardo in Crema; onde con l'assenso de' Provveditori e del Consiglio, chiesero al pontefice Sisto V la chiesa con sua adjacenza di ragione della prepositura di s. Martino, e l'ottennero. Così nel 1590 venne la fabbrica cominciata, assegnandosi a dote del monastero un terzo della pensione; e si condusse a compimento nel 1599, o assai più tardi come altri asserisce.

Quando il termine de' 25 anni stabilito nel contratto fra i monaci e il N. H. Dolfin s'avvicinava, dopo il quale dovea questi assegnare il capitale de' scudi ottanta mille in paese straniero al dominio della Repubblica veneta, essendo egli già morto, furono nel 1619 citati i suoi eredi, già in contesa fra loro medesimi, acciocchè soddisfacessero ai patti. La lite durò tre anni, e finalmente nel 1622, ebbero i monaci sentenza contraria, quantunque ottenessero maggior cauzione sul pagamento della pensione annua.

Dopo d'allora i monaci non richiesero altro, ma giunto l'anno 1768 la Repubblica veneta abolì con decreto « tutti li Mona» sterii, ed Offizii situati nel suo dominio » che non avevano possedimento o questue bastanti ad alimentare dodici Religiosi, con applicare le abitazioni e rendite de' medesimi all' alimento de' padri suddetti in essi legalmente stanziati (cioè i sudditi), ovvero di chiese parrocchiali ed altri usi pii e caritatevoli. L'anno seguente poi 1769 a' 6 di maggio, uscì nuovo decreto, nel quale erano specificati i monasteri e conventi che in vigore del primo doveano chiudersi, e in questi due se ne comprendevano di Cistercensi, uno di Torcello cioè, e questo di Crema. L' abate di Cereto D. Costanzo Corneliano, per mezzo del Conte di Firmian governatore di Milano, fece presentare al Senato veneto un memoriale a nome di tutta la Congregazione Cistercense di Lombardia, col quale domandava, che sì la chiesa che il monastero di s. Bernardo in Crema, come il terzo dell'annuo censo de' quattromille scudi, venissero restituiti alla Congregazione medesima qual proprietaria. In conseguenza di tal memoriale, fu così decretato dai Pregadi li 14 dicembre 1769 . . . « E passando alla vendita parimenti dell'altra porzione delle rendite » dello stesso monastero di Crema, sopra quali tiene una qual- » che pretesa l'estero monastero di Ceretto, di questa porzione » l'Aggionto terrà in cassa a parte, ed in via di deposito il » ricavato sino alla verificazione delle vertenze. Sopra le quali » intesesi pure l' altre scritture delle Conferenze della Deputa- » zione *ad pias causas*, e dell'Aggionto sopra-monasterj li passi » tenuti dell'Abate dell'estero monastero suddetto, si dimandano » in copia alla Conferenza stessa le Ducali, che si avanzano al » pubblico Rappresentante di Crema per lume, e perchè l'abbia » l'Aggionto e Magistrato sopra-monasterj ad uniformare le pro- » prie Direzioni giusta la legale pratica in proposito ». Tali carte furono poi spedite al Podestà di Crema, accompagnate da questa lettera: « Sopra le cose che vi pervennero per parte » dell'Abate dell'estero monastero de' Cistercensi di Ceretto, da » voi plausibilmente avvisate con lettera 19 agosto e 6 settembre » scaduti, farete sapere al padre Abbate medemo nei modi con- » venienti, rispondendo al Giudice di Lodi, che resta salvo al » monastero, ed alla Congregazione Cistercense di Lombardia » l' uso delle proprie ragioni per le vie di Giustizia innanzi a » questo Magistrato ed Aggionto sopra-monasterj, che per mag-

» gior speditezza ed intiera ultimazione dell' affare viene a ciò » dal Senato espressamente delegato, e quindi dalla prestata » esecuzione voi ne renderete al Magistrato stesso con diligenza » li avvisi ecc. ». Non pertanto durante il procedimento degli atti su tale materia, i monaci di s. Bernardo vennero espulsi e incamerati i lor beni stabili, i quali non furono venduti però, anzi ottenne la Congregazione favorevole giudizio, e il tutto in integro stato le si restituì. Ciò anche il Ronna in tal modo racconta (tom. 2): « Questo convento (di s. Bernardo in Crema) » pel Decreto Sovrano di sua soppressione fu abbandonato il » dì 13 settembre 1769 dai RR. Monaci, che l'abitavano sotto » il governo del reverendissimo padre abate Don Feliciano Ber- » nardone da Venezia. Seguíto poi li 17 settembre 1773 nel » Serenissimo Consiglio di 40 il giudizio a favore della reve- » rendissima Congregazione de' Cistercensi di Lombardia, fu » dalla stessa Congregazione venduto detto convento con chiese » e case unite alli nobili signori marchesi Luigi e Giulio fra- » telli Zurla, con istromento 16 novembre 1773 del sig. Carlo » Giuseppe Francia, nodaro collegiale di Milano. Qual chiesa » dalla insigne pietà delli prefati nobili fratelli si mantiene aperta » ed uffiziata in onore di s. Mauro abate ».

Nel marzo del 1776 tornarono i monaci della Congregazione di Lombardia a rinnovare la lite contro i Dolfini, perchè, conforme all'antico istromento, fosse costituito il capitale di ottanta mille ducati a Roma, o in altro paese fuori dalla Repubblica veneta, ma parimenti al 12 febbrajo 1777, riportarono sentenza contraria. Finalmente al cominciare della Repubblica cisalpina, tutta la Congregazione venne disciolta, accordandosi una pensione ai monaci; e gli stabili confiscati, e il livello del pari che i Dolfini pagavano, furono messi in vendita.

(5) *Spinella de' Medici.*

Questo fatto viene confermato da tre altri storici, tutti e tre discordando d'un anno col Fino, cioè riferendolo al 1250. Il Villanova (Storia della città di Lodi, lib. 3, pag. 95) dice che

Spinella de' Medici fu mandato in soccorso de' Milanesi contro i Lodigiani, nel 1250. E il Corio (part. 2, pag. 212) « che nella » festività di s. Vito (1250) essendo stati alle mani i Pavesi » coi Milanesi vicino a Lodi Vecchio, giunta l'ora del vespro, » dove finalmente in soccorso de' Milanesi giunse Spinella de' » Medici, uomo di gran fama, e capitano mandato da' Cremensi » con la milizia sua, il che vedendo i nemici ritirarono le genti, » e parimenti fecero i Milanesi ». Così anche il Giulini (lib. 53, anno 1250): « L' esercito de' Milanesi venuto contro Lodi, era » giunto a mal passo vicino a Lodi Vecchio, stretto oltre che » dai Lodigiani, dai Pavesi e dai Cremonesi altresì. Si attaccò » la zuffa, ma non fu molto forte, perchè v'erano pochi militi, » e non molti erano in istato di combattere. Finalmente all'ora » del vespro giunse in ajuto de' Milanesi Spinella de' Medici, » uomo assai celebre nell'armi, e capitano della milizia di Crema. » Allora i nemici si ritirarono, e i nostri proseguirono il viaggio » alla volta di Milano, dove giunsero nel seguente giorno ».

(6) *Come cominciasse la divozione de' Battuti.*

Dalle nostre patrie memorie nulla apparisce che ricordi il primo esempio di penitenti che aggirandosi per le strade, e chiedendo misericordia al Signore, con un flagello spietatamente battevano sè stessi, e da qui il nome di Battuti che ne derivò; ma di questo silenzio forse è cagione l' impedimento che per quella volta fu messo a penetrare in queste contrade. Racconterò dunque quel fatto, origine di tante confraternite instituite in seguito, con le parole medesime del Giulini: « Nel 1270 si sparse la fama che » in Perugia era nata una nuova divozione. Mosso quel popolo » dalle persuasioni non so se di un romito, o di un fanciullo » ad implorare colla penitenza di essere preservato dagli immi- » nenti castighi preparati dalla Divina Giustizia, tutto si com- » mosse, e una quantità di persone presi de' flagelli cominciò a » percuotersi pubblicamente, invocando il patrocinio della Beata » Vergine, e gridando misericordia e pace. Quindi formando » molte migliaia d'esse una lunga processione andarono semi-

» nude sempre battendosi fino a Spoleti. Colà unitasi una simile » processione passò ad altra città; e così propagaronsi quelle » processioni per l'Italia, ed anche fuori dell'Italia per diverse » provincie; ma quando si avvicinarono alle città di Cremona » e di Milano, e ad altre che riconoscevano per signore il mar- » chese Oberto Palavicino, e Martino della Torre, questi non » permisero che quella divozione entrasse nei loro territorj, e » fatte piantare sui confini seicento forche ne arrestarono il » corso. (Giulini, lib. 55) ».

(7) *Impresa contro Cremona caduta a vuoto.*

Il Giulini anticipa d'un anno questo fatto, o per dir meglio distingue in due anni, ciò che il Fino tutt' insieme nel secondo racconta: « Nell'anno poi 1281, essendo guerra fra i Milanesi » da una parte, e i Lodigiani e Cremonesi dall'altra, Lodi trattò » la pace, ma durante il trattato che andò per le lunghe, per » ridurre anche Cremona ad abbassare la testa, il Governo di » Milano mandò Buoso da Dovera con Gabrio da Monza, alla » testa di quattrocento militi ed altrettanti fantaccini a sver- » nare in Crema; il che diede molto da pensare ai Cremonesi. » E alli 9 di gennaio dell'anno seguente, conchiusa la pace fra » i Milanesi e i Lodigiani, fra gli altri capitoli anche questo » fu stipulato: Che si osservasse il trattato fatto nell'anno scorso » coi Cremaschi, per opera del marchese di Monferrato. Il » trattato di Crema era per dare la signoria di quel luogo a » Buoso da Dovera, e per assisterlo colle maggiori forze contro » la città di Cremona. Ciò premeva molto al marchese, il quale » avea fatto eleggere Gabrio da Monza, milanese, per podestà » di Crema; e per accrescere le forze a Buoso gli diede ogni » ajuto per impadronirsi di Soncino e Ruminengo, luoghi prin- » cipali de' Cremonesi, come infatti se ne impadronì. Alli 6 di » giugno cominciò il marchese (di Monferrato) a marciare (contro » i Cremonesi) e si portò a Carsenzago. Il podestà ed il capi- » tano del popolo (di Milano) lo seguirono agli otto coi militi, » e nel seguente giorno tutti arrivarono a Crema, dove poi

» giunsero anche altre truppe Milanesi, coi Pavesi, Tortonesi
» Comaschi, Alessandrini, e Novaresi. Dall'altra parte i Cremo-
» nesi avevano formato un grande esercito co' loro alleati, e si
» erano accampati fra Castelleone e Paderno. Per trentotto
» giorni il nostro bravo generale se ne stette a Crema senza
» mai moversi, toltone una volta sola, che si avvicinò a Ca-
» stelleone, ma tosto ritornò indietro. Finalmente al solito senza
» far nulla nel mese di luglio diede fine alla campagna, e se
» ne tornò a casa ». (Giulini)

(8) *Lantelmo Benzone.*

Nel 1286 ricominciati i trattati tra Milano e Como. « Partissi Ottone (arcivescovo) da Milano alli 27 di quel mese
» (febbrajo) coi delegati della nostra repubblica, e colla guar-
» dia di tutti gli uomini d'arme; e poco lungi da Legnano
» tenne un congresso con Guido da Castiglione, ch'era podestà
» di Como, e con Loterio Rusca. Al terminare del congresso
» fu pubblicata la tregua. Per istabilire poi gli articoli della
» pace si tenne un altro congresso fra gli stessi personaggi
» alli 7 di marzo in Barlassina; ma non si potette conchiudere
» ogni cosa. Fu d'uopo che un signor cremasco, chiamato
» Lantelmo Benzone (il Corio lo chiama Giusto Benzone, e
» forse ambedue questi nomi avea la persona medesima), sopran-
» nominato Guisca, si portasse più volte da Milano a Como, e
» da Como a Milano; e così fu stabilito tutto il Trattato. Allora
» si tenne a Milano un gran Consiglio, e furono delegati quattro
» giureconsulti .... come oratori di questa città, a parlamentare
» cogli oratori della città di Como ... Si ritrovarono i delegati
» coi delegati di Como a Lomazzo nel penultimo giorno di
» marzo, e presto presto rimasti d'accordo sigillarono il trat-
» tato coi sigilli di tutt' e due le repubbliche. Ai 2 d'aprile
» sopravvennero per una parte l'arcivescovo Ottone ed il po-
» destà di Milano, cogli ambasciatori di Cremona, Piacenza,
» Brescia, Pavia, Novara e Crema; e per l'altra Guido da
» Castiglione podestà, e Loterio Rusca signore del popolo di

» Como, con altri ambasciatori. I nominati quattro signori furono
» solennemente riconosciuti per Arbitri, due per una parte, e
» due per l'altra. Lantelmo Benzone fece dar compimento a
» quanto ancora rimaneva da fare, e fu sborsata una grossa
» quantità di denaro, colla quale si crede che fosse guadagnato
» Loterio Rusca. Sia ciò vero o no, nel seguente giorno uniti
» gli Arbitri e i Delegati in un sito determinato fra Lomazzo
» e Rodello, furono colà letti, confermati, e pubblicati i capi-
» toli della pace. La pace veramente fu fra Milano e Como
» ma vi furono a certe condizioni compresi anche i Torriani,
» e il marchese di Monferrato. (Giulini, lib. 57, anno 1286) ».
Il Corio aggiunge che gli ambasciatori di Crema intervennero ancora alla ratifica solenne che se ne fece in Milano (Part. 2, pag. 287). Furono anche i Cremaschi in ajuto de' Milanesi nel 1286, quando per l'ultima volta il marchese di Monferrato entrò nel Milanese, e con essi trovaronsi pure i Comaschi, i Cremonesi, e i Bresciani. All'apparire di quell'esercito il marchese ritornò a Pavia, e di lì a poco accorse ad Alessandria, di cui i cittadini gli si erano ribellati, e fatto da quelli prigioniero fu rinchiuso in una gabbia di ferro, dove dopo un anno e mezzo, miseramente morì. (Giulini, lib. 58).

(9) *Pace fermata al monte della Colomba.*

Ecco come racconta questo fatto il Giulini: « Non lasciava
» di dar noja questa prepotenza di Matteo (di voler cioè domi-
» nare da per tutto) a parecchie città di Lombardia, fra le quali
» Lodi e Crema tacitamente congiurate avevano richiamati i
» signori della Torre. Già i Milanesi più non si arrischiavano
» a portarsi nei territorj di quelle città, sicchè fu duopo il pen-
» sare a por rimedio al male che si andava avanzando. Fu
» perciò tenuto un gran consiglio in Milano, dove intervennero
» gli ambasciadori delle città suddette, ed amiche del Visconte,
» e singolarmente quei di Brescia, di Cremona, di Piacenza, di
» Tortona, di Alessandria, d'Asti, di Casale, di Vercelli, di
» Novara e di Genova. Tutti d'accordo risolvettero che si do-

» vesse far la guerra ai Lodigiani ed ai Cremaschi. Per questa » risoluzione Zaccaria, o Zanazio Salimbene piacentino, ch'era » podestà di Milano pei secondi sei mesi, nel [illegible] giorno di » settembre (1294) uscì dalla città collo stendardo della Repub- » blica e si portò con un buon corpo di truppe a Melegnano, » dove poi lo raggiunse Matteo col resto dell'armata. Di là tutto » l'esercito ad accamparsi andò a Balbiano, e poi passata la » Muzza, ossia l'Adda Nuova, entrò nel territorio di Lodi, e » cominciò a devastarlo. Nessuno si oppose ai Milanesi, ond'essi » quando furono stanchi e ben carichi di preda se ne ritor- » narono alle case loro. I Lodigiani di lì a poco vollero ricat- » tarsi ed entrarono a devastare il Milanese, ma vennero rotti » e fugati (lib. 58). L'anno appresso (1295) sul principio di » giugno Matteo Visconte avea formato un grosso esercito contro » Lodi. Il podestà Enrico Tungentino di Brescia uscì il primo » dalla città coi militi, e si pose a Viboldone nell'ottavo giorno » di quel mese. Poco dopo lo seguì Matteo, e nella festa di » S. Barnaba unitamente giunsero ambidue a Lodi Vecchio, che » nel precedente mese era stato dai Milanesi fortificato e ben » presidiato. Di là a' 18 si rivolse l'armata nostra verso S. Co- » lombano, e poi improvvisamente nel giorno di S. Giovanni » Battista comparve verso Lodi circa un miglio e mezzo. Pochi » giorni dopo quest' esercito numeroso di trenta e più mila » uomini si avanzò in ordine di battaglia verso la città .... » sino ai borghi che tosto vennero saccheggiati. I Lodigiani » nondimeno ebbero pazienza e se ne stettero saldi alla difesa » delle mura. Allora io credo che que' cittadini facessero pro- » porre a Matteo ragionevoli condizioni per terminare la guerra. » Infatti egli senza il minimo tentativo contro le mura riti- » rossi. Tosto si manifestò il proposto trattato di pace: ed a » fine di perfezionarlo furono mandati a Lodi, e ad un certo » sito chiamato il Monte della Colomba destinato pel congresso, » oratori e sindaci per parte della Comunità di Milano. Questi » si unirono co' legati di Lodi, di Crema e di Brescia, e con- » chiusero felicemente la capitolazione. La stabilita pace fu » pubblicata in Milano gli undici di settembre (lib. 59) ». La conclusione di questa pace è precisamente nel modo medesimo raccontata dal Corio (part. 2, pag. 305). Conclude indi il Giulini: « L'allegrezza concepita per questa pace fu qualche poco » turbata da una sensibile scossa di terremoto che fece traballare il suolo della città, e della campagna milanese nel terzo » sabato di settembre, cioè nel giorno diciottesimo di quel » mese, 1295 ». Un' altra notizia ricavasi dal Corio (part. 2, pag. 306) il quale così scrive: Nel mese di marzo del 1296 i Coglioni di Bergamo, scacciati dai Soardi col soccorso de' Milanesi, vennero a rifuggirsi in Crema, dove poi radunate forze assalsero i loro nemici e s' impadronirono della città il mese di giugno.

(10) *Pace fermata in Crema.*

« Nel 1299 trovavansi nuovamente i Cremaschi in guerra » coi Milanesi, senza che sia raccontato in qual modo; ma sembra ch'essi si fossero collegati col marchese da Este, e mandati ambasciatori a Pavia nel congresso che si tenne nell'ultimo giorno d' aprile e nel primo di maggio, fra i Pavesi » medesimi e gl' inviati dal marchese di Monferrato, dal marchese di Saluzzo, de' Bergamaschi, de' Tortonesi, de' Novaresi, » de' Vercellesi, de' Casalesi e de' Cremonesi, i quali ultimi delegati anche dal marchese d'Este, per loro difesa, e per » rovina e morte di Matteo Visconti. Nel giorno settimo di » giugno il marchese d' Este con settecento cavalli e quattromila fanti era entrato nella Ghiara d'Adda milanese, ed erasi » accampato a Palasio (forse a Palazzo sul territorio cremasco). » Nei seguenti giorni i Bergamaschi vennero a porsi ad Osio » inferiore; i Cremonesi si avanzarono sino all'Adda di contro » a Cassano; ed il marchese suddetto entrò co' suoi militi in » Crema, dove Enrico da Monza, cittadino milanese, ma nemico » del Visconte, trovandosi colà per podestà, lo accolse con molto » onore (ciò che a lui fruttò d'esser chiamato ribelle della patria, » e riportarne diroccate le case). Il Podestà (di Milano) era » marciato coll'infanteria milanese a Cassano. I Cremonesi che » erano sull'opposta riva, nè aspettavano il suo arrivo, se ne

» fuggirono disordinatamente a Crema, e il Podestà alli 13
» passò l'Adda per portarsi a Crema ed alloggiò a Caravaggio ».
Convien dire che i Cremaschi fossero entrati di mal animo nella lega, forse indotti dal loro podestà Enrico da Monza, perchè mostrarono i primi qualche disposizione per la pace; e fosse, o che i Milanesi consapevoli del fatto non attribuissero loro gran colpa, o che credessero grande vantaggio il disgiungerli dalla Lega senza badare a convenienze d'onore o di dignità, « tosto la
» notte seguente entrarono in quella città (cioè Crema) tre si-
» gnori milanesi, cioe Guercio da Carcano, Gasparo da Gar-
» bagnate, ed Apollonio da Monza. Prima che giungesse il giorno
» si fece un solenne compromesso in quattro persone; due dalla
» parte de' Milanesi, e furono Ubertino Visconte ed il conte di
» Corte nuova, e due per la parte de' Cremaschi, che furono
» Sergnano Guinzone e Giovanni Crepa (Benzone). Poichè ciò
» fu conchiuso, alla mattina seguente si pubblicò in Crema la
» tregua fra que' cittadini e i nostri, e dopo un giorno si pub-
» blicò anche in Milano. I Cremonesi col marchese d'Este se-
» guitarono l'esempio de' Cremaschi, e mandarono a Milano i
» loro delegati, coi quali pure si trattò, e si conchiuse la pace
» alli 29 del mese. (Giulini, lib. 59) ». Assai più in breve racconta anche il Corio le cose medesime (part. 2, pag. 309).

(11) *Venturino Benzone.*

Nel luglio del 1301 i Cremaschi militavano contro i Coglioni di Bergamo, e contro Matteo Visconti capitano nella città medesima, e s'impadronirono della torre e del castello di Romano, ma vennero poscia sconfitti. Si trovano poi ancora nell'ottobre contro Galeazzo a Garlasco (Corio, part. 2, p. 314). Raccontando lo stesso fatto il Giulini (lib. 59) dice, che dopo avere Matteo Visconti scacciati da Bergamo i Bongi ed i Rivoli si dichiararono loro protettori i Lodigiani, i Cremonesi ed i Cremaschi, e radunato un esercito andarono ad assalire Bergamo, ma perdettero molta gente senza ottener nulla. Seguita il Corio (part. 2, pag. 315) che i Cremaschi erano contro i Visconti nella Lega a favor de' Torriani. E che intervennero (p. 317) i loro ambasciadori a Pioltello nella pace fatta tra Matteo Visconti e i Torriani, quale non ebbe effetto. Di ciò il Giulini non dice nulla. Indi sappiamo dal Corio medesimo che Venturino Benzone di Crema fu eletto Capitano del popolo di Milano, scacciati i Visconti a' 25 di luglio 1302, carica stata già per molti anni di Matteo Visconti e da poco di Galeazzo suo figlio (p. 318). Venturino sul cominciar dell'agosto andò a Lomaccio sul Comasco, e in tutto distrusse quel borgo con molti altri luoghi del Vescovado di Como, e poi ritornò a Milano; e sul cominciare d'ottobre rassegnò il capitanato, essendo eletto a questo Guglielmotto Brusato novarese (p. 319). Questi fatti assai più difusamente riferisce il Giulini in tal modo: « L'anno 1302 » poi andarono i Cremaschi in ajuto di Alberto Scotto e Filippone di Langosco pavese, che avevano rivolte le armi contro » Matteo Visconti; e pure da quell' impresa nell'anno presente » non n'è seguíto grave danno a nessuno... Sino dal fine » di marzo (1303) erano giunti in Cremona i signori della » Torre, e poco dopo alcuni fra essi.... si erano avanzati » insino a Lodi. I Cremonesi, i Piacentini, i Pavesi, i Novaresi, i Vercellesi, i Lodigiani, i Cremaschi ed il marchese di » Monferrato si erano collegati per restituire ad essi la signoria » di Milano... Lo che avvenne con trattato poco dopo, cioè, » alli 14 di giugno, in cui Matteo Visconti cesse il comando e si » ritirò. Tosto dopo i capi degli alleati Alberto Scotto di Piacenza, » Filippone di Langosco di Pavia, Antonio da Fisiraga di Lodi, » Venturino Benzone di Crema, Corrado Rusca di Como, e con » esso loro Enrico da Monza dianzi proscritto, e Pietro Visconti » liberato dalla sua carcere, tutti erano venuti a Milano, e tutti » qui facevano una gran figura... Al principio di luglio Alberto » Scotto se ne ritornò a Piacenza, dove tenne un gran congresso. » V'intervennero gli ambasciadori di tutte le città alleate, cioè: » Novara, Vercelli, Casale, Pavia, Alessandria, Tortona, Cremona, » Lodi, Crema e Piacenza, e di più quelli delle città di Bergamo, » di Como e di Milano, che nuovamente erano entrate nell'alleanza... Allora nel cominciare di luglio (1303) vennero Pino » da Vernazza cremonese, come podestà; e Venturino Benzone

» cremasco come capitano del popolo. La prima loro impresa fu
» contro il luogo di Lomazzo, ch'era un nido di sicarj per quanto
» il Calco racconta, ed avea poc'anzi ricettati alcuni, che crudel-
» mente avevano trucidati i curatori de' nostri pubblici magaz-
» zini. Il luogo fu saccheggiato, e poi dato alle fiamme e distrutto.
» Anche quest' avvenimento dal Corio è stato raccontato sotto
» l'anno scorso, e attribuito ad altre cagioni, ma siccome egli
» accorda che seguì sotto il governo di Pino da Vernazza podestà,
» e di Venturino Benzone capitano, noi sapendo dell'asserzione
» concorde di più antichi ed autorevoli nostri scrittori, che quei
» due signori non cominciarono il loro governo nel luglio dell'anno
» scorso, ma nel luglio dell'anno seguente, veniamo a compren-
» dere che il Corio anche in ciò si è ingannato ed ha confuso
» malamente la storia di questi due anni... Matteo Visconti gua-
» dagnato Alberto Scotto, e radunati i banditi milanesi, con al-
» quante altre truppe di Tortona, di Piacenza ed Alessandria
» alli 18 di settembre di quest'anno 1303, passò il Po e si avanzò
» sino ad Orio, aspettando che Alberto Scotto, col resto dell'e-
» sercito, il raggiungesse. Ma Alberto che cangiava di partito
» più spesso che di camicia, avendo forse degli altri trattati in
» piedi, non comparve; e la di lui tardanza diede campo agli
» alleati di accorrere al bisogno. Fra gli altri i Cremonesi coi
» Cremaschi si posero a Pizzighettone... Verso la metà di
» maggio (1304) secondo ciò che si era determinato nel Con-
» gresso (di Cremona) l'esercito degli alleati si raduuò a Pavia
» e di là marciò a dirittura nel Piacentino e si accampò a
» Fontana. Gran parte del territorio di Piacenza fu messa a
» sacco sin sotto le mura della città; e peggio saria stato se non
» fossero accorsi in soccorso di Alberto Scotto i Parmigiani, gli
» Alessandrini, i Tortonesi e Galeazzo Visconte. Dall'altra parte
» i Cremonesi scusandosi col timore che i Genovesi e i Man-
» tovani non assaltassero il lor contado, non vollero uscir dai
» confini; anzi per maggior sicurezza ritennero seco anche i
» Lodigiani e i Cremaschi. Onde per allora l'esercito della Lega
» si sciolse... Nel mese di giugno (1305) i Mantovani e i Ve-
» ronesi si erano uniti coi Bresciani per rimettere i Guardi
» nella città di Bergamo. Contro di loro si mossero i Milanesi,

» e con essi il conte di Langosco co' Pavesi; e del pari i No-
» varesi, i Vercellesi, i Cremonesi, i Lodigiani, e i Cremaschi,
» e tutti si adunarono a Caravaggio ». Per allora non fu combattuto perchè i Bresciani conosciutisi più deboli si ritirarono. Ma nel luglio essendosi deliberato in un Congresso a Piacenza, di attaccare direttamente i Bresciani, si ritrovarono i Milanesi con tutti gli alleati in riva all'Oglio dov'erano anche i Cremaschi, forse sulla fine d'agosto, e trovarono questo fiume cresciuto sì a dismisura che non permise il passaggio; onde dopo aver lungamente aspettato invano, alli 9 di settembre l'esercito si disciolse. (Giulini, lib. 59).

(12) *Sconfitta de' Guelfi a Soncino.*

« Sulla fine dell'anno 1311 il re Enrico VIII andò a Genova per
» imbarcarsi onde trasferirsi a Roma a ricevere la corona impe-
» riale. Subito dopo la sua partenza varie città di Lombardia si
» ribellarono, e fra l'altre Cremona, di cui per frode se ne insi-
» gnorì Gullielmo Cavalcabue. Il Re che trovavasi ancora in
» Genova, vedendo che gli affari di Lombardia per lui anda-
» vano peggiorando, temendo altresì che dopo la sua partenza
» tracollassero sempre più, giudicò di eleggere un Vicario Gene-
» rale, superiore a tutti gli altri Vicarj da lui posti nelle città
» di Lombardia, il quale tutta la governasse in suo luogo. L'eletto
» fu il conte Guarnerio di Umberg, o di Umburg, della diocesi di
» Basilea, di una ragguardevole famiglia, e di sperimentato va-
» lore ». La partenza di Enrico da Genova seguì alli sedici di gennajo. Subito dopo il conte Guarnerio si dispose a far guerra, e tenuto un consiglio in Lodi, passò poi a Brescia, indi a Soncino, dove i Guelfi a persuasione dei Fonduli s'erano rinchiusi. Venturino Benzon dunque, che pur egli a Soncino trovavasi, non potea essersi unito a Gullielmo Cavalcabue, che sulla fine di gennajo 1312, quando quegli s' impadronì di Cremona. Soncino con poco contrasto venne espugnato, nè il Giulini dice in che giorno. Il Cavalcabò fu tagliato a pezzi dai Tedeschi, Passerino della Torre fuggì, onde gli altri « perduti i capi, altro

» più non cercarono che di nascondersi nelle case o di fuggire.
» Quei che s'arresero o colle preghiere, o col danaro, più potente delle preghiere, salvarono la vita, toltone i principali autori della ribellione, che furono rigorosamente puniti. Il primo di tutti, cioè Venturino Fondulo, fu impiccato pubblicamente in Soncino, e da una parte e dall'altra di lui furono pure impiccati due giovinetti e innocenti suoi figli. (Giulini, lib. 61) ».

(13) *Vittoria de' Cremaschi a Vailate.*

« Era pure soggetta a Matteo (Visconti) Crema; ma nel presente anno (1315) per opera de' Guinzoni e de' Benzoni fu a lui ritolta (Giulini, lib. 62) ». Qui il Giulini confonde i cognomi, essendo i Guinzoni fra i primi Ghibellini di Crema, nemici dei Benzoni, e perciò in quest' occasione furono anch' essi discacciati. Quattr' anni appresso, cioè nel 1319, Crema era ancora in potere dei Guelfi, per testimonianza sì del Corio che del Giulini. Racconta il primo che in quell'anno i Cremaschi erano in discordia con Matteo Visconti, ma che per la paura che n' ebbero fecero con lui tregua e gli diedero ostaggi. Ma poscia a persuasione de' Bresciani gli ostaggi fuggirono, e Matteo unì a Vailate molta gente d' arme per venir sopra a Crema; e i Cremaschi pure radunati gli amici, con duecento cavalli gli andarono contro e lo ruppero (Corio, part. 3, pag. 375). Il Giulini assai più distintamente racconta un tal fatto (lib. 62). « Non così felicemente per Matteo (Visconti) andarono gli affari della Ghiara d'Adda (1319), dov'egli aveva mandato delle truppe contro di Crema, che dopo la fuga degli ostaggi dati ai Milanesi si era nuovamente dichiarata ribelle. La nostra vanguardia sotto la condotta forse del Podestà, ch'era Bonifacio da Curiago parmigiano, si era arrestata in Vailate, aspettando il rimanente dell' esercito. Prima che questo giungesse, i Cremaschi accostatisi a Vailate tanto fecero cogli insulti e coll' ingiurie, che i Milanesi impazienti uscirono con disordine e con disuguaglianza di forze alla battaglia; e come suole

» avvenire in simili casi, furono battuti. Credette Matteo di ven-
» dicarsi, rimandando colà un' armata più numerosa, che tentò
» d' impadronirsi di Crema, ma senza frutto; onde vedendo
» inutile il più trattenerla colà, la fece avanzare contro i Bre-
» sciani, che aveano abbracciato il partito del re Roberto (di
» Napoli) ».

Anche nell' anno 1320 questa lotta durava tuttavia, così raccontando il Giulini (lib. 62): « Alli 13 di febbraio Paolo degli
» Aldigheri, Parmigiano, entrò Podestà (in Milano). Questo signore
» poichè fu giunta la primavera ebbe ordine di marciare col-
» l'esercito de' Milanesi, di là dall'Adda; dove giunto alli 7 di
» maggio si diede a saccheggiare il territorio di Romano spet-
» tante ai nemici Cremaschi ».

LIBRO TERZO

Aveva appena Azzo Visconti (1339) signoreggiata Crema un anno e due mesi quando, morto lui, gli successe Giovanni vescovo di Novara, che poi fu arcivescovo di Milano, e Luchino Visconti. Fu sotto questi signori finita nel 1341 la fabbrica del Duomo, essendo podestà di Crema Alpinolo Casale, e dietro lui Arrigo Burri, ambedue nobili milanesi, quantunque vogliano alcuni che l'anno predetto gli fosse dato principio, e fosse finito in tre anni; e che poi Santo ovvero Salio Landriano podestà vi facesse porre l'immagine di s. Ambrogio con l'insegne ducali (*a*) (1345). Finito il duomo, indi a quattro anni si fece la sala del Consiglio, la quale fu poi ridotta in miglior forma nel 1499. Erano appena scorsi 13 anni dopo la fondazione di s. Domenico, che vennero i frati di s. Fran-

(*a*) Convien credere che a questi tempi, numerosissimi fossero i banditi, perchè fu mandato anche a Crema un editto di Luchino Visconte intorno a ciò, con la data de' 6 febbrajo 1343.

cesco i quali ebbero primieramente in dono una casa nella vicinanza di s. Michele dai Benzoni. L'anno poi 1369 ottennero dal papa Urbano V la chiesa parrocchiale di s. Michele con le possessioni, e per essere juspatronato dei Benzoni cercarono d'avere ancora il consenso loro, il che essendogli amorevolmente concesso, ai 15 di febbrajo del 1379 diedero principio alla nuova chiesa. Era a questi tempi in piedi il castello di Torlino di cui era signore un conte detto Pulmerano. Morto Luchino Visconte nel 1349 l'arcivescovo rimase solo nello Stato, a cui morendo nel 1354 successero Matteo, Bernabò e Galeazzo suoi nipoti, i quali non potendo unitamente signoreggiare, tra sè divisero lo Stato. Ebbe Matteo Lodi, Piacenza, Bologna, Lugo, Massa, Bobbio, Pontremolo e Borgo s. Donnino; Galeazzo Como, Novara, Vercelli, Asti, Alba, Alessandria, Torlona, Castelnovo, Bassignana, Vigevano col Ponte di Tesino, Sant'Angelo, Montebuono e Mairano; Bernabò Cremona, Crema, Soncino, Bergamo, Brescia, Valcamonica, Lonato con la riviera del lago di Garda, Ripalta, Caravaggio e il Ponte Vaure; Milano e Genova rimasero per indivisi. Venuto a morte Matteo ai 28 di settembre del 1356 si mossero contro Galeazzo il marchese di Monferrato, Mantovani, Ferraresi e Bolognesi, ma rimase in fine vincitore il Visconte. Ora perchè Giovanni d'Olegio che aveva per moglie una sorella di Paganino Benzone detta Antonia (1), era stato capo de'Bolognesi in questa guerra, i Benzoni con tutto il loro parentado furono cacciati fuori dello Stato di Milano, e furono confiscati i beni di Giovannino detto Quarantino, parte dei quali ne donò poi la Camera ad Antoniotto di Piacenza, e parte ne vendè. Parve strana cosa ai Benzoni il vedersi per tal cagione privi della grazia de'Visconti, ma molto più strana parve a quelli che solo per avere pigliata moglie della famiglia de'Benzoni erano incorsi nello stesso bando (*a*). Laonde supplicando perciò al Visconte furono finalmente esauditi nel 1360 essendo allora podestà di Crema Aldigiero della Sennazza, a cui scrisse sopra ciò Bernabò Visconte in tal maniera: « Bernabò Visconte, vicario imperiale generale di Milano, ecc.

« Avendo noi per special grazia concesso che ciascuna donna nata da'Benzoni di Crema, cacciati da tutto il nostro dominio per l'amistà che tengono con Giovanni d'Olegio, la quale sia maritata ad altri che ai Benzoni che parimente sono banditi, possa ripatriare, e dimorare col marito in ciascun luogo delle Terre nostre; vi comandiamo che dobbiate ricevere in Crema quelle donne lasciandogliele abitare, e che cancellate tutti i processi fatti per tal cagione contro di loro ».

« Data in Milano ai 15 di novembre del 1360 ».

Fu l'anno seguente accettato s. Pantaleone per nostro protettore, essendo a' suoi prieghi liberata la Terra da una crudelissima pestilenza, la quale vi si era appiccata; e fu allora ordinato che ogni anno ai 10 di giugno, che in tal giorno appunto si ebbe la grazia, con solenne pompa si facesse una generale processione, a cui si ritrovassero non solo quei della Terra, ma eziandio quei del Contado. Dicesi che fu s. Pantaleone veduto nell'aria a star sopra Crema con la mano stesa; laonde usò poi la nostra comunità di adoperare il sigillo con l'impronto del Santo nella ma-

(*a*) All'anno 1359 racconta il Giulini, che « Galeazzo Visconte » dotando gli spedali del Brolo, e di santa Caterina, donò a quelli » Bertonico, Cerudello, Vinzasca, e s. Martino, e ne'luoghi circostanti tanto di qua, quanto di là dall'Adda nel contado di Lodi, » colla ragione della pesca nell'Adda e nel Serio, ecc. (lib. 69) »

niera che egli apparve. Prima di s. Pantaleone furono nostri protettori s. Sebastiano e s. Vittoriano. Fecesi a questo tempo sotto Bernabò Visconte il castello della Porta d'Ombriano, il quale fu poi spianato dai signori veneziani. Qui non molto dappoi (1379) Carlo, figliuolo di Bernabò (2), a cui, secondo la divisione dello Stato fatta dal padre, era toccato il dominio di Crema, fece una bellissima camera e di liete pitture molto ragguardevole, la quale o fosse per la bellezza del luogo, o per gli amorosi piaceri, che egli come giovane e signore spesse fiate vi si toglieva, volle che si chiamasse il Paradiso, e da qui trasse poi il nome il Torrione, il quale fin ai nostri di vien detto del Paradiso (1385). Non potè Carlo lungo tempo godere il dominio di Crema, perciocchè fatto prigione il padre da Giovan Galeazzo suo nipote, i popoli si diedero tutti ad esso Giovan Galeazzo. Cinque giorni dopo Milano, se gli diede Crema, della Rocca in fuori, la quale però poco appresso se gli arrendè con la cittadella di Bergamo ed altre fortezze (1396). Creato in fine Giovan Galeazzo duca di Milano (*a*) risorsero più che mai le fazioni de'Guelfi e Ghibellini; laonde molti de'Ghibellini cremaschi s'unirono coi Soardi di Bergamo, i quali nel 1398 abbruciarono Farra, villa di Bergamasca tenuta dai Guelfi (*b*). Rinaldo de'Conti in questo mezzo ridottosi a Ricengo in casa di Ni-

(*a*) Allorchè Giovan Galeazzo fu creato duca di Milano, da Venceslao re de'Romani ne'privilegi imperiali, fra le terre a lui concedute in dominio era anche Crema (Giulini, lib. 75). Il Corio (lib. IV) anticipa questo fatto di un anno.

(*b*) Nell'anno 1398 (così racconta il Giulini, lib. 76), intanto che un certo Rozone ribellatosi al duca Giovan Galeazzo sostenevasi nelle montagne di Brescia, alla falsa notizia che il duca fosse morto, la fazione guelfa di Crema corse a saccheggiare alcune terre del Bergamasco.

colò Vimercato si abboccò con Compagno Benzone e con molti altri. Qui dopo lunghi ragionamenti fu conchiuso di pacificarsi insieme a far che ambo le parti giurassero di più non offendersi. Dicesi che il conte per meglio far credere che l'animo suo fosse buono disse voler anch'egli per cinque o sei giorni esser Guelfo; ma entrato in Crema con i suoi partigiani sotto pretesto di pace ci arrecò la guerra, perciocchè mancando della data fede fu cagione che molti dei Guelfi furono presi, condannati e banditi. Dopo queste cose, intorno al fine di settembre 1399 venne in Crema un grandissimo numero di persone, le quali mosse anzi da superstizione che da vera divozione cercarono quasi tutta Italia. Era questa una adunanza, di uomini e donne, giovani e vecchi, nobili e ignobili, laici ed ecclesiastici; andavano tutti scalzi involti nelle lenzuola, con le quali si coprivano da capo a piedi, mostrando solo il fronte, portavano sempre avanti un crocefisso, visitavano ogni dì processionalmente tre chiese campestri; in tutti i luoghi nei quali vedevano qualche croce e parimenti nei crocicchi delle vie, gettatisi a terra, tre fiate ad alta voce gridavano misericordia; levatisi poi cantavano il *Pater* e l'*Ave Maria*, ed il *Stabat Mater dolorosa* con altri cantici. Furono questi tali accompagnati da'Cremaschi fin a Castiglione, e crebbe sì il lor numero che giunsero a quindicimila persone; laonde papa Bonifacio IX temendo che non gli fosse per tal via tolto il papato fece al fine abbruciare il capo di questa setta, il quale fu un certo prete disceso dall'Alpi in Italia (3).

Correva l'anno 1402 quando ai 3 di settembre venne a morte il duca Giovan Galeazzo, a cui successe nel ducato di Milano Giovan Maria suo primogenito, lasciate a Filippo Maria Pavia, Novara, Vercelli, Tortona, Alessandria, Verona, Vicenza, Feltre,

Belluno, Bassano con la Riviera di Trento fino al Menzo; ed a Gabriello nato di Agnese Mantegaccia, ma legittimato, lasciata Pisa e Crema libera, che prima gliela aveva lasciata con condizione, che tuttavolta che il Duca gli desse ducentomila fiorini d'oro, egli gliela rinunciasse (4). Fatto adunque Gabriello signor di Crema, i Cremaschi, che prima altri mandati ne avevano ad accompagnare le esequie del morto Duca (*a*), elessero quattro ambasciatori, i quali andassero a Milano a rallegrarsi col nuovo signore. Di questi, due erano Guelfi e due Ghibellini: i Guelfi furono Gio. Paolo Benzone, e Marcotto Vimercato; dei Ghibellini io non ritrovo il nome. Ora essendo i due Guelfi gentiluomini di molta autorità, e capi delle fazioni loro, disegnarono i Ghibellini di farli ammazzare per la via, dandosi a credere che estinti che fossero questi capi rimarrebbero i Guelfi senza governo; e di leggeri andava lor fatta la cosa se una donna guelfa maritata ad un Ghibellino non avesse scoperto l'inganno. Avvertiti di ciò il Benzone ed il Vimercato si misero in via separatamente dagli altri, mandando innanzi la spia. Erano appena entrati sul Lodigiano che la spia scoprì l'imboscata; laonde, avutone il segno, gli ambasciadori tornarono indietro. Spiacque molto il tratto ai Guelfi e stettero in forse di risentirsene, pure sapendo quanto fossero favoriti i Ghibellini dal Duca si risolsero di passarsela per allora senza farne alcuna dimostrazione. Partitisi pertanto la notte seguente accompagnati da parecchi cavalli per altre vie se n'andarono a Milano ad eseguire la loro ambascieria; ma non passò molto che venne l'occasione ai Guelfi di risentirsi; perciocchè i Milanesi venuti alle

(*a*) Anche il Corio (part. IV) attesta che a' funerali del duca Giovan Galeazzo Visconte assistevano inviati cremaschi.

armi tra loro diedero animo agli altri dello Stato di fare l'istesso e ribellarsi dal loro signore.

Erasi già insignorito di Cremona Ugolino Cavalcabò, i Soardi di Bergamo, i Rossi di Parma e di Piacenza, Facino Cane d'Alessandria e di Vercelli, i Rusconi di Como, i Fisciraghi di Lodi, i Coglioni di Trezzo ed altri d'altri luoghi secondo che in quelli erano più potenti (a). Mossi adunque i Guelfi di Crema dalle dette ribellioni vennero all'armi coi Ghibellini, i qual al primo impeto valorosamente si difesero; temendo poi di perderla si ritirarono nel castello d'Ombriano, e vedutisi a mal partito, sì per essere lor saccheggiate le case da'Guelfi, come per trovarsi con poca vettovaglia nel castello, chiesero soccorso ai signori Soardi, i quali mandarono subito Gentilino Soardo con molte persone, ed entrarono di notte nel castello, che non se ne avvidero i Guelfi, i quali si erano fortificati alla piazza murando le strade tutte che vi mettevano capo, di quella d'Ombriano e di Serio in fuori, alle quali fecero certi portoni e rastelli. E quindi forse è avvenuto che sino al dì d'oggi si dice il rastello della piazza. Venuto il soccorso da Bergamo, i Ghibellini la diedero fuori facendo il peggio che sapevano contro i Guelfi, i quali all'incontro sbarrando le strade vi posero grosse guardie; e mentre i Ghibellini di Crema danneggiavano i Guelfi di dentro, quelli delle vicine terre saccheggiarono le ville di fuori. Fu allora acceso il fuoco da Pietro Alberti da Vailate in Capralba, dove però rimasero al fine più danneggiati i Ghibellini che i Guelfi. Ora avendo i Guelfi veduto il soccorso mandato ai lor nemici da Bergamo ricorsero anch'essi al signor di Cremona, il

(a) Attesta il Giulini (lib. 77) che Crema si sottrasse all'ubbidienza del Duca di Milano verso la metà di luglio.

quale mandò loro tantosto Gabrino Fondulo con parecchi fanti e quattro pezzi d'artiglieria detti spingarde, delle quali una ne fu posta da Antonio Marchi nella chiesa di santa Trinità a dirimpetto del ponte del castello, le altre poi furono poste al rastello della piazza. Volendo adunque il Soardo, che nulla sapeva del soccorso mandato dal Cavalcabò, darla fuori la mattina seguente, rimase investito in una coscia d'un tiro di spingarda, la quale fu scaricata per un buco di santa Trinità. Ferito il capitano tutti i Ghibellini ritornarono nel castello, e scorseso tre giorni che i Guelfi non poterono sapere se il Soardo fosse vivo o morto, il quale vedutosi in fine a peggiorare si dispose farsi condurre a Bergamo. Usciti pertanto i Ghibellini una mattina per tempo accompagnarono il ferito capitano alla volta di Bergamo; ma non poterono tornar sì tosto addietro che i Guelfi avvedutisi della lor partita, scalando la muraglia erano già entrati nella Rocca; laonde vedutisi serrati di fuori elessero per meglio tôr fuga che combattere con disavvantaggio. Voleva il Fondulo che se gli desse alla coda e tagliarli tutti a pezzi; ma Paolo Benzone, che dolce era di sangue, non volle consentire; di maniera che senza essere offesi si ridussero a Bergamo, dove si trovavano ancora i Ghibellini di Brescia e di Cremona. Qui unitisi tutti insieme sotto Orlando Pallavicino e Pietro Gambara, se ne andarono a Soncino tenuto dai Guelfi, il quale corrotto il castellano presero con poco contrasto; indi a poco s'insignorirono di Castiglione e di Romanengo (*a*). Avevano intanto

(*a*) Ciò accadde in agosto o settembre, e fu usata tanta barbarie, che dice il Giulini: « I Ghibellini di Brescia, di Cremona, » di Bergamo e di Crema presero Soncino, e poi anche Castiglione ed altri luoghi, diportandosi al solito come cani arrabbiati. (Lib. 77) ».

i Guelfi di Crema spianate tutte le fortezze e torri de'Ghibellini, affine che non vi avendo luoghi di assicurarvisi stessero lontani dal Cremasco. Sdegnatasi oltremodo la fazione ghibellina per tante rovine fatte dai Guelfi, nè scordatasi ancora del grave oltraggio fattole, quando ucciso Ugoccione Pallavicino suo capitano gli tagliarono il capo e su una lancia lo poserò sopra la più alta torre del castello di Crema, si mosse con tanto impeto contro i Guelfi, che quelli come bestie uccideva mettendo a sacco tutte le cose loro. Pentissi allora il Benzone di non avere, secondo il voler del Fondulo, mandati tutti i Ghibellini a fil di spada. Non rimasero però per questo i Guelfi di Crema di soccorrere i Lodigiani, i quali avevano prese le armi contra i Ghibellini. Già si erano i Cremaschi sottratti dal governo del Visconte; laonde temendo che da qualche tiranno non gli fosse posto il giogo, come a molte vicine città e castella era di già intravenuto, si disposero di eleggersi un signore sotto cui avessero ad essere governati. Radunato pertanto il Consiglio generale nel palazzo della Comunità il dì di s. Martino del 1403, elessero per lor signori Bartolomeo e Paolo de' Benzoni ambedue fratelli, come chiaramente si può vedere nell' istromento dell'elezione notato da Stefanino Martinengo ai 12 di novembre dell'anno predetto, il quale trovasi fin al dì d'oggi appresso la signora contessa Caterina Benzona Benvenuta (5). Creati ambedue i Benzoni signori di Crema furono con grande allegrezza e pompa da tutto il popolo accompagnati a cavallo per la Terra con gli stendardi avanti, insieme con due stocchi e due scettri donatigli dai Sindaci in segno di signoria; e per tre giorni si fecero con fuochi, suoni e diverse altre maniere segni grandissimi di allegrezza per tutta la Terra. Cessati i trionfi della nuova signoria cominciarono i Benzoni a regolar le cose: posero Nicolino Alfiero castellano nella rocca di Ombriano e fecero podestà Giovanni Cigala: indi cominciarono a provvedere alle rapine che tutto dì si facevano da'Ghibellini, i quali, come dissi di sopra, si trovavano all'ingrosso a Soncino, a Romanengo ed a Castiglione; e per meglio poter ciò fare si confederarono con il Cavalcabò signor di Cremona; nè passò l'anno che si fecero anco signori di Pandino. Pareva dura cosa ai fuorusciti di Crema il vedere che i Benzoni, quali furono sempre capi della fazione guelfa, fossero posti in signoria nella lor patria; laonde non mancarono di sturbarli a tutto lor potere Ricorrendosi pertanto a Francesco Soardo signor di Bergamo, lo persuasero a pigliar le armi contro di loro, il quale venendo con molta gente si pose d'attorno Crema, danneggiando molto il contado e saccheggiando i borghi; ma al fine gli andò fallito il pensiero, perciocchè venuto alle mani a Picittone col Cavalcabò, il quale veniva in soccorso dei Benzoni, egli ebbe la peggiore. Ritornando poi sotto Crema dove avea lasciati i Ghibellini cremaschi, fu tolto di mezzo da quei della Terra e dal Cavalcabò di modo che, dandosi a fuggire le sue genti, egli vi rimase morto. Confiscarono allora i Benzoni i beni a tutti quelli che erano venuti con il Soardo contra di loro.

Vissero i due fratelli in signoria dal 1403 fino al 1405, nel quale anno passarono ambidue di questa vita nel castello della Porta d'Ombriano, dove si erano ritirati per una grandissima pestilenza, la quale quest'anno estinse infinite migliaja di persone in Milano, Pavia, Lodi e Crema. Successero a Bartolomeo, Daniele Tripino e Greppo figliuoli legittimi nati da Caterina Crivella gentildonna milanese, ai quali sostituì per testamento Socino, Paganino, e Giacomino figliuoli di Compagno, e Rizzardo figliuolo di Paolo, e diede loro per tutori, oltre la moglíe e Socino suddetto, Giovanni Cigala allora podestà di Crema, Francesco Ardito, Francesco Vimercato e Pallotto Della-Noce (6). Fu sepolto Bartolomeo nel duomo sopra l'altare di s. Donato, il quale era nella tramezzatura della chiesa, ed ordinò che da indi in poi quell'altare si dicesse di s. Martino per essere egli in tal giorno fatto signor di Crema. A Paolo successe Rizzardo suo figliuol unico, ed avvenga che fossero tutti giovinetti furono però accettati per signori; ma che che se ne fosse la cagione, durarono poco in signoria, perciocchè l'anno seguente Giorgio Benzone insignoritosi di Crema (7) fece nuovi uffiziali (*a*): pose Pantaleone e Bettino Cusadri castellani nella rocca d'Ombriano, in quella di Serio Bartolino Alfiero, e Tommaso Papi nella rocchetta della Crema; mutò i contestabili delle porte, fece collaterale Giacomo Foppa, elesse per capitani dei fanti Stefano Locadello e Filippino da Verona; e diede la podestaría a Giovanni

(*a*) Appena Giorgio Benzon fu in signoria, trovossi a malagevoli strette. Il nuovo Duca di Milano, fanciullo ancora, oltre la madre che lo governava, avea parecchi servitori (così costoro chiamavan sè stessi) milanesi e forastieri, i quali per difendere lui e lo Stato, se lo volevano render soggetto. Principali fra tutti si erano Facino Cane, Pandolfo Malatesta, e Giovanni Visconti figlio di Carlo, quegli ch'era stato governatore di Crema a nome di Bernabò Visconte. Tutti e tre costoro a nome del Duca fra di lor contendevano sotto Brescia, sì che al Benzone davano non poco impaccio, vedendosi minacciare lo Stato sì da vicino. Unitosi dunque coi signori di Cremona, guadagnarono al loro partito Giovanni Visconti, e lo munirono di lor procura pei trattati ch'erano in corso. Dopo molte conferenze fu conclusa alla fine una tregua per un mese e otto giorni, sì che Giorgio fu in tempo di provvedere a'fatti suoi.

Arcimboldo. Fatte queste provvisioni si confederò con Pandolfo Malatesta signor di Brescia e con Giovanni Vignano signor di Lodi: mandò parimenti Nicolino Mandello ambasciadore a Ladislao re di Puglia; e di là a pochi dì fece tregua con il Duca di Milano per quattro mesi, quali finiti ai 15 di dicembre del 1406, per altrettanto tempo la raffermò (a). Vedendo poi tutta l'Italia levarsi in arme, perciocchè il Re di Puglia (1407), a cui egli di nuovo aveva mandato Cristoforo Guogo ambasciadore, si apparecchiava di andar contro il Pontefice, i signori veneziani contra quei della Scala, ed il Duca di Milano contra i suoi tiranni, si pose ad ammassar danari, mettendo nuove gabelle, affittando i beni de'suoi ribelli ed anco vendendone a molti; ordinò una compagnia di cavalli leggeri, i quali avessero ad accompagnare la persona sua quando egli cavalcava fuori di Crema; fece molte bastíe in diversi luoghi del Cremasco, una a Montodine dove pose Manarino Manara con parecchi fanti, l'altra a Ripaltella degli Arpini, la quale diede in guardia a Maldotto Capra, la terza a Palazzo sotto il governo di Bettino Capra, la quarta a Scanabò di cui fece capo Venturino da Postino; fece parimenti due altissime torri, una a Montodine, e l'altra a Ripaltella de'Guerini; parecchiò appresso gran numero d'artiglierie, di palle, di picche, di lance, e d'altre cose bisognevoli al guerreggiare, secondo l'uso di quei tempi; e mentre egli faceva queste cose Ottobuon Terzo entrò di notte in Piacenza, la quale gli era stata tolta da Facin Cane. Fu pertanto mandato dal Benzone Ottello da Bergamo con molta gente in soccorso del Terzo. Era il

(a) Ambedue queste tregue tra il Duca di Milano e Giorgio Benzone riferisce anche il Giulini, lib. 77.

Benzone in tal stima appresso i signori veneziani che ai 23 d'ottobre del 1407 lo fecero, con tutti i suoi discendenti, nobile veneziano, mandandogli fin a Crema il privilegio con la bolla d'oro.

Venuto l'anno 1408, ai 7 di febbrajo, fu di nuovo fatta tregua per tre anni e due mesi tra il Benzone ed il Duca di Milano, il quale era molto travagliato da Ettor Visconte, da Facin Cane, e da Ottobuon Terzo per avergli tolta Piacenza. Fu quest'anno medesimo fatta dal Benzone una fortezza a Misano; credesi che egli la facesse temendo la grandezza del Malatesta, il quale aveva comperato Bergamo da Giovanni Soardo per trentamila ducati. Introdusse parimenti nuovi armajuoli in Crema, i quali avessero continuamente a fabbricar armi. Mandò in questo mezzo Vincenzo Martinengo ambasciadore al Duca di Milano e Palotto Della Noce ad Ottobuon Terzo; e poco appresso avuta la nuova che il Re di Puglia avea presa Roma, per l'amicizia che egli teneva seco, fece far per tre giorni continui grandissimi segni di allegrezza (*a*). Stando poi con sospetto per la tregua già

(*a*) Nel 1409 i ministri e generali del duca Giovanni Maria, sempre discordi fra loro, e per l'instabilità di lui sempre in pericolo di essere precipitati, vennero a gravi contese, e i Malatesta, i quali a que'dì prevaleano maggiormente, si convennero col maresciallo Buccicaldo, governatore di Genova, dargli in mano anche lo Stato di Milano, acciò lo governasse in nome del Duca. Questa lor mena riuscì, e il Duca medesimo vi prestò l'assenso. Avuta tale notizia, i tre signori Cabrino Fondulo di Cremona, Giovanni Vignati di Lodi, e Giorgio Benzon di Crema, a cui tutti i ministri erano sospetti, tosto s'affaccendarono a procacciarsi la grazia del maresciallo, ed al suo arrivo a Milano essi l'accompagnarono nel suo solenne ingresso, insieme a molti altri ribelli del Duca. Ma il governo di Buccicaldo durò assai poco, e ribellatasi Genova a lui, e rotto da Facino Cane, fu costretto

rotta tra il Duca ed il Vignano mutò tutti i castellani e contestabili delle porte; ed essendosi poco dappoi arreso Bergamo al Duca, crescendogli maggiormente il sospetto fece fortissime bastie a Sergnano, Gavazzo, Pianengo, Ricengo, al Castelletto ed a Madignano, nelle quali pose per capi Marchino Barbieri, Grativolo Cazzulano, Tommaso Ratti, Bernardo Benzo ed Antonio Sgaria, e mandò intanto Pantaleone Zurla ambasciadore all'Imperatore, e Giovanni Benzoni al Fondulo e poi al Vignano; pose parimente una taglia al popolo, di cui fece esattore Girolamo Mandoli. Era già stato ucciso ai 16 di maggio del 1412 Gio. Maria duca di Milano, quando sdegnatosi il Malatesta contro il Benzone perchè egli avesse soccorso il signor di Cremona, entrò con gran numero di persone sul Cremasco, e prese la rócca d'Offanengo, dove, poichè l'ebbe saccheggiata, pose per guardia Martino Bernabuzzi da Faenza suo capitano, uomo e per nobiltà di sangue e per molte belle imprese segnalatissimo. Vedutosi pertanto il Benzone assalire dal Malatesta, per non avere da guardarsi da tante parti, fece tregua per un anno con il duca Filippo succeduto nel ducato di Milano dopo l'uccisione del fratello (*a*); e per meglio assicurarsi mutò tutte le guardie

fuggire in Francia. Allora Facino, tornato in grazia del Duca, pensò da vero a pacificare lo Stato, e a'10 giugno del 1410 conchiuse una tregua anche con Giorgio Benzone, che dovea durare sino al primo d'agosto; ma spirato quel termine senza che si rompesse la guerra, venne poi confermata alli 2 di novembre.

(*a*) Questa tregua fu convenuta in fatti, e ciò ricorda anche il Giulini, quantunque egli dica per un mese, invece che per un anno. Sappiamo però dallo scrittore medesimo (lib. 79), che, quando il Duca si ricompose nel 1414 con Pandolfo Malatesta, permettendogli che conquistasse Cremona, stipulò nel trattato un articolo il quale diceva che il detto Malatesta non dovesse in-

dei castelli, delle porte e delle bastíe del contado, e fece Baldo da Firenze capitano di cavalli. Mandò poi Antonio Zurla ambasciadore a Milano, a Cremona ed a Lodi. Venuto l'anno 1413 nel mese di marzo mandò Gherardo degli Abondi, e prima lo aveva mandato al marchese di Mantova, ambasciadore all'Imperadore, a fine che egli procurasse la confermazione del dominio di Crema, la quale ottenne al fine pagati prima duecentocinquantadue ducati alla Camera imperiale, cento ad Ugone d'Ernorsè e venti al cancelliere. A questi tempi venendo a morte Giovannino Grandoni, lasciò molti beni alla disciplina di Ripalta.

Non cessava il Malatesta, insuperbito per la nuova signoria, di travagliare il Benzone; e di già, come si è detto, aveva preso il castello d'Offanengo; laonde il Benzone si dispose al fine di convenirsi con il duca Filippo, stimando esser meglio viver in pace sotto l'altrui ombra che signoreggiando star in continue guerre e travagli. Mandati adunque perciò al Duca, Ottolino Cignoni prete di grande ingegno e Carlo Benzone gentiluomo di molta autorità, maneggiarono la cosa in modo che all'ultimo di luglio del 1414 fu conchiuso l'accordo nel castello di Pavia in tal maniera:

» Che il Benzone fosse vassallo del Duca e de'suoi successori.

» Che il Duca desse in feudo Crema, Pandino (a),

trommettersi nè in Crema, nè in Pandino, di ragione del signor Giorgio Benzon.

(a) Ne'tempi anteriori, i Visconti s'aveano ritenuto Pandino col suo distretto per loro caccia riservata. Ciò apparisce da un decreto di Giovan Galeazzo del 1386, e d'un altro del Principe medesimo in data del 1393. (Giulini, lib. 73 e 75).

Misano ed Agnadello con tutte le giurisdizioni loro al Benzone ed a'suoi successori legittimi maschi.

» Che in riconoscimento del feudo, in ogni guerra di Lombardia, per sei mesi ogni anno, il Benzoni e suoi discendenti dessero al Duca e suoi eredi cento cavalli pagati.

» Che ogni anno nel dì della Circoncisione egli desse al Duca un corsiere di prezzo di duecento ducati d'oro.

» Che egli accettasse in Crema le genti del Duca ogni volta che fosse bisogno.

» Che egli facesse giurar fedeltà al Duca da tutti i castellani di Crema e di Pandino, promettendo di non lasciarli senza consentimento del Duca; e mancando esso in cosa veruna, avessero a lasciar le rôcche in mano del Duca, ed egli rimanesse privo d'ogni sua ragione.

» Che ei non potesse mutare i castellani senza consentimento del Duca.

» Che i castellani non potessero accettare nei castelli tante genti nè del Duca, nè del Benzone che potessero far loro violenza o soperchieria, riservando se prima o l'un o l'altro non mancasse di quanto avesse promesso.

» Che il Benzone non potesse far lega, pace nè tregua con alcuno che fosse nemico del Duca, nè in maniera veruna favoreggiarlo, avvenga che di ragione, o per patto gli fosse obbligato.

» Che non dovesse accettare banditi, fuorusciti o traditori del suo ducato, oppur capitandogli alle mani dovesse mandarli al Duca, massime quando fossero di quelli che uccisero il duca Gio. Maria suo fratello.

» Che ei mantenesse tutte le fedi e salvicondotti fatti dal Duca.

» Che il Duca fosse obbligato a dare al Benzone tutti i suoi ribelli ogni volta che gli venissero alle mani, ovvero far che dai suoi uffiziali fossero puniti.

» Che il Benzone facesse confermar dal popolo di Crema tutti questi capitoli, e gli facesse giurar per istromento di servar tutto quello che a veri sudditi si conviene.

» Che il Duca non fosse obbligato ad alcune delle suddette cose se il Benzone fra otto giorni non facesse confermare, giurare ed eseguire quanto si è detto di sopra ».

Venuto adunque a Crema con i nostri ambasciadori Giovanni Corvino, segretario del Duca, fece che il Benzone ed uno dei sindaci a nome di tutto il popolo ratificò quanto dai suoi ambasciadori era stato promesso al Duca. Fece parimente che i castellani gli giurarono fedeltà secondo i capitoli fatti. Andato poi il Benzone egli stesso al Duca, dopo molte grate accoglienze fattegli fu investito del feudo e fatto Conte di Crema e di Pandino con tutti i suoi discendenti legittimi maschi, con la podestà di far sangue. Ebbe parimenti l'arma della contea, che è un leone rampante con la spada nuda tra le branche; e quindi è che fino al dì d'oggi il conte Nicolò, il conte Alessandro ed il conte Pompeo con tutti i Benzoni di quel ceppo, tengono la detta insegna inquartata con l'arma antica de'Benzoni. Fatto il conte Giorgio (1415) feudatario del Duca cinse Pandino con un nuovo rinforzo, ed all'ultimo di gennajo dell'anno seguente riacquistò il castello d'Offanengo, e spianollo affatto acciò più non potesse nuocere a Crema. E perchè sapeva l'umore del Duca, il quale era che la fazione ghibellina non fosse oltraggiata, egli cominciò a divenire piacevole verso di quella; restituì pertanto i beni a molti Ghibellini, e tra gli altri ne furono restituiti ad alcuni de'Caravaggi, come appare per lettere del Conte, le quali si trovano fin al presente appresso M. Francesco Caravaggio dottore (8). Trovavasi il Conte più contento di giorno in giorno di essersi fatto feudatario del Duca, vedendolo a riacquistare le già perdute città dello Stato, e far crudelissime vendette de' suoi tiranni, come di già avea fatto del Vignano, che dopo la presa di Lodi, che fu ai 29 di agosto del 1416, trattolo a coda di cavallo, l'avea con un suo figliuolo fatto impiccare (a). L'anno adunque 1417 essendosi mosso il Duca contro il Fondulo, signor di Cremona, gli mandò molti guastadori e pose per ciò una taglia al popolo, di cui fece esattore Ardicino Benzone. Lasciata poi l'impresa di Cremona il Duca si rivolse contra il Malatesta signor di Brescia. Qui parimenti il Conte mandò Venturino suo figliuolo con cento cavalli pagati; nè solo lo sovvenne più volte di gente,

(a) Qui il Giulini, che non conosceva, o non voleva conoscere il Fino, malamente confonde la storia di questi anni. Giorgio Benzon dopo il trattato stretto col Duca nel 1414, non ebbe più altra volontà che quella del Duca medesimo, temendo troppo irritarlo; e perciò se nella guerra che scoppiò fra il Marchese di Ferrara e Pandolfo Malatesta per una parte, e il Duca di Milano per l'altra, egli concorse in alcun atto, fu per volontà espressa di questo, e ciò anche il Sanuto conferma. E per tale timore s'indusse sino ad abbandonare il suo più stretto alleato Cabrino Fondulo, ajutando il Duca a spogliarlo della sua signoria Nè avrebbe potuto rifiutarsi alla sua volontà, essendo suo vassallo, e ritenendo Crema come feudo da lui concesso (lo che pare ignori affatto il Giulini), senza divenire fellone. In quanto poi al titolo di conte di Crema, del quale era fregiato Giorgio Benzon, suppone il Giulini glielo avesse accordato l'Imperatore allorchè fu in Lombardia, quando risulta dal Fino insino la somma che il titolo ed il dominio gli costasse pel diploma imperiale, ottenuto nell'anno 1413. Nè qui sta tutto. Vedremo poco sotto un altro maggior errore.

ma anco di danari come egli fece nel 1420 che pose una grossa taglia al popolo per sovvenir pure il Duca, il quale aveva comperata Cremona (*a*); e parimenti nel 1412 che egli prestò 1900 fiorini d'oro; ed essendo entrato di nuovo il Duca sul Bresciano per riacquistar Brescia, il Conte egli stesso con suo figliuolo vi andò in soccorso con maggior numero di fanti e di cavalli di quello che egli era obbligato. Diede egli eziandio soccorso alla guerra di Genova, dove egli si era accampato dopo l'acquisto di Brescia; perciocchè vi mandò alcune compagnie di fanteria sotto il governo di Benzone dei Benzoni. Venne a questi tempi a predicare in Crema il beato Bernardino dell'Ordine de'Frati minori, da cui fu fondato il monastero di santa Maria di Pianengo. Egli fece ancora dipingere quel nome di Gesù che vedesi a raggi d'oro sopra la porta del duomo verso mezzodì (*b*).

(*a*) « Di nuovo il Duca contro Cabrino a Cremona l'esercito » mette, et di quella ebbe il dominio nel principio dil anno 1420; » Giorgio al populo suo grossissimo prestito scuote, per subve- » nire il Duca, che comprata haveva Cremona, et non cum arme » presa, siccome ne'libri di Giorgio Benzone ho trovato, et se » pure non fu con instromento, fu non di meno per forza dil » danaro la città hauta ». (Terni. lib. v).

(*b*) S. Bernardino da Siena trovavasi a Milano nel 1418 dove fondò il celebre convento di S. Angelo, capace di ducento religiosi, ora distrutto (Giulini, lib. 80). Di là venne a Crema, ed è tradizione abbia predicato sul terrazzino che tuttora sussiste quasi all'angolo d'onde ambedue le piazze si veggono. Il convento di Pianengo, quantunque il Fino attesti essere da lui fondato, pure trovando in Tintori questa nota: « Il convento di » Pianengo fu fondato l'anno 1418 con licenza di papa Martino, » per otto frati minori, cominciando in essi, come pare, in allor » la parrocchia », sono indotto a credere ch'egli vi desse compimento anzi che principio. Tale convento però, già da secoli

Studiavasi il Conte con tutte le maniere che ei sapeva di mantenersi nella grazia del Duca, quando Verdelli, Vimercati, Cusadri, ed altri nobili di Crema sdegnati contra di lui per le insolenze che tutto dì si facevano da'suoi figliuoli, mandarono segretamente a Milano Cremaschino Vimercati, Giovanni Ardito e Bianco Caravaggio, i quali con il mezzo di alcuni dei Tintori e de'Patrini, che per essere nemici del Conte se ne stavano a Milano, l'accusarono al Duca: che egli, contra i capitoli fatti nell'investitura del feudo, avesse dato soccorso al signor di Cremona. Il Duca, a cui rimaneva solo di riacquistar Crema, avendo già ricuperate tutte le città e luoghi del suo Stato, diede orecchio ai malevoli del Conte, e senza altra chiarezza averne, quindi prese occasione di levarlo dalla contea di Crema. Aveva già il Duca posto ordine con il castellano della rócca d'Ombriano che egli, come era tenuto ogni volta che il Conte avesse contraffatti i capitoli, ai 25 di gennajo gli dovesse dare il castello nelle mani (1423); e la notte stessa i nemici del Conte avevano congiurato di ammazzarlo con i figliuoli; e forse andava lor fatta la congiura se il castellano, per non aver voluto il giorno innanzi accettare il Conte nel castello, non gli avesse posto in capo sospetto di qualche tradimento. Non aveva il castellano voluto tórre il Conte nel castello temendo di essere scoperto e che egli non fosse il primo a tôr di mezzo. Eppure il Conte nulla sapeva del trattato; ma preso sospetto per l'atto usatogli dal castellano, che

abbandonato dai frati, mantiensi non di meno nella sua prima forma, ma il nome di Gesù coi raggi d'oro, nel rimodernare che si fece del duomo, opera cominciata nel 1776, e finita nel 1780, venne levato, e sostituitovi una piccola statua di marmo della Vergine sedente col divin Figlio in grembo, d'assai lieve pregio.

non fosse quello che veramente era, si elesse per il meglio di assentarsi; laonde la notte seguente accompagnato da Venturino, Nicolò, Antonio e Guido suoi figliuoli, quelli legittimi e questi naturali, da Antonio Marchi, dal Rosso Guarino, e da' suoi servidori, se ne usci segretamente fuori di Crema e se ne andò alla volta di Mantova, lasciando addietro la contessa detta per nome Ambrogina de'Corii, nobile milanese (9).

ANNOTAZIONI AL LIBRO III.

(1) *Giovanni Visconti da Oleggio.*

Spero mi perdonerà il lettore, se di questo illustre principe, o come altri lo chiamano perverso tiranno, tutte di seguito racconterò le gesta della sua vita, raccolte in più libri e messe insieme, acciocchè ognuno possa giudicare da sè quanto valoroso e fortunato sia stato per tutto il corso della vita, e discernere fra le sue azioni malvagie quali movessero dall' indole sua ambiziosa e crudele, e quali fosse indotto a commettere dalla malvagità altrui. Nessuno io credo sinora attese accuratamente a scrivere la sua vita, in modo che apparisca tale e quale ei fu, e non come lo vorrebbero provare gli storici appassionati. Potrà forse credere alcuno non s' appartenga a questo libro un tale racconto, essendo egli a Crema affatto straniero; ma anche in ciò confido ritrovare scusa, imperocchè se non nacque fra queste mura, nè v' ebbe governo, nè v'alterò per nulla il vigor delle leggi o la pubblica amministrazione, strascinò nondimeno nella fortuna sua la più potente famiglia che fosse in questa patria a' suoi tempi.

Il Giulini parla di Giovanni da Oleggio per la prima volta, allorchè fu mandato in Toscana nel 1341 (lib. 66), e dice che quel personaggio comincia allora a comparire nella storia milanese. Indi a un pezzo, cioè nel 1350, così richiedendo gli avvenimenti narrati, torna a produrlo, e in allora tesse un breve compendio della sua vita che fu prima di quel tempo. Non è possibile da un tale ragguaglio cavare precisamente in qual anno egli nascesse; nondimeno da quanto si può computare, sembra essere venuto alla luce ne' primi dieci anni del secolo XIV. Io userò qui delle parole medesime del Giulini (lib. 67), non potendo addurne altre prove: « Era questo signore grande e di » bella avvenenza, bravo ed astuto; dalla povertà, anzi dalla

» miseria in cui era nato, lo sollevò Giovanni Visconti, crean-
» dolo suo damicello o cameriere. Essendosi appigliato allo stato
» ecclesiastico giunse ad essere Cimiliarca della Chiesa milanese,
» nella qual dignità restò fino all'anno trentesimosecondo della
» sua età. Poi non avendo egli molta propensione pel chiericato,
» Giovanni, allora vescovo di Novara, gli diede in moglie la
» signora Antonia de' Benzoni di Crema, e lo creò Podestà di
» Novara. Luchino lo fece esercitare nella milizia e lo mandò
» per Capitano e Podestà a Brescia; e poi ad Asti, quando
» quella città venne sotto il suo dominio. Finalmente egli passò
» per Capitano Generale e Luogotenente nel Piemonte, e dal
» Piemonte a Bologna. Era tanto l' amore dell' Arcivescovo di
» Milano verso quest' uomo sollevato dal fango, dice lo stesso
» Azario in altro luogo, che molti lo credevano suo figliuolo;
» ciò per altro non era, perchè il signor Manfredo, cognominato
» Botta di Gattico novarese, di fazione Guelfo, e di molto valore,
» facendo guerra per la Chiesa nel contado di Novara, ed es-
» sendo grandissimo nemico de' Visconti e de' Tornielli, giunto
» ad entrare in Olegio, castello di pochissimo pregio, aveva uc-
» ciso con una certa mazza di ferro, che portava, il padre di
» Giovanni Visconte da Olegio, ed aveva saccheggiato e incen-
» diato tutto quel luogo ». Questa voce però che Giovanni da Oleggio fosse figlio dell' Arcivescovo, la quale vorrebbe il Giulini smentire, era in quell'età tanto invalsa, che Giovanni Villani lo chiama nipote di Luchino, e Matteo Villani racconta che per fama si tenea essere dell' Arcivescovo figliuolo.

Apparisce che da Asti venisse levato per mandarlo in Toscana. Ardeva allora feroce la guerra tra i Fiorentini e i Pisani pel dominio di Lucca. In tali faccende volle intromettersi il principe di Milano Luchino Visconti, e non già per rappacificare, ma anzi per soffiar nell' incendio, come colui che dalle discordie d' altri amava cavarne profitto. Offrì dunque ai Fiorentini il suo ajuto, ma fu ricusato; ed egli si voltò tosto ai loro nemici i Pisani, i quali con grossi stipendj accettarono da lui duemille cavalli. Capitano di questi fu mandato Giovanni da Oleggio, cui tosto i Pisani fallirono i patti; ond'egli avea già determinato tornarsene. Ma i Fiorentini impazienti della battaglia, ai 2 ottobre 1341, assalirono sotto Lucca medesima gli avversarj, ed a principio riuscirono vincitori, e specialmente sopra i Milanesi che sconfissero, abbattendo l'insegna della vipera o del biscione, come colà l'arme de' Visconti chiamavasi, e facendo prigioniero lo stesso Giovanni da Oleggio. Ripreso in seguito coraggio i Pisani, da fuggitivi ch'essi erano voltarono fronte, e ruppero i Fiorentini, ritogliendo loro quasi tutti i prigionieri già fatti, ma non già l'Oleggiano ch' era stato menato alla schiera grossa. Un anno intero rimase prigione Giovanni in Firenze, e finalmente fatta la pace, si pubblicò li 14 ottobre 1342, nella quale era stipulata la liberazione di lui. Povero e sprovveduto di tutto, come colà si trovava, fu necessario che il Duca d'Atene, signore in allora di Firenze, lo fornisse di cavalli e danari, lo che fece splendidamente. Passò egli a Pisa domandando la menda de' suoi danni ed interessi avuti, e gl'ingrati Pisani nol vollero udire, ma apposongli ch' egli era venuto in Pisa per trattare cospirazioni nella Terra pel Duca e pel Comune di Firenze. Ciò viene biasimato da Giovanni Villani, e sarebbe a ragione, se non movesse sospetto il costume de' principi Visconti, d'ordir sempre trame cioè per usurpare e rapire; e chi sa non v'andasse allora l'Oleggiano sotto il pretesto di chiedere il suo, incaricato dal principe Visconti, e fors'anche dal Duca d'Atene, per tentar l'animo de' principali Pisani, essendo egli uomo assai destro a muovere brighe; ma comunque si fosse, convenne si partisse villanamente dalla terra, della qual cosa Luchino prese molto sdegno contro a' Pisani.

Per questa nuova inimicizia in apparenza, ma perchè nel fatto cercava occasione Luchino di penetrare in Toscana, e ridursela soggetta, rimandò poco appresso Giovanni da Oleggio con mille duecento de' suoi cavalieri in soccorso del vescovo di Luni, in discordia allora co' Pisani. Côlta occasione opportuna, trovandosi i nemici in angustie, si mosse Giovanni da Versilia con settanta bandiere, sotto cui osteggiavano 1500 cavalieri, passò il Serchio al ponte a Moriana, e invase per più campi la Valdera e Maremma, dimorandovi insino all'agosto del 1344; ma pel soverchio caldo e i disagi vi si cominciò una corruzione, onde assai n' ammalarono e morirono. Quindi per la mortalità e pestilenza si partì l'oste scampata, e tornossene in Versilia. (Gio. Villani).

Caduta a vuoto anche questa seconda impresa, fu da Luchino mandato Capitano Generale e suo Luogotenente nel Piemonte. Morto Luchino nel 1349, l'arcivescovo Giovanni rimasto solo nel governo dello Stato, richiamò i suoi tre nipoti Matteo II, Galeazzo II, e Bernabue, sospetti già fino dal tempo della congiura di Francesco della Pusterla, indi banditi, nè si sa per quale cagione, nel 1345. Matteo era dimorato in Morano terra del Monferrato, ma gli altri due Galeazzo e Bernabue erano stati in Fiandra, e colà s'erano distinti militando in quelle contrade. La superbia loro per questo era somma, e considerandosi già i principi futuri, essi nipoti dell'Arcivescovo, naturalmente doveano adombrarsi del potere di Giovanni da Oleggio, il quale, per quanto fosse da quello amato, non poteva vantare titolo alcuno per gareggiare con essi. Qui fu dove il carattere dell'Oleggiano cominciò a svilupparsi perverso, ciò che prima non era, divenendo a lui necessaria la simulazione e la doppiezza per salvarsi dall'invidia loro. E se non fosse stato sì astuto, come lo era, e superiore ai rivali in acutezza d'ingegno, certo che gli sarebbe avvenuto di presto soccombere.

Giunti dunque costoro a Milano furono ad essi assegnati dallo zio per abitazione tre palazzi, e ai due minori, nubili ancora, diede moglie di possenti famiglie, cioè a Galeazzo, Bianca sorella di Amedeo sesto conte di Savoja, e a Bernabue, Caterina o Beatrice, o Rayna, o Regina (che con tutti questi nomi viene chiamata) della Scala. Perdonò anche a Lodrisio Visconti già stato ribelle e rinchiuso in carcere, come pure a tutta la sua famiglia; e al figlio di questo parimenti diè moglie, di cui le nozze si celebrarono e festeggiarono insieme a quelle de' suoi due nipoti, e così accrebbe all'Oleggiano i nemici.

In questo mezzo presentossi occasione all'Arcivescovo d'impadronirsi di Bologna, comprandola da Giovanni de'Pepoli che n'era signore, ed a cui il Papa apertamente faceva guerra per ispogliarlo di quel suo possesso, come di città appartenente alla Chiesa. Non parvegli un tanto acquisto da rifiutarsi, quindi a dispetto del Pontefice che l'esortava a non fare, e minacciavalo della sua collera, si convenne nel prezzo di duecentomille fiorini d'oro. Fu il contratto secreto, acciò non nascessero in Bologna tumulti, e colà a pubblicarlo mandò suo nipote Galeazzo con grosso esercito, cominciando così a distribuire i comandi nella sua famiglia; e nel tempo medesimo vi mandò anche Gaspare Visconti, fratello di Lodrisio, per podestà. Galeazzo compì l'impresa lodevolmente e sottomise la città al dominio dello zio. Ma vanarello ancor troppo e prosuntuoso, non bastandogli aver conseguíto l'intento, oltre della forza volle anche usar dell'ingegno, e per accrescere il suo partito, a prezzo d'oro levò dall'esercito pontificio una banda di mercenarj tedeschi, comandati da certo duca Guarnerio Indi, fosse per causa delle eccessive gravezze, o perchè il suo fasto e la sua superbia lo rendessero odioso, insorse nel popolo una sì gagliarda sedizione, ch'egli temendo della sua vita, se ne fuggì vilmente, conducendo seco Giovanni de' Pepoli. L'Arcivescovo conobbe allora quanto poco potesse fidarsi al senno ed al valore de' nipoti, quindi ricorse al suo prediletto Giovanni da Oleggio, il quale tuttavia governava il Piemonte, e mandollo a Bologna in luogo di Galeazzo. Questi riparò tosto al disordine, nè già con l'armi, ma con la sola eloquenza, la quale, al dire dell'Azario, superava quella d'Ulisse; e di più cominciò a reggere la città, non come Governatore, ma come signor generale, spendendo prodigamente e onorando i cittadini per renderseli amici.

Allorchè aveva egli rassodato il suo potere in Bologna, ad instigazione del Papa, sorse una lega di Guelfi in Toscana contro il Visconti. Per questa guerra fu deputato l'Oleggiano qual Generale, mandandosi in sua vece a governar la città il marchese Uberto Pallavicino, e Bernardo Auguisola piacentino, per Podestà. Egli partì da Bologna con numeroso esercito, radunato in diverse parti di Lombardia, li 28 luglio 1351. Matteo Villani racconta che avea mal animo contro de' Fiorentini, singolarmente per l'onta d'essere stato lor prigioniero. Passando gli Appenini prese il castello della Sambuca, indi passò ad accamparsi presso Pistoja, la quale strinse d'assedio. Scorsi otto dì senza riuscire a prenderla, condusse tutto l'esercito sotto Firenze; ma stretto dalla mancanza di vittovaglie, gli convenne passare in Mugello, dove arrivò li 12 agosto, e colà trovatosi nell'abbondanza stanziò a suo agio. La dimora fu lunga, e si perdette la maggior parte del tempo intorno alla terra della Scarperia, dandovi spessi e gagliardi assalti, senza poter mai conquistarla. Finalmente, non parendogli cavar profitto nè onore da quell'impresa, si levò di là il 16 ottobre, tornandosene a Bologna scornato. La sua mala fortuna gli sollevò contro fieri nemici, e fu chi lo accusò di tradimento all'Arcivescovo. Ma s'egli non era giunto a conquistare, non avea però nulla perduto, e l'Arcivescovo non gli scemò punto dell'amor suo, lasciandolo tuttavia nel governo di Bologna. Non così però la pensarono anche i nipoti, e Galeazzo che l'avea preso ad odiare solo per avere Giovanni riparato al suo fallo, e con ciò fattolo apparire vile e da poco, indusse anche il fratello Matteo, quasi imbecille, a cospirar seco lui, onde precipitarlo dalla sua alta fortuna. Avvedutosi della trama Giovanni da Oleggio, si provò a guadagnar l'animo di Bernabue con ricchi doni, e vi riuscì per tutto il tempo che campò l'Arcivescovo, sì che gli altri due non poterono mai far nulla a suo danno. L'anno appresso fu rinnovata la guerra in Toscana, ma a lui non se ne diede l'incarico, anzi fu eletto Generale Luchino del Verme veronese. Ma nè pur questi durò nel comando, e gli venne sostituito Rainaldo degli Assandri da Mantova. L'esito non fu in nulla più fortunato che l'anno innanzi, e questa fiata la colpa venne tutta attribuita all'Assandri, per cui perdè affatto la grazia del Principe.

Provò avversa l'Oleggiano la fortuna in altra sua impresa, qual si fu di mandar parte de' Bolognesi sopra Modena, nel maggio del 1354. Fallito il colpo, se ne tornarono i cittadini assai mal disposti verso di lui, ma non curando egli per nulla lo sdegno loro, volle rimandarli all'impresa medesima nel mese di giugno. Si destò allora un tale tumulto, ch'egli fu costretto ritirarsi nel castello, e si diè per perduto. Ma avendo fautori gran numero di cittadini, e de' maggiori potenti, il di cui animo s'avea guadagnato con la liberalità e co' modi suoi cortesi, tosto accorsero questi in suo ajuto; e al favor degli amici aggiugnendosi il mal governo e gli errori de' sollevati, ben presto trovossi in istato non solo di sedar la rivolta, ma di potere con sicurezza farne anche vendetta. Duramente di questa sua racquistata supremazia egli usò, e trentadue de' principali faziosi fece decapitare, fra i quali alcuni de' Bianchi, de' Gozzadini e de' Bentivogli. Altri condannò in denari, ed altri mandò a' confini; e cominciato così a spargere sangue, ciò che prima non aveva mai fatto, divenne in seguito oltremodo crudele. Tolse indi al popolo l'armi, e ne lo rimandò in parte con violenza al ricominciato assedio di Modena, senza vitto e stipendio, nè d'altro armati che d'una mazza. Conoscendo poi che quella schiera gli era più dannosa che utile, caricò i cittadini di grave tassa, la quale erano costretti pagare per riscattarsi dal militare servizio.

Morto nell'ottobre 1354 l'arcivescovo Giovanni Visconte principe di Milano, i suoi tre nipoti si divisero lo Stato, e Bologna toccò a Matteo. La prima briga fra i nuovi principi e Giovanni da Oleggio, nacque per una possidenza di questo che aveva presso il territorio di Como donatagli dall'Arcivescovo, la quale gli usurpò Galeazzo. Egli se ne dolse con Barnabue stato suo amico sino a que' dì, ma le cose avevano cambiato d'aspetto, e fu opera per lui perduta. Durante ancora questa briga Matteo spedì suoi confidenti a ricevere il giuramento di fedeltà; indi volle dargli un compagno nel governo di Bologna, che fu Galassio de' Pii. Qui cominciò l'Oleggiano ad assumere il carattere di simulatore, non mostrando offendersene punto, anzi dicendo ch'egli era già vecchio, e bisognoso di soccorso. Nè passò guari che gli fu mandato anche un giudice a sindacare tutta la famiglia di lui, il quale ritornò a Milano carico di querele. Allora il Principe comandò che lui stesso venisse sindacato, ma nel tempo medesimo, corto d'ingegno e leggero, volle riformar le milizie e tutti gli ordini civili della città. Perciò intraprese a cassare soldati, assottigliar gli stipendj, ridurre a pochissimi gli ufficj, sì in quanto al governo civile, come all'amministrazione dell'erario. Ciò suscitogli contro un tanto numero di malcontenti, che nulla più.

Riferirò qui il racconto della fellonía di Giovanni da Oleggio con le parole medesime del Giulini, avvertendo che anche Matteo Villani la racconta quasi nella maniera medesima. « V'era

» colà, dice egli, un fortissimo castello dentro la città gover-
» nato da Guidotto da Meroso milanese, e v'erano pure altri
» castelli nella campagna. Giovanni cominciò dal primo, e in
» qual modo gli riuscisse d'impadronirsene lo descrive l'Azario,
» sfogando la rabbia che aveva contro di quel castellano, e
» generalmente contro de' Milanesi. Narra dunque che Guidotto
» era stato mercante di grano, e che non aveva mai veduta
» una spada sguainata. Aveva tre figli, due più grandi, ed uno
» più piccolo, tutti mercanti di grano in Bologna, il qual grano
» speravano di mandarlo a Como, come avevano fatto mille
» volte contro i divieti, e come volgarmente noi diciamo sfro-
» sando. *Sicut froxando millies fuerant.* Ora quel castellano
» aveva mandato il suo figliuolo mezzano dal sig. Giovanni al
» solito per ricevere le paghe. Egli dunque lo fece arrestare,
» e condurre da una gran moltitudine de' suoi sgherri, colle
» mani legate sino al castello; dove tosto alzate le forche mi-
» nacciò di farlo appiccare, se non se gli consegnava subito
» quella piazza nelle mani. Il padre, la madre, i fratelli accor-
» sero a questo spettacolo, e vedendo il pericolo di quell' in-
» felice, si misero a gridare come pazzi, nè avendo animo di
» resistere, elessero piuttosto di arrendersi. *Et est notandum*,
» segue il nostro amico Azario, *quod Mediolanenses mercato-
» res, quum nutriant longas barbas, ut videantur strenui,
» accipiebant, et accipiunt castra ad custodiendum, sicuti
» tabernas; ut oculis non videantur facere tesseras, et ven-
» dere pestivinum, et alias nummatas valentes uno denario
» pro quatuor* (*pestivinum et nummata* sorta di vivande da
» bettola in uso a que' dì, delle quali lo scotto solevasi notar
» sulle tessere), *decipiendo primo Dominum Mediolani, et
» civitates, et deinde sequentia; cogitantes cum fugitivis
» artificibus lucrari, dummodo officiales decipiant servitiis
» faciendo sibi monstras. Et tunc, quum volunt habere pagas,
» dicunt, quod stercus hominis est Turris; et in necessitatibus
» Turris major videtur ipsis stercus, quia numquam se oppo-
» nunt ad bellandum cum magnis barbis, sed cum tesseris ad
» fugiendum; et de ipsis tesseris potius curant quam de ca-
» stris*». La diffalta dell'Oleggiano avvenne alli 18 d'aprile 1355,

e due giorni dopo egli si fece giurare fedeltà dal popolo bolognese. Matteo Visconte vi mandò subito un poderoso esercito comandato da Francesco da Este per riconquistar la città, e fu tutto vano.

Allora Giovanni da Oleggio provossi anch'egli di rassodare la fatta conquista, e tentò i Fiorentini per averne soccorso, ma invano, imperocchè eglino per le cose state lo odiavano; e intanto Bernabue, forse per favorire il fratello, che al governo degli affari suoi non badava, ingolfato com'era ne' stravizj o nella mollezza, attese alla guerra, e ordinò varie prove per sorprendere quella città, che tutte caddero a vuoto. In quest'anno medesimo Matteo Visconte morì, e diviso dai due superstiti fratelli lo Stato suo, Bologna toccò a Bernabue. Avrebbe questi voluto tosto subissare l'odiato rivale, ma conoscendo che a guerra aperta era quasi impossibile vincerlo, deliberò usare la frode, ricominciando l'impresa col fingere di voler andare sopra Ferrara, e intanto dava buone speranze a Giovanni, lusingandolo di pace, e di riconoscere la sua signoria. Ma riuscito a corrompere il podestà di Bologna e parecchi altri dentro, fece seco loro trattato perchè uccidessero Giovanni, o lo dessero in suo potere. La congiura fu scoperta, e a' 12 di febbrajo 1356 fece l'Oleggiano decapitare diciassette congiurati, fra quali Arrigo figliuolo che fu di Castruccio Castracani. Conoscendo allora Giovanni che non era possibile ottener nulla dai Visconti, entrò nell'alleanza già stabilita, tra gli Estensi, i Gonzaga, ed il marchese di Monferrato

Si è a quest'epoca che il Fino colloca la rovina de' Benzoni di Crema, imperciocchè congiunti di sangue agli Oleggi, andarono a militare sotto le loro bandiere. Ma se ciò fu, certo che sì grave sciagura si procacciarono a bello studio, disposti perdere ogni loro avere che rimaneva in poter de' Visconti, e in luogo dove certamente il lor nuovo signore non sarebbe mai giunto a portar le sue armi. Matteo Villani nella sua Storia fa derivar l'odio di Bernabue verso i Benzoni, e in conseguenza la pena del bando e della confisca, da tutt'altra cagione, la quale sembra assai più probabile, e ch'io a suo luogo riporterò.

L'esercito milanese che trovavasi sotto Reggio, non valendo più a sostenersi per l'unione di tante forze, fu costretto ritirarsi ne' suoi confini. Verso questo tempo due altre insidie furono tese a Giovanni da Oleggio, e fu la prima che Bruzzi, figlio illegittimo di Luchino, scacciato per sue perfidie dallo Stato di Milano, andò a rifugiarsi presso di lui; e riconosciuto per uomo valoroso e sagace presto ottenne favore, a tale che ognuno credeva l'avesse disegnato suo successore nella signoria Ma non sapendo costui contenersi ad aspettare, ordì una congiura, e venne scoperto. Non volle con tuttociò Giovanni per rispetto del sangue farlo morire, e contentossi mandarlo spogliato ed a piè fuori del suo dominio. Indi Bernabue corrotto il podestà milanese di S. Giovanni in Percesena e il cancelliere, tentò con tal mezzo impadronirsi di alcuni castelli. Ma anche ciò discoperto, oltre il podestà e il cancelliere, furono decapitate altre dieci persone. (Matteo Villani, lib. VI).

Avevano i signori della Lega condotto al loro soldo il conte Lando tedesco, con la sua celebre compagnia, tanto in allora temuta per tutta l'Italia. Messe insieme le schiere, allorchè doveano moversi per andar contro i Visconti, Giovanni non condusse egli medesimo i suoi, ma sottomettendoli al conte Lando, diede a questo le sue istruzioni, esortandolo rivolgersi a dirittura sopra Milano, e, messo quartiere ne'borghi, sforzarsi di prendere la città a viva forza, imperocchè caduta quella, sarebbe stata finita la guerra. Il suo consiglio era non che buono, ottimo; ma al conte Lando non isquadrò, perchè, finita la guerra, finivano gli stipendj altresì. Egli andò dunque invece disertando il contado, ed era nell'oste anche l'insegna dell'Imperatore, innalzata dal legato imperiale Marquardo vescovo d'Ausburg, come lo chiama il Giulini, o Marcovaldo vescovo augustinese, al dire di Matteo Villani, il quale risedeva in Pisa. Fece costui un lungo processo a carico de' fratelli Visconti, e con sue lettere li citò innanzi a sè pel giorno 15 ottobre del detto anno 1356. I signori di Milano, ricevuta la citazione, mandarono a lui tale risposta: « Avendo per alcuni nostri fedeli » notizia delle tue superbe e pazze lettere, nelle quali noi, come » fanciulli, col tuo ventoso intronamento credi spaurire, noi, » avvegnachè dell'età giovani, molte cose avendo già vedute,

» postutto il mormorio delle mosche non temiamo. Tu immerito del preclarissimo nome del santo imperio ti fai vicario, » del quale noi veri vicarj ci confessiamo. Contro dunque a te » non vicario dell'imperio, ma capo dei ladroni, e guida di » fuggitivi soldati, infra il termine che ci hai assegnato, acciocchè non t'affatichi venendo sopra il milanese, piacentino, ovvero parmigiano territorio, pe' nostri precursori idonei, acciocchè non ti vanti ch' a tua volontà le nostre persone abbi » mosse, co' tuoi guai forse risponderemo. Noi adunque promettiamo a te, che con nefaria mano di ladroni a depopolare e ardere i nostri pacifichi confini con pazzo campo sei » mosso, non come vescovo, ma come uomo di sangue, se la » fortuna ministra della giustizia nelle nostre mani ti condurrà, non altrimenti che come famoso ladrone e incendiario » ti puniremo ». (Matteo Villani, lib. VII).

L'esercito degli alleati infatti entrò nel Milanese come un' orda di ladroni, e accumulò tanto bottino, che non potendo strascinarselo dietro, deliberò il conte Lando fermarsi in Maggenta, per vendere le prede, e far mercato del riscatto de' prigionieri. Mossi indi da quel soggiorno per far nuove prede, furono finalmente affatto sconfitti presso a Casorate, il 14 novembre dell'anno medesimo. Riavutisi appena gli alleati di tanta perdita, rinnovarono, nel giugno dell'anno appresso 1357, la loro unione, e nuovi signori vi entrarono, spaventati dal grande potere de' Visconti. Furono dunque i contraenti: il Cardinale-legato del Papa, Egidio d'Alburnoz; Androino della Rocca abate Benedettino, e nunzio apostolico, che fu poi cardinale e successore dell'Alburnoz nella legazione d'Italia; Blasco da Bleviso marchese d'Ancona; Luigi Guido, e Feltrino Gonzaga signori di Mantova; Giovanni Visconte d'Oleggio signor di Bologna; Giovanni Paleologo marchese di Monferrato; Simine Boccanegra doge di Genova; e que' da Beccaria signori di Pavia.

Bernabue Visconte in questo tempo avea mandato duemille cavalieri sul Bolognese, per tenere in sospetto il Legato apostolico e i collegati. Giovanni da Oleggio, cui il maggior danno toccava, per avere denari, tanti mise sconvenevoli balzelli sui sudditi da scorticarneli affatto. Ma poco il Visconte si potè rimanere in quel posto, e rotto dalla Lega, convennegli ritirarsi. Dopo la partenza di quelle schiere si scoperse un trattato, che dovea essere data loro la porta del castello di Bologna, e furono presi i traditori e giustiziati. Finalmente alli 25 di marzo dell'anno 1358 l'esercito di Bernabue fu affatto rotto e fugato nella campagna di Montechiaro Bresciano, e Giovanni da Oleggio accolse con grande apparato d'onore e di festa il conte Lando vincitore. Poco dopo si trattò della pace, e Giovanni mandò anch'egli i suoi ambasciatori a Milano, dove venne conclusa, ed egli riconosciuto legittimo signore di Bologna; se non che, al dire dell'Azario, sopportò che il Visconte a sua scielta vi mandasse il podestà. Nel settembre di quest'anno medesimo essendo nato un figliuolo maschio a Bernabue Visconte, questi, come in attestato della sua riconciliazione con l'Oleggiano, l'invitò a levarlo dal sacro fonte, insieme al marchese Aldrovandino d'Este, e Ugolino Gonzaga. Forse quest'invito era sincero, ma gli avvenimenti che seguitarono dopo ne fanno assai dubitare; onde Giovanni, scaltro e sospettoso abbastanza, si scusò per l'età sua, senza rifiutarsi però, mandando in sua vece un nipote per nome Gerardo, che il Visconte accettò e trattò umanamente.

Finita la guerra con gli alleati, i fratelli Visconti la seguitarono coi Pavesi, imperocchè a Galeazzo sopra ogni altra cosa importava il dominio di questa città, e a Bernabue quello di Bologna; onde tutti gli storici attestano, che la pace conclusa non avea avuta altra mira, che di rompere la Lega, per prendersela poi ciascheduno contro i suoi spartati nemici ed opprimerli. Pavia infatti cadde in potere di Galeazzo li 18 dicembre 1359, e Giovanni da Oleggio lealmente lo aveva in quest'impresa soccorso con seicento barbute. Ma dopo la vittoria, invece che rimandare al loro signore i soldati, glieli trattenne Bernabue, e tosto spedì un esercito comandato dal marchese Francesco da Este nel Bolognese con quattromille cavalli e ottocento fanti. Preso lungo il cammino qualche castello, n'andò a dirittura sotto le mura di Bologna, e vi fabbricò una forte bastía. S'impadronì inoltre di molti molini, deviando le acque del Reno, acciocchè gli altri si rendessero inutili. Tutto l'inverno fu speso, nello stringere il blocco, fabbricare altre bastíe, e conquistare diversi castelli nel contado; e nondimeno anche i tradimenti si ordinavano, corrotti parecchj soldati al di dentro, i quali doveano aprire una porta al nemico; ma la trama scoperta, ne fu fatta atroce giustizia. Or vedasi il perchè un uomo che forse sarebbe stato buono e leale condottiero d'eserciti, venisse dalla nequizia altrui costretto a farsi usurpatore e tiranno, e quel ch'è ancor più atrocemente crudele. Accortosi allora Giovanni da Oleggio di non poter con le sole sue forze difendersi, gli convenne seriamente pensare al riparo. Il Rinaldo, citato dal Giulini, racconta che il Cardinale-legato sino dall'anno 1356 aveva ottenuta dal Papa la facoltà di comperare Bologna dall' Oleggiano, ma che non se n' era fatto nulla per la pace seguíta. Matteo Villani invece ritarda quest'assenso sino al febbraio del 1359, e aggiugne che avendo scritto il Cardinale-legato per ottenerlo, e venutone in cognizione Bernebue Visconte, tanto anch' egli s' adoperò ad Avignone con denari a favore de' suoi protettori, che ora sì ora no si dicea, con poco onore della Corte di Roma. Ma fatto si è pure, che appunto nell' anno 1359, disperando Giovanni da Oleggio poter più con le proprie sue forze mantenersi in signoria, nè alcuno vedendo che lo potesse efficacemente soccorrere, mise Bologna all'incanto. Tosto i trattati s' incominciarono col Cardinale, e accorgendosene Bernabue, avvisò che passata la città in poter della Chiesa, forse mai più gli sarebbe avvenuto poterla riprendere; quindi dismessi i pensieri di assalti e di tradimenti, anch' egli s' offrì compratore, promettendo buoni patti a Giovanni, e tutte quelle sicurezze desiderasse a suo pro. Giulini asserisce che anche i Fiorentini concorsero all' acquisto, e il Villani di questo non parla punto; ma s' egli è vero, furono spaventati dall' esorbitanza del prezzo, e si ristettero tosto dal contrattare. In queste mene tutto fu passato l' anno 1359.

Nel principio dell' anno segnente il Legato, che professava singolare amicizia con Giovanni da Oleggio, e accarezzavalo per ottenere ciò che voleva, riprese con lui ragionamento e trattato, con animo di contentarlo, purchè Bologna venisse alle sue mani; tanto più che non dava del suo e perciò era largo e generoso. La cosa era venuta in termine che poco bastava a fermarla; ma penava Giovanni ad indurvisi, perchè non gli pareva ben fare offendere Bernabue, ed averlo per sempre nemico, essendo del sangue medesimo. Bernabue intanto, deliberato a qualsiasi prezzo avere Bologna, per conseguire il suo intento, mandò ambasciatori all'Oleggiano « certi de'Benzoni da » Crema (così dice il Villani), che gli erano cognati, e a loro » commise che con ogni istanza cercassero che Bologna non » tornasse nelle mani della Chiesa, e che offrissero al loro co- » gnato ogni patto e sicurtà ch' ei volesse ». A quel tempo forse non aveva più in Crema Giovanni da Oleggio cognati, perchè l'unico fratello di Antonia, Paganino, sembra da alcune congbietture fosse già morto. Ma egli avea lasciati numerosi figliuoli, chè otto tutti maschi gliene avea partorito Bonacosa di Pietra Santa milanese, quattro de' quali proprio allora distinguevansi in patria, nel fiore di gioventù, ed è probabile che di questi fossero gli ambasciatori, se non cognati, del cognato figliuoli. Seguita poi lo storico: « Costoro col detto mandato di presente » furono a Bologna, e trovarono come la concordia era in atto » da potersi e doversi fornire con messer Giovanni; onde si » strinsono con lui, e dissonli quanto aveano dal loro signore, » e lo confortarono con belle e indottive ragioni ch' e' non » volesse rimanere nimico del signore suo e in contumacia de' » suoi consorti, e di tanta possanza e grandezza, che potea con » suo onore e vantaggio rimanere in pace con loro. Messer » Giovanni rispose, ch' e' voleva fare certo e sicuro messer » Bernabò che dopo sua morte Bologna gli verrebbe alle mani, » mentre ch' e' vivea la volea tenere per lui, e titolarsene suo » vicario, e che volea fidanza che ciò gli fosse osservato; e dove » a questo messer Bernabò venisse realmente e facesse, disse » d' abbandonare ogni altro trattato, affermando che sopra tutte » le cose desiderava d' essere in grazia de' suoi maggiori, e a » loro ubbidiente e fedele. I cognati vollero la fede da lui, ed » egli la diede loro, dicendo, ch' e' non potea guari aspettare, » e che la risposta prestamente volea; e con questo voltarsi » indietro, e tornarsi a messer Bernabò, il quale avea sentito

» che l' accordo era fatto, e che il prendere stava a messer
» Giovanni; di che avendo da costoro chiara certezza in Con-
» siglio disse, ch' era contento di fare quanto messer Giovanni
» avea domandato, e che così per sua parte fermassono con
» lui. I giovani poco sperti e poco accorti, non considerando
» il pondo del fatto, e quanto il caso portava o potea portare
» rendendo la cosa per fatta, con matta baldanza, quasi se non
» dovesse o potesse fallare nè uscire di loro mani, lieti e allegri
» perchè pareva loro fare gran fatti, presono alquanto soggiorno,
» aspettando il tempo carissimo e pericoloso in vani diletti, nelle
» quali cose spesono tre giorni oltre all'aspetto che messer Gio-
» vanni attendea; il perchè ne seguì, che essendo in prima
» messer Giovanni in sospetto della fede di messer Bernabò,
» il sospetto gli crebbe, e la tema di non essere tenuto a parole
» a malfine, e senza più attendere prese partito, e fermò l'ac-
» cordo col Legato, come nel seguente capitolo diviseremo. For-
» nito il fatto, i giovani che gli erano cognati li vennono il
» giorno seguente, e trovarono la pietra posta in calcina, sic-
» chè il pieno mandato che aveano da messer Bernabò tornò
» in fumo. Per questo fallo seguette, che i giovani a furore e
» tutte le famiglie loro furono disperse, e i loro beni guasti e
» incorporati alla camera del signore come di suoi traditori, e
» ne rimasono in bando delle persone ».

Da qui apparisce essere stata la cagione della disgrazia de' Benzoni il mal riuscito trattato di cui erano incaricati, invece che delitto di fellonía; e ciò nessuno degli storici nostri notarono, perchè forse in patria, per opera de' Benzoni medesimi, non ne rimase scritta memoria. Resta adesso sol da osservare, se i giovani Benzoni mandati a Giovanni da Oleggio, siansi meritate le taccie di poco sperti e poco accorti, ed abbiano operato con matta baldanza come sentenzia lo storico. Certo che per l' età loro è necessario considerarli novizi nella scaltrezza usata dai tiranni a trattare, quantunque è da supporsi fosse in essi quel Compagno, che negli scaltrimenti provetto, riuscì in seguito ad ingannare non che i suoi rivali, ma i medesimi principi. E giovani così com' erano, sembra a me non peccassero che di buona fede, e per ciò appunto erano stati scelti a tal uopo, mentre non è possibile, che se il trattato fosse stato sincero, sapendone le circostanze, si avessero a trattenere in vani diletti, anzi che recarsi solleciti ad adempire l'ufficio loro. Que' tre giorni dunque perduti, nessuno potrà imputar loro a biasimo; nessuno che sappia con quali uomini avessero a fare, cioè co' tre massimi simulatori di quell' età, Alburnoz, Bernabue Visconti e Giovanni da Oleggio, i quali, non che alquanti fanciulli, ma i più astuti signori d'Italia avean già ingannato. E sì il Villani li rimprovera per essere mal riusciti nell'impresa loro, e forse non poteano altrimenti; ma se avessero condotto a buon fine il trattato di Bernabue col loro congiunto, chi sa quante maggiori riprensioni s'avrebbero meritate, per la slealtà di colui che ne li avea incaricati.

Ma fosse per volontà o per caso, Bologna cadde in potere del Legato a questi patti: Che la Chiesa concedesse a Giovanni da Oleggio la signoria di Fermo, in compenso di quella di Bologna ch' egli cedeva, e pagasse tutti i soldati degli stipendj di cui erano creditori. A condizione però che i soldati medesimi rinnovassero a lui il giuramento di fedeltà, da osservarsi sintanto che il Legato non gli attenesse i patti. E così rimase la città sotto titolo e forza dell'Oleggiano, come della Chiesa di Roma, da mezzo il mese di marzo al primo d'aprile 1360. Seguita poi così lo storico fiorentino: « In questo mezzo il Le» gato intendea a fare pagare i soldati, e' cittadini avendo preso » baldanza, e in fatti e in parole villaneggiavano messer Gio» vanni e la famiglia sua, ricordandosi dell' ingiurie ch'aveano » ricevute da loro; e per questo avvenne, che un dì messer » Giovanni mandò per prendere di sua gente uno de'Bentivogli, » il quale essendo bene accompagnato si contese, e non se ne » lasciò menare, gridando all' arme all' arme; onde la terra si » levò tutta a romore, infiammata contro al vecchio tiranno; » il quale per tema si ricolse in cittadella, e tutta la notte stette » armato con la sua gente e della Chiesa sotto buona guardia. » Il dì seguente giunse messer Fomise in Bologna, nipote del » Cardinale, il quale era marchese della Marca, e racchetò il » romore del popolo, e prese la guardia delle porte e della » città, e accomandatala a' cittadini, corse la terra col popolo

» insieme con grande allegrezza, e aperse a' prigioni. Il perchè
» i cittadini si certificarono che la signoria non potea tornare
» nelle mani del tiranno, nonostante che ancora fosse in sua
» podestà la cittadella, e il giuramento de' soldati in sua mano.
» E stando le cose in tale maniera, messer Giovanni fu certi-
» ficato dalla moglie, come liberamente avea in sua podestà il
» Girifalco, e l'altre fortezze di Fermo, e come presa era per
» lui la signoria della terra; onde avendo ciò secondo i patti
» li convenía partire di Bologna, ma forte temea l'ira del po-
» polo che non l'offendesse in sulla partita, e pertanto si stava
» in cittadella, e come savio e avveduto ordinò ora una voce
» ora un'altra, tenendo suo consiglio secreto nel petto; e per
» meglio coprire l'animo suo pubblicamente facea cercare con
» gli Ubaldini che li dessero secura la via, e a' Fiorentini do-
» mandò il passo pel loro terreno; i Bolognesi stavano a orec-
» chi, e non faceano motto, aspettando di predarlo, e di fare
» strazio di lui gran voglia n' aveano. Il savio con maestría
» tranquillando i Bolognesi colse tempo, e il martedì santo, a
» dì trentuno di marzo nella mezza notte, dormendo i cittadini,
» chetamente e senza fare zitto con mille barbute, fra di suoi
» provvisionati e soldati di quelli della Chiesa, senza averne il
» dì fatta mostra uscì di Bologna e andossene a Imola senza
» impedimento nessuno, e di là si partì e andonne a Cesena a
» visitare il Legato ». (Matteo Villani, lib. 9).

Antonia Benzon, moglie di Giovanni da Oleggio, indubitatamente di lui più giovane, dopo avere participato della tempestosa fortuna del marito, e seco lui goduto degli onori e delle ricchezze, lo precedette altresì nel suo ritiro, andando ella virilmente a prender possesso in suo nome della città di Fermo, e le fortezze facendosi rassegnare, e quelle qual capitano reggendo sino al suo arrivo.

Trascriverò qui anche il severo giudizio dello storico Matteo Villani sull'Oleggiano, che seguita così il suo racconto: « Il
» primo dì d'aprile, gli anni domini 1360, Bologna rimase libera
» della dura tirannia di messer Giovanni da Oleggio della casa
» de' Visconti di Milano, il quale a' dì 20 d'aprile 1355 l'avea
» rubata a' suoi consorti per cui la tenea, come addietro facemmo

» menzione, e nello spazio di questi cinque anni avea decapi-
» tati oltre cinquanta de' maggiori e de' migliori cittadini della
» Terra, con trovando loro diverse cagioni, e dell'altro popolo
» n'avea morti e cacciati tanti, che pochi n'avea lasciati che
» avessono polso o forma d'uomo, e con averli munti e pre-
» muti infino alle sangui; e avendo fatte tante crudeltadi e
» tante storsioni e ruberíe, come volpe vecchia seppe sì fare,
» che con grandissimo mobile di moneta e giojelli liberamente
» se n'andò, e ridussesi in Fermo; e levato si era del giuoco, e
» ridotto in luogo di pace e di riposo, lasciando i Bolognesi e
» il Legato nella guerra; e per certo, s'egli era tenuto savio,
» questa volta lo dimostrò ». Bernabue Visconte s'adirò bestialmente, proseguì col Papa la guerra, ma tutto invano, perchè quella città non potè mai più riavere.

Come si contenesse Giovanni da Oleggio nella nuova sua signoria, io non seppi in nessun luogo rinvenire, e questo silenzio della storia direi provare, ch' egli non commise più quegli eccessi che tanto lo resero detestabile. Così apparirebbe, come già altrove accennai, che l'animo suo non fosse perverso, ma che provocato dai malvagi, per non rimaner soperchiato, diventasse egli pure soperchiatore. Visse ancora sei anni nella sua nuova dimora, soddisfatto dal Pontefice in tutto quanto gli era stato promesso, senza provar più pericoli o traversíe. Ma per quanto egli abbia vissuto a sè medesimo e modestamente, non giunse però a far dimenticare le sue commesse ribalderie, e così del suo fine parla il Giulini (lib. 70): « Morì nel presente anno (1366) dopo lunga
» malattia il celebre Giovanni Visconti da Olegio signor di
» Fermo. Ce lo addita il Cronista Estense e quello di Bologna,
» il quale veramente con lui non si mostra troppo caritatevole,
» perchè conchiude così: Gran miracolo fu, che colui morisse
» di sua morte, imperocchè fu quegli che guastò questa Terra
» colle guerre, colle robaríe, co' dazj, con le prestanze, e col
» far morire uomini senza cagione. Finalmente non si potrebbe
» scrivere tutto il male ch' e' fece. Sicchè il diavolo il porti; e
» non credo peccato il dirlo ».

(2) *Carlo Visconte.*

Carlo Visconte era figlio di Bernabue e di Regina della Scala. Giunto egli appena all'adolescenza, con l'esempio de' suoi fratelli maggiori, rotti in ogni vizio e perversità, in nulla esser volle ad essi secondo. La madre loro assai mal volontieri sopportava tali costumi, e non già perchè amasse educarli morigerati e da bene, ch'essa pure nella superbia non conosceva moderazione, ma perchè appunto in tal modo la sua superbia offendevano, abbandonandosi a sconcie tresche con gente volgare e diffamata. Oltre ciò erale doloroso il vedere che poco curavansi attendere al governo dello Stato, procacciandosi piuttosto irreconciliabili nemici fra i grandi con le loro dissolutezze, anzi che prepararsi in essi fautori nelle vicende avvenire; e non era ultimo suo pensiero la gelosia del nipote Gio. Galeazzo, in cui prevedeva un loro spietato nemico. Essa dunque per ritrarneli di quella vita perduta consigliò il marito volerli mettere a parte del suo sovrano potere, si chè la sublimità dell'ufficio, e il tempo che si richiedeva all'amministrazione di quello, fossero mezzo a correggerli. Nessuno ignora chi Bernabue si fosse, e come egli altresì nella sua gioventù fosse stato de' figliuoli peggiore, nè correttosi ancora nella matura virilità; anzi ai primi vizi aggiuntine altri immensamente più scellerati e dannosi. Verso la moglie però, se si escludono le infedeltà, che in questo non giudicava offenderla, nè si dava pensiero di tenerle occulte, fu sempre compiacente e amoroso, non ingiuriandola mai, e volontieri soddisfacendo alla sua volontà; onde le riuscì di leggieri ottenere quanto desiderava. Lo Stato suo egli divise tra i figli, e lo diede loro a governare non già in sovranità, ma quasi come a dispotici suoi Luogotenenti. Toccò a Carlo Parma, Borgo s. Donino e Crema.

In questa città più che altrove piacque a Carlo fermar sua dimora, e vi si trovava appunto nell'anno 1385, quando a' 6 di maggio fu suo padre fatto prigioniero dal nipote Giovanni Galeazzo. Avuta sì infausta notizia fuggì tosto a Cremona, ma non vi si fermò che due dì nel castello, indi passò a Parma, città di suo governo, dove freddamente accolto, nè parendogli trovarsi sicuro, cavalcò a Reggio, e il dì appresso a Mantova da Francesco Gonzaga marito di sua sorella Agnese. Nè colà si trattenne, temendo forse la vicinanza dell'usurpatore cugino, e progredì a Verona da'suoi congiunti, gli Scaligeri. Ma nè pure d'essi fidavasi troppo, per le discordie che avea avute suo padre nella successione di quello Stato, a cui pretendeva in nome della moglie, e perciò suscitata la guerra. Gliene era bensì dopo seguíta la pace, ma non vivendo più sua madre Regina della Scala, mancata già un anno innanzi, in quella prima paura non gli parve trovarsi sicuro abbastanza; quindi seguitò il suo viaggio in Alemagna ricoverandosi in Corte del Duca di Baviera e Austria, che la Verde, altra sua sorella, aveva per moglie, e visse là alcuni mesi. Pochi quattrini aveva potuto portarsi seco nella fuga, e ben presto se ne trovò affatto esausto, per cui gli fu forza tornarsene in Italia, profugo dall'uno all'altro paese, povero, e abbandonato da tutti. Nel 1390 era col carrarese Francesco Juniore sul Padovano, contro Giovanni Galeazzo; ma giunse al fine nel 1391 a ricomporsi con Gio. Galeazzo medesimo, rinunciando agli Stati paterni, e a tutte le ragioni altresì della madre, ricevendone in compenso mille fiorini d'oro al mese, e la promessa che ad Ettore, suo figlio naturale, sarebbe restituito tutto l'immobile ch'egli medesimo possedeva vivente Bernabò.

Sino nel 1378, quando sua sorella Valenza fu mandata sposa a Pietro re di Cipro, Carlo aveva spedito parecchi gentiluomini con suo mandato per isposare in suo nome Margherita sorella del re medesimo, a lui già promessa, e condurla a Milano. Questo matrimonio, nè si sa il perchè, non ebbe effetto. Fu concluso allora un altro matrimonio con la Valentina, figlia di Giovan Galeazzo e di Elisabetta di Francia, colei che dopo, entrata nella reale famiglia medesima della madre, fu cagione di tante guerre in Lombardia, pretendendola i Re francesi come retaggio suo. Tale matrimonio assentito, come s'usa dire, de futuro, per non essere la sposa ancora in età da marito, cadde pure a vuoto, e del pari se ne ignora la cagione. Finalmente menò egli in moglie Beatrice figlia del conte d'Armagnac, nel 1382, e tosto l'anno appresso n'ebbe un figlio maschio. Sul finire dell'anno 1403, quando, per la morte del medesimo Giovanni Galeazzo, molte città di Lombardia si ribellarono al suo successore, Carlo Visconte si unì a Guglielmo della Scala e seco lui vincitore entrò in Verona. Poco appresso venne una mattina trovato morto. Dicono alcuni fosse fatto morire da Guglielmo stesso perchè gli aveva chiesti certi denari prestatigli, altri invece perchè s'era opposto alla demolizione delle insegne de'Visconti. (Corio, part. 4). Egli lasciò un figliuolo, non quello che gli nacque dalla contessa d'Armagnac l'anno 1383, ma un altro minore natogli dalla madre medesima (Pompeo Litta, Famiglie celebri italiane) per nome Giovanni, che per la sua bassa statura, chiamavasi Giovanni Piccolo, e ad indicare di chi fosse nato, Giovanni Carlo, giovine leggero ed incostante, che unitosi in seguito a Pandolfo Malatesta, cagionò gravi molestie nel Bresciano e nel Bergamasco, a Giovanni Maria Visconte duca di Milano. Ed anche Ettore, o Estore, suo fratello illegittimo, non affatto ignobile e disprezzato a quei tempi viveva ancora.

(3) *Penitenti Bianchi*

Alla nota 4 del libro II s'è già parlato d'una compagnia di divoti cominciata in Perugia, i quali seminudi giravano per le provincie, domandando misericordia al Signore, e battendosi crudelmente con aspri flagelli. Ora una seconda ne apparve a noi in Italia, venutaci d'oltremonti e che credesi colà pure d'oltremare pervenuta fosse; più composta a dir vero negli abiti, tutti di tela bianca, con cappuccio che copriva anche il volto, e senza punto battersi nè portare flagelli. Ma avendo per iscopo la cosa medesima, quella cioè di condurre i popoli a penitenza, e disporli alla pace. Di tali pellegrini tante cose furono dette, che se ne potrebbe riempire un grosso volume, ond'io mi conterò a narrarne la storia, ed osservare gli effetti.

Il Fleury nella sua Storia ecclesiastica (lib. 99) sull'autorità di Teodorico di Niem, così ne parla: « Nel decimo anno del » pontificato di Bonifacio, cioè nel 1399, alcuni impostori usciti » di Scozia passarono in Italia, portando certe croci di mattoni » dove v'era mescolato del sangue, ed unte con olio, per modo » che pareano sudare nel calor della state. Diceano che uno di » essi era il profeta Elia, ritornato dal Paradiso, e che il » mondo stava per perire per un terremoto. Eccitarono un » gran movimento di divozione quasi in tutta l'Italia, ed in » Roma ancora; sicchè da per tutto si vedeano processioni di » gente ricoperta di lunghi abiti di tela con cappucci che rico- » privano la faccia, aventi alcune aperture per gli occhi .... » Durante il viaggio dormivano la notte nelle chiese, ne'mona- » steri, ne'cimiteri, profanandoli con le loro lordure, e mangiando » i frutti degli alberi in cui si abbatteano. Dormendo ne'medesimi » luoghi giovani, vecchi, uomini, donne, ne accadeano gran » disordini, ed alfine in Acquapendente nello Stato ecclesia- » stico, si arrestò uno di questi impostori, ch'essendo messo » a'tormenti, confessò una colpa per la cui fu abbruciato, il » che avendo saputo alcuno de'suoi complici segretamente si » ritirarono. Questa popolar devozione produsse tuttavia qual- » che buon effetto. Mentre che durò, cioè due o tre mesi al » più, vi furono delle tacite tregue tra le città nemiche. Una » infinità di lunghe e mortali inimicizie si acchetarono; furono » frequenti le confessioni e le comunioni. Nelle città dove pas- » savano i penitenti, volontieri si esercitava l'ospitalità verso » loro. Tra i loro cantici, ch'erano latini, o italiani, si nota la » prosa *Stabat Mater dolorosa*, attribuita allora a S. Gregorio.

Ora sentiamo la narrazione medesima di Pietro da Terna (lib. IV), che vi aggiugne qualche particolare risguardante Crema, e alcuni prodigj che un tal fatto accompagnarono. « Mirabile, dice, et non più veduta novitade si fece l'anno » medesimo (1399) in Italia. Hebbe principio oltra pedemonti, » et Genevesi di qua furono li primi. Una grandissima turba » di l'uno e l'altro sexo, e di ciascuna etade, Vescovi, Prelati » et di ogni ordine Religiosi, Signori, Principi, Conti, Dottori, » Cavalieri, Populari, Nobili, e Contadini, con veste bianche

» di tela fino a' piedi, cum el viso coperto, ovvero ne' lenzuoli » avilupati, per le provincie e città vagavano a piedi discalzi » cum la immagine del Crocifisso innanci; in del fine di se» tembrio venne a Crema di tanto e tale numero che si stu» pirono le genti: visitavano ogni giorno tre Gese campestre » e ne' luòchi dove signo di Croce trovavano si gitavano a » terra, tre volte ad alta voce misericordia gridando, e levati » dicevano la Oratione di Gregorio *Stabat Mater dolorosa* » *juxta Crucem* ecc., ovvero le eletaníe, ed il simile face» vano, quandō trovavano vie, che l' una cum l'altra traver» sandosi facessero forma di croce. Da Cremaschi furono ac» compàgnati fino a Castiglione, che per Cremona pigliarono il » viaggio, e da tutte le terre erano accompagnati, e qualchuno » sempre cum loro si accompagnava, talmente alla suma di » quindese millia aggiungerono. Tanto ardore de Caritade se» minarono fra le genti che non odio più, non inimicitie si » aricordavano, solo a servir Dio intenti, insieme tutti si abra» saveno cum amorosi pianti; quelli veramente che tale caterva » non accompagnavano erano come eretici reputati. Il Sole tal » hora nel Cielo sereno il lume perdeva, poi si vedeva di color » citrino, ed alcuna volta pareva, che faville di foco getasse, » che grande cagione fu di tanto ardore; tre mesi in Italia » perseverarono. L'autore fu alfine in Viterbio brusato come » heretico, cussì volendo Papa Bonifazio. Cessato il tumultuoso » ardore gli huomini assai peggiori di prima diventarono! »

Parimenti il Corio tali celesti apparenze racconta (Part. 4): « In molte parte, e diversi lochi apparvero nell' aire segni de » grande admirazione, unanimamente in Milano, Pavia, Lode, » e nelle parte circumstante. In diverse hore se vide il Sole » chiaro, e dare puocho e quasi niente di splendore, ed alcuna » volta parea che gettasse fuocho, e tremebonde scintille ignee » fumose a modo di fornace; alcuna altra volta pareva glauco, » de colore citrino, e in diversi modi ancora mutarse. E questi » segni scrive Antonio Maraviglia jurisperito havere veduti » epso dimorante in Lode, per Vicario, e dove anchora lui » se vestì de bianco insieme con gli altri, e da molti degni di » fede havere olduto tanta cosa intervenere altrove ».

A quell'età, se non eccessivamente dannosa, pure era peste in Italia, onde gli uomini oppressi dai mali che recavano le fazioni, dallo spaventevole malore, e dalla paura che peggio addivenisse, quella comparsa di sì numerosi ed esemplari divoti, ricevettero propriamente quale missione di Dio, quindi di tutto il necessario li provvedevano, e con vero proponimento d'emendarsi, s'univano seco loro accompagnandoli da città in città, da provincia in provincia. Il duca Giovan Galeazzo non fe' già questa volta, come più d'un secolo prima avevano fatto Mastino della Torre e Oberto Pelavicino, di chiudere cioè ad essi i loro dominj, ma li lasciò vagare liberamente, quantunque appaja non fosse affatto scevro d'ogni sospetto, per certe discipline che prescrisse a' suoi sudditi in quest'occasione, non già per limitare la pietà de' fedeli, ma col titolo solo d'evitare il pericolo che la peste si diffondesse.

Non mancarono altresì in tale occasione le testimonianze di numerosi miracoli, de'quali alcuni riportati dal Giulini (lib. 76) trascriverò: « Il cronista di Piacenza narra, che ad un'imagine » della Beata Vergine in quella città, presso la chiesa de' Pa- » dri predicatori, allora seguirono molti miracoli, e singolar- » mente uno ne seguì nella persona di Giovanni Justino, il » quale era così curvo, che aveva il volto presso i ginocchi, e » non poteva volgere il capo, senza volgere tutta la persona. » Questi fu liberato, ed il cronista afferma di averlo conosciuto » e veduto per lungo tempo, prima e di poi. Il Puricelli parla » di due antiche pergamene in s. Satiro di Milano, dov' era » scritto: « Eodem die, videlicet anno Domini millesimo tre- » centesimo, nonagesimo nono, die septimo Augusti accidit, » quod quidam Vir istius Parochiae nomine Girardus, dictus » Rutus de Castoldis de Meda, dum obluerat dictam imaginem » Beatae Mariae continuo de manu dextera exivit sanguis, et » statim dictus Girardus cum Presbitero dictae Ecclesiae ive- » runt ad Mediolanensem Archiepiscopum. Et dictus dominus » Archiepiscopus fecit eum incarcerare, donec misisset per » omnes dipintores istius Civitatis ad videndum, probandum- » que rei veritatem, si alicujus color fuisset similis dicti sagui- » nis, et non invenerunt. Et cum dictus dominus Archiepiscopus

» ante imaginem Beatae Mariae stetisset, et non credidisset, de
» dicta manu dextera iterum exivit sanguis. Tunc dictus Ar-
» chiepiscopus obstupefactus fuit, et firmiter credidit, et Bea-
» tam in sui devoto auxilio supplicavit cum plurimos, et di-
» versus languores ipsa curavit ». E leggevasi nella pergamena medesima: « Sed sciendum est, quod ista imago, et illa quae
» est in Sancto Celso, et illa quae est in Sancto Simpliciano,
» et in Sancta Cruce et in Sancto Ambrosio depictae sunt in
» una eadem similitudine, et dictae imagines, sive figurae, ipsa
» die, et hora coeperunt coruscare multis miraculis. In seguenti
» anno in partibus istis et per totum Mundum magna pesti-
» lentia fuit ». E così di tali prodigj è raccontato avvenissero in molte altre città.

Tutti gli scrittori, che ne tramandarono questo fatto, attestano che la prece più usata in tali processioni si era quella dello *Stabat Mater*, la quale si cantava. Sino d'allora s'era però già perduta la tradizione di chi quel ritmo avesse composto. I nostri moderni, cioè Muratori e Giulini, lo vorrebbero recente a que' dì, come in tempo che tali versi s'erano da poco introdotti. Ma se ciò fosse stato, n'avrebbero alcuni degli antichi storici, specialmente Teodorico di Niem, e s. Antonio di Firenze, tramandato il nome dell'autore, quando invece la maggior parte d'essi lo attribuisce in tempi anteriori chi al sommo pontefice Giovanni XXII, chi a s. Bernardo, e chi a s. Gregorio Magno.

(4) *Gabriello Maria Visconti.*

Morto Giovan Galeazzo il terzo giorno di settembre 1402, avendo già provveduto alla sua successione con testamento e codicillo, Giovanni Maria, il primogenito de' suoi due figli legittimi, assunse il titolo di Duca, e la sovranità della maggior parte dello Stato, statagli assegnata dal padre medesimo; il minore Filippo Maria ebbe molte altre città, parimente destinate dal padre, e il titolo di Conte di Pavia. Oltre questi aveva il morto Duca due altri figliuoli illegittimi, il primo de' quali chiamavasi Gabriello Alaria, già prima legittimato, natogli da Agnese Mantegazza, vivente ella a que' dì tuttavia, cui aveva donato la terra di s. Angelo, con altre tenute all' intorno, e gliele confermò nel testamento, descrivendole appuntino, acciò che gli eredi non trovassero pretesto a rapirgliele. Gabriele ebbe in retaggio le città di Pisa e di Crema con alcune condizioni che non occorse mandare ad effetto. L'ultimo di tutti per nome Antonio, recentemente avuto da una contadina e tuttavia poppante, non ebbe nè eredità nè legato, ma lo raccomandò il padre all'amor de' fratelli, e tanto fu l'efficacia di tale raccomandazione, che il duca Filippo Maria se l'aveva scelto per successore, quando gli fosse avvenuto morir senza figli. (Giulini, lib. 79). La Valentina, sua prima figlia, già maritata sino nel 1388 col duca d'Orleans, aveva avuto in dote la città d'Asti.

Quando morì Giovan Galeazzo, Gabriele era ancora fanciullo e di poco forse oltrepassava l'età dei quattordici anni, ma la madre di lui intraprendente e coraggiosa donna suppliva alla sua mancanza. Essa lo spedì tosto a Pisa, acciocchè prendesse possesso di quella città, e provveduto sollecitamente a quanto in tali circostanze occorreva, in breve gli tenne dietro. Senza opporsi per nulla i Pisani si sottoposero al nuovo signore, onde l'Agnese in nome del figlio si rese arbitra del governare. Ma la sommissione durò ben poco, perchè i Pisani, stati sempre inquieti, e desiderosissimi di libertà, quantunque per le intestine discordie non mai avessero saputo conservarsela, si lasciarono trascorrere alla speranza di poter facilmente scuotere il giogo d'una donna e d'un fanciullo, lontani ai loro congiunti, i quali anche volendolo, che non era da credersi pel gran disordine in cui si trovavano, non lo avrebbero potuto. Lusingati adunque i Pisani da questa vana lor fantasia, nè punto prevedendo ciò che loro avvenire poteva ed avvenne, cominciarono a mostrarsi restii, e a minacciare invece che obbedire. Non ostante tali contrasti, durarono però in signoria sino all' anno 1405, ma allora le cose erano progredite sì oltre, che Agnese, assistita da Boschino suo fratello valoroso capitano, conobbe apertamente che non valevano le sue forze a mantenere quel possesso. Rinunciando perciò all'ambizioso desiderio di sovranità, divisò almeno cavare il maggior utile che si potesse da quella perdita, e trattò co' Fiorentini di vendere loro Pisa. Il trattato non ebbe effetto, laonde Gabriele, il quale nell'aprile di quell'anno medesimo avea già fatta una convenzione col maresciallo Giovanni le Meingle, detto Bauciquant, e dagl' italiani Buccicaldo, in allora governatore di Genova pel Re di Francia, a lui si rivolse per vender Pisa a quel Re. Ma Buccicaldo ch'era in Italia per raccorre tesori, e non per ispenderne, rifiutò la compera ma propose un altro partito vantaggioso a Gabriele ed a lui, cioè di far pagare ai Pisani medesimi il prezzo della lor vendita. I Pisani avuto sentore di quei trattati, tanto si commossero a sdegno, che il giorno 20 luglio apertamente si ribellarono, e costrinsero Gabriele a rinchiudersi con la madre nella cittadella. Dopo due giorni entrambi furtivamente n'uscirono, passando a Sarzana, terra di loro dominio, per procacciarsi in qualche modo soccorso. Di là Agnese sola passò a Genova, e com'è condizione dei deboli, dovette piegarsi alla volontà di Buccicaldo, il quale promise soccorrerla, ma innanzi tratto volle essere pagato, facendosi cedere la città di Livorno. Stabilito ciò, entrambi il Maresciallo e la donna s'imbarcarono insieme, scortati di una schiera di soldati francesi, e passarono non più a Sarzana dove l'attendeva il figlio di lei, ma bensì a Livorno, perchè Buccicaldo volle tosto metter le mani sulla sua preda. Di là intimò costui ai Pisani, quasi ne li avesse già stretti per la gola, un suo trattato d'accordo compreso in tre articoli: I. ch'essi dovessero mettersi sotto la protezione del Re di Francia; II. che dovessero ricevere in Pisa l'antipapa Benedettino XIII, che già poc'anzi era giunto in Genova, e riconosciuto da quel popolo per legittimo Papa; III. che dovessero sborsare a Gabriele Visconte cento trenta mila fiorini d'oro. Se ne risero dell'intimazione i Pisani, e non ne vollero saper nulla, quindi con maggior lena, che non aveano fatto prima, attesero all'assedio della cittadella difesa valorosamente da Boschino Mantegazza. Allora Agnese, conosciuto chiaramente il frutto della protezione di Buccicaldo, che gli aveva rubato Livorno, e non operava altro per lei, corse anch'essa a rinchiudersi nella cittadella di Pisa insieme al fratello, divisando, magnanima come si era, mantenersi con l'armi lo Stato. Ma la fortuna non volle assisterla, e avvenne che un dì avendo ella voluto riconoscere le fortificazioni per sè medesima cadde dall'alto, e in tutta la persona sì fattamente sconciossi, che in nove giorni n'ebbe a morire. Gli storici raccontano ch'ella morì assai di malgrado, quasi in ciò avesse differito dagli altri. Venne sepolta modestamente nella cappella della fortezza.

Con la morte d'Agnese mancò a Gabriele il maggior sostegno, non sapendosi per la giovinezza sua governare da sè. Infatti, se il Maresciallo avesse creduto poter cavar utile dalla sua rovina, certo non avrebbe tanto tardato com'egli fece; ma a lui più di tutto importava allora rassodare la sua nuova conquista di Livorno, quindi giudicò opportuno introdurre la discordia fra i Toscani medesimi, come impedimento d'opporsi a lui. Fece dunque venire a Livorno il giovine Principe, o per dir meglio ve lo fece condurre per forza da Sarzana, dove ancor si trovava, ignaro tuttavia d'aver perduta la madre, che ciò gli si era tenuto occulto, e coll'interposizione della corona di Francia gli fece vendere ai Fiorentini la cittadella di Pisa e la fortezza di Librafatta che si tenevano ancora in suo nome, e già s'intende coi diritti altresì di tutto quanto aveva perduto, al prezzo di duecentosei mille fiorini, da pagarsi in tre eguali rate, la prima fra dieci giorni, dopo rassegnate le fortezze, la seconda scorsi sei mesi, e la terza un anno dopo, o a Gabriele medesimo, o al Maresciallo in sua vece. Promisero di più i Fiorentini, conseguita Pisa, accogliere Benedetto XIII come vero Pontefice, e prestare l'opera loro per metterlo nella santa Sede di Roma, occupata da Innocento VII. Di più; levò anche ai Fiorentini altri sessanta mille fiorini di mandare a Francesco da Carrara che i Veneziani aveano messo in angustie, trentamila de' quali però doveano essere detratti dall'ultimo pagamento che avrebbero fatto a Gabriele Visconti. E tanta era la smania ne' Fiorentini d'aver Pisa soggetta, che ad ogni cosa accondiscesero ciecamente.

Tutto ciò prima della metà di settembre era conchiuso, onde Buccicaldo se ne ritornò a Genova. Di Gabriele non è noto quando arrivasse a Milano. Egli certo vi si trovava al cominciare del 1406, e stipendiando soldati del proprio, che in allora era, ricco pei toccati quattrini della vendita di Pisa, s'ingolfò nei tumulti che ferveano in Lombardia a favore del Duca suo fratello. Nella sua assenza avea Crema perduta, perchè i Cremaschi dopo aver a primo tratto mandati a lui ambasciadori, sul diritto della forza senza dubbio, nè so poi se con qualche altro pretesto, s'erano da sè stessi dichiarati indipendenti, accordando la signoria ai due fratelli Benzoni. Nè qui v' era a sperare utile alcuno, e tanto egli se ne convinse, che non è restata memoria che giammai protestasse contro l'usurpazione, o facesse prova con l'armi di riacquistarla. Forse attendea più opportuno momento, ma gli venne manco il tempo all'impresa. Alcuni vogliono che in allora il duca Giovanni Maria lo facesse suo Luogotenente, o come allora dicevasi Governatore; ma ciò è confutato dal Giulini con sodi argomenti: e a dir vero non sembrami leggero argomento quello che il Giulini medesimo tace, cioè che Gabriele a quel tempo non potea essere giunto ancora all'età di 19 anni; e in fatti poco dopo si trova che sì eminente carica fu data a Carlo Malatesta di Rimini.

Sul principio poi del 1407 Gabriele erasi messo in lega con Facino Cane e i due fratelli Francesco ed Antonio Visconti, contro il Duca medesimo, il quale tutti e quattro dichiarò ribelli, e unì un esercito per combatterli, sotto il comando di Jacopo dal Verme. Ma lo prevenne Facino, e ridottosi con tutti i suoi sotto a Milano, costrinse il Duca a parlamentar seco, innanzi a cui fingendosi sommesso, dichiarò esser egli suo buon servitore al pari di tutti e tre i Visconti; così nel tempo medesimo offrendogli il soccorso di tutta l'oste sua, lo costrinse ad abbandonarsi interamente nelle loro mani, ed ammetterli nella città. Indotto indi da loro intimò a dal Verme che desistesse dalla guerra, ma neppure quel generale lo ubbidì, e condusse l'esercito sul Milanese. Facino e Gabriele andarono ad incontrarlo, e loro avvenne essere pienamente sconfitti presso Binasco, per cui Facino fuggì a Pavia, e Gabriele nuovamente a Milano. Nè tardò molto a giugnere anche dal Verme a Milano con le sue genti, e suscitando tumulti, furono costretti i principali Ghibellini, e fra questi che si rinchiusero colà fu anche Gabriele. Tutti insieme costoro vennero dichiarati ribelli, ma non badando eglino nè agli editti, nè alle taglie, si diedero con le artiglierie ad abbattere la città, per cui fu necessario venire a patti, e accordar loro perdono e sicurezza; ma tuttavia essi seguitarono a mantenersi in possesso del Castello. Nella state dell'anno medesimo mentre Gabriele stavasi ancora nel Castello di Milano, si spogliò anche dell'ultimo possedimento ch'egli aveva, cioè della città di Sarzana, la quale vendette alla Repubblica di Genova. Il trattato però fatto tra il Duca e i Castellani non tenne per lungo tempo, e giunto il gennajo dell'anno 1408, Carlo Malatesta cinse d'assedio il Castello di Porta Giovia, e convenne ai difensori arrendersi a nuovi patti. Gabriele allora fu esiliato in Piemonte, e da colà passò egli a Genova per riscuotere i molti danari che gli si doveano in resto della vendita di Pisa e di Sarzana.

In Genova dimorò lungamente, ed è probabile che per l'indole sua inquieta e torbida, provveduto di tante ricchezze, non vi menasse vita così tranquilla, da non destare sospetti in chi governava. Infatti nell'anno seguente 1409, Buccicaldo lo fe'imprigionare, adducendo a ragione, che avea congiurato contro la corona di Francia. Racconta il Giulini che un certo Antonio Torriano, suo particolare nemico, e ben affetto al duca Giovanni Maria, il quale Torriano ebbe gran parte nelle vicende di questi tempi, fosse stato cagione della sua rovina, ma non ne dice in qual modo. La maggior parte però degli storici credono sia stato il suo principale delitto, le tante ricchezze ch'ei possedeva, delle quali avido il Maresciallo, per poter impadronirsene gli fece tagliare la testa. Egli forse allora non avea ancor compito il ventiduesimo anno. (Pompeo Litta, famiglie celebri italiane).

(5) *Bartolomeo e Paolo Benzoni eletti signori di Crema.*

Alemanio Fino tratta nella Seriana VIII di quest'elezione, e ne trascrive per esteso l'Istromento che in tale occasione si fece.

Non è però a credersi in tutto alle parole che in quell'atto si leggono, nè è da supporsi che d'unanime consenso i consiglieri passassero alla scelta de' nuovi signori. Per avere un titolo di governare, usavano a que'tempi tutti coloro che voleano farsi tiranni, e tiranni erano allora chiamati tutti que'che per forza si usurpavano dominio, radunare i rappresentanti del popolo, o il popolo istesso in parlamento, e costringerlo ad offrire ciò che non possedeva; cioè ad offrire il governo in dono a chi per usurpazione se lo aveva già appropriato. Come già altrove osservai, Filippino, detto Compagno Benzone, astutamente questa trama aveva già ordita, e per la sua morte ne approfittarono i fratelli di lui. Che Paolo infatti fosse già il capo de'Guelfi in Crema, e reggesse a senno suo la fazione in allor prevalente, chiaro apparisce dal Fino medesimo poco sopra, dove racconta che non volle attendere al consiglio di Cabrino Fondulo, il quale volea venissero tutti i Ghibellini tagliati a pezzi, e se ne pentì poscia egli stesso, e ne fu da altri rimproverato per quel suo errore. L'elezione dunque si fece per suo volere, e i consiglieri e i sindaci erano già instrutti di quanto dovevano dire, di che il Terni ne dà non che sospetto ma indizio, col muovere un dubbio a sè stesso, cioè come mai fossero eletti due signori e non uno. Egli vorrebbe far credere che forse nello scrutinio avessero avuto pari suffragi, ma dall'Istromento non apparisce che la scelta venisse messa a partito, ond' è piuttosto a supporsi fossero stati acclamati. A maggiore sostegno di tale opinione rileva altresì il Terni un'altra circostanza, che in tal modo egli espone: « E perchè trovo varietade nel giuorno » che nel Testamento di Bartholomeo si protesta chel fu fatto » Signore al giuorno di S.to Martino che è a 11 di novembrio, » et lo Instromento, perchè fossero un pocho cadute le littere, » parevami chel dicesse die duodecimo, giudico che la electione » si facesse al giuorno di S.to Martino, et che poi fussi il » giuorno seguente stipulato lo Instrumento per parecchiare le » cose solenne che nel Instromento a' signori furono date ». Se questo è vero può ciascheduno arguire che le parole dell'Istromento non sono quelle profferite nell'adunanza.

(6) *Testamento di Bartolomeo Benzone signore di Crema.*

Non avendo il Fino tutto intero riferito il Testamento di Bartolomeo Benzone, quale ritrovasi nella Storia del Terni, forse aggradirà ai lettori ch'io qui lo trascriva: « Bartholomeo
» già fatto haveva Testamento nanci che ne la Rocha entrasse,
» lassati heredi Danielle Tripino, et Greppo, pupilli filiuoli
» suoi legitimi, et naturali, nassuti di Catarina Crivella, che
» figliuola di Giovanni Milanese; a Susanna veramente, Pe-
» trina, et Giovanna figliuole sue, costituisce la dote di fiorini 1100
(che formerebbe intorno a 132,000 lire milanesi de'nostri giorni, somma sterminata a que'dì per una dote) per cadauna al tempo
» dil maritar suo, quale ordina che sia nanci che entrano ne gli
» anni 17, et se nela etade predetta non saranno maritate che
» avere debbano fiorini cento di più, ogni sei mesi che diffe-
» riranno il maritar suo, perseverando perhò nel stato gli fi-
» gliuoli, et manchando loro senza figliuoli, et intestati, gli substi-
» tuisse Socino, Paganino et Jacomino figliuoli del q. Compagno,
» et Rizardo figliuolo dil sig. Paulo fratelli suoi; li Tutori fu-
» rono la consorte, Socino predetto, Giovanni Cigala podestà
» di Crema, Francesco Ardito, e Francesco Vimercato di Si-
» monino, et Palotto de la Nuoce. La sepoltura elesse ne la
» Gesa maggiore sopra lo altare di S.to Donato che era ne la
» tramezatura che la Gesa cum feriate traversava, et lo altare
» volse che de S.to Martino si dimandasse per memoria di la
» electione sua in signore di Crema; in tal giuorno a tutti gli
» huomini de la famiglia de Benzoni gli lassò danari rema-
» nendo gli figliuoli in stato, a chi più, a chi meno secondo
» il grado et condizioni loro; nel fine l' anima a Dio, gli
» figliuoli al popolo di Crema et di Pandino, et il corpo a
» vermi raccomanda, come per Testamento apare di Antonio
» figliuolo di Comino da Palazzo Not.° di Crema, dì 16 no-
» vembrio l'anno 1404 ».

(7) *Nuova elezione di Giorgio Benzone in signore di Crema.*

Nel tempo che il Fino scriveva la Storia di Crema, non conosceva ancora l'Istromento di elezione di Giorgio, quasi consimile all' altro anteriore stato fatto per Bartolomeo e Paolo. Avendolo poi ritrovato nella casa de'Benzoni medesimi, lo pubblicò, facendone il soggetto della Seriana IX. Anche questa surrogata signoria ha l' apparenza non che di semplice, ma di doppia usurpazione, quantunque dall' atto ne risulti legale. Imperciocchè, e vivea ancora a tal epoca Gabriele Maria Visconti riconosciuto signore dal popolo cremasco, e alquanti certo dei figliuoli di Bartolomeo, di Paolo e di Compagno Benzoni viveano ancora. Ma questo vizio d' usurpazione nel cominciar dei dominj, non viene mai imputato a vergogna.

Giorgio, parimenti che Bartolomeo e i fratelli, discendeva dall' illustre Venturino Confaloniere, ed era ad essi cugino in terza generazione. Di lui prima di quest' epoca non è mai parlato nella Storia del Terni, ma pure doveva esser potente, e capo del numeroso ramo di sua famiglia disceso da Guido, figlio di Venturino, come lo era Bartolomeo e i fratelli dell' altro di Socino. Avendo dovuto sin allora cedere il primato ai cugini, appena glie ne venne opportunità, volle cavarsi di soggezione, e diventar egli il padrone. Gli eredi legittimi degli estinti signori, erano per loro sventura tutti fanciulli, trattone il solo Socino figliuolo di Compagno, giovine anch' esso, e che immediatamente non succedeva, ma era nominato tutore de' successori. Improvvisamente dunque a' 24 settembre del 1405, l'anno medesimo in cui i signori erano morti, apparisce un atto, col quale viene conferita a Giorgio la signoria, senza che venga espresso in qual modo vacasse. Aggiungasi che i due figliuoli di Bartolomeo, da lui chiamati eredi, non sono più ricordati, e dal libro delle genealogie si rileva che non ebbero successione, per cui è da credersi fossero morti fanciulli. Rizzardo, figlio di Paolo, sopravvisse bensì, ed ebbe numerosa discendenza, ma non in Crema, a Cremona, dove invecchiò e morì. Socino solo, figliuol di Compagno, rimase incolume in patria. E sì Giorgio non fu uomo crudele, nè alcuno mai lo tacciò d'aver messo mano nel sangue di sua famiglia. Forse la fortuna ebbe propizia, e non trovossi in procinto di commettere parricidj.

(8) *Donazioni di Giorgio Benzone.*

Ne ha il Terni tramandata copia di due pergamene di Giorgio Benzone, le quali io qui trascriverò in prova del generoso carattere suo, e nel tempo medesimo della dispotica sua maniera di governare.

« Georgius Benzonus Comes Cremae etc. Paulo post aquisi-
» tionem et recuperationem Castri mei Offanengi, quod ante
» occupabatur per D. Pandulphum de Malatestis, et quod te-
» nebatur per sociales Domini Martini de Faventia, Generales
» Capitanei praefati Domini Pandulphi, ni sureptum per prae-
» fatum D. Martinum, Restitui de gratia speciali, oretenus, et
» in motu solum, quia venerunt ad abitandum hic, et suplica-
» verunt mihi, pro restitutione suorum bonorum fienda eis etc.
» Comino f. q. Federici de Carevaggio, et Themino f. q. Fratij
» de Carevaggio de Offanengo, omnes terras, bona, jura, et pos-
» sessiones eorum, et cujuslibet eorum quas habent in loco,
» territorio, et Curte Offanengi praedicti, et quolibet alio loco,
» et curia dicti mei territorij, et nunc dictam gratiam confir-
» mando praesentium pagina, et de meae plenitudine potestatis
» ipsis, et cuilibet eorum etiam divisim, restituo, dono, relaxo,
» et dimitto omnes terras, bona, jura, et possessiones suas prae-
» dictas confiscatas, et devolutas in Cumuni hujus meae terrae,
» tanquam de bonis exitiorum Cremensium, ita quod ipsi, et
» quilibet eorum poterint a die recuperationis, et aquisitionis
» dicti mei Castri quae fuit die ultimo Januarij anni cursi 1415;
» usque nunc, et in futurum volent possidere, gaudere, et utifrui
» dictis eorum terris, bonis, et possessionibus, et de fructi-

» bus, redditibus, utilitatibus, et commoditatibus eorum fgisse
» et fgere et disponere ad eorum liberam voluntatem etc.

» Lassando le altre clausule generale per non tedio, et in fine
» gli era

» Data Cremae, die 18 Decembris 1416 sub meo sigillo etc.

» Et erat signata, *Mutius*.

» Usava anchora il Conte quando voleva li beni di uno ri-
» bello donare a soij servitori ovvero ad amici se figliuole haveva,
» dava prima per moglie la figliuola del ribello, ovvero dil
» nimico suo a chi voleva far bene, poi gli donava per dote
» gli beni dil patre, acciò non paresse che per odio, nè a urta
» donasse li beni ad altri, come vederete ne la seguente dona-
» zione de Beni dil quondam Pecino Passerotto.

» Georgius Benzonus Comes Cremae etc. Dignum arbitramur,
» et rationabile, illos specialis prerogativae confovere quos digna
» merita recomendant, cum itaque Domina Catarina f. q. Pecini
» Passarotti de Cologno de Crema matrimonium contraxerit cum
» Joanne filio dilecti fidelis meij Antonij de Zanuarijs etiam de
» mea bona voluntate possitque, et valeat bonis paternis prae-
» dotari, et ea in Dotem dari dicto Jovanni viro suo; Ipsi
» Dominae Catarinae de gratia speciali, et de meae plenitudine
» potestatis, ac animo deliberato do, concedo, relaxo, restituo
» ac dono tenore praesentium infrascriptas terrae petias et totam
» possessionem jacentem in territorio mei Comitatus, et in Curijs
» Clevis et Bagnoli cum omnibus juris etc. Quae quidem tam-
» quam de Bonis dicti q. Pecini exiticij cremensis fuerunt Ca-
» merae meae confiscata, et devoluta, et per eam usque in
» odiernum gavisa et possessa, et quae bona eidem Dominae Ca-
» tarinae do, et restituo, ac relaxo, etiam nomine et vice com-
» petentis, et idoneae dotis suae, et legitimae portionis et tertiae
» partis ejus quod habitura esset de jure communi ex bonis
» dicti q. Pecini ad cujus tertiae partis petitionem admiteretur
» ipsa Domina Catarina contra Antonium fratrem suum filium
» q. dicti Pecini tamquam non dotata infra decimum octavum

» annum aetatis suae secundum formam statutorum meorum, et
» comunis dictae terrae meae, proinde mando omnibus officia-
» libus meis etc.

» Gli erano molte lunge et fastidiose clausole, quali prete-
» risco, come le pezze di la terra quali in summa erano Pert. 350.

» Data Cremae die primo Januarij 1415.

» Cum sigillo munione signata, *Mutius*.

(9) *Che Giorgio Benzone durò nel dominio di Crema sino all'anno* 1423.

Il Giulini all'anno 1317, lib. 99, scrive queste parole: « Cer-
» tamente vi venne anche Crema (in potere del Duca di Mi-
» lano), dove, al dire dello stesso Biglia, un nipote di Giorgio
» Benzone, signore di quel luogo, ne scacciò lo zio, e v'intro-
» dusse i ministri ducali, che ne riacquistarono il possesso in
» nome del loro Principe ». Questo nè fu, nè può presumersi sia stato, imperciocchè Giorgio Benzon non aveva fratelli o sorelle, e per conseguenza nè pure nipoti. In quanto ai ministri ducali, che dopo scacciato lo zio, il nipote chiamò, non sarebbe occorso chiamarli molto lontano, tali essendo tutti quelli che servivano Giorgio, i quali avevano giurata fedeltà anche al Duca. Qui dunque il Biglia confonde due fatti, lontani l'uno dall'altro nove anni, e unendoli insieme li colloca in un'epoca di mezzo, cioè nel 1407. E il Giulini, che non trovò nel Castello di Porta Giovia l'accordo fatto tra il Duca e il Benzone, il quale si rogò invece nel Castello di Pavia, nè il pubblicato dal Fino conoscea punto, venne parimente tratto in errore dall'autorità di quello storico.

Che all'anno 1417 fosse padrone di Crema il duca Filippo Maria, è già provato, e la possedea da tre anni, perocchè nel 1414 il conte Giorgio l'avea riconosciuto per suo signore, e per tale cagione potè questi salvarsi, e durarla più a lungo di tutti gli altri tiranni. E infatti il Duca tentò più volte coglierlo in frode per dispogliarlo; e se riuscito vi fosse, certo che le forze non gli mancavano per tale impresa. Che se avesse il Benzone governata Crema senza quel titolo, cioè di feudatario investito dal Duca medesimo, come salvarsi dalla fine del Vignano e del Fondulo? Nel 1417 appunto, in cui vuole il Biglia venisse scacciato, Giorgio Benzon prestava ajuto contro Cremona, e di guastatori specificatamente di cui era stato gravato, che per istancarlo appunto il Principe lo provocava; per cui gli fu bisogno mettere una grossa taglia sul popolo. Poscia nell'impresa di Brescia mandò con sua gente il figliuolo. Nel 1420 gli somministrò quattrini per comprare Cremona, ed altri nel 1422, i quali venne a riscuotere Vitaliano Borromeo col tesoriere Giovanni de Fabri. Fuggì dunque il conte Giorgio Benzone, come raccontano il Terni ed il Fino, la notte che seguì al 25 gennajo 1423, essendo Podestà di Crema Ambrosio Crivello; e a'28 del mese stesso mandò il Duca a prenderne il possesso. La maggior prova di tali epoche, si è il mandato del Principe, col quale incarica Franchino da Castilione a dare inappellabile giudizio sopra tutti i litigi insorti dopo la fuga del Benzone, per le proprietà confiscate che i condannati si volevano ripigliare. Questo mandato, conservatoci dal Terni, diceva così:

« Dux Mediolani etc. Papiae Angleriaeque Comes, ac Januae
» Dominus Cupientes, et intendentes omnino quod homines
» nostri Cremae tam videlicet olim exiticij, quam alij quilibet
» sicut decet, et convenit sublatis odiorum causis invicem, bene
» vivant, seseque mutua benevolentia prosequantur, et proinde
» tollantur rixae lites, et debata quaecumque quae vertuntur, et
» verti possent inter eos occasione aliquarum proprietatum pos-
» sessionum et domorum, et aliarum rerum quae dicuntur tentae
» ac indebite possessae a tempore novitatum vid. rebellionis
» ipsius terrae nostrae Cremae citra, nec non aliquorum Istro-
» mentorum, et contractuum, qui dicuntur menticulosa, aut aliter
» minus juridica a dicto tempore citra confecta; Decrevimus ad
» praedictam terram Cremae personam mittere quae rixas, defe-
» rentias, lites, et debata hujusmodi sumarie, et sine litigijs,
» et laboribus ac expensis partium cognoscat decidat et terminet
» opportune et sempliciter; Itaque et dudum scientia equitate

» industria integra suficientia et intemerata fide expertis, egregij
» et sapientis Doctoris D. Franchini de Castiliono dilectissimi
» nostri plenissimam confidentiam sumentis eumdem D. Fran-
» chinum eligimus et constituimus Comissarium nostrum factu-
» rum in terra nostra Cremae residentiam ad cognossendum,
» decidendum, et terminandum rixas, lites etc., omissis etc., qua-
» cumque apellatione et execptione cessante, *dummodo non*
» *contrafiat capitulis per nos concessis Comiti Georgio Ben-*
» *zono;* ac Comitati et hominibus nostris Cremae.

» Data Mediolani die 24 februariis 1423, p.ª Ind.ᵉ

» Signata *Zanimus* ».

LIBRO QUARTO

Lasciò la fuga del Conte i Guelfi di Crema in gran travaglio (1423), i quali messisi in arme stavano a vedere ciò che ne seguisse; diede per il contrario infinita allegrezza ai Ghibellini, perchè veduta la Terra nelle mani del Duca tutti se ne tornarono alla patria. Il Rosso de' Guarini per avere accompagnato il Conte, tornato che egli fu a Crema, fu da' Ghibellini impiccato avvenga che ei fosse della stessa fazione: e perchè i Benzoni avevano confiscati e venduti i beni dei Ghibellini, nacquero dopo il loro ritorno diverse liti, volendo essi entrare al possesso dei loro beni antichi. Il Duca pertanto desideroso di acquietar le cose, fatto suo commissario Francesco Castiglione, lo mandò a Crema con autorità di terminare qualunque lite e differenza; laonde venuto il Commissario del Duca per una sentenza da lui fatta ai 27 di marzo del 1423, furono restituiti i beni a tutti quelli a cui erano stati tolti (*a*). Venne a questi tempi Podestà in

(*a*) Oltre i giudizj del Castiglione fu necessario che il Duca mandasse un altro Commissario ad esaminare le accuse date a Giorgio Benzone. « Le cose di Giorgio Benzone erano in grande

Crema Nicolino Barbavara, sotto cui un dazio, detto della baratteria, il quale era sopra i giuocatori, fu incantato lire cinquecento. Non potevasi allora giuocare fuorchè ne' luoghi deputati dal daziere. E chi altrove avesse giuocato o stato a vedere o prestati denari a giuocanti, incorreva nella pena di lire cinque d'essere date al daziere. Incantavasi ancora a questi tempi la Notaría ed il Capitanato delle prigioni (a).

Era il Conte in tanta stima in Venezia, dove egli si era ridotto dopo la partenza da Crema, che essendo gridata la guerra tra i signori veneziani ed il Duca di Milano, fu da loro con onorata provvisione assoldato con Venturino suo figliuolo, a cui per essere giovine di gran valore prese tanta affezione il conte Francesco Carmagnola, il quale partitosi dal Duca di Milano, era fatto generale delle genti veneziane, che voleva ad ogni modo dargli in moglie Lucina sua figliuola, la quale maritossi poi al conte Luigi del

» travaglio, et ogni giuorno nuovi lamenti nascevano, et di dargli » colpa pareva che saciare non si potessero cum tanto ardire, et » arrogante parlare, che si dimostravano forte passionati, per tal » cagioni fu mandato Pietro Lampugnano Comissario, et deffen- » sore di Giorgio era Donato da Herba, et tutte le lamentationi » et querelle furono espedite. (Terni, lib. VI) ».

(a) In questa circostanza il territorio cremasco venne ristretto in più angusti confini, perdendo Pandino, Misano, e parecchie altre ville lodigiane, bergamasche e cremonesi. Pandino, ch'era stato in prima caccia riservata de' Visconti, indi ne avea ceduto il dominio il duca Filippo Maria a Giorgio Benzone, si trova che poco dopo apparteneva ai Sanseverini principi napoletani (Corio part. 5); e forse per occasione di vicinanza il conte Sermone Vimercati, che avea vaste tenute a Palazzo, menò in moglie Ippolita Sanseverini, figliuola d'Ugo generale del duca Galeazzo, con dote di una parte del contado di Pandino, e quel cognome aggiunse al suo, conservato in tutta la discendenza di lui (Alemanno Fino). A' tempi del Bandello era signora di Pandino certa contessa Lodovica Sanseverina e Landriana.

Vermo; ma il conte Giorgio mai non volle acconsentire. Credesi che egli lo facesse non degnandosi del parentado del Carmagnola, il quale, benchè per le sue prodezze fosse in gran conto appresso dei signori, era però di basso lignaggio (*a*). Sdegnossi perciò sì fattamente il Carmagnola che da indi in poi usò ogni suo potere a danno e scorno de' Benzoni, come chiaramente si vide nei successi della guerra. Vedendo il Duca che il Benzoni si era acconciato coi suoi nemici gli confiscò subito come a ribelle tutti i suoi beni. Avuta poi Brescia dai signori veneziani con il favore de' Guelfi, tutti i Benzoni, con la maggior parte della loro fazione, furono mandati fuor di Crema e confinati in diversi luoghi. Giacomino ed Azone furono confinati in Milano, Rizzardo al Castellazzo, Giovanni anch'egli de' Benzoni fu mandato con Franceschino Terni a Savona, e Sergnano Alfiero in Alessandria. Ad alcuni de' confinati la nostra Comunità, di ordine del Duca, dava quattro soldi al giorno per le spese (*b*); ed acciò non uscissero dai

(*a*) « Il Carmignuola gli prese grandissimo amore, et lo fece » invitare di dargli per donna una sua figliuola, et credo che » fussi naturale, dimandata Lucina. Giorgio la partita refuta, ma » non so quanto fussi lodevole, istimando vile il Carmignuola, » perchè già aveva guardato de' porci, et non volse cum lui far » parentado; tanto sdegno prese il Carmignuola per tal refuto » che haveria fatto et faceva per ruinargli ogni cosa et la figlia » marita al conte Alovise del Vermo (Terni, lib. VI) ».

(*b*) « Dux Mediolani etc. Angleriaeque Comes et Papiae ac » Januae Dominus. Ut infra nominati de terra nostra Crema » relegati habeant quo se valeant substinere, volumus provideatis » ut per Comune vestro respondeant eis pro tempore confinium » suorum ad rationem et computum sold. 4 pro quoque singulo » die horum nominatorum etc.

« Data Abiate, die penultimo octobris 1426. Nobilibus et prudentibus Viris Potestati et Referendario nostris Cremae ».

loro confini fu dato il carico a Corradino Vimercato che avesse egli a vedere chi contrafacesse. Era già sparsa la fama che le genti veneziane, le quali, come si è detto, avevano pigliata Brescia con tutte le fortezze del Bresciano, volevano accamparsi sotto Crema, quando il figliuolo del castellano della rôcca di Serio fece segretamente intendere al Benzone che gli darebbe la rôcca dove a lui promettesse di fargli aver per moglie una gentildonna cremasca vedova, di cui era forte invaghito, nè mezzo sapeva trovare di conseguire il suo desiderio. Inteso ciò il Benzone conferì tantosto la cosa con Pietro Loredano e Fantino Michele, provveditori del campo, aï quali sarebbe piaciuto che il Benzone si fosse posto all' impresa, se il Carmagnola, senza il cui volere come Generale del campo, non volevano far cosa veruna, avesse consentito; ma egli che segretamente s' intendeva con il Duca, tolto tempo a discorrere intorno a ciò, fecegli la notte sapere il trattato; laonde preso il castellano fu menato a Milano ed in varie maniere tormentato, avvenga che nulla sapesse, essendo questa trama del figliuolo. Era in modo sdegnato il Carmagnola contro i Benzoni che sempre mettevali nei pericoli, a fine o che fossero uccisi, o ne riuscisse loro qualche scorno. Essendosi adunque il Carmagnola nel 1431 dopo la rotta avuta appresso Casal Maggiore ritirato a Fontanella, castel del Cremonese, prevedendo quasi quello che dovea seguire, egli ne uscì fuori, e vi lasciò Venturino Benzone alla guardia, commettendogli che non se ne partisse senza sua licenza. Non fu appena uscito fuori il Carmagnola che le genti del Duca se le posero d' attorno: nei primi due assalti il Benzone valorosamente si difese: al terzo poi presa la Terra per difetto dei terrazzani, che erano anzichè no partigiani del Duca, egli rimase prigione, e fu incontanente menato a Crema, indi a poco a Milano. Non mancò allora il Carmagnola in segreto ed i Ghibellini di Crema alla scoperta, di far sì che il Benzone fosse decapitato dal Duca. Ed era pericoloso il caso se non vi si fossero intromessi i parenti della madre, la quale era milanese, della famiglia, come si è detto altrove, de' Corii, i quali però non poterono far tanto ch' ei non fosse posto nei Forni, prigione così detta di Monza, dove stette rinchiuso diciotto mesi. Fu poi levato da Monza, e posto coi ferri ai piedi in torre a Milano. Non potè il Carmagnola lungamente godere di veder il Benzone in tal maniera travagliato, perciocchè l'anno seguente chiamato a Venezia e convinto per traditore fu decapitato tra le due colonne della piazza di s. Marco, e gli furono confiscati i beni per più di trecentomila ducati.

Morto il Carmagnola, fecesi l'anno seguente (1432) la pace tra i signori veneziani ed il Duca. Erano intanto scorsi sette anni che i Guelfi, confinati fuori di Crema (1433), non avevano veduta la patria, ai quali oltre la privazione del nido nativo, che a tutti naturalmente suol essere grave e molto spiacevole, accresceva fuor di modo il dolore il sentire che le lor case e palazzi divenuti alberghi de' soldati, senza poterne trar veruna utilità, erano disertati; e quantunque alcuni di loro ricorrendosi al Duca ne ottenessero più volte lettere favorevoli, gli furono però di poco giovamento (*a*), di maniera che

(*a*) Parecchie furono le lettere del Duca a questo proposito, delle quali trascriveremo l'ultima:

« Dux Mediolani, Papiae Angleriaeque Comes ac Januae Domi-
» nus. Una lamentevole suplica un'altra volta a Noi hanno fatto
» porgere Jacobino, et Azone de Benzoni discesi da quella nostra
» terra la quale ne la presente e' serata che non mai hanno pos-
» suto haver il pagamento del fitto de le Case sue, quale per
» quella Comunità sono tenute, ovvero per suo nome a la gente

per parecchi anni stettero in siffatto travaglio. Stava Venturino Benzone, come io dissi dinanzi, in fondo di torre co' ferri a' piedi, quando per la vittoria avuta ai 5 d'agosto del 1435 contro Alfonso re d'Aragona, il duca Filippo ordinò una bellissima giostra in Milano dove concorse il fiore de' cavalieri e signori quasi di tutta l'Italia. Desiderava il Duca far vedere al re Alfonso, che co' molti baroni avea prigione in Milano, il valore e la bravura de' cavalieri milanesi e d'altri dello Stato; ma vedendo per il primo e secondo giorno della giostra le migliori botte essere dei giostranti forastieri e massime di Don Carlo Gonzaga (che questa nobilissima famiglia fu sempre di gran cavalieri produttrice), cominciò a dubitare che non avvenisse il contrario di quello che ei desiderava; laonde Bonicio Corio milanese, zio appunto del Benzone, presa occasione dal ragionar del Duca, ebbegli a dire; che Sua Eccellenza avea tal cavaliere in prigione che quando lo rilasciasse farebbe sì belle prodezze che il pregio della giostra rimarrebbe a' suoi vassalli; e soggiunsegli, questo sì valoroso giovane essere il figliuolo del conte Giorgio Benzone suo nipote. Il Duca che altro non bramava, scordatosi ormai di ogni passata offesa, fece che tantosto fu rilasciato, e fece però differir la giostra. Postosi in fine il Benzone all'ordine, e provvedutogli per il mezzo dello zio d'ottimo

» d'arme per' alogiamenti assegnate, et tenendo a memoria adon-
» que in questa materia più volte avervi scritto vi replichemo,
» et di nuovo vi comandemo, che tale ordine sopra di ciò me-
» tiati, che il pagamento habbino, et a te tante volte replicare,
» et a voi scrivere sia l'occasion levata.
« Data Mediolani die sexto Aprilis 1444. Signata *Michelettus*.
» Et di fuori era scritto:
» Nobilibus et Sapientibus Viris Commissario, et Potestati, et
» Domorum Praesidentibus terrae nostrae Cremae.

corsiero si presentò sulla giostra, e gli toccò appunto, che così volle il Duca, di azzuffarsi con il Gonzaga. Ne'primi incontri andarono quasi di pari, ma alfine il Benzone investì sì forte il Gonzaga nell'elmo che lo roversò col cavallo in terra; laonde egli ottenne il pregio della giostra: entrò perciò il Benzone sì fattamente in grazia al Duca che lo fece suo capitano, restituendogli i beni, come appare per lettere del primo d'ottobre del 1436. Indi a poco diedegli per moglie Agnese, figliuola di Percivallo degli Asinai d'Asti, signor di Boldesco e di certi altri castelli di Astegiana, e donògli parimenti un palazzo in Milano nella Porta Comasca.

Venuto l'anno 1439 a'28 d'agosto, il dì appunto di s. Agostino, F. Gio. Rocco de'Porcj, pavese, toltisi per compagni F. Giovanni da Novara, e F. Bartolomeo Cazzulo cremasco, diede principio in Crema al nuovo ordine de' frati Osservanti di s. Agostino. Fu cagione del principio di questa religione Gio. Tommaso Vimercato, il quale, come appare per testamento de' 15 ottobre del 1422, lasciò tutti i suoi beni ai frati di s. Agostino della provincia di Lombardia, con obbligo che fondassero in Crema un monastero de' frati Osservanti. Aveva lasciato il Vimercato che il monastero si facesse nelle sue case, ed erano appunto quelle che sono ora del conte Marco Antonio Sant'Angelo; ma impediti dai frati di s. Domenico per la vicinità del luogo si ridussero nella vicinanza de' Terni (1). Ebbero a principio i frati sopra questi beni molti contrasti, e da'parenti del Vimercato e dalla Camera fiscale; ne ottennero però alfine il libero possesso, come si può vedere per lettere ducali date in Milano ai 30 di marzo del 1424, da Filippo Maria duca di Milano ed allora signor di Crema. Vivevano questi frati in que'principii con tanta purità, che molte madri e sorelle dei frati, fattesi pinzocchere, abitarono con essi per parecchi anni; parendo poi che fosse cosa pericolosa lo stare uomini e donne insieme mescolati, furono separati dal B. Giorgio da Cremona, il quale nel 1445 finì il coro della chiesa con le due cappelle che gli sono a lato, dando ad una il titolo di s. Giovanni ed all'altra di s. Rocco, in memoria del primo fondatore. Ma non furono già questi i primi frati di s. Agostino che abitassero in Crema, perciocchè per anni 165 avanti fu ai Conventuali concessa dal vescovo di Piacenza e confermata dal Pontefice la chiesa di s. Giacomo maggiore con tutta l'entrata, con patto che partendosene i frati il luogo ritornasse nello stato di prima. Con questi Conventuali vivevano parimenti delle suore; e non bastando al viver loro l'entrata di s. Giacomo, ebbero dal vescovo di Piacenza la chiesa di s. Bartolomeo di fuori, con alcune pezze di terra, le quali ritornarono poi ancora all'ospitale di s. Bartolomeo.

Aveano guerreggiato i signori veneziani con il duca Filippo per aver egli contro i lor capitoli dato soccorso sul Padovano a Marsiglio Carrara, intorno a quattro anni, con grandissimo danno de'nostri cittadini, quando agli 11 d'ottobre del 1441 Borso da Este, perchè cagione non so, ebbe, di volere del duca Filippo, il dominio di Crema delle fortezze in fuori; e fecesi giurar fedeltà dai Cremaschi (a). Fatta la pace tra i signori veneziani ed il Duca nel mese di

(a) Ei sembra che Borgo da Este venisse in Crema quale Governatore civile, e forse apposta per ricevere il giuramento dei cittadini in nome del Duca, imperciocchè non è probabile lo chiedesse per sè, quando i comandanti delle fortezze ed esso non obbedivano. Infatti senza che si sappia essere avvenuta novità alcuna, trovasi poco dopo Governatore di Crema Carlo Gonzaga.

novembre dell'anno predetto, molti dei confinati ritornarono alla patria; vi tornò fra gli altri, ottenuta espressa licenza dal Duca, Giovanni Benzone, detto Soresina, il quale per quindici anni e più era stato a Savona, ed ebbe tra gli altri dalla Comunità per le spese tassategli già dal Duca lire 1152. Giunto l'anno 1444 nacque in Crema Giovan Giacomo Triulzio, essendo nostro commissario a nome del duca Antonio suo padre. Fu poi questo Triulzio l'ornamento e splendore dell'Italia nel mestiero delle armi. I Guelfi, che come si è detto di sopra, dopo la pace fatta tra i signori veneziani ed il Duca, erano ritornati a Crema non vi poterono dimorare lungo tempo; perciocchè l'anno 1446 a suggestione d'Ottolino Zoppi commissario di Giovan Matteo Ubertini podestà, e de'Ghibellini cremaschi, furono di nuovo mandati fuori da D. Carlo Gonzaga posto allora alla guardia di Crema. Avvenne ciò perchè temevano i Ducheschi che non si facesse qualche trama coi signori veneziani, i quali a favore del conte Francesco Sforza, mosso contra il Duca per Cremona promessagli in dote per la Bianca, erano passati nella Ghiara d'Adda, ed avevano preso ciò che era del Duca, di Crema in fuori; e di già vi si era scoperto un trattato che a favore de'signori veneziani vi si faceva da un soldato detto Pelagucio, da Giacomino da Reggio e da Antonio d'Anico, detto Cerudello; i quali tutti tre furono perciò impiccati e gli furono confiscati i beni. Fu allora cacciato fuori di Crema tutta la famiglia de'Cerudelli, ai quali fu poi data provvisione dai signori veneziani nel 1450. Giunsero i Guelfi confinati a 2500, ma non uscirono già tutti ad un tratto; anzi essendone primieramente uscita una gran parte, per essere tutti fatti prigionieri dalle genti Veneziane, avvenga che indi a dodici giorni per il salvocondotto che avevano dal capitano, fossero rilasciati, si spaventarono gli altri in modo che non volevano partirsi; laonde il Gonzaga ed il commissario che ad ogni modo volevano che uscissero di Crema fecero al primo di novembre dell'anno predetto far pubblico bando intorno a ciò sotto pena di ribellione e perdita de'beni (2). Fatto il bando, tutti i confinati in termine di due giorni passarono al di là d'Adda, rimanendo le lor case e palagi a discrezione de'soldati, i quali, com'è natura di siffatte persone che poco curano del prossimo, nè di Dio, dove torni loro utile e comodo, non contenti dell'ordinarie provvisioni mettevano ogni cosa a sacco; laonde vedutisi in fine gl'infelici fuorusciti in tal maniera disertati, pregarono il Duca che facesse qualche provvisione ai casi loro, e come che egli più volte scrivesse al Gonzaga od al Commissario che provvedessero a questi disordini, diedesi però poca udienza alle lettere ducali, di maniera che i soldati facevano peggio che prima. Intendendo pertanto il Duca che di tutto ciò n'era cagione il Commissario, levandolo bellamente fuori di Crema, mandò in suo luogo Giacomo da Lonato, con il quale mandò parimenti a maggior sicurezza della Terra Ottaviano Visconte ed Angelo Lavello con le lor compagnie, e di là a pochi dì crescendo le cose della guerra vi aggiunse ducento fanti. Nacque allora in Crema, tra per i passati disordini e per il gran numero di soldati che vi si trovavano, carestia tale di frumento che ogni dì altro non si scrivea da Crema a Milano e da Milano a Crema che di provvisioni intorno le biade. Venuto in questo mezzo a morte Papa Eugenio fu eletto nel pontificato Nicolò V, per cui di commissione del Duca fecesi gran festa in Crema.

Non cessavano i Cremaschi in così calamitosi tempi di lamentarsi appresso il Duca degli strazi che venivano lor fatti dai soldati, laonde ne furono pur esauditi alcuni, tra'quali fu Giovanni Cusadro medico, a cui per lettere ducali de' 26 d'aprile del 1447 furono tolti fuor di casa i soldati. Accortosi il Duca che il Lonato non faceva le bisognevoli provvisioni in Crema, mandò in sua vece Giacomo Piccinino, il quale però non vi stette molto, perciocchè venuto a morte il duca Filippo a' 23 d'aprile dell'anno predetto senza erede maschio, i Milanesi si posero in libertà; e mutando gli uffiziali per tutto lo Stato mandarono a Crema per commissario Gasparo Vimercato, il quale, di ordine della Repubblica milanese, elesse Guido Parato medico, Giacomo e Tommaso Vimercati, Antonio Pojano, e Cristoforo Martinengo, acciocchè a nome di tutto il popolo andassero a Milano a giurar fedeltà ed a far confermare i capitoli della Terra. Avevano i Milanesi non poca paura dei signori veneziani, i quali dopo la morte del duca Filippo, insignoritisi di Piacenza, di Lodi e quasi di tutta la Ghiara d'Adda, si erano messi contra di loro; e di già essi Milanesi, oltre i molti capitani, fra'quali fu eziandio Venturino Benzone, avevano assoldato lo Sforza, e fattolo Generale delle lor genti. E perchè sapevano molto bene di quanta importanza fosse Crema, la quale gli era quasi rimasa sola di tutta la Ghiara d'Adda, vi mandarono gran numero di soldati; dimodochè trovandosi i Cremaschi oltremodo aggravati se ne dolsero con la Repubblica di Milano, e benchè fosse lor risposto di volerli sgravare, non seguirono però gli effetti conformi alle lettere. Ora trattandosi la pace tra le due Repubbliche, si sparse la fama, che per i capitoli quali tra loro si facevano, Crema aveva ad essere de'signori veneziani. Pose ciò i Ghibellini in tal spavento, temendo che non fosse loro tolto il governo della Terra da' Guelfi, i quali erano già, dopo la morte del Duca, ritornati alla patria, che scrissero a Milano caldamente pregando quei signori a non permettere che tal cosa venisse giammai a vero. Non ebbe effetto il maneggio della pace, anzi più crebbe la guerra, e quindi avvenne che il Vimercato di commissione de' signori di Milano levò Sacramoro da Parma castellano della ròcca d'Ombriano, e Gasparino Parabiago posto nella rocchetta della Crema; fece parimente impiccare Francesco d'Oneta barbiere sopra la più alta torre del Castello di Serio. Voleva ad ogni modo il Vimercato mandare i Guelfi fuori di Crema; fingendo pertanto di aver lettera da Milano, fece bando che tutti gli uomini di Crema da' 15 anni fin a'60 dovessero a tante ore trovarsi fuori della porta d'Ombriano per fare una descrizione di tutti quelli che fossero atti alla guerra, affinchè i Milanesi sapessero di quante persone potessero ad un lor bisogno valersi di Crema. Usciti adunque all'ora ordinata per la porta d'Ombriano, s'infinsero di far la rassegna; ma ecco i Ghibellini, che appena se n'avvidero i Guelfi, fatto lor cenno da Giovanni Tintori, il quale se n'era asceso sul rivellino, ritiratisi entro la Terra levarono il ponte, laonde rimasero fuori i Guelfi. Entrati i Ghibellini fu di nuovo fatto bando che tutti i Guelfi, i quali erano rimasi nella Terra, dovessero, sotto pena di essere tagliati a pezzi, uscir fuori intanto che si abbruciasse una candeletta posta da Francesco Ghideletto su la cantonata della facciata del Duomo verso mezzodì. Venuta poi la notte, temendo che i Guelfi non scalassero le muraglie, fatta provvisione alle porte ed intorno la Terra, molti di loro si posero alla guardia della Piazza, e per il freddo, che era appunto allora il mese di marzo dell'anno 1448, ritiratisi nel Duomo vi accesero il fuoco nel mezzo. Qui dopo molte risa e ragionamenti fatti della burla usata a'Guelfi, Giovanni degli Alchini bergamasco, uomo bestiale, e sprezzatore di Dio e dei Santi, mirando il

Crocifisso, per avere il capo piegato sulla spalla dritta: Eccone qua, disse, un altro di questi Guelfi: egli non vi starà no. E datogli di mano gettollo nel fuoco. Spiacque molto agli astanti la bruttezza del fatto, e tolto il Crocefisso, in cui già si era un poco acceso il fuoco, ne ripresero acerbissimamente l'Alchino. Nacque perciò fra loro un contrasto tale che, se il Podestà, udito lo strepito, non fosse sceso dal palazzo ed entrato nel Duomo, sarebbono venuti alle armi. Non rimase però il scellerato Alchino senza il dovuto castigo e pena di tanta enormità, perciocchè trovossi poi una mattina abbruciato nel letto in Vicenza, dove era stato confinato dai signori veneziani, poichè si furono insignoriti di Crema.

Non essendosi, come si è detto di sopra, conchiusa la pace fra le due Repubbliche, o vedendo i signori veneziani la fortuna a'Milanesi molto favorevole, trattarono accordo con lo Sforza persuadendolo a farsi Duca di Milano, come di ragione per la Bianca pareva che spettasse a lui, con patto però che tutto quello che era stato del duca Filippo di quà d'Adda fosse dato a loro. E seguirono in fine questi patti: che lo Sforza rivolgesse le armi contra i Milanesi, ed i signori veneziani dessero a lui quattromila cavalli, duemila fanti e tredicimila ducati di salario fin tanto ch'egli si fosse insignorito del Ducato di Milano. Intese queste convenzioni, scrissero di nuovo i Ghibellini ai Milanesi pregandoli che facessero sì che Crema non andasse nelle mani de' signori veneziani, e fu loro risposto, come appare per lettere date in Milano ai 10 di novembre del 1448, non dubitassero punto, perciocchè vi si farebbe tal provvisione, che la Terra non sarebbe lor tolta dalle mani. Venuto poi il capo dell'anno 1449 il Vimercato elesse di sua autorità dieci uomini, i quali invece del Consiglio generale avessero a governare la Terra. Di là a poco, intorno al fine di febbrajo, le genti veneziane, con le quali si erano uniti i Guelfi cremaschi, vennero ad accamparsi d'attorno a Crema. Era allora provveditore del campo Giacomo Loredano, e Sigismondo Malatesta capitano generale, i quali postisi con l'artiglieria appresso s. Bartolomeo tra le due porte di Ripalta e di Serio, non cessavano di battere la muraglia (3). I Cremaschi pertanto fatto un gran sforzo la diedero fuori un giorno, ed assalendo i nemici inchiodaron le artiglierie, di maniera che per parecchi dì stette Crema che non le fu data batteria. Inteso poi il bisogno de'Cremaschi i Milanesi mandarono loro in soccorso Carlo Gonzaga e Francesco Piccinino, il quale erasi insieme col fratello ribellato dallo Sforza. Avevano appena il Gonzaga ed il Piccinino con le lor genti passata l'Adda che il campo veneziano, accortosi del nuovo soccorso che veniva dai Cremaschi, levossi dall'assedio e si ridusse a Fontanella, il che intendendo i due capitani de' Milanesi se ne ritornarono a Milano. I Cremaschi tenendosi liberi dall'assedio mandarono in questo mezzo Giovanni Della Noce con parecchi fanti nella valle di Lugano in soccorso de' Milanesi contra lo Sforza, ed in questo medesimo tempo Venturino e Guido Benzoni partitisi con buona licenza dal soldo de' Milanesi andarono al servizio de'signori veneziani da'quali furono mandati alla guardia di Bergamo. Non passò il mese di agosto che le genti veneziane ritornarono ad accamparsi sotto Crema, e fortificatesi con grossi bastioni in capo del ponte di Serio, facevano ogni dì correrie fin su le porte della Terra; passato poi il Serio fra le due Ripalte si posero su la dritta via fra Crema ed Ombriano. Qui per levar l'acqua dalle fosse cavarono un nuovo vaso, il quale fu poi detto la Marchescha. Si spaventarono per ciò non poco i Cremaschi, oltrechè per molti altri rispetti avevano anco ragione di temere, perchè il Malatesta al primo di settembre a due ore di notte si era abboccato con il Commissario nella chiesa di s. Giovanni posta in ripa al Serio. E di già il Gonzaga, il quale era stato rimandato al presidio di Crema, sdegnatosi co' Milanesi per la morte di Galeotto Toscano suo amicissimo, si era levato con le sue genti fuori della Terra, laonde dopo varj discorsi fu infine preso partito d'arrendersi ai signori veneziani, massime essendo a ciò fare confortati dallo Sforza, a cui per arrendersegli avevano già mandati per ambasciadori Agostino Martinengo e Cristoforo Cristiani. Eletti adunque sei ambasciadori, Antonio de' Conti, Agostino Ciriolo, Tommaso Vimercato, Bartolomeo Gambazoeco, ed i due che prima erano andati allo Sforza, li mandarono nel campo veneziano, e dopo molte acconce parole s'arresero ad Andrea Dandolo, allora provveditore del campo. Furono in questi ravvolgimenti abbruciate tutte le scritture della comunità. Arrendutisi i Cremaschi entrò il Dandolo in Crema con grandissimo trionfo, accompagnato da Sigismondo Malatesta, da Gentile Leonisa, da Filiberto, Guido e Cesare Martinenghi e da molti altri gran personaggi, con venti trombetti avanti. E ciò fu appunto ai 16 di settembre il dì di s. Eufemia del 1449, essendo allora Doge di Venezia Francesco Foscari.

ANNOTAZIONI AL LIBRO IV.

(1) *Chiese e conventi di s. Agostino, di s. Domenico, di s. Marino e di santa Monica.*

La casa lasciata dal testatore Gio. Tommaso Vimercati, si era quella che oggidì chiamasi ancora casa Scotti, quantunque questa famiglia sia estinta da un pezzo, dove avvi l'albergo del Pozzo Nuovo. Non potendo gli Agostiniani fabbricar ivi il loro convento, per l'opposizione dei frati di s. Domenico, passarono a stabilirsi nella vicinanza de' Terni, non già dove adesso trovasi la casa de' Terni, la quale anche allora già sussisteva, appartenente al ramo di Bartolino, ma appunto nel luogo del moderno convento di s. Agostino, alla cui vicinanza dava il nome l'altro ramo della famiglia di Pietro lo storico, colà presso stanziato.

I frati di s. Domenico già più d'un secolo prima aveano fondato il loro convento in Crema. Poco dopo l'uccisione di frate Pietro da Verona, dichiarato martire e conosciuto sotto il nome di s. Pietro martire, anche i Cremaschi vollero erigere una cappella in suo onore, e la posero dov' era l'altare maggiore della chiesa di s. Domenico, la quale se bene destinata ad altr' uso sussiste tutt' ora. Giunto qui certo frate Venturino da Bergamo, domenicano, uomo di santa vita, forse a predicare, ebbe in dono la detta cappella, e v'aggiunsero i nobili de' Mandelli, o meglio de' Mandoli, alcune lor case per fabbricarvi il convento. Questa fabbrica doveva a principio essere molto angusta, ma pure in tale stato si conservò lungamente, e quella ancora vi era appunto, quando i Domenicani impedirono agli Agostiniani di stabilirsi nella lor vicinanza. Ma non però così poveri erano come ne' loro principj, perchè ottenuto di poter anch' essi come i monaci possedere terreni, molti devoti lor ne aveano lasciato a dovizia. Le pesti che seguitarono, furono a quel convento più che agli altri funeste, sì che restando quasi affatto deserto, i frati Conventuali, non si sa nè quando nè come, se ne impadronirono. Ciò non piacque ai Cremaschi, perchè menavano vita libera, malamente sciupando le loro ricchezze, e perciò nel 1455 ricorsero al Podestà, perchè fossero i Domenicani rimessi. Ma i possessori aveano avuto mezzo d'ottener lettere dal Senato veneto, con le quali vietavasi al Podestà di mettere mano nel convento. I Domenicani allora ricorsero al Pontefice, che accordò una Bolla a lor favore, e il Senato aderì anch'esso al desiderio de' Cremaschi. Di questi maneggi s'accorsero i Conventuali, e prevedendo che loro sarebbe toccato sgombrare, vendettero una possessione ad Ombriano, col prezzo della quale fecero fare una grande e magnifica croce d'argento e convien dire ornata di gioje, se tanto costava; essendo loro intenzione portarsela altrove quando ad altri il convento cedere dovessero. Ora avvenne che nel 1457, il giorno di s. Maria Maddalena, a'22 di luglio, solennità de' frati loro vicini, dimandati allora della Barba, e di s. Maddalena, furono da questi invitati a celebrar seco loro tal festa, e tutti v'intervennero rimanendo anche a pranzo. Nell'ora appunto che stavano in coro cantando il vespro, i Domenicani scalarono chetamente il convento ch'era vuoto, e ne presero possesso legale, sì che s'impadronirono della croce, come di tutto il resto. (Terni, lib. VII).

I Domenicani pochi anni dopo, cioè nel 1463, trovandosi facoltosi abbastanza, cominciarono nuova fabbrica ampliando il convento, e specialmente la chiesa che fu finita l'anno 1471 (Terni, lib. VII; Ronna, tom. III), nella quale fu rinchiuso lo spazio in cui tutta consisteva l'antica, nel solo presbitero e nel coro. Era questa d'una sola navata, con dieci altari, oltre il maggiore in altrettante cappelle, senza vôlta, il di cui altissimo palco di legno greggio era sostenuto da archi basati sui pilastri che dividevano gli altari (Tintori). Nel 1519 venne cavato sotto il coro per costruirvi una piccola catacomba; ma senza che se ne sapesse la cagione, quasi tosto fu il cavo riempito, nè se ne fece altro (Terni, lib. XI). Il tribunale dell'Inquisizione venne eretto in Crema l'anno 1614 nel convento di s. Domenico, e fu il primo inquisitore fra Giovanni Maria Florano, o Florenzo com' altri scrisse, bolognese, levato dal santo Officio d'Ancona; e sino alla metà del secolo XVIII, durava il costume di abbruciare sulla piazza, dinanzi alla porta maggiore della chiesa, i libri proibiti entro alcune botti, dopo che l' Inquisitore, nel giorno di s. Croce, aveva, all'altare di questa, cantata la messa. (Tintori).

Non avendo potuto gli Agostiniani stabilirsi presso a s. Domenico, e passati perciò nella vicinanza de' Terni, aprirono colà una piccola chiesa, la quale tutta consisteva in un coro e due cappelle, e invece di convento abitarono in una casa, nella quale un cammino faceva le veci di campanile, passando per la canna le corde che tiravano le piccole campanelle.

Il beato Giorgio qui nominato dal Fino s'avea presi a compagni in questa santa impresa due altri reputatissimi frati per la purità della vita loro, cioè frate Giovanni da Novara, e frate Bartolomeo de' Cazuli di Crema. Attese quest' ultimo poco dopo ad un' altra devota instituzione, della quale il Fino ricorda in principio del libro seguente; e questa si fu radunare alcune pie e morigerate fanciulle di cospicue famiglie, a menar vita claustrale, e procacciò loro una casa a Porta Ombriano nella vicinanza de' Fabri, di ragione del canonico Gennaro. Questa casa doveva essere lungo la fossa chiamata Rino che passa per la città, imperciocchè il suddetto canonico in tale occasione ottenne facoltà dai magistrati di costruire una vôlta sopra il canale; e il pontefice Nicola V approvò il loro instituto con Bolla de' 23 marzo 1451. Essendo queste monache sorte sotto gli auspicii degli Agostiniani, abbracciarono anche la loro regola, e vennero assoggettate al superiore del convento di Crema. Poco appresso, cioè all' anno 1454, soccorse da devoti benefattori, essendo elleno poverissime, comprarono parte del fondo della rôcca d'Ombriano, recentemente demolita dal signor Giovanni Benzone, a cui era stato venduto dal pubblico, e l'anno susseguente cominciarono la fabbrica del monastero, nel luogo medesimo che fu sino a che le monache vennero espulse. A questo tempo per bene instruire nella regola le pie fanciulle, ed introdurvi la disciplina già altrove in pratica, vennero da Milano cinque monache e un' abadessa, che entrarono anch'esse nella casa del canonico Gennaro, aspettando che si desse compimento al monastero.

Per sovvenire alla povertà loro, progredendo la fabbrica assai lentamente, ed essendo caldo desiderio de' cittadini che nella patria si fondasse quel ricovero di vergini, pensò il Consiglio del Comune di provvederle con l'entrate del priorato di s. Benedetto, il quale forse allora vacava per morte del Commendatario. Messa in fatti la proposta a partito, fu vinto l'assenso. Se di questo generoso dono ne cavassero profitto le monache io non so dire, imperciocchè per allora non ne vien più parlato, ma si sa certo però, che di quelle entrate, poco da poi se ne fece altro uso, com'è già detto nella nota al monastero di s. Benedetto. Ma ne cavassero profitto o no, il monastero brevemente si condusse a termine, e nel 1458 celebrossene la solenne apertura. Mancavano però di chiesa, ed ottenuta una piccola cappelletta lì presso dedicata a s. Giorgio, d'un altro dono le provvide il Comune, d'un legato cioè di 350 ducati lasciato da Gioicio Catani, o da Giorgio de' Capitanj di Caravaggio, come altrove ritrovo, per fabbricare un ospitale. E di questo poterono fruire, riportandone anche l' approvazione del Pontefice; e con tali denari riattarono l' oratorio, e l'ingrandirono alquanto. Nondimeno la loro povertà era tale, che nel 1477 venne presa parte e vinta in Consiglio, di dar loro in elemosina certe lire ottanta imperiali che si spendevano ogni anno dal Comune in una giostra, ristandosi per quella volta di celebrare tal festa.

Fosse che il legato o in tutto o in parte venisse lor ritardato sino al 1485, o che trovassero nuovi benefattori, poterono finalmente a quest'epoca ricostruire dai fondamenti la chiesa, conducendola a perfezione nel corso di tre anni. Nè per nulla dalla povertà si cavavano, e nel 1492 ricevettero ancora lire venti imperiali scemate dalla giostra; poi dalla magnificenza di M. Bartolino Terni ventidue pezzi d'oro, cioè zecchini, in limosina. Mandavano alla questua anche sul Bresciano, e il cavallo che loro serviva a quest'uso, ne'giorni liberi prestavano a nolo.

L'anno 1495 erano trentasei in numero, e correndo carestia, la Comunità le provvide di due moggia di frumento, e di due brente di vino. Oltre l'accattare lavoravano, filando per lo più, e ricevevano offerte per fare orazioni. In tale stato duravano ancora nel 1520, perchè trovasi una parte nel Consiglio, che concede loro dieci lire d'imperiali, per aver fatte le fave dei partiti, ad uso del Consiglio medesimo. Il loro confessore si era un frate Agostiniano, ed abitava col suo converso nelle case delle monache, vivendo forse ambidue a spese loro. E d'esse giovavansi i frati anche in altre occasioni, mentre si trova che nel 1497, fabbricandosi il campanile di s. Agostino, fu loro assegnato l'incarico di fare una questua per la città a questo oggetto. Parimenti l'amministrazione interna del convento per vitto, vestito e tutt'altro che occorresse, tenevano i frati, e trovasi fino ne' loro libri la partita: « 1499. 12 ottobre. Per due ogiali per Sor Philippa sold. 2 ».

Dopo il 1520 però non è più parlato della lor povertà, e convien credere che ben presto divenissero ricche, perchè si sa aver sempre rifiutato d'accettare novizze che non fossero dame, una sola ammettendone di plebea, pur che fosse d'assai civile condizione, instrutta nella musica, quale organista, chè l'organo suonavasi dentro il convento, e questa pure, quando non si trovassero dame perite in quell'esercizio. Furono poi tolte al governo dei frati nel 1578 da mons. Gio. Battista Castelli vescovo di Rimini, visitatore apostolico, e assoggettate all'Ordinario, che si era allora il vescovo di Piacenza, come più sotto il Fino stesso racconta. Divenne in seguito il più cospicuo convento di educazione per le nobili fanciulle, e durò in tale splendore sino alla fine. Tanto al monastero, quanto alla chiesa aggiunsero parecchie opere, ingrandendosi questa e adornandosi con fini marmi nel 1693, e rinchiudendo in quello alcune case, ed una viuzza che le divideva, nel 1738. E perchè era stata questa una grazia concessa dal Consiglio, fecero esse un regalo alla città di cento genovine effettive. (Terni, Tintori, Ronna, MSS. varj del convento degli Agostiniani).

Istituito ch'ebbero gli Agostiniani il monastero di donne, sotto la medesima loro regola, e titolatolo di s. Monaca, madre di

s. Agostino, attesero anche alle faccende loro, e con facoltà ottenuta dal Pontefice vendettero parte de' beni per fabbricare il convento e la chiesa, lo che incominciarono nel 1456; e dieci anni dopo la facciata della chiesa era finita, ma non già l' interno, perchè altri dieci anni dopo seguitavasi ad ingrandirla. Ultimo lavoro fu quello del campanile, che si costruiva nel 1497; e pochi anni appresso, cioè nel 1529, si pose su quello il primo orologio pubblico che in Crema entrasse. Nelle fabbriche non si volle usare risparmj, e riuscirono tanto magnifiche, che alla venuta del nostro primo vescovo Diedo, il quale non trovò di suo aggradimento il preparatogli vescovado, andò ad albergare nel convento di s. Agostino, quantunque vi si trovasse numerosa famiglia, quale sino dal 1515 componevano circa quaranta religiosi; e in seguito destinavansi quegli appartamenti medesimi ai maggiori ministri che straordinariamente mandasse qui la Repubblica, o che a caso passassero.

Ad accrescere le ricchezze de' frati, avvenne che nel 1621 il Preposto di s. Marino donasse lor questa chiesa, ed è da credere con le sue entrate, se bene ciò io non abbia trovato; ma prima di raccontare chi fosse questo Preposto, e quale la sua chiesa, e' sarà utile ricordarne la fondazione. Aveva avuto origine in Lombardia l'Ordine degli Umiliati nel 1046, e de' tre fondatori cremaschi, uno detto da Bagnolo, fondò la chiesa e la casa di s. Marino; imperocchè a principio non erano gli Umiliati nè frati nè monaci, anzi non ricevevano alcun ordine sacro, ma vivevano in comunità vicino alla chiesa loro per comodo d'entrarvi a pregare, senza che questa venisse officiata da' sacerdoti. All'anno 1306, attesta Terni, che viveano nella casa medesima, nè si sa se totalmente spartati, uomini e donne, quelli sotto il nome di ministri, quelle di sorelle, ricavandolo da un istromento che lesse egli stesso. In seguito ammessi anch' eglino agli Ordini, e divenendo sacerdoti, parve loro troppo vile il titolo di ministri, e si attribuirono quello di Preposti. Anche gli Umiliati di Crema, soggetti a' superiori di Milano, parteciparono alle vicende di tutto l'Ordine, tacciati parimenti di abusi, disordini e sregolatezze, per cui nell'anno 1567 papa s. Pio V, ad istanza di s. Carlo Borromeo, la religione loro disciolse, conferendo quelle prepositure a diversi prelati, e religiosi secolari, per cui le due in Crema di s. Martino e s. Marino passarono a Girolamo conte di Porciglia, di cui non è detto la sua ecclesiastica dignità. Indi, nè so se immediatamente, ebbero i Gesuiti per breve tempo quella di san Marino, e la possedevano nel 1603; ma trovasi poscia appartenere a monsignor Morosini vescovo di Damasco, il quale erane chiamato Preposto, conservandone il titolo che usavasi dagli Umiliati. Egli fu che donolla ai frati di s. Agostino, i quali ne presero il possesso l'anno 1621. Convien dire però che nel convento qualche altro Ordine regolare stanziasse ancora, o forse che vi abitassero gli ultimi degli Umiliati preposti e sorelle quali religiosi secolari, perchè soltanto nel 1655 venne affatto sgombrato, anzi, com'è detto chiaramente, soppresso, ed in allora gli Agostiniani lo vendettero al Pio Monte di Pietà; e verso il 1664 fu dato il convento e la chiesa ai Padri Barnabiti, che vi aprirono le scuole pubbliche, nel qual luogo si mantengono tuttavia, quantunque nel principio del corrente secolo venissero i Barnabiti levati. (Terni, Fino, Canobio, Tintori, MSS. degli Agostiniani).

Forse per essere venuti gli Agostiniani in maggiori ricchezze, dopo la donazione fatta loro di s. Marino, pensarono a rifabbricare la chiesa; nè sembra vi fossero indotti perchè punto pericolasse, non essendo scorsi ancora due secoli interi ch'era stata fondata; ma la costruzione sua, fatta in più epoche, sempre aggiugnendo nuove parti alle vecchie, dovea renderla di forma irregolare e spiacevole all'occhio. Vi si accinsero dunque nell'anno 1642 cominciando i primi lavori, e l'anno appresso a' 4 luglio venne posta la prima pietra. Nelle memorie del convento è notato ch'ebbe termine entro il 1647, e il Ronna che nel cominciamento conviene, ne posticipa poi di tre anni il termine. Nè ciò è a credersi sia espressa contraddizione, imperciocchè avranno i frati inteso dire del tempo che fu aperta al pubblico ed officiata, e l'altro di quando si cessò affatto dall'opere. Ma nè pur questa volta ebbero la fortuna di costruirla con vago disegno, pel mal gusto dell'età; e sebbene magnifica e ricca d'ornati, appunto la sovrabbondanza di questi riuscì a difetto, come apparisce anche in altre fabbriche del secolo stesso, e nella prima metà inoltre del susseguente. Dell'architetto della chiesa non ne fu tramandato il nome, ma bensì di quello del coro che fu opera posteriore intrapresa nel 1672 a spese de' signori Toffetti, il quale era un certo Richini. Mancava ancora la cupola, e questa cominciata nel 1675, ebbe compimento dodici anni dopo, cioè nel 1687. Il convento degli Agostiniani di Crema fu uno de' più accreditati della religione, per gli studi che vi si tenevano, sin tanto che la Repubblica veneta non chiuse gli Stati suoi agli esteri regolari. In allora furono dismesse le scuole per la pochezza de' frati, i quali di anno in anno scemarono tanto, che al cominciare della Repubblica cisalpina, allorchè cederono all' Ospitale ogni loro proprietà, riservandosi una vitalizia pensione, non oltrepassavano il numero di dieci o dodici.

(2) *Calamità de' Cremaschi nella presente guerra tra i Veneziani e il duca di Milano Filippo Maria Visconti, descritte da Pietro Terno.*

Il bando di cui parla qui il Fino era così concepito: « Egli » è bando, notitia, et comandamento per parte dell' Ill.mo Si» gnore M. Carlo di Gonzaga, Marchese et Capitaneo, et del » Mag.co et potente M. Ottolino Zoppo, Ducale Luocotenente » in Crema, et cetera, che qualunque persona habitatore de la » terra di Crema, e del suo distretto, a chi sia comandato in » persona, ovvero alla sua abitazione, che dovessero passar Adda » per alcuni rispetti, debbano aver passato fra dui giorni pros» simi seguenti, et anche che quelli che passaranno, et quelli » che sono passati debbano fra quattro giorni far dare notitia » per littere da li Ufficiali de' luochi dove se ritroveranno de » la loro passata, e da lì non si partino senza speciale licenza » de li prefati Signori Locotenenti, sotto pena de rebelione, » et di perditione de loro beni, avisando si procederà per ogni » modo et via contro a tutti gli contrafacenti, et intenda a » chi tocca. Fu pubblicato per Stefano Tonolino trombetta dil

» comune ne luochi consueti ». Nel termine del proclama (così seguita il Terni) « Adda passarono tutti li comandati, et le » case loro de soldati furono piene cum pleno arbitrio dil tuto, » talmenti che le famiglie volendo mangiare era di bisogno a » soldati dimandar il pane, et ne più vili luochi di casa habi- » tare. Molte case pure havevano qualche secreto luogo, dove » le figliuole et robe elette nascondevano, come io ne la casa » nostra antiqua de Terni ho veduto una stretta fra due mure » senza niuno spiraculo, quello che per entrarvi era lassato, » quale si copriva, et discopriva da un grandissimo armario, » ovvero bancho di asse, ovvero tavole che da terra fino quasi » al solaro di la casa agiungeva, et lungo pocho meno di la » camera, che cum quattro rotelle nascose facilmente si moveva, » et urtava tanto che l'usso di la stretta si scopriva, poi ritor- » nato al suo primo luoco nulla si poteva vedere, et questo » si faceva quando li soldati ussivano di casa, ovvero la notte, » perchè ne luochi vili era tal secreto, ne quali soldati non » habitavano. Lavaveno due volte al giorno di vino li piedi » de cavalli per maggiore stratio, et cordoglio de poverelli. O » quante amare lacrijme si dovevano spargere, et più assai di » quello che io dico, quando le povere donne vedevano mariti, » figliuoli, et fratelli confinati, le figliuole tra muri peggio che » carcere serrate, la roba da cani dissipare cum grande loro » desaggio, et cum parole villane da villani essere oltragiate. » Di là da Adda ogni Castello era pieno di Cremaschi, cum » penuria dil tutto, salvo che de sospiri, et di afanno; scorsi » alquanti giuorni vedendo li poveretti le cose andar in fra- » casso al Duca fecero ricorso, quale scritte due lettere in fa- » vore suo, vedendo che nissun frutto havevano partorito, la » terza gli replica di tal tenore: Dux Mediolani etc. Papiæ » Angleriæ Comes, ac Januæ Dominus. Dilettissimi nostri per » quello scrivessimo questi dì passati a ti Ottolino et subse- » quente mense ad ambi dui de haver riguardo a li deporta- » menti che fanno li soldati, et quali si voglia forastieri in » quella nostra terra, et provedere per modo si abstenesseno » da rapine, offese, et danni de quelli nostri huomini, il che » maxime era da fare a preservare quelli che hanno ne le

» case sue gente alogiate; Non sentiamo essere fatta provvi-
» sione alcuna, ma pare che vadino le cose al modo usato e
» peggio, et non solamente si provveda al fatto del vino che
» nel passato se havevano tuolto, et fatto ne era da molti
» guazzo, de farne bon conto, come avevano scritto a te Ot-
» tolino, et a voi M. Carlo, ne avevate proferto a gli huomini
» di fare accordo che loro si havevano di voi collaudati verso
» noi, ma se prosiegue intorno al modo usato, et non pare si
» faccia stima alcuna ne di far il dovere ad quelli di cui è,
» nè etiam di nostre littere che in tal materia vi havemo scritte,
» nec etiam si abbia a considerare che puocho li ne sia, et
» che in brieve mancherà tenendosi questi modi, et simile di-
» cemo de grani, biave, et simiglianti cose, per discipazione de
» le quale, va a periculo si venga da se istessa in breve ad
» assediare quella terra nostra. Ve imponemo adunque, et ca-
» richamo strittissimamente ponati modo a questi desordini, et
» fassati che li vostri soldati, nè altri forestieri siano signori
» de la roba di quelli buoni soldati nostri, ma quelli de chi
» la è la detta roba ne habino lori administratione, ben pos-
» sete fare quelle provisioni sono necessarie purchè forestieri
» truovano da campare per qualche ragionevole muodo, ed ad
» questo si debbano anchora adoperare li officiali nostri, et li
» deputati di quella terra, acciò non passino le cose come pas-
» sano, et carichamovi facciate in modo siate conossuti essere
» li per conservatione di quella terra, et huomini dil Stato
» nostro, et non per dispensatione de li loro beni intra gente
» d'arme, cominciando ciascuno di voi mettere freno agli pro-
» prij, non serà da fare metterli anchora a li altri.

» Data Mediolani die 17 Decembris 1446. Signata Granfortus,
» et di fuori. Mag.co tamquam filio D.no Gonzaga, et Spect.li
» Ottolino Zoppo dilectis nostris. Crema ».

Seguita indi il Terni sul tenore medesimo a raccontare le miserie dei Cremaschi, e d'essi le istanze al Duca e del Duca le risposte favorevoli, senza che i capitani vi dessero retta; e dopo anche la morte del Duca, lo stesso avvenne sotto la Repubblica di Milano, che sempre si ebbero buone parole, e tristissimi fatti.

(3) *Avventura di Cecilia d'Adda.*

« Una donna eravi a questi tempi digna al parer mio di
» comendatione, Cicilia dimandata figliuola di Jacomino de Adda,
» milanese, moliere di Gasparo Christiano, quale continuamente
» per la affectione di la patria persuadeva a soldati che com-
» battere dovessero virilmente per conservare Crema a la de-
» votione de'Milanesi, et dil glorioso S.to Ambrosio; gli sol-
» dati dubitando dil processo di la guerra, ovvero fingendo con
» lei forse di dubitare, cum tale parole gli confortava: Non
» dubitate figliuoli che s. Marco habbia questa terra finchè ve-
» dete la persona mia, nè che nemico alchuno ne la città entri;
» voglio andar a far oratione a S.to Ambrosio che ce libererà
» da tale travaglia. Entra nel Domo per la porta meridionale,
» et ingenocchiata a l'altare de Caligeri facendo oratione a
» S.to Ambrosio, che el suo altare era a quel tempo quello che
» al presente a S.to Marcho è dedicato, uno colonello marmo-
» reo di la finestra dil Domo cascha da la bombarda percosso,
» et Cecilia scoppa, et amazza; fu prophetico veramente il
» parlar suo che vivendo lei non ebbe s. Marco di Crema il
» dominio ». (Terni, lib. VI).

LIBRO QUINTO

Entrato in Crema il Dandolo, il commissario milanese (1449), il quale temendo di essere ammazzato si era nascosto in casa de' Secchi, fu con scorno mandato fuori della Terra; e perchè i Guelfi, per la baldanza che avevano vedendosi sotto i signori veneziani, andavano gridando, *Vivano i Guelfi*, il proveditore volendo provedere che non nascesse qualche disordine fece bando che avessero a tacere; ma essi sotto altro nome faceano lo stesso, dicendo *Vivano quelli del miglio*, intendendo per questi i Guelfi, per una quantità di miglio, il quale condotto dai Bergamaschi in Crema era loro stato posto a sacco; ed ai Guelfi poi per opera dei Ghibellini era stato mestieri a pagarglielo. Ordinate le cose di Crema, partissi il Dandolo, lasciandovi podestà Giovanni Martinengo bresciano. Indi a poco ci venne proveditore Orsatto Giustiniano e Camerlengo Lodovico Valerio. Giunto il Giustiniano, a suggestione de' Guelfi, confinò fuori di Crema parecchi Ghibellini, de' quali gran parte ne fu mandata a Vicenza; tra questi fu l'Alchino il quale, come dissi nel precedente libro, vi si trovò una mattina abbruciato nel letto. Molti anco andarono da sè ad abitare in diversi luoghi dello Stato di Milano, come fu il Ghideletto, il quale si ridusse a Castiglione (a). L' anno predetto le monache di s. Chiara, lasciato il primo lor monastero, il quale era nella vicinanza de' Barni, si ridussero nel borgo di s. Pietro nel monastero di certe monache umiliate, le quali per essere divenute più licenziose che alla vita loro non conveniva, furono poste nelle case di s. Pietro, indi a poco in s. Maria Stella, dove finalmente si estinse la loro religione, ed il primo monastero di s. Chiara fu dato ai frati di s. Marino. L'ultimo di dicembre di quest' anno medesimo il proveditore elesse di sua autorità cento uomini, i quali avessero ad essere consiglieri di Crema.

Venuto l'anno 1450 nel mese di gennajo venne in luogo del Giustiniano Giacomo Antonio Marcello. Questi, per levare le liti che tuttodì si movevano da' Guelfi contro i fuorusciti, ordinò che gli attori volendo piatire andassero nei luoghi, dove fossero confinati i rei, in maniera che così cessarono i litigi. E perchè molti, come si è detto, senza essere confinati, lasciata la patria, erano andati ad abitare altrove, a suggestione de'Guelfi, fu loro comandato per lettere ducali sotto pena di ribellione dovessero tutti in termine d' un mese venire a ripatriare (1). Furono sotto al Marcello eletti otto ambasciadori i quali andassero a Venezia, sì per rallegrarsi coi signori dell'acquisto di Crema, come anche per farsi confermare le cose capitolate con il Dandolo. Furono gli ambasciadori Luigi Vimercato, Giovannino Zurla am-

(a) In tre volte furono confinati circa sessanta Ghibellini, fra i quali alcuni de' conti di Camisano, de' Fracavalli, de' Gambazocchi, de' Zurla, de' Guinzoni, un frate Umiliato, un prete, e molti de' popolani. (Terni, lib. VII).

bidue dottori, Pantaleone Cusadro, Giovanni Benzone, Luigi Bernardi, Rodolfo Alfiero, Golfino Guinzone e Venturino Gambazocco; tra i quali, poichè furono appresentati al cospetto di Sua Serenità, Luigi Vimercato, che bellissimo dicitore era, latinamente espresse il concetto della comunità manifestando l'allegrezza universalmente avuta dai Cremaschi per essere accolti sotto l'ombra di Sua Serenità ed insieme chiedendole la confermazione dei capitoli fatti con il Dandolo. Ci fu allora tra le altre cose concesso di fare il Collegio dei Dottori con quella autorità e privilegi che si trova avere la città di Brescia; e di fare ogni anno, alla festa di s. Michele, la fiera la quale per otto giorni fosse del tutto esente. L'anno che venne dietro, alcune verginelle de' Bolzini, de' Terni e de' Zurli diedero principio nel mese di maggio ad un monastero di monache d'osservanza sotto il titolo di s. Monica, con il mezzo e favore di Agostino Cazulo cremasco, frate di s. Agostino. Lasciata poi la prima stanza, la quale era nella vicinanza dei Fabri, ed ottenuta dal Pontefice la chiesuoletta di s. Giorgio, nel 1458 si ridussero nel luogo dove si veggono oggidì. Qui, comperato da Giovanni Benzone il fondo del castello d'Ombriano, poco innanzi spianato, principiarono il monastero, per la cui fabbrica, ai 15 d'ottobre del 1459, ottennero dal Papa un legato di 350 scudi lasciati da Gioicio Catani per fondare un ospitale. Ultimamente, l'anno 1481 del mese di luglio, procurando pure frate Agostino Cazulo, cominciarono la fabbrica della nuova chiesa. È poi si fattamente cresciuto di mano in mano il buon nome di questo monastero, che ci sono ora meglio di cento monache dei Nobili per il più di Crema. Venuto il tempo di eleggere il nuovo Consiglio, il Marcello volendo pur compiacere al popolo, vi aggiunse ducento uomini, di modo che erano trecento consiglieri; ma ci venne tal confusione che l'anno seguente bisognò porgli nuovo ordine.

Già si era appiccata la guerra tra i signori veneziani ed il Sforza, fatto duca di Milano (1452), quando nel mese di febbrajo fu rimandato Andrea Dandolo al governo di Crema, dove per la vicinità dello Stato del Duca, temevano che non nascesse qualche disordine. Entrato il Dandolo nel palazzo, se gli appresentò Luigi Vimercato, il quale attorniato da molti nobili dimostrò con belle parole quanto fosse l'obbligo nostro verso i signori veneziani, e ragionò a lungo intorno le lodi di esso proveditore. Fece subito il Dandolo nettare le fosse, allargandole più che prima non erano; rifece la muraglia diroccata per i colpi dell'artiglieria; ristorò il torrione della Chiusa, il quale fu da indi in poi detto di s. Marco; principiò i rivellini delle porte, di quello di Serio in fuori; confinò parimente molti Ghibellini, dei quali alcuni per disobbedienza furono fatti ribelli. Crescendo poi maggiormente la guerra tra i signori veneziani ed il Duca, furono con le loro compagnie di fanti mandati al presidio di Crema Matteo e Gorone da Capua, Bettino ed il Rosso da Calcinato; ci vennero ancora con parecchi cavalli Pietro Paolo e Gianuccio da Romano, ambidue fratelli; e furono allora Covo, Antegnate, Fontanella, Mozzanica, Trigolo e Ginolta, terre del Cremonese, tenute dai signori veneziani, sottoposte alla giurisdizione di Crema, avvenga che ritornassero poi anche sotto Cremona. Giovanni Della-Noce, condottiere di cavalli sotto i sforzeschi in questa guerra, tolto in sospetto ch'egli s'intendesse con il marchese da Monferrato, il quale era in lega coi signori veneziani, fu preso ai 23 di settembre dell'anno 1452, ed indi a poco menato a Cremona, vi fu per commissione del Duca fatto morire. Era stato il Noce molto favorito dalla Regina di Napoli (2).

Venuto il tempo di eleggere il consiglio di Crema, il Dandolo vedendo la confusione che per il gran numero vi si facea, di trecento consiglieri che erano ridusseli al numero di sessanta, e scelseli al modo suo. Fu questa riforma di Consiglio confermata a Venezia, dove perci òera andato ambasciatore Tomaso Zurla. Al principio del seguente febbraio fecesi il Collegio dei Notari, avuta in dono dai signori veneziani la Notaría, la quale era parimenti dazio del fisco. Non si pose fine alla predetta guerra che i Cremaschi, avvenga che non venisse già loro d' attorno il campo sforzesco, n' ebbero in varie guise travagli e spese, mandando guastadori or qua ed or là, quando a Ripalta dove si facevano bastie, e quando a Castiglione assediato da Matteo da Capua, il quale per certi disordini seguitivi fu rotto ai 16 d'agosto con grandissimo danno dei Cremaschi, perchè molti vi rimasero morti. I confinati, dei quali dicemmo di sopra, vedendo la fortuna favorevole al Duca, quasi tutti, rotti i lor confini, eran passati nel campo ducale. Temendo adunque i Guelfi, che a suggestione dei Ghibellini, il Duca non venisse d'attorno a Crema, spedirono a Venezia Luigi Tintore, Bernardo e Cristoforo Vimercati acciò procurassero appresso i signori che Crema fosse in modo fornita e di gente e di vettovaglia, che non avessero a temere dei nemici; scrissero parimenti sopra ciò ai proveditori del campo; poca provisione però si faceva ai casi nostri. Pur quando piacque a Dio, uscito il Capuano fuor di Soncino si ridusse con alquanti uomini d'arme a Crema; ma perchè dai soldati gli era prestata poca obbedienza procurarono i Cremaschi che venisse in sua vece Guido Benzone, il quale, come dissi nel fine del precedente libro, era stato mandato alla guardia di Bergamo con Venturino suo fratello. Ora vedendo i nostri fuorusciti che il Sforza andava tuttavia acquistando, e che di già avea tolto ai signori veneziani ciò che era fra l'Oglio e l'Adda, di Bergamo e Crema in fuori, se gli dimostrarono in modo partigiani che, come appare per lettere ducali dei 7 di dicembre 1453, tutti furono fatti ribelli ed i lor beni furono donati alla nostra comunità. Venuto il fine dell'anno 1453, il Dandolo insieme coi proveditori della Terra elesse i consiglieri per l'anno seguente, e scelseli tutti, di uno infuori, di fazione guelfa.

Erano le genti veneziane e le sforzesche ridotte per il verno (1454) nelle guarnigioni, aspettando la primavera per porsi poi a nuove imprese, quando il Pontefice desideroso di unire la cristianità, per fare una crociata contro Maometto imperatore dei Turchi, il quale l'anno innanzi avea presa Costantinopoli e tuttavia andava molestando il cristianesimo, s'intromise per far la pace tra i signori veneziani ed il Sforza; e perchè si diceva che in questo accordo Crema avea ad essere del Duca, i Cremaschi deliberatisi di voler anzi morire sotto i signori veneziani che viver sotto l'ombra d'altri signori, chiesero le chiavi della Terra al proveditore, il quale, veduta l'incredibile affezione loro, gliele concesse pur al fine. Posero allora Ottolino Fabri castellano nella rocca di Serio. Ma fu conchiusa la pace secondo il volere dei Cremaschi, perciocchè Crema rimase ai signori veneziani; e gli furono restituite ancora le terre occupate dal Duca nel Bresciano e nel Bergamasco. Fatta questa pace, i frati Zoccolanti diedero principio al monastero di s. Bernardino fuori di Crema a mezzo miglio. Quantunque, come si è detto, fosse stata fatta la pace, non furono perciò liberati i fuorusciti, anzi rimasero in maggior travaglio. Radunatisi per tanto tutti sul Bresciano, fecero tra loro segretamente un compartito di mille ducati di dare a certi Bresciani, i quali si erano offerti di far sì che sarebbero liberati. Intendendo ciò i Guelfi mandarono subito a Venezia Agostino Benvenuto dottore e cavaliere, Venturino Benzone, Rodolfo Alfiero, Pedrino Tola e Francesco Rigoso, i quali per molte ragioni da loro addotte in una supplica impedirono il disegno dei Ghibellini; e quantunque più volte in diverse maniere tentassero di liberarsi, non potero però mai, per il gran contrasto che veniva loro fatto dai Guelfi, aver grazia fino all'anno 1456, nel quale venuto a Crema un frate Giovanni Battista novarese dell'Ordine dei Predicatori dispose in guisa gli animi dei Guelfi che, spento ogni odio e scordate tutte le passate offese, eglino stessi, come si può vedere per la parte posta per ciò nel Consiglio generale ai 27 di giugno dell'anno predetto, la quale passò a tutte voci, procurarono appresso i signori che fosse loro concesso di ripatriare e gli fossero restituiti i beni. Venne a questi tempi in Crema Matteo Griffone da Sant'Angelo di Romagna, capitano delle fanterie veneziane; venne con il Griffone Bettino Amanio bergamasco, ed ebbero da questi due origine nella Terra nostra le due nobilissime famiglie dei Griffoni e degli Amanj, delle quali, come si dirà a' suoi luoghi, l'una ci ha dati in diversi tempi gran personaggi nel mestiero delle armi, e l'altra belli ingegni e gentilissimi spiriti nelle lettere. A questi medesimi tempi il monastero di s. Domenico, tolto ai frati Conventuali, fu dato agli Osservanti, i quali pigliarono il possesso il dì di s. Maddalena del 1457 essendo i Conventuali a desinare coi frati della barba, i quali stavano allora nel luogo di s. Maddalena. Avevano i frati Conventuali, prevedendo quello che doveva seguire, venduta una possessione ad Ombriano, e spesi i danari in una gran croce d'argento, con disegno, essendo forzati a lasciar il monastero, d'arrecarsela seco; ma essendogli tolto il luogo nella maniera che si è detto andò lor fallito il pensiero, perciocchè la croce rimase agli Osservanti.

Correva l'anno 1464, quando, per la morte di papa Pio II, fu posto nel pontificato Pietro Barbò veneziano e detto Paolo II, per cui fecesi gran festa nella Terra nostra. Appresso questo Pontefice furono molto favoriti due Cremaschi, Giovanni Monello e Lancilotto Bernardi; al Monello diede duemila ducati d'entrata, al Bernardi non potè dar cosa veruna perchè egli se ne morì poco dopo la creazione del Pontefice, ma fu invece di Lancilotto guiderdonato Erasmo suo fratello, a cui, senza che egli ricercasse, conferì la prevostura de' ss. Giacomo e Filippo; andato poi a Roma ebbe la prevostura del nostro Duomo, ed al fine fu dal papa Alessandro VI fatto vescovo Ariense. Venuto l'anno 1468 diedesi principio a fortificare con grossissima muraglia il castello di Serio, e fu aggrandito togliendo dentro la porta che gli era vicina, la quale fu poi nel 1494 trasportata nel luogo dove la veggiamo ora. L'anno seguente i reggimenti di Crema, i quali duravano due anni e mezzo, furono ridotti a sedici mesi, e fu allora introdotto di pagare trenta ducati per il burchio di condurre le robe del rettore (*a*). Di là a pochi anni, un venerdì

(*a*) L'anno 1476 a' 15 di marzo nacque Pietro Terni, o da Terno com'egli si chiama, il primo che fra noi della patria storia si desse pensiero; e quantunque il primo, tanto diligentemente la compilò, che sempre si trova con esattezza conforme alle antichissime de'confinanti, ch' egli non poteva a' suoi tempi conoscere. Non omise fatto alcuno per quanto frivolo possa ad altri sem-

santo del 1479, ad esortazione di frate Michele Carcheno, dell'ordine de'Minori, diedesi principio ad un ospitale nel luogo di s. Martino, il quale fu poi nel 1481 trasportato a s. Maria Stella, dove fecero alcuni fondamenti, ma mutatisi anco di parere lasciarono l' impresa.

Era già ai 15 di maggio del 1482 gridata la guerra tra i signori veneziani ed Ercole marchese di Ferrara, per aver egli cacciato fuor della città il loro Visdomino, quando fu mandato alla guardia di Crema Facenda Sanseverino, figliuol naturale di Roberto generale delle genti veneziane. E perchè in questo mezzo la torre del Duomo era stata percossa dalla saetta, i Cremaschi pigliando ciò per mal augurio temevano molto di qualche strano accidente; ed accrebbe loro maggiormente il timore, che poco appresso due figliuoli del Sanseverino passarono al servizio del Duca di Milano, il quale era nella lega del Marchese; perciocchè per tal guerra erasi divisa quasi tutta l'Italia in due parti: con i signori veneziani era il Pontefice e i Genovesi, col Marchese poi erano il Duca, come si è detto, di Milano, il Re di Napoli, i Fiorentini, e cercava ancora di tirare a suo favore il Marchese di Monferrato; il che mentre egli faceva, Francesco Benzone frate Minoritano, uomo molto favorito appresso questo Principe, fece sì che con il

brare, sì che in appresso parecchi giudicarono bene di compendiarlo, e pochissimi poterono trovar cosa da poter aggiugnere. Lo stile è alquanto rozzo e scorretto, quale usavasi a' suoi dì in Lombardia, e si assomiglia a quello di Bernardino Corio, quasi suo contemporaneo, ma franco, schietto ed affettuoso altresì. Di questo potranno i lettori giudicare dai molti passi del suo libro ch' io qui trascrivo. Debbo per ultimo ad onor suo confessare, che, s'egli non fosse stato, Crema, al pari de'più ignobili villaggi, non avrebbe storia.

mezzo di Compagno suo padre ciò si seppe in Venezia. Fu per tal avviso Compagno fatto nobile veneziano con provisione di cinquecento ducati all'anno per lui e suoi discendenti. Ora essendo sparse le genti del Duca nei confini del Cremasco da verso Bergamo, dove era Alberto Visconte con quattrocento cavalli, e trecento fanti, trascorsero sul nostro territorio e presero la torre di Gabbiano, alla cui guardia era uno detto Montemaglio, postovi dalla moglie di Matteo Sant'Angelo, il quale si era vilmente arreso senza fare difesa veruna; del che essendone la Sant'Angelo gravemente ripresa, perchè, avendo tolto a difendere il luogo, v'avesse posta siffatta guardia, si pigliò in maniera la cosa a petto che non molto da poi per soverchio affanno se ne morì. Udendo per tanto Marino Leone, allora Podestà di Crema (1488), le cose della guerra andar innanzi, mandò bellamente fuori alcuni Cremaschi che egli avea sospetti; indi si pose a fortificare la Terra di fuori, attorniandola con un grosso riparo ed aggiungendovi un'altra fossa coi torrioni e rivellini alle porte che avrebbero sostenuto ogni impeto d'artiglieria di que' tempi (3). Fu posto poco appresso in Crema Bartolino Terni cavaliere con quattrocento fanti, Agnol Francesco Griffone, ancorchè fosse giovinetto di 15 anni, con trescento, e Giovan'Antonio Scariotto con quattrocento cavalli. Era appena giunto in Crema lo Scariotto che i soldati di Pandino coi Pandinaschi, non sapendo del nuovo presidio, entrarono nel Cremasco e trascorsero fino ad Ombriano. Uscito pertanto lo Scariotto fuori della Terra con la cavalleria, se gli pose dietro seguitandoli con grandissima mortalità fin sulle porte di Pandino: e da indi in poi le genti del Duca, sparse nei contorni del Cremasco, deliberarono tra loro di non venire a' nostri danni se tutti ad un tratto da più bande non ci assalissero. Posto questo ordine, ogni dì facevano correríe sul nostro contado, di maniera che i nostri avendosi a riparare da più parti molte fiate la facevano male. Levato in questo mezzo lo Scariotto da Crema, fu mandato in suo luogo Demetrio Greco con ottanta Stradiotti; indi a poco vennero con due compagnie Giacomo Tarsia e Bernardino Ugone; ci venne parimente con ducento fanti Morello da Mantova. Essendo poi mandato altrove il Greco co'suoi soldati, vennero in suo cambio ducento Albanesi a cavallo. Ora essendo sì ben fornita Crema di gente si facevano tutto il dì molti prigioni dai Cremaschi, i quali da alcuni dei nostri, massime da Marcolino e Guarino naturali figli di Matteo Griffone, e da Michele Marchisetto erano malamente trattati. Dicesi che Marcolino con due crudelissime maniere di tormenti faceva far taglie a'suoi prigionieri; ad alcuni appiccava uno spago ai denti e legavalo ad una freccia di balestra, di modo tale che scaricandosi la balestra se gli svelleva il dente di bocca; ad alcuni altri stesi su una tavola con la panza in su, pendendogli il capo giù dalla tavola, metteva calcina viva sfiorata nelle narici, tormento nel vero molto crudele ed intollerabile. Fu in questo mezzo preso Romano da Lodovico Sforza zio del Duca con il mezzo di Antonio Brambilla e Brambiletto suo fratello, di Francesco Trusellino e Dario di Federico, tutti da Romano, di Paganino Vimercato e d'Agostino e Cristoforo suoi figliuoli, i quali, confiscatigli i beni, furono perciò fatti ribelli dal Podestà di Crema; il che parimente avvenne a Tomaso Marzalino da Farinate ed a'suoi figliuoli per essere come nemici, stando a Vailate, venuti a saccheggiar sul Cremasco. Si risentivano valorosamente i Cremaschi dei danni che venivano lor dati dalle genti del Duca; perciocchè oltre i molti prigioni che facevano alla giornata di quelli che scorrevano sul Cremasco, essi ancora facevano diversi bottini, come tra le altre fiate fecero ai 21 di novembre, nel qual giorno presero sull'Adda quattro navi cariche di cascio, di panno e d'altre merzarie; ed ai 12 di dicembre pigliarono Masano, castello di Ghiara d'Adda, dove fu posto Marcolino Griffone, il quale poco dappoi lo pose a sacco e se ne tornò a Crema (1484). Fu intanto mandato Bernardo Giustiniano per Podestà in luogo del Leoni, il quale rimanendo proveditore della Terra uscì dal pubblico palazzo e se n'andò ad alloggiare in casa di Giovanni Pietro Vimercato detto dei Sermoni. Lo Scariotto, il quale di nuovo era mandato a Crema, venendo ai 26 di dicembre fu di notte assalito dai nemici, e perduti i suoi carriaggi, ebbe che fare a fuggirsene a Crema.

Stavano i Cremaschi con grandissimo sospetto di qualche trattato per la dieta fatta in Milano da tutti i confederati contra i signori veneziani, quando accrebbe loro maggiormente il timore il vedersi diroccare tanto di muraglia quanto sarebbe un tiro di mano tra le Torrette e la porta di Ponfure, che verrebbe ad essere oggidì tra s. Rocco e s. Chiara. Laonde fu bisogno che con molta prestezza attendessero a ripararsi da quella banda. Di là a pochi dì gli furono fatti prigioni due capitani, il Tarsia e l'Ugone, i quali erano andati per scorta di certi mercanti che conducevano oglio a Crema; nè potero liberarsi dalla prigionia fin al seguente maggio. Non rimanevano perciò i Cremaschi di darla fuori e provvedersi delle cose che loro facevano bisogno, perchè entrati nel bosco di Mozzanica vi tagliarono centocinquanta carra di grossi legnami e li condussero entro la Terra per munizione. Ma qui non è da tacere la prodezza che fece Bartolino Terni a difesa della

Terra. Erano i ducheschi venuti di notte sotto Crema, e posto prima gran numero di gente a tutte le porte acciò per quelle non si potesse uscire, s'erano messi in grosso alla porta d'Ombriano provocando tuttavia i nostri alla scaramuccia, con disegno che quelli che fossero usciti per la porta d'Ombriano, non potendo aver soccorso dalle altre porte, tutti fossero tagliati a pezzi. Il cavalier Terni, che saggio ed accorto era, avvedutosi dello stratagemma, prese partito d'assaltare i nemici per una via da loro non pensata. Ci era a que'tempi, come già più volte si è detto, un luogo chiamato le Torrette per dove potevano i Cremaschi a lor piacere uscir fuori di Crema con le barchette; per questa via si pensò il Terni d'assaltar il nemico. Posto adunque insieme quel numero di gente che egli puotè, aggiuntevi tutte le trombe e tamburi che allora si trovarono in Crema, se ne uscì fuori con le barchette. Fu tale l'improvviso assalto che diede il Terni ai ducheschi con tanto strepito di trombe, di tamburi e di gridi, oltre lo strepito che si faceva da quelli di dentro i quali finsero in quell' istante con grande apparecchio di lancie e d'arme di calare il ponte, che tutti si misero in fuga come se fossero assaliti da diecimila persone: nè potero esser sì presti al fuggire che quarantaquattro di loro non fossero fatti prigioni, i quali poi il dì seguente, toltegli prima l'arme, furono rilasciati; e sarebbono da indi in poi seguíte aspre zuffe, se non che si deposero l'arme per il maneggio della pace la quale fu fermata ai 7 d'agosto dell'anno 1484.

Fiorirono intorno a questi tempi alcuni Cremaschi i quali vissero con molta riputazione appresso diversi principi: ci fu Beltramino Cusadro dottore, il quale fu molto favorito appresso i marchesi di Mantova; il marchese Lodovico mandollo Ambasciatore a papa

Sisto quando egli fu assunto al Pontificato; diedegli per tre anni la podestaría di Mantova, costituillo giudice a terminare in sua vece la differenza dei confini nata fra'Genovesi e Lucchesi appresso Pietra Santa; e tennelo per molti anni auditore delle sue cause. Morto Lodovico, egli non fu men caro a Federigo suo figliuolo, perciocchè se lo tolse nel suo segreto Consiglio, ed occorrendogli assentarsi da Mantova lasciò sempre che la Marchesana nelle cose dello Stato si riferisse al parere ed al consiglio del Cusadro. Egli acchetò la differenza nata intorno ai confini tra'Mantovani e Ferraresi, e conchiudendo il matrimonio d'Isabella figliuola del Duca di Ferrara con Francesco primogenito del Marchese, stabilì fra ambidue quei principi perpetua pace. Fu allora il Cusadro fatto cavaliere dal Marchese; ma vedendosi dopo la morte di Federigo non aver appresso il nuovo Principe quella autorità ch' egli avea avuta appresso il padre e l'avo, lasciati i figliuoli a Mantova, se ne ritornò a Crema. Erasi egli appena rassettato nella patria che il Duca di Ferrara lo chiamò a sè e poselo nel numero de'suoi consiglieri segreti. Mandollo per console a Modena ed a Reggio, dove in fine per la vecchiezza gli fu dato uno de'suoi figliuoli per coadjutore, il quale dopo la morte del padre rimase poi nel magistrato (*a*). Furono parimente a questi tempi in gran pregio due Monelli, Bernardino ed Agostino, fratelli di quel Giovanni di cui si è detto di sopra. Agostino, che dottore era nelle leggi molto eccellente, fu condotto dal Re d'Ungheria per uno dei quattro auditori delle appellazioni

(*a*) Racconta il Terni che fu scolpito sulla sua sepoltura questo distico :

Dona, preces, amor, odium, terror, ira, minæque
Flectere judicium non potuere tuum.

del regno. Finito poi l'uffizio e lasciato il fratello nella Corte del Re, egli se ne andò a Roma con il cardinale d'Adria Legato del Pontefice; indi a poco andato a Venezia con lo stesso cardinale mandato dal Papa, orò in maniera avanti il Doge, che egli levatosi un anello di mano glielo pose in dito. Ritornati in fine amendue a Roma per schivar la peste, si ridussero a Viterbo, dove ambidue assaliti pur dalla pestilenza vi lasciarono la vita. Era intanto entrato Bernardino sì fattamente nella grazia del Re e della Regina d'Ungheria, che ella lo fece governatore del suo Stato. Egli andò ambasciatore al re Ferrando padre della Regina; tornato poi dall'ambasceria ebbe in dono due castelli dal Re, dopo la cui morte fu annumerato tra i governatori del regno d'Ungheria; indi a molti anni venuto a morte nella città di Buda, con sontuosissime esequie, alle quali intravennero tutti i baroni della Corte vestiti con gramaglia, fu sepolto fuori della città in una chiesa detta s. Maria Bianca, fabbricata già da Carlo Magno per una vittoria ch'egli riportò dagl'Infedeli. Fiorì nello stesso tempo un Giovanni Gennaro, il quale, come ce ne fanno chiara testimonianza i suoi privilegi, fu luogotenente di Malatesta de' Malatesti di Cesena in tutti i suoi castelli e terre della Marca d'Ancona. V'ebbe eziandio la famiglia dei Patrini un Francesco dottore, cavaliere e conte-palatino, il quale fu molto favorito nelle Corti di diversi Principi, di papa Eugenio IV, d'Alfonso re d'Aragona, di Francesco Foscari doge di Venezia e di Filippo Maria duca di Milano, appresso i quali, come vedesi nei privilegi che fin ora sono nelle mani di M. Francesco Patrino notaro, ebbe grandissimi maneggi, ed oltre gli altri gradi e dignità fu uno de' consiglieri del duca Filippo Maria, con provvisione di settanta ducati al mese. E per molti anni prima fiorirono due altri Cremaschi, Alberto Gandino e Francesco Piacenzi, ambidue eccellenti giureconsulti e pubblici lettori: perciocchè il Gandino lesse un tempo in Perugia, il Piacenzi in Siena, e l'uno e l'altro scrisse intorno le leggi.

Correndo l'anno 1485 si portò più in fuori e si aggrandì il coro del Duomo, e quindi avvenne che la pescheria la quale quivi si faceva si trasportò sul piazzuolo di s. Domenico. Trovossi allora nel rimovere l'altare grande una cassettina d'avorio piena di sante reliquie, tra le quali vi era un pezzo del capo di s. Pantaleone nostro protettore, onde fecesi poi quella testa d'argento, la quale viene portata in processione nella solennità del detto Santo. Andò a questi tempi podestà a Mantova Francesco Vimercato, dottore e cavaliere, dove egli si portò in maniera che il suo magistrato non fu di minor soddisfazione a quella città che di riputazione alla patria nostra. Venuto il mese di marzo del 1487 fu mandato podestà in Crema Bernardo Barbarigo, il quale, scorsi alquanti mesi del suo reggimento, si dispose di cingere la terra con nuove muraglie, e che la comunità pagasse il terzo della spesa; e perchè egli sapeva che per l'addietro non avevano i Cremaschi voluto consentire di pagare delle cinque parti l'una, tenne mezzi e vie, quando con privati quando con pubblici ragionamenti, per disporli a ciò fare. Un giorno tra gli altri, avendo la sera innanzi a tutti i consiglieri ed alle loro mogli fatto un sontuoso convitto accompagnato da una bellissima festa, radunato il Consiglio parlò a lungo adducendo molte ragioni per tirar gli animi dei Cremaschi nel suo parere. Ma vedendo le contraddizioni loro intorno al contribuire della spesa, si risolse di ridurre la cosa in poco numero di persone, stimando che più agevolmente indurrebbe nel suo volere i pochi che i molti. Fece pertanto che si eleggessero dodici cittadini, i quali avessero libertà di capitolare con esso lui intorno la fabbrica, e massime della spesa; di maniera che fu alfine terminato, che la Comunità dovesse contribuire delle tre parti l'una. Al 24 adunque di maggio del 1488, un sabato, vigilia della Pentecoste, diedesi principio alla fabbrica con tutte quelle maniere di solennità che in sì fatti principj si usano di fare, cominciando alla porta d'Ombriano, dove furono processionalmente portate due pietre benedette, in una delle quali fu posto un ducato ed un marcello del doge Barbarigo padre del Rettore, e nell'altra parimente un ducato ed un marcello d'Agostino Barbarigo, zio pure del podestà, ed allora principe di Venezia. Durò questa fabbrica 20 anni, e vi andò di spesa poco meno di centoventimila ducati.

L'anno seguente, dopo il principio della fortificazione della Terra, si diede principio ad un nuovo monastero di monache nella vicinanza de' Spoldi della porta d'Ombriano, sotto il titolo di s. Maria, pigliando la regola di s. Benedetto. Di là a pochi anni, lasciato il primo luogo, si ridussero nella chiesa di s. Trinità, dove per un tempo officiarono preti e monache. Venuto poi l'anno 1520, presa la regola di s. Domenico, passarono oltre la Crema. Correva l'anno 1491 quando ai 23 di marzo cadde dal cielo in Ghiara di Serio appresso Ripalta Vecchia una grossa pietra con tanto strepito che parve un gran tiro d'artiglieria; teneva il suo colore anzi del nero che no, ed aveva odore di zolfo; di questa pietra, come di cosa meravigliosa, essendosi spezzata nel cadere, Gio. Antonio Terni, vicario del Cremonese, ne mandò un pezzo a Roma ad Ascanio Sforza cardinale, vescovo di Cremona.

Era già tre anni innanzi, ai 8 d'aprile, apparuta miracolosamente la Madonna a Caterina, figliuola di Bartolomeo degli Uberti, e presala per la mano l'avea condotta ad una casetta vicina, essendo l'infelice donna stata lasciata con quattordici mortalissime ferite ad un crocicchio nei Nuoveletti da Bartolomeo Contaglio bergamasco, suo marito, il quale, sdegnato per non poter, secondo che ei voleva, aver la dote promessagli, l'avea condotta fuori di Crema fingendo di volerla menar a Bergamo; per le quali ferite la meschinella se ne morì il dì seguente, che fu la domenica delle Ulive ai 4 d'aprile del 1490. E già parimente qui aveva fatti infiniti altri miracoli, quando ai 17 di luglio del 1493 si principiò la chiesa di s. Maria della Croce fuori di Crema a mezzo miglio nei Nuoveletti. Ebbe questo bellissimo tempio due ingegneri, Giovanni Battacchio lodigiano, che gli diede principio e lo ridusse fin a mezzo, e Gio. Antonio Montanaro cremasco, il quale, per essersi sdegnato il Battacchio coi Deputati, gli pose fine nel 1500; ma egli si vede bene che non corrisponde il fine al bellissimo principio (*a*).

Giunto l'anno 1495, i frati di s. Maria de' Servi dell'ordine Carmelitano furono ammessi nella Terra nostra e fu loro concessa la chiesa di s. Caterina fuori delle mura. Essendo poi per la fabbrica della nuova muraglia rovinata questa chiesuoletta, ottennero il rivellino della porta di Ponfure che era rimaso entro la Terra, dove fecero poi la nuova chiesa. L'anno seguente, il dì appunto del sacratissimo Corpo del Nostro Signore, a persuasione di frate Michele d'Aquis dell'ordine dei Zoccolanti, diedesi principio al Monte di Pietà. Giunse la prima offerta fatta da tutta la

(*a*) Veggasi l'erudita opera di mons. Tommaso Ronna, intitolata *Storia della Chiesa di s. Maria della Croce*. Milano, 1824.

Terra a duemila lire; fatto questo principio, ordinarono che tutte le porte di Crema facessero separatamente le loro offerte (4), di maniera che tra tutte le offerte, ed i danari che si scodevano da quelli che erano scritti nella Scuola del Monte, che a due quattrini per uno si scodevano ogni mese trecentoquindici lire, fecesi in poco tempo una somma di dodicimila e centoventidue lire. Venuto poi l'anno 1503 ai conforti di frate Giacomo di Padova, dell'ordine pure dei Zoccolanti, con mille belle rappresentazioni vi si fecero molte altre ricchissime offerte. Fu il primo principio del Monte nelle case di Benedino Bremasco, poste nella vicinanza della piazza. Comprarono poi una casa da Nicolò Leale, già da lui fabbricata a fine che vi stessero gli Ebrei a dare ad usura; e fu nel vero bellissima mutazione questa che il luogo delle usure divenisse Monte di Pietà, il quale crebbe tanto che in pochi anni si trovò avere trentamila lire. Hallo poi ultimamente, come si dirà a suo luogo, aumentato molto Michele Cerri, lasciandovi tutti i suoi beni.

Era già fatta la nuova muraglia d'attorno Crema, da verso tramontana in fuori, quando Pietro Loredano, allora podestà della Terra, per dar esito alle acque delle vicine paludi, le quali impedivano la fabbrica, fece cavar il vaso del Travacone, sopra cui fece tre bellissimi ponti, i quali furono poi per le guerre in parte rovinati. Non si cavò questo vaso, nè vi si fecero sopra i ponti che si spendè meglio di diecimila ducati (*a*).

(*a*) « A questi tempi era nela terra nostra una donna da Son» cino dela famiglia de Guinzoni che Stephana si dimandava, » venuta per servente di Giovanni Sabatino medico, che tolse il » terzo Ordine de Frati Predicatori, et a tanta perfectione venne, » come se diceva, che merithò di avere ogni giuorno di Venere

» dalla Maestà divina tutti gli cruciati di la Passione di Gristo,
» et grande seguito haveva di Nobili dil uno e l'altro sexo. Gli
» erano in oposito li Frati de Zocholi, cum grandissimo numero
» de nobili, et plebei, che tali fictioni domandaveno, et la tene-
» vano di pocho cervello, et pocho bona, et fu per essere grande
» garbuglio nela terra, se non la si absentava, a Soncino di fuori
» fece uno Monisterio, dove molt'anni dopo partita di qui visse »
(Terni, lib. VIII).

ANNOTAZIONI AL LIBRO V.

(1) *Bando della Repubblica Veneta, col quale si richiamano i fuggitivi.*

« Franciscus Foscari Dei gratia Dux Venet. etc., Nob.[i] et
» Sap.[ti] Viro Jacobo Ant.[o] Marcello Militi Provisori Nostro
» Cremæ fideli dilecto salutem, et dilectionis afectum. Hanno
» a noi riferto gli Ambassatori di quella fidel.[ma] Terra nostra,
» molti cittadini di Crema essere fuori di la Terra cusì di quà
» come di là da Adda in diversi luochi, quali ne lo aquisto
» di quella terra, nè da poi non sono venuti a prestare a
» Noi obedienza, nè sono intervenuti al giuramento di la fe-
» deltade, per il che volemo, ed a voi comandemo che faciati
» publicamente proclamare che tutti tali cittadini Cremaschi
» che sono fuori di la Terra venire debbano, et siano obligati
» venire a la patria loro, et prestare debita obedienza, et
» fideltà al Dominio nostro, secondo che per el debito de la
» patria sono obligati, soto pena de rebelione, in termine di
» uno mese dal giuorno di la Proclama che farete fare da
» esser computato.

» Datæ in nostro Ducali Palatio die 5 Martij 1450.

» Et di fuori era scritto :

» Nobili et Sapienti viro Jacobo Antonio Marcello.
» Milliti Provisori nostro Cremæ ». (Terni, lib. VI).

Così i Guelfi, dopo aver fatto confinare i Ghibellini rimasti in patria, facevano richiamare i fuggiaschi, per avere la soddisfazione di far quelli pur confinare.

(2) *Giovanni della Noce.*

La famiglia della Noce, nobile e distinta in Crema a' tempi di cui parliamo, era forse originaria d'altro paese, venuta qui a soggiornare meno d'un secolo innanzi. Il primo di cui si conosca il nome si è un Simone, e fuor che del nome non ne resta altra memoria. Suo figlio Palotto fioriva proprio fra il XIV e XV secolo. Egli fu intrinseco ministro e consigliero di Giorgio Benzon, che se ne valse nelle più difficili ambasciate, e l'ebbe in pregio per tutto il tempo della sua signoria. Il figlio di Palotto, Bartolomeo, menò in moglie Caterina Benzon, discesa dal ceppo medesimo di Giorgio, ma già spartito da cinque generazioni.

Era Giovanni il primogenito di cinque figliuoli del detto Bartolomeo, tre maschi e due femmine, e datosi al mestiere dell'armi, forse ebbe a maestri o compagni i figliuoli di Giorgio medesimo, de'quali era alquanto minore d'età. Non si sa in qual modo capitasse egli a Napoli quando governava la regina Giovanna II. Di sangue illustre, agiato in ricchezze, non che raccomandato da potenti signori, facilmente gli riuscì distinguersi in Corte. A questi doni della fortuna altri ei ne accoppiava, i quali assai più facilmente a salir lo sovvennero. L'avvenenza sua non isfuggì agli occhi voluttuosi della regina, che lo ricolmò d'onori onde poter decorosamente tenerselo presso, e l'ingegno suo sottile ed astuto, brevemente nel condusse in intimità con que'discordi Baroni, che gareggiando fra loro, tendevano tuttodì a precipitarsi l'un l'altro. Colà ebbe forse a conoscere Francesco Attendolo, o Sforza, sotto il quale militò poscia in Lombardia, quando questi fu assunto al ducato di Milano. Se Giovanni fosse stato sì onesto quant'era prode e sagace, certo ch'ei potea divenire uno dei più cospicui signori d'Italia. Ma la mala scuola di quell'età, la sua troppa ambizione, e la necessità di doversi difendere da micidiali nemici, lo traviarono al pari di molti suoi coetanei, parecchi de'quali ajutati dalla fortuna sorsero Principi, e gl'improbi loro costumi furono giudicati virtù, quand'altri invece, anche meno scellerati, furono condotti al patibolo dalle azioni medesime.

Mancata la regina Giovanna sua protettrice nell'anno 1435, non per questo scemò punto il Noce in fortuna, anzi forse maggiormente consolidossi, perchè il favore del re Alfonso I d'Aragona che gli fu compartito, superava in istabilità quello di un'imbecille donna, che non sapeva, nè poteva per sè governare. Egli è bensì vero che gli convenne all'ambizione por freno, e contentarsi di servire il re con la spada qual capitano di schiere, senza entrare per nulla nel governo dello Stato, ma del suo onorato servire ne riportò magnifiche ricompense. Nel 1443 venne dal Re mandato ambasciatore al duca di Milano, insieme a Matteo Malferito giureconsulto (Corio, part. v), e lodevolmente eseguì il suo mandato. Passò indi in Calabria luogotenente del vicerè Antonio Centelia, e tanto si distinse nella conquista di quella provincia, che il Re gli diede in rimunerazione Renda, e quattr'altri castelli. Ma in tale circostanza, essendosi troppo strettamente legato di famigliarità col Centelia, divenne suo fautore nelle arrischiate imprese che costui macchinava. Incaricato dunque il Centelia dal Re di trattare il matrimonio di D. Inico Davalos con Errichetta Ruffa, erede di grandissimo Stato, ch'era il marchesato di Cotrone, il contado di Catanzuro, e buon numero di terre di Calabria, egli, assistito da Giovanni, tale matrimonio trattò per sè, e s'ebbe la sposa con la ricca sua dote. Il Re ne fu grandemente offeso, ma per allora nol dimostrò. Indi non contento di questo, si ribellò al Re apertamente il Centelia, e Giovanni parimenti fu suo fautore, e fors'anche suo consigliero. Tale ribellione però ebbe infausto successo, e il Vicerè fu costretto arrendersi a discrezione. Allora il Re fece pigliare anche Giovanni della Noce, e sottoposto a giudizio, venne convinto colpevole, onde fu condannato a perder la testa: ma per le preghiere di Francesco Barbavara, in allora colà ambasciatore del Duca di Milano, gli fu concessa grazia non che della vita, ma altresì della libertà. (Costanzo, storia dl Napoli, lib. 18).

Ritornò in patria Giovanni allorchè era accesa la guerra tra i Veneziani e Francesco Sforza per una parte, e la Repubblica milanese dall'altra, sotto il cui governo Crema mantenevasi tuttavia. La sua famiglia era sempre stata di fazione Guelfa, e in allora dominavano i Ghibellini. Per essere egli nuovo nelle vicende che s'agitavano e perciò non odiato da nessuno, e per la fama di sua prodezza gli venne dai dominatori offerto il comando d'una schiera, che voleano mandare contro lo Sforza (Terni, lib. VI); nè egli esitò punto ad accettare l'incarico, per quanto fosse pericoloso, e poco per lui onorevole. Andò egli dunque a difendere la valle di Lugano contro l'armi sforzesche, ma all'arrivo di Roberto Sanseverino, si fuggì a Como sul finire del giugno 1499; ed era tuttavia governatore pei Milanesi di quella città al cominciare dell'anno 1450 (Corio, part. V). Soggiogata poi affatto e distrutta la Repubblica, e intitolatosi il conte Francesco Sforza duca di Milano, egli fu fermato al suo soldo. In tal modo racconta poi il Terni la fine sua: « Il marchese di Monferrato compagno di » la guerra de Venitiani a danni dil Duca di Milano corre, al» l'opposito ei mette Corrado fratello di Francesco Sfortia, et » cum lui a le mani venendo insigne vittoria il Sforcia riporta. » Militava sotto Corrado Giovanni della Noce capitano de » genti da cavallo, citadino nostro, quale incolpato di tratato » con Vinitiani fu preso a dì 23 settembrio 1452, et fra po» chi giuorni apicato in Cremona » (Terni, lib. VII). Il Corio alquanto diversamente questo fatto racconta, dicendo che Giovanni fu mandato da Francesco Sforza in Alessandria per sostenere il suo partito, e che dicesi fosse compro colà dal marchese di Monferrato, per che lo Sforza lo chiamò a Cremona e lo fece impiccare (Corio, part. VI).

La famiglia della Noce s'estinse nel secolo XVII.

(3) *Descrizione di Bombarde.*

« Al principio di Auosto di fuori dele fosse uno grosso re» paro di terra et di virgulti cum un alta fossa comincia » (parla del podestà Marino Leone) cum li torrioni, et reve» lini a la porta, che ogni impeto di artelaria di quei tempi

» havrebbe sostenuto; nella sumitade haveva l'antipetto cum le
» bombarde di quadrato legno che per dirito solamenti tira-
» veno. Le Bombarde quasi tute erano di ferro, massimamente
» quelle che a difesa si mettevano; tiravano cum balota di
» pietra viva, et si piantavano in terra cum legni quadrati, et
» staveno ferme, nè movere si potevano senza estirpare il le-
» gno, et de quelle parlo che di notabile grossezza erano; gli
» era ancho un altra sorte di minore grandezza che Spingarde
» si domandaveno, fate da due pezzi, la canna, et la coda, che
» cum verga si aggiungevano, ne la coda si meteva la balota
» et la polvere, et a ogni canna tre, o quattro code si face-
» vano, che di continuo si tenevano cariche, et scarichata una
» subito subito si levava via, et si meteva l'altra, et la canna
» stava ferma sempre; queste sopra di un quadrato legno cum
» coreggia di ferro si afermavano » (Terni, lib. VII).

(4) *Offerta degli uomini di Porta Ripalta al Monte di Pietà.*

« Venuto il giuorno a quelli di Rivolta, che fu a 19 di Giu-
» gno, gli contadini furono li primi cum le dimostrationi de soi
» protetori, prima gli fanciulli, poi le donne, poi gli huomini
» ordinatamente andavano, poi li loro cavalieri su le cavalle
» di basto, segondo il loro habito adobati, dietro li Frati di
» S.to Domenico et di S.to Austino cum Umbrelle de loro
» Sancti benissimo ornate, dietro gli venne una machina di
» tal bellezza, grandezza, ed arte che a la fama tuti gli vicini
» gli erano concorsi, a spese fu fabricata di Hieronimo de la Ro-
» vere Cardinale de Recanati Comendatario dil Abazia nostra di
» Cereto, Giovanni de Viterbio governatore, sbarata, e coperta
» haveva la strada mentre gli lavoravano, perchè di tanta al-
» tezza era che ogni tetto di case ascendeva. Haveva il primo
» quadro di legname tanto grande, che quaranta fachini che la
» portavano gli potevano comodamente stare, et nascosi che da
» nessuno si vedevano, coperto di finissimi panni di razzo, alta
» meno di le spalle di un huomo, cum gli piedi neli quattro

» angoli, che il tutto sostenevano, quando da fachini per ri-
» possarsi era giù metuta, attorno in terra gli erano gli dodeci
» Apostoli, che cum le mani parevano che la portasse, nel
» meggio dil quadro gli era un alto et drito legno, che li tetti
» superchiava, come vi ho detto, nel quale metuta era una
» grande balla tutta dorata, che sostenuta pareva da otto angeli,
» che sul primo quadro erano in piedi; su la balla stavano in
» piedi di quà e di là S.to Pietro in habito pontificale, et
» sancto Bernardo Abbate, titolo dil Abbazia, nela sumitade
» veramente dil legno gli era un truono cum alcuni Seraphini
» avilupati in nebule di bambaso. O Ingegno rare volte ve-
» duto, o Spirito elevato, come potrò io l'arte sua descrivere,
» se al opra il celo tanto si acosta, che l'una dal altra apena
» si discerne! erano le nebule di bombaso candidissimo accom-
» pagnato cum bambasi tincti in varij colori di cinere, et gialli,
» uno cioè più scuro dil altro, et l'altro men chiaro di quello,
» che tanto bene l'umbre venevano, et accompagnavano las-
» sando il chiaro verso il sole; non so se ad arte, o caso
» fussi che già verso l'occaso s'inviava che non meno vage
» erano di quelle che nel ciel sereno, molte volte da raggi di
» Phebo risguardate cum lieve spirar de venti errando vanno.
» Nel meggio dil truono gli era una Virginella, et uno fanciul-
» lino vivi, cum tanti raggi relucenti d'oro atorno che apena
» da l'occhio humano per il reflexo dil sole erano sostenuti!
» fu portata per la via dirita dil palazzo drieto a la Canoni-
» cha dil Duomo non possendo nela porta di girulo entrare,
» recitati alcuni versi furono, a quali da la vaghezza dil triumpho
« rapito non posi mente, dietro era portato l'apostolo Giacobo
» in un capitello molto ornato cum uno drieto a cavallo cum
» il compagno morto, si come ne la historia è scritto, cum una
» infinitade de Pelegrini tuti di nero vestiti; seguiva poi un
» elefante ficto che pareva chel andasse, cum una torre sul
» dorso, piena de fanciulli armati, poi uno carro de poverelli
» fatto per la Disciplina cum gli Angeli che gli mostraveno, et
» drieto 60 Cavaglieri dila Disciplina tuti di biancho vestiti,
» fra quali gli era una ornatissima Umbrella cum la annuntia-
» tione dila Vergine Sancta, poi un capitello di seta bellissimo

» cum uno Re et S.ta Agata martire, et cum uno altro di S.ta He-
» lena, et un altro cum quattro Angeli che dolcemente canta-
» vano, cum interpositione sempre di una quantitade de Cava-
» lieri fra l'uno et l'altro; poi venne uno bellissimo struzzo
» cum uno Cavagliere suso molto bizzarro, poi uno minotauro,
» che andava saltando; poi seguiva una eccelente umbrella
» portata da quattro Angeli cum la imagine di la Vergine cum
» il figliuolo in brazzo, cum molte verginelle atorno che laudi
» cantavano; venne poi uno ricco capitello cum uno Impera-
» tore, che recitò alcune cose; seguitò poi l'Assuntione di la
» Vergine cum gli Discipuli, et gli Angeli, che in aria la tene-
» vano; drieto venne una caretta coperta d'argento cum molti
» ornamenti cum uno Re, et S.to Bartolomeo che scortichaveno,
» poi venne una caretta tirata da doi ornatissimi cavalli, che
» al altre tute era superiore, cum uno imperatore accompa-
» gnato da molti Cavaglieri ala germanicha vestiti, et musici
» di varie sorti; venne di poi in carro triumphale l'inganna-
» tore di tutte le genti Cupido, da Cavaglieri dil uno et l'al-
» tro sexo accompagnato da lascivi habiti vestiti. Seguitava poi
» il triumpho dil hospitale di la porta cum molti mendici cum
» gli Ducati in mano; ultimamente presentossi Vespasiano so-
» pra di uno veramente triumphale carro cum tanta caterva
» di Giudei ligati, et incatenati, che fu di bisogno che la
» turba per la via gli cedessi, se non voleva essere conculcata;
» disse molti versi in proposito dil monte contra Giudei »
(Terni, lib. VIII).

Questa si fu la più magnifica offerta fatta in tale occasione, e il Terni anche quelle delle altre Porte descrive. L'anno poi 1503 altre offerte si fecero, e forse non meno magnificamente, delle quali lo storico non descrive che l'apparato della medesima Porta Ripalta, anche questa seconda volta superiore ad ogni altra.

LIBRO SESTO.

Era già a' 25 di marzo del 1499 gridata in Crema la lega fatta dalla signoria di Venezia con papa Alessandro e Luigi re di Francia, contra Lodovico Sforza detto il Moro; quando venendo i Francesi in Italia, Gio. Giacomo Triulzio, fatto lor generale di quà dai monti, cominciò ad espugnare molte fortezze del Duca. Prese Arazzo ed Anono, e poco appresso Alessandria. I signori veneziani dall'altro canto entrati nella Ghiara d'Adda, per il mezzo di Socino Benzone, condottiere di cavalli leggieri, guazzata l'Adda a Cavenago, presero Lodi. Intanto Nicolò Orsino conte di Pitigliano, generale delle genti veneziane, occupò molti castelli della Ghiara d'Adda, Mozzanica, Vailate, Caravaggio, Triviglio, Ripalta Secca, Brignano, Covo, Antegnate, Fontanella e Soncino con tutto il Cremonese (*a*). Nè passò molto che la signoria ebbe

(*a*) Racconta il Terni a quest'anno una sì spaventosa procella, che a suo credere non era prima mai stata. Avvenne a'24 di luglio, e il vento schiantò infiniti alberi, fe'crollar case in campa-

d'accordo Cremona. Con il mezzo poi de' Battagli (che perciò furono fatti Nobili veneziani) acquistò ancora il castello. E fu a questo tempo concesso ai Cremaschi il territorio lodigiano di quà d'Adda insieme con Pandino. Laonde mandarono Gottifredo Alfiero per vicario a Dovera. Quest'anno medesimo, per aggrandir la piazza, fu gettato a terra il palazzo vecchio, detto della Ragione e poi della Monizione, il quale era verso tramontana congiunto con il Duomo, sotto cui era il collegio de' Notai, la cancelleria della Comunità, e l'uffizio de' Consoli de' Mercanti. Erano sì grosse le mura di questo palazzo, che credesi esservi andata più spesa a disfarlo, che quando egli fu fabbricato. L'anno seguente a' 12 aprile fu menato prigione in Crema il cardinale Ascanio, fratello del Moro, con molti personaggi milanesi. E condusserlovi Socino Benzone e Carlo Orsino, ambidue condottieri de' cavalli sotto a' signori veneziani. L'avevano cotesti avuto nelle mani dal conte Corrado Landi a Ripalta, castello del contado di Piacenza, dove egli si era ritirato dopo la prigionia del Duca, il quale era stato condotto in Francia. Fu il Cardinale (per non essere ancora finito il palazzo del Benzone) alloggiato in casa d'Ottaviano Vimercato *(a)* suo suocero, e gli

gna, e levò in aria parecchie cose, fra le quali un porcile di legno con dentro i porchetti che grugnivano sì forte, da far credere ad alcuni fosse il diavolo che s'aggirasse per la buféra. Volavan le tegole, e le sommità de' cammini cadute, tanto conquassarono i tetti, che la pioggia la quale seguitò inondava le camere trasportando grani od altro per le finestre. Dalla gragnuola furono morti uomini ed animali, e le strade rimasero così attraversate da piante, che nulla più sui carri si potea trasportare.

(a) Io non trovo dove la casa di quest'Ottaviano si fosse, ma egli è da supporla presso s. Agostino, imperciocchè al cardinale fu concesso andare in quella chiesa il giovedì santo ad assistere alla Messa.

altri prigioni furono posti in castello. Credeva il Cardinale (credevaselo anche il Benzone per esserci certi Frati bianchi), che il Landriano, generale de' frati Umiliati, suo favorito, fosse co' prigioni del castello. Fece pertanto che il Terni suo vicario in Crema offerì venticinquemila ducati al Benzone, ogni volta che egli lasciasse fuggire i prigioni del castello. Ma il Benzone pensando pur che ci fosse il generale, e sperandone maggior taglia, non ne volle far nulla.

Era intanto giunta la nuova della prigionia del Cardinale a Venezia. Laonde scrissero i signori, che egli con gli altri prigioni fosse condotto a loro. Giunto lo Sforza a Venezia, accompagnato dal Benzone, comparve al Senato l'ambasciadore di Francia, e glielo dimandò come prigione del Re. Il che si poteva chiaramente vedere per un scritto fatto a Socino, quando egli l'ebbe nelle mani dal Landi. Chiarito il Senato del fatto, rimandò indietro il Cardinale con tutti gli altri prigioni, mandando con essi loro Luigi Manenti segretario del Consiglio dei signori Dieci, il quale lo consegnò in fine a' Francesi. Non si partì il Benzone da Venezia, che oltre i cento cavalli leggieri, gli fu data la condotta di cento lancie. Ma non andò molto, che venuto podestà a Crema Gio. Paolo Gradinigo suo nemico, per certe parole tra ambidue occorse in Pisa, e per certe altre cose tra loro succedute in Crema, cominciò segretamente a processargli contra. Tornato poi a Venezia il Gradinigo fece sì, che da' signori Dieci fu mandato a Crema Vincenzo Ghidotto per finir i processi da lui cominciati (1505). E con tal segretezza il segretario eseguì il volere de' signori, che mai non si seppe ciò che egli facesse. Laonde mandati a Venezia i processi, fu da' signori scritto al Benzone, ch'egli con Lodovico Vimercato, il quale dopo il fatto d'arme del Taro, dove valorosamente combattendo rimase percosso di tredici ferite, era stato fatto condottiere di cinquanta uomini d'arme, se ne andasse a Venezia per cose importantissime per lo Stato. E ciò finsero per adombrar la cosa, a fine che il Benzone non avesse a pensar male. Ma giunse appena egli a Venezia, che fu posto in prigione, dove stato quarantasei giorni, fu alfine per le varie imputazioni dategli sentenziato, che gli fosse levata la provvisione, e si eleggesse uno di tre confini, o di starsene cinque anni in prigione, o dieci in Candia, ovvero quindici in Padova (1 e 2). Elettosi dunque il terzo confine, come men grave, si ritirò con tutta la sua famiglia in Padova, dove stette fino all'anno 1509, nel quale riavuta la provvisione, fu rimandato a Crema con grande quantità di denari per far gente d'arme (*a*).

Avvenne ciò per la lega di tutti i Principi dell'Europa fatta in Cambrai contro i signori veneziani (*b*).

(*a*) Nell'anno 1507 si diede opera per la prima volta a selciar la città cominciando dal Ghirlo. (Terni, lib. 8).

(*b*) Nella lega di Cambrai Crema venne nominatamente assegnata al Re di Francia (Guicciardini, e da Porto). Trovasi nel Guicciardini (lib. 8) altresì questo fatto, che conclusa la lega ma non ancor pubblicata, in un consiglio tenuto innanzi al Re di Francia, il Cardinale di Roano per voler incominciare ad appor querele alla Repubblica veneta, voltosi al suo ambasciatore « si » lamentò con ardentissime parole, che quel Senato disprezzando » la lega (cioè la pace con la Francia), e l'amicizia del Re, faceva » fortificare la Badia di Cerretto nel territorio di Crema, nella » quale essendo stata anticamente una fortezza, fu distrutta pei » capitoli della pace fatta l'anno millequattrocentocinquantaquat- » tro tra i Veneziani e Francesco Sforza nuovo duca di Milano, » con patto che i Veneziani non potessero in tempo alcuno for- » tificarvi; a'capitoli della qual pace si riferiva in questo, ed in » molte altre cose la pace fatta tra loro e il Re ». Io m'immagino lo stupore dell'ambasciator veneto a tale asserzione, impercioc-

Perciocchè volendo essi ripararsi da una tanta guerra, tra le altre provvisioni che fecero per assoldar gente, ordinarono che tutti i banditi servendo per un certo tempo alla Repubblica a lor spese, fossero liberati. Fu per l'apparecchio di questa guerra mandato a Crema, oltre il Benzone, Marco d'Arimino, Cittolo da Perugia e Rizzino d'Asola, l'uno con trecento fanti, l'altro con ottocento, ed il terzo con cento cavalli leggieri. E furono allora spianati i borghi fuori delle porte, dove erano infiniti bellissimi edificj, con dilettevoli ed amenissimi giardini, massime nel borgo di s. Giovanni, il quale si estendeva fin dove fassi oggidì la fiera. Gettarono eziandio i molini a terra posti lungo le fosse, tra la porta di Serio e di Ripalta. Di maniera che fecesi d'attorno la Terra una spianata lungo un tiro d' artiglieria, non rimanendo in piedi altro che la chiesa di s. Sepolcro in fuori, il quale fu rovinato. Fu parimente abbassata la torre della porta di Ripalta, la quale era coperta di piombo, levandone la più bella parte che ci fosse.

Aveva già il re Luigi, a'14 di maggio dell'anno predetto, rotte le genti veneziane nella Ghiara d'Adda, al luogo oggi detto la Vittoria, e già si era impadronito di mano in mano senza molto contrasto di tutte le terre de'signori veneziani di quà del Mincio, fuorchè del castello di Cremona, di Pizzighettone e di Crema, la quale aveva lasciata addietro, vedendosi per avventura di averne buono in mano, quando ai

chè egli forse di Cereto ignorava anche il nome. Questa fortezza, di cui presso noi non si trova nè memoria nè traccia, quand'anche anticamente fosse stata, certo che i Veneziani nè munivano nè riparavano a quell'età, non trovandosi pure nel territorio loro. Tal era l'uso de'ministri d'allora, di sorprendere cioè i competitori con asserzioni, false o in tutto o in parte, le quali non potendosi confutare immediatamente, facevansi credere veritiere a chi le ascoltava.

venti del suddetto mese mandò un araldo a Crema, il quale appresentatosi alle muraglie intimò ai Cremaschi, o che in termine di tre ore si arrendessero a Francia, o n'aspettassero l'ultima loro rovina. Alloggiato l'araldo del Re nel monastero di s. Bernardino, posto allora fuori di Crema a mezzo miglio, andò Socino Benzone con Pietro Fontana giudice del malefizio ad abboccarsi con esso lui. Tornati poi nella Terra, fecero che da' nostri provveditori gli fu fatta onorata provvisione del vivere fintanto che quivi dimorasse. Erano allora provveditori Gio. Battista Guogo dottore, Alessandro Benzone e Gottifredo Alfiero, i quali abboccatisi con Nicolò Pesaro podestà a quei tempi della Terra, di volere di quello chiamarono il consiglio generale. Radunatisi adunque tutti i consiglieri nel pubblico palazzo fu loro esposta dal Guogo (avvenga che di già a' tutti fosse chiara la cosa) l'intimazione fatta a nome del Re, confortando ciascuno a liberamente dire il suo parere. Furono intorno ciò fatti diversi ragionamenti e detti molti pareri; perciocchè contrastavano insieme nelle menti dei Cremaschi l'antica fedeltà loro verso il dominio veneziano, e la paura del potentissimo e vittorioso Re, a cui (come si è detto) già s'erano arrese le vicine città. Di maniera che d'un canto non potevano pur pensare d'arrendersi, e dall'altro vedevano impossibile il tenersi. Fu in fine a persuasione del Pesaro ordinato, che si differisse a risolversi fino alla seguente mattina, e si facesse perciò cantare una messa di Spirito Santo; ed a quel partito s'appigliasse poi, che Iddio inspirasse.

Levatasi in questo mezzo la plebe, era andata per saccheggiare le case degli Ebrei, e la monizione del sale. Ed avrebbe posto ogni cosa a ruba, se Guido Benzone dottore, Evangelista Zurla ed Agostino Benvenuto, di commissione di Socino Benzone, non glielo avessero con buone parole vietato. Era già passato più di mezzo giorno, quando i trombetti della Comunità andando per la Terra avvisarono, chi voleva andarsene a consiglio, allora si riducesse nel Duomo. Dove radunatisi in fine i consiglieri con grande numero della plebe, Socino disse loro molte parole, esortandoli ad ultimare la bisogna, non ostando la determinazione fatta nel palazzo d'aspettare il giorno seguente, soggiungendo, che tanto inspirerebbe lo Spirito Santo alla sera quanto alla mattina, e che non era tempo di farvi dimora. Fatti adunque molti discorsi de'consiglieri intorno al fatto, fu alla fine conchiuso d'arrendersi a Francia. Ma prima che si accettasse nella Terra alcuno a nome del Re, si dovesse a lui mandare ambasciatori a capitolare. Fu questa deliberazione non con ballottazione (come si usa fare) ma con viva voce stabilita. Ottenuto ciò, levossi in piedi il Benzone, e voltosi alla plebe, le disse tutte le ragioni addotte prima nel palagio con il parere dei consiglieri, e la conclusione fatta intorno a ciò, soggiungendo che nulla però voleva farsi senza il suo consentimento, e dove altrimente sentisse il popolo, dicesse alla libera il suo parere, perchè quel tanto si farebbe che gli fosse a grado. Dette le parole dal Benzone, cominciò la plebe a gridare *Francia, Francia.* Sentendo ciò i consiglieri, elessero Pantaleone Caldero, Gio. Petrino Terni, Giacomo Zurla, Annibale Vimercato, Pietro Verdelli, e Giannino Piacenzi, acciocchè andassero a capitolare con il Re. Ma mentre i provveditori della Terra co'suddetti nobili se ne stanno a formare i capitoli, ecco il Benzone con il Fontana contra gli ordini posti dal Consiglio condusse l'araldo per la porta nuova, e lo menò per Crema gridando tuttavia *Francia, Francia.* Parve allora, che venisse a vero il presagio d'un Luigi di Majorica astrologo; il quale trovandosi in Crema nel 1506, non essendo ancora finita la nuova muraglia, ebbe a dire, che i signori veneziani tenessero lunga più che potessero questa fabbrica, perchè finita che fosse, perderebbono la Terra, ed il nemico loro entrerebbe per la porta settentrionale (3). Entrato l'araldo del Re, il Benzone chiamò i provveditori della Terra, e se ne andò con quelli nel palazzo del Rettore, e dissegli, che Crema era del Re di Francia, e che perciò gliene desse le chiavi. Il Pesaro premendogli oltremodo la perdita d'una fortezza tale, rispose non voler mai che si potesse dire, che egli a ciò avesse consentito, e chi le chiavi voleva se le pigliasse. Toltesi adunque Socino le chiavi della Terra, pose la guardia alle porte a nome di Francia, e vi mise alcuni cittadini suoi partigiani. Montato poi a cavallo se n'andò con l'araldo al castello. E dimandato il castellano, fecegli intendere, come la Terra si era data al Re, e che perciò vi s'arrendesse anch'egli, nè aspettasse che per forza fosse astretto a ciò fare. Il castellano non volendo far nulla da sè mandò al Rettore a dirgli, che cosa avesse a fare; a cui fu risposto, che si governasse al modo suo, perchè egli non voleva torsi questo carico. Laonde il dì seguente, fatte prima alcune proteste in scrittura, il castellano anch'egli s'arrese a Francia, a nome di cui entrò nel castello Nicolò Benzone. Lo stesso giorno partitosi Socino da Crema se n'andò con gli altri ambasciadori a Brescia, dove furono lietamente accolti dal Re. Ebbe allora il Benzone venticinque lancie, e cinquanta arcieri. La confermazione de'capitoli fu per un poco prolungata. E ciò avvenne per l'opposizione, che da' Ghibellini si faceva ad un capitolo, il quale era che si mantenesse il governo della Terra nelle mani de'Guelfi, il qual capitolo fu al fine confermato senza pregiudizio della parte. Tutti gli uffiziali veneziani furono salvati. Fu donata la macina al popolo. Ma perchè gli ambasciadori avevano riferito al Re, ch'ella importava solo 900 ducati, trovandosi poi essere di più, fu mestieri che la Comunità pagasse il soprappiù alla Camera.

Ora avendo il Re, nella maniera che si è detto, avuta Crema, vi mandò per governatore Bernardo Ricaudo francese con quaranta lancie, Pier Antonio Casato milanese per podestà, ed un francese detto Gadet per castellano. Entrati gli uffiziali francesi, Giovan Maria Frecavallo, volendo esser sicuro d'una certa somma di danari fattigli sborsare dal Pesaro, per avere l'amministrazione dell'Abadia di Cereto, tolta dai signori veneziani al cardinal Aginese, fece che il detto podestà fu distenuto in casa di Sermone Vimerçato. Indi fu posto nella torre della porta Nuova, dove se ne stette per un anno. E più vi sarebbe stato, se non fosse venuto ad accordo con il Frecavallo. Era a questo tempo in capo della sala del Consiglio un bellissimo quadro di tela con una effigie di s. Marco, che d'un lato avea una Giustizia e dall'altro una Temperanza, fatto di mano di Vincenzo Civerchio cremasco, eccellente pittore. Piacque sì questo quadro al governatore, che spogliandone la sala, lo mandò come pittura molto riguardevole in Francia; e qui appiccò in sua vece l'arme regali. Di là a poco presa Peschiera, il Re se ne venne a Crema. Dove giunto alla porta smontò di cavallo, ed inginocchiatosi sopra un finissimo tappeto fu con molte cerimonie benedetto da Andrea Clavello vicario del Piacentino, il quale con tutto il clero v'era andato processionalmente ad incontrarlo. Se n'entrò poi sotto un ricchissimo baldacchino azzurro, lavorato a gigli d'oro, andandovi sempre alla staffa Socino Benzone ed Angiolo Francesco Griffone. Giunto alla piazza entrò nel Duomo, dove parimenti gli furono fatte dai preti molte cerimoniose benedizioni. Uscendo poi dalla chiesa per via tutta coperta di panni azzurri messi a gigli d'oro, se n'andò ad alloggiare nel palazzo del Benzone, regalmente addobbato. Qui dimorando per due giorni, fu dalla Comunità appresentato d'un bacino e d'un boccale d'argento. Ed egli fece cavalieri Alessandro e Guido Benzoni, con un figliuolo di Socino detto Compagno, Giacomo Zurla ed Alessandro Benvenuto. Partitosi poi da Crema se n'andò a Lodi.

Era appena partito il Re che vennero a contesa i Guelfi ed i Ghibellini per quel capitolo fatto intorno al consiglio ed al governo della Terra. Antonio Maria Pallavicino e Lorenzo da Mozzanica, i quali favoreggiavano la parte Ghibellina, fecero sì, che furono confinati a Granopoli Pantaleone Caldero dottore, Giacomo Zurla cavaliere, Francesco anch'egli de'Zurli detto Vicino, e Pietro Verdello, il quale per favore de'suoi amici rimase a Milano, dove fu ancora confinato Angiolo Francesco Griffone, per essere Gio. Paolo suo figliuolo condottiere sotto i signori veneziani. Vi fu anche confinato Agostino Vimercato dottore. Socino poi fu bellamente con le sue genti mandato altrove. Quelli che erano andati a Granopoli furono dopo alquanti mesi mandati in Asti; indi a forza di denari a Milano, e dopo il sacco di Brescia, se ne ritornarono alla patria. Le cose del Consiglio s'acchetarono, perciocchè fu ordinato, che fossero sessanta consiglieri, de'quali quaranta fossero Guelfi e venti Ghibellini. Ma nel far gli ufficj fossero 20 e 20, compartendo ugualmente i maneggi e le dignità. Di modo che di tre provveditori per sei mesi, due ne fossero Guelfi ed uno Ghibellino, e gli altri sei mesi due Ghibellini ed uno Guelfo. Rassettate le cose del Consiglio, si rivolsero a provvedere agli altri alloggiamenti dei soldati. E fu ordinato, che chi alloggiasse un uomo di arme, e due arcieri, dandogli l' alloggiamento fornito solo di mobili, avesse dalla Comunità tre ducati al mese. Avvenne così, che quelli che prima si dolevano d'alloggiarne uno, procacciarono poi d' averne due e tre.

Venuto il mese di luglio, fu in luogo del Casato mandato Lodovico Galerano, il quale tolta quella bellissima immagine di s. Marco di bianchissimo marmo, che era alla porta di Ripalta, postale già da Nicolò Priuli quando ei fece quella torre, la mandò a Milano, indi in Asti per mandarla poi in Francia; avvenga che per il gran peso non vi fosse mandata. Laonde quivi se ne rimase fino all'anno 1557, nel quale per mezzo del conte Gio. Battista Brembato fu rimandata a Crema, dove fatta indorare da Costantino Priuli, allora podestà di Crema, fu posta nel mezzo della torre del palazzo. Furono in poco tempo mutati tutti gli ufficiali, perciocchè venne in cambio del Ricaudo, Monsignor di Durazzo con cinquanta lancie e cento arcieri, ed in luogo del Gadet entrò castellano Pietro Darmendari, e furono posti capitani nuovi a tutte le porte. Entrato il Durazzo fece bando, che in termine di due giorni, sotto pena di ribellione, si portassero tutte le arme nel castello, soggiungendo che fra pochi dì sarebbero anche restituite. In questo mezzo Bernardino Bonzi, conducendo da Milano a Venezia gran quantità di brocche di corazzine, fu con molti soldati cremaschi preso dai Francesi. E posto alla fune, confessò il fatto, mettendo anche in compromesso alcuni gentiluomini, fra'quali fu Gio. Antonio Terni pronotario, Venturino Benzone, Santo Robatto, Benedetto Caravaggio, e Socino Benzone; i quali tutti, di Socino in fuori, furono posti in castello; trovati poi non esser colpevoli, furono liberati, ed il Bonzi fu squartato con alcuni altri presi nella sua barca.

Non molto dappoi trovandosi Socino Benzone tra Este e Montagnana a sollecitar le vettovaglie del campo de' Francesi, i quali con le genti dell' Imperadore e del Re di Spagna erano ritornati per riavere Padova, l'anno innanzi con il rimanente di terra ferma perduta da' signori veneziani, e poi anche racquistata dal Gritti lor provveditore, egli fu preso da' Stradiotti (o Capelletti, che li vogliamo dire), e menato a Padova, dove dal Gritti fu subito fatto morire. Non era egli appena morto, che giunse un trombetta francese con lettere di Chiamonte luogotenente del Re, e del Triulzio, i quali scrivevano al Gritti, che egli non facesse al Benzone se non quanto per ragione di guerra vi si richiedeva, protestandogli, che dove altri termini usasse, eglino farebbono lo stesso a ciascuno del campo veneziano che capitasse lor nelle mani. Ai quali fu risposto dal Gritti d'aver per debito di giustizia fatto morir il Benzone, e quando andasse loro nelle mani alcun veneziano, gli facessero il peggio che sapessero, che egli non se ne dorrebbe giammai (4).

A questo tempo Gio. Giacomo Gennaro essendo in molta stima appresso monsignor di S. Girguè, consigliere del Re di Francia, ed a nome di quello governatore nello Stato di Milano, fu da lui fatto referendario ed avvocato fiscale, a nome del Re, nella Camera di Crema; il che chiaramente si vede ne' privilegi concessigli intorno a ciò, i quali con molte scritture e libri fiscali trovansi fino al dì d'oggi appresso M. Geminiano Gennaro.

Correva l'anno 1511 quando ai 4 di settembre il

cielo cominciò a darci segno delle vicine calamità; perciocchè a due ore di notte, essendo l'aria serena d'ogni intorno, si vide da una nuvoletta che apparve sotto la luna, uscir un chiarissimo splendore accompagnato da tre spaventosissimi tuoni, e caddero in quell'istante tante pietre grosse e minute lungo l'Adda a Montodine, a Moscazzano e nelle ville del Ceredano, che credettero le genti che fossero tempeste, sentendole a cadere sì spesse. Una tra le altre di smisurata grossezza ne cadde a Bagnolo, di cui, essendosi spezzata nel cadere, il Galerano podestà ne mandò una parte a Milano, e poi in Francia. Erano queste pietre di color bigio, e tenevano anzi che no del nero, con odore di zolfo.

Era già con il mezzo del conte Luigi Avogadro e di Antonio Fino, che maneggiata aveva la cosa, ritornata Brescia a' signori veneziani, quando nel mese di febbrajo del 1512 dugento Guelfi cremaschi furono confinati fuori di Crema dal castellano, il quale in assenza di monsignor di Durazzo, che era andato in Francia, aveva il governo della Terra. Tra i primi comandati ad uscir fuori fu il pronotario Terni, Gio. Petrino dottore suo nipote, Guido Benzone dottore e cavaliere, il conte Nicolò suo fratello, Carlo Benvenuto, Gio. Angelo Verdello ed alcuni altri, i quali tutti secondo il comandamento fattogli se ne andarono a Lodi, dove appresentatisi al Triulzio alcuni furono mandati a Milano, alcuni trattenuti a Lodi ed altri rimandati a Crema. E fu dal Triulzio scritto al castellano, ch'egli non usasse di questi termini, perchè questa non era la via di mantenere la Terra al Re, ma di fargliela perdere, massime essendo già perduta (come si è detto) la città di Brescia. Di maniera che quelli che erano stati gli ultimi ad essere comandati, per le lettere del Triulzio restarono a Crema.

Vedendo i Francesi dopo la sanguinosissima giornata fatta appresso Ravenna il grande apparecchio che se li faceva contro dal Papa, da'signori veneziani, dal Re di Napoli e da Massimiliano figliuolo del Moro, il quale veniva per racquistare il Ducato di Milano, attesero a fornire, quanto più poterono, le loro Terre di gente e di vettovaglia. Monsignor Durazzo per tal cagione con molta prestezza ritornò di Francia a Crema. Dietro lui ci venne Benedetto Crivello milanese con cinquecento fanti, e Satiglione francese con cinquanta lancie. Ma egli fu poco dappoi levato da Crema e mandato a Pizzighettone. Venne in suo luogo Girolamo da Napoli con centocinquanta fanti e quattro pezzi d'artiglieria. Venuti in Crema il Crivello ed il Napolitano cominciarono a far nuovi divisamenti; e tra l'altre cose a por in capo al governatore di mandar fuori i Cremaschi, allegando non esserci di vivere, se non per pochi dì. Ma parea che ciò a principio non andasse molto a verso al governatore, temendo che non gliene tornasse biasimo. Ora mentre che egli sta di ciò fare, o no, si scoprirono fuori della porta d'Ombriano Gio. Paolo Sant'Angelo condottiere de'signori veneziani, e Pietro Longhena con circa novecento tra fanti e cavalli, mandati da Paolo Capello provveditore delle genti veneziane, le quali erano a s. Martino del Cremonese. Fu detto che il Sant'Angelo aveva intendimento in Crema con Girolamo Benvenuto e Pietro Mone. Ma (checchè ci fosse d'impedimento) non avendo effetto i lor disegni, se ne ritornarono al campo. Cominciossi pertanto a spargere la fama tra'Francesi, che le genti veneziane volevano accamparsi sotto Crema. Laonde il governatore per far qualche provvisione intorno al vivere, fece chiamare i cittadini in palazzo a consiglio; a'quali da Girolamo di Napoli (per non saper egli bene l'italiana favella) fece sporre il suo concetto. Il quale in somma fu in esortare, che ognuno s'ingegnasse a tutto suo potere di condurre delle biade nella Terra, non ci essendo di mangiare appena per quindici dì. Fu al Napolitano saggiamente risposto da Filippo Clavello dottore ed allora provveditore della Terra. La conchiusione del suo parlare fu tale, che dove il governatore gli volesse far la scorta, essi si offerivano colle proprie spalle, al dispetto dei nemici, portar le biade in Crema; soggiungendo non esserci, al suo parere, altro rimedio, essendo già non solo la Ghiara d'Adda, ma eziandio il nostro contado nelle mani de' nemici. Piacque al governatore il parlar del Clavello, ma non volle già consentire di dargli la scorta. Levossi allora Francesco de'Conti di Camisano, e voltosi al Durazzo gli disse, che ben sarebbe stato se tutti quelli che non avevano di mangiare, avessero voluto uscir fuori di Crema, perchè si sarebbe in tal maniera sgravata la Terra. Non ebbe appena il Conte dette queste parole, che il Napolitano, il quale così voleva appunto, disse: Questo buon vecchio, signor governatore, ci consiglia bene, e sono anch'io di questo parere, perchè alfine non vi veggio altro riparo a volersi riparare da tanta carestia di vettovaglia, che cacciar il popolo fuori della Terra. Il Clavello, che non meno ardito era che saggio, rispose, il Conte aver detto, che ben sarebbe, se quelli, che non avevano di mangiare, volessero uscir fuori, ma non già cacciarli a forza. Nè manco ciò se gli comporterebbe, perchè e poveri e ricchi (facendo parte ad ognuno di quel poco che ci fosse, come da ben uniti cittadini e veri cristiani far si dee) volevano o tutti insieme vivere, o tutti insieme morirsene. Luigi Patrino notaro, avvedutosi a che mirassero i capi francesi, prese non poco sdegno, e levatosi in piedi con grande ardire disse loro queste brevi, ma risolute parole: « Signori, o che siete potenti di combattere col nemico, o no. Se vi dà l'animo di potere resistergli, andiamo fuori a mal grado di chi non vuole (come è stato detto dal Clavello) e conduciamo nella Terra biade ed altre cose al vivere bisognevoli; ma se anco siete a'nemici inferiori, saranno vane le fatiche nostre. Perchè, sebbene i contadini volessero condurre le biade in Crema, sarà loro vietato da'nemici. E sarebbe pur meglio, vedendosi ridotti alle strette, pigliar qualche partito, perchè alfine sarete astretti a farlo. E dove a principio vi sarebbe agevolmente fatta qualche buona condizione, ella vi sarà forse negata al fine ». Sdegnossi in modo il governatore al parlar del Patrino, che niuna altra risposta volle dargli, se non che disse alla francese, *e bien, e bien*. Quasi volesse dire, ch'egli fosse chiaro degli animi de' Cremaschi, e che tosto vi farebbe provvisione.

Levatisi pertanto i consiglieri senza veruna conchiusione, ed andati chi quà, chi là, fu tra il governatore e gli altri capi francesi ordinato di mandarci fuori tutti quel giorno stesso. Fatte adunque sul tardi serrar le porte della Terra, e postavi buona guardia con l'artiglierie cariche, ridusse il rimanente delle lor genti d'attorno la piazza con quattro cannoni appresso il palazzo, fingendo tutto ciò fare, perchè aspettassero il nemico. Fatte queste cose, fece il Durazzo per cosa importantissima (come egli diceva) richiamare il Consiglio. Laonde raunatisi, oltre quelli che erano di consiglio, infiniti cittadini alla piazza, si ridussero nel Duomo, aspettando quello che avesse a seguire. Ascesi i provveditori con altri nobili in palazzo, trovarono che il governatore si poneva l'arme indosso, il quale diedegli sempre buone parole finchè (senza altro consiglio fare, avendo finto ciò per congregare i cittadini alla piazza) egli scese di palazzo. Dove montato su un cavallo, che v'era parecchiato, cominciò minaccievolmente a gridare *Fuori, fuori villen.* Il che udendo il Clavello, gettatosegli a'piedi cominciò caldissimamente a pregarlo, che ad un popolo sì fedele, di cui egli non aveva già ragione di dolersi, non volesse far questo torto. E se pur alcuni ci fossero de'cattivi, quelli solo castigasse e non volesse fare che per quelli, tutti gli altri andassero raminghi. E dove pur fosse alfine risoluto di cacciarli fuori, almeno desse lor tempo fino alla seguente mattina, acciò potessero dar qualche ordine alle cose loro. Ma non poterono mai i prieghi del Clavello, per caldi ed affettuosi che fossero, aver luogo nella ferigna durezza del durissimo Durazzo, il quale acceso di quel naturale precipitoso furor francese, sfodrata la spada gli spinse il cavallo addosso, gridando tuttavia con orgogliosa voce *Fuori, fuori villen.* Gli altri Francesi, veduto il governatore colla spada ignuda in mano, vollero co'cavalli entrar in Duomo per uccidere tutti que'Cremaschi che vi si erano ritirati entro. Ma dicesi che gli caderono sotto i cavalli sulle porte della chiesa, non permettendo il Signore che una tanta scelleraggine fosse commessa nel suo tempio. Cacciati finalmente fuori quelli che allora si trovarono nella piazza, fece subito il Durazzo far bando sotto pena della forca, che tutti i Cremaschi da quindici anni fino ai sessanta dovessero incontanente uscir di Crema. Nè contento del bando, indi a poco mandò soldati per le case a vedere, se alcuno ci fosse rimasto. Di maniera che de'Cremaschi non restarono in Crema se non donne, putti, giovanetti, vecchi decrepiti ed alcuni per particolar grazia concessagli. Tralascio quelli che per bisognevoli servigi della Terra vi furono rattenuti. Cacciati i Cremaschi, i soldati francesi volevano pigliarsi alloggiamenti per le case al modo loro. Ma glielo vietò il governatore, comandando che tutti rimanessero nei primi alloggiamenti.

Non furono sì tosto usciti i Cremaschi, che dal provveditore Capello fu mandato al loro governo Andrea Civerano, con parecchi cavalli leggieri. Unitisi pertanto tutti insieme, presero l'arme contro i Francesi. E perchè essi avevano fatto un ponte sopra l'Adda a Pizzighettone, si ridussero i nostri a Montodine, fortificando intanto con bastioni, sbarre, e tagliamenti di strade le ville più vicine a Crema. Venuto poi con le genti a Ripalta nuova, vi tagliarono le biade già mature, acciò non andassero nelle mani de'Francesi; il simile fecero in molte altre ville. Ed a fine che si potesse trattenere i soldati, posero i Cremaschi tra loro una taglia di mille ducati. E si ridussero al fine colla gente in Ombriano, essendosi già ritirato il campo de'Francesi fino a Pavia. Quei Francesi poi i quali si trovavano in Crema, erano già al verde in maniera che mancandogli la vettovaglia, sarebbe lor stato mestiere di pigliar qualche partito, se Bernardo Dolera, uomo più a'nemici partigiano, che a'suoi terrazzani favorevole (il quale fu poi come traditore lapidato dai Cremaschi a s. Bernardino), non gli avesse trovata la via di ripararsi in tanto bisogno. Perchè condussegli per inusitati senlieri à Madignano, dove, non ci essendo veruna guardia, tolsero cinquecento some di grano, e le condussero in Crema, avvenga che Gio. Paolo Sant'Angelo, il quale alloggiava a Pianengo, se gli facesse all'incontro co' suoi soldati. Avvisandosi dunque i Cremaschi per tal cagione le cose dover andar a lungo, scelsero otto cittadini, i quali avessero a provvedere alli bisogni della guerra. Furono gli eletti Angelo de' Sant'Angeli, Ottaviano Vimercato, Guido ed Alessandro Benzoni, con Alessandro Benvenuto cavalieri, Filippo Clavello, Gian Petrino Terni, ambidue dottori, e Francesco Zurla detto Vicino. Fatti questi savi di guerra, acciò si potessero pagar i soldati, posero una tassa d'un soldo e mezzo per pertica su tutti i terreni del Cremasco. Ed al numero de' soldati, i quali arrivavano a duemila, vi aggiunsero trecento fanti. Venne Maffeo Cagnuolo di Bergamasca con centocinquanta pedoni, e da Val Trompia levarono centocinquanta archibugieri. Accresciute le genti le divisero in due parti: rimase con l'una il provveditore ad Ombriano; andò con l'altra Angiol Francesco Sant'Angelo a s. Bernardino, dove posero due falconetti, i quali tiravano nella porta di Serio. Ed acciò si potesse unir una parte con l'altra, venendo il bisogno, fabbricarono due ponti sopra il Serio, l'uno di sopra di Crema, e l'altro di sotto a mezzo miglia. Delle genti d'Ombriano era il pagatore Belo Benvenuto, di quelle di s. Bernardino Francesco Zurla. Oltre le dette genti, si era posto a Campagnola con grande moltitudine di contadini Agostino Gigliuolo, detto de' Tedeschi, frate di s. Francesco, uomo non men atto a maneggiare l'arme che i libri, ed a cui stava meglio l'elmo in capo che il cappuccio. Qui fece il frate cose meravigliose, di maniera che pareva che i Francesi d'altro non avessero spavento che di lui. E portossi in modo, che meritò aver provvisione da'signori veneziani, perciocchè gli assegnarono un'aspettativa sopra il vescovato di Nona nella Dalmazia.

Stando le cose de'Cremaschi in questi termini, giunse a s. Bernardino a'9 d'agosto Renzo Orsino nobile romano e signor di Cere, capitano generale della fanteria veneziana. Riconosciuta la Terra, egli determinò subito di far due bastioni, l'uno oltre il ponte di Serio, appresso la via d'Offanengo, a dirimpetto del castello; l'altro su la ripa del Travacone all'incontro della porta di Ripalta. Fatti questi bastioni, vietò sotto pena della forca, che alcun Cremasco (temendo forse, che non ci fossero di quelli che segretamente dessero vettovaglia a'Francesi) non si avvicinasse alla Terra a mezzo miglio. Ma quello di che egli avea sospetto sopra i nostri, cominciarono a farlo i suoi, corrotti con danari da'Francesi. Il Durazzo intanto riscosse da que'pochi Cremaschi, che erano rimasi nella Terra, undicimila lire, acciò ne potesse pagare i suoi soldati. Fu di questi denari esattore Giannino Piacenzi. Avevano le genti d'Ombriano fatti condurre due falconetti alla colombaja degli Alfieri, e quinci tiravano nella porta d'Ombriano. Uscirono pertanto i Francesi a' 17 d'agosto, ed andati alla Colombaja tolsero i falconetti, ponendo in fuga que'soldati che vi si trovavano. Inteso ciò Guido Pace Bernardi, uomo nemicissimo del nome veneziano, andò prima di tutti ad allegrarsene con il governatore, e dissegli molte parole in biasimo de'Veneziani, consigliandolo a non mai arrendersegli. E dove pur venisse il bisogno di pigliar partito, desse anzi la Terra all'Imperadore, ovvero al Duca di Milano, a'quali, diceva, piuttosto doversi dare di ragione, che a'signori veneziani. Non passò il mese di agosto, che mancandogli il vivere, fu bisogno che i Francesi mandassero fuor di Crema tutti que'Cremaschi, che per le lor bisogna vi avevano rattenuti entro. Vedendo ciò il Sant'Angelo, il quale (come si è detto) era a s. Bernardino, ottenuto un salvocondotto, mandò Antonio Berso ad abboccarsi con il Durazzo, per accordare (se possibil fosse) in qualche guisa le cose di guerra. Nacque perciò gelosia tra il Crivello ed il Napoletano, pensando l'uno, che l'altro volesse dare la Terra nelle mani de'signori veneziani (volendo pure ciascun di loro essere il mercante), che il Crivello giurò la morte al Napolitano. Nè giurò falso, perchè a'7 di settembre, datagli prima una archibugiata, gli fece spezzare il capo da due alabardieri nella porta Nuova. Diede la morte del Napolitano gran spavento al Durazzo, il quale, facendo lavorare nel rivellino della detta porta, si trovò presente al fatto. Ma il Crivello mostrando aver fatto ciò a favore del Re, tanto seppe dire, che gli levò ogni sospetto dal capo. E fece di più, che gli furono date nelle mani le chiavi della porta; le quali avute, cominciò a trattare con Renzo di dargli la Terra. Ma non potendosi accordare per le molte cose ch'egli dimandava, rivolse il pensiero (e forse ve l'avea vólto prima che allora) al Duca di Milano. Scrisse pertanto al Vescovo di Lodi, figliuolo naturale del duca Galeazzo, ed allora agente del duca Massimigliano, facendogli sapere, che le cose di Crema erano poste allo stretto, nè più si potevano tenere. Laonde essendo forzato ad arrendersi, diceva volersi anzi dare al Duca ed alla patria, che ad altri signori. E che perciò gli mandasse bastevole numero di gente, perchè avendo le chiavi d'una porta, gli darebbe la Terra nelle mani. Avvertito Renzo di questo maneggio per certe lettere tolte da un suo uomo d'arme a Lucia figliuola di Matteo Bravo, della quale il Crivello si valeva in mandar fuori le lettere, alloggiando esso nella casa di Nicolò Marcotto, contigua a quella de'Bravi, mandò subito al Crivello. E compiacendogli di quanto ei seppe dimandare, conchiuse l'accordo, che prima avea tentato di fare in tal maniera:

Desse il Crivello Crema a'signori veneziani.

Dessero i signori al Crivello mille ducati d'entrata sul Padovano, con una casa in Padova per suo albergo.

Dessergli per un suo nipote ottocento ducati d'entrata di benefizj di chiesa nel Cremasco, nel Bergamasco, o nel Bresciano.

Dessergli una compagnia di cinquecento fanti pagati alla francese, e ducati cento per la sua persona; ed i denari delle paghe fossero dati a lui nelle mani, come gli erano dati dal Re.

Dessergli alla mano per detti fanti cinquecento, mille e cinquecento ducati d'oro per una paga servita in Crema.

Dessergli al presente un'altra paga di servire al modo francese, e ducati cento per sè di provvisione al mese, come sopra.

Dessergli settemila ducati d' oro prima che egli desse loro nelle mani la porta della Terra.

Concedessergli tutto il sale pubblico, che si trovava avere in Crema il salinajo francese.

Fossergli donati tutti i beni di Guido Pace fatto ribelle della signoria di Venezia, e di più gli fosse data a discrezione la persona di esso Guido con tutta la famiglia.

Fosse fatto un salvocondotto a monsignor Durazzo da'signori veneziani e da tutta la lega, acciò ch'egli potesse andar sicuro in Francia, e tenesse la rôcca di Crema nelle mani, finchè gli fosse portato il salvocondotto, dando però egli un suo figliuolo per ostaggio.

Fu inoltre il Crivello fatto nobile veneziano. E ad istanza sua Gio. Antonio Piacenzi ebbe dalla signoria ducento fanti, e Bassano da Lodi centocinquanta. All'Alfiere furono dati ducati sei al mese di provvisione. Al messaggiero poi, il quale avea maneggiata la cosa, e conchiuso l'accordo, furono donati per una fiata dugento ducati, e sei di provvisione al mese.

Erano appena entrate in Crema le genti veneziane, che Santo Robatto, il quale trovavasi allora al servizio del Duca di Milano, giunse con circa diecimila Svizzeri fino a Bagnolo, e nel contorno per entrar in Crema. Ma inteso come c'era di già entrato Renzo, se ne tornò addietro.

ANNOTAZIONI AL LIBRO VI.

(1) *Franceschino Zenari.*

Racconta il Terni all'anno 1507 (lib. VIII) un'avventura occorsa in Crema, e di cui egli fu testimonio di vista, che merita per la stranezza sua d'essere riferita. Una certa Caterina Zenari, nubile, nell'età di quarant'anni, ebbe un figliuolo naturale, di che vergognando, volle a tutti tenerlo celato; quindi occultamente in casa il fe' battezzare, forse a una qualche sua sorella, che due n'aveva, edotte del fatto, e lo chiamò Franceschino. Ma perchè nessuno il vedesse e sentisse nella sua infanzia, tenevalo in una stanza remota dov'essa dormiva, e lo nascondeva sotto il letto. Quando l'ebbe spoppato, lo collocava in un gran vaso di terra senza fondo, e coprivalo con un tagliere, sì che per alimentarlo, scoprendolo, egli rizzavasi a prendere il cibo, e vi si lasciava dopo ricader dentro. Cresciuto in quelle angustie, le gambe e le coscie non gli si svilupparono in proporzione, e per sopra più gli si torsero ed indebolirono tanto, da non poter sostenervisi sopra. Crescendo nondimeno nell'altre membra, non capiva più dentro il vaso, onde fu necessario provvedere altrimenti. Fatta perciò una profonda buca in terra sotto il suo letto, gli venne colà apprestato il giaciglio sopra la nuda paglia; e in breve fu necessario legarlo con una corda, acciocchè non potesse giugnere all'uscio ed uscire, per timore che fosse veduto. Raccontava egli, dopo che fu cavato da tanto stento, essere stati suoi fidi compagni e cari oltremodo un gatto ed un cane. Egli è però da osservarsi, e ciò il Terni asserisce, ch'ei sapea ben parlare, segno che la madre e le zie non lo trascuravano affatto, usando a lungo conversar seco. Nella stanza, per quant'era lunga la corda poteva spaziare, ma non atto a reggersi in piedi camminava a foggia di quadrupede, e a certo segno che gli si facea correva a nascondersi nel suo covo, così essendo stato instruito, e chi sa con quanti castighi e busse. In sì penose miserie giunse all'età di diciott'anni, senza sapere che fosse mondo fuori da quella stanza, che fossero altre creature umane fuor quelle che sole vedeva.

Occorse in questo che per certo debito che avevano le sue zie, perchè la madre allora era morta, venissero condannate con sentenza a pagare, e non facendolo, forse per impotenza, fu mandata in casa loro la corte a levare il pegno. Certo Pietro Zampa contestabile del Podestà, che ne aveva l'incarico, fu avvertito dai birri si prendesse guardia, perchè quelle donne, magre, grandi e barbute, come il Terni racconta, aveano percosso e scacciato altre volte chi in pari occasione, sprovvedutamente, si era lor presentato. E per sopra più, abitava con esse certo Piacentino, chiamato volgarmente il Maestrone, di cui non correa buona fama, e che si confessò in seguito il padre di Franceschino. Entrato lo Zampa con gran cautela e disposto che appena levasse la voce accorresse il suo seguito, pervenne alla stanza del letto, dov'era ancora la cassa che rinserrava gli arredi delle due donne, e intanto ch'egli altercava per farla aprire, udì sotto il letto un fruscío, come di chi si strascina carpone; ond'egli temendo colà stesse alcuno appiattato per assalirlo, chinossi a guardare, e credè scorgere una bestia a lui sconosciuta. Era Franceschino, il quale non più così docile come già in prima, o forse spinto dalla curiosità, uscito dal suo covacciolo, stava a vedere che fosse quell'uomo, e cosa facesse. Le sue zie che s'avvidero del pericolo, cominciarono a prendersela con quell'indiscreto, che andava spiando i fatti loro, e s'accinsero a volerlo scacciare; ma egli che tanto maggiormente per questo insospettì, con un suo bastone che teneva in mano, costrinse il fanciullo ad uscire fuori. Non è da dire lo schiamazzo che coloro menarono, a tale che i birri, i quali stavano lì presso in orecchio, corsero per difendere il contestabile. La venuta loro, invece che acchetare il tumulto, l'accrebbe anzi, chè quelle due femmine inviperite, in modo alcuno non volean cedere, e a forza di braccia e di lingua facevano prova di discacciarneli. Per troncar questa briga senza che fosse necessario menar le mani, un birro si levò in ispalla Franceschino, uscendosene vittorioso in istrada, senza che potessero le donne impedirlo.

La casa delle sorelle era in Porta Ombriano, nella vicinanza de'Fabbri, proprio quella medesima in cui avevano a principio abitato le monache di santa Monica; e ciò prova ch'erano della famiglia di quel canonico Nicolò Gennari, che alle monache l'aveva prestata, quantunque il Terni le chiami Zenari, forse perchè così in vernacolo si domandavano. Ch'esse fossero poi dell'illustre famiglia Gennari che durò sino al secolo XVIII, non può asserirsi, quantunque i nomi di Francesco, Francesca, Caterina s'incontrino assai di frequente nella loro prosapia, imperciocchè nel libro delle Genealogie non si trovano scritte, come neppure il canonico Nicolò. Ma potrebbe anche essere che l'autore di quel libro le ommettesse per rispetto de'loro onorati parenti; di che anche il Fino ne dà sospetto, tacendo affatto questo racconto del Terni, forse appunto perchè egli era buon servitore della famiglia Gennari, ad illustrare la quale scrisse la Seriana XXIX, indiritta a Francesco Gennaro suo contemporaneo, e fra le sue Vite degli uomini illustri cremaschi, compilò inoltre brevemente quella di Gio. Giacomo Gennari, che fioriva proprio coetaneo delle tre sorelle madre e zie di Franceschino, e di cui parla anche nella Storia all'anno 1510.

Uscito dunque il birro col fanciullo in ispalla da quella casa ch'era probabilmente sulla piazza della SS. Trinità, o in quei contorni, tosto i vicini, che già prima al romore fattosi dentro s'erano affollati all'uscio, ebbero per ispettacolo quella stranissima apparizione. Era il meschino del color della cenere, macilente, magro, con gli occhi infossati, come se cavato fosse allora da una sepoltura; il viso lungo, macchiate di lividure le guancie; i capelli distesi, da una parte più corti che non dall'altra, e tali che appariva non essere mai stati tagliati, con molta paglia avviluppata per entro. Non aveva berretta, e il corpo copriva una vestaccia di tela, vecchia, consunta, senza maniche; aperta dinanzi sino a'ginocchi, e sotto la camicia logora che parea fatta di ragnatela, ripiena di buchi e di squarciature, sparata sino al bellico, sì che tutta o nuda o per trasparenza lasciava vedere la pelle sucida e sparsa di sozze lordezze. L'unghie poi aveva sì lunghe, che nulla avrebbe potuto con la sommità delle dita toccare. Con tale meraviglia addosso cominciò il birro ad avviarsi verso la piazza per la contrada d'Ombriano, e ad ogni passo sempre più la gente affollavasegli attorno con grande schiamazzo, domandandosi cosa fosse l'un l'altro, e d'onde sbucato quel mostro; nè sapendo alcuno rispondere, tutti, meravigliati, voleano far conghietture, e chi lo diceva un animale, chi insino l'anticristo. Ma se gli altri rimanevano stupefatti alla vista di lui, ben maggiormente egli trasecolava a sì tante cose nuove, a sì tante genti, e più ancora alla vista del cielo aperto; in modo che vacillando con la mente, nè credendo più vivere la vita di prima, domandava al suo portatore se fosse un angelo che ne lo trasportasse in paradiso. E qui pure è da osservarsi che in qualche modo era stato instruito anche nelle cristiane dottrine. Lungo la via cresceva sempre la folla, imperocchè le genti serravano insin le botteghe per seguitarlo.

Essendo quel giorno una vigilia di festa solenne, il podestà, corteggiato dai nobili, trovavasi a' vespri in Duomo, e il birro credè bene anch'egli col suo carico entrarvi, e dietro lui seguitava la caterva di popolo che gli tenea appresso. A tanto schiamazzo tutti quanti vi si trovavano prima levaronsi in piedi, e non potendo ciascheduno scorgere che cosa fosse, montavano sulle panche, sugli altari, e sino sulle spalle altrui, e intanto la nuova folla che volea farsi innanzi, mise in sì fatta confusione e scompiglio tutta la chiesa, ch'ei parea venisse dato un assalto, e donne e fanciulli pressati a sentirsene soffocare gridavano, e i più perdettero nella calca, chi berrette, chi veli e cuffie, e chi insino scarpe. Anche i preti cessato dal salmeggiare montarono sulle loro cattedre e stalli per veder meglio; e intanto Franceschino, proprio come se in paradiso si ritrovasse, da per tutto volgeva gli occhi, trasparendogli sul volto la gioia. Stato un pezzo dinanzi al podestà, volendolo indi portar fuor di chiesa, fu necessario che i soldati percuotendo la folla con l'asta dell'armi gli facessero aprire la via; e fuori di là, se lo fece lo Zampa deporre in sua casa.

Finito il vespro fu Franceschino dal podestà interrogato, innanzi a cui egli espose tutto quanto si ricordava sin dall'infanzia, e tosto dopo, le zie di lui, e il maestrone vennero carcerati. Collato poscia il maestrone confessò la sua colpa, dichiarando inoltre essere stata la madre di Franceschino Caterina, defunta allora, e avere il fanciullo avuto il battesimo, per cui il podestà con sentenza aggiudicò all'orfano l'eredità materna. Fu indi messo al mestiero del sarto, come il più conveniente alla struttura del corpo suo, e nondimeno la libertà d'usar delle membra a suo senno, in breve lo rinfrancò, sì che riuscì tenersi in piedi e camminare senza le grucce. Per asserzione del Terni, egli era d'ingegno vivace, e pronto al parlare, usando lepidi motti, e lazzi altresì buffoneschi; e ne racconta che andato un dì a vederlo insieme a Nicolò Amanio, ne trassero lungo diletto, provocandolo con facezie, ed ottenendone sempre spiritose ed assennate risposte. Non gli avvenne però durare a lungo nella contentezza della nuova sua vita, perchè la peste che in Crema infierì nell'assedio del 1514, insieme a parecchie altre migliaja di persone, l'uccise.

(2) *Altare della Madonna in Duomo.*

« Hebbe ancor principio questo anno (1507) la devotione
» ala Imagine della gloriosa Vergine alla sinistra mano agli
» intranti nel Duomo per la porta maestra; era in quello loco
» il Batesterio di pietra cotta in otto anguli molto bello; sopra
» alcune colonelle tonde gli era una Piramide che fino al cielo
» di la Gesa agiongeva, et di dentro si poteva comodamente
» ire atuorno fra le colonelle et il vaso dil acqua; di quà e
» di là dil Batisterio sul muro perhò di la Gesa vi erano
» picte alcune figure di la Matre di Cristo, et fra le altre una
» di più notabile pictura era quasi tuta dal circuito dil Bati-
» sterio coperta che apena si poteva vedere stando al diritto;

» Ed havendo Michele de Canevari cittadino nostro, detto Piasentino, come a me disse, trentasette piaghe nel ventre nassute da sua posta, a quale rimedio alcuno medicinale non trovando, gli occorse il Sabato Sancto essere quivi agli uffici al incontro appunto di questa Imagine, et riguardandola cum grande fervore, et illuminato dal Spirito Sancto, fece voto se la sanità gli donava la gloriosa Vergine di elemosinare tuto il tempo di la vita sua per adornare quella figura, et fu come oldirete esaudito; il giorno seguente solennità Paschale, gli venne una crudelissima febre di caldo et freddo, et fu molto cruciato; fra puocho si ritrova dalla febre, et dale piaghe risanato; et la gratia ricognosendo dalla Matre di Giesù cominciò a elemosinare, et acendere eluminarij ala Imagine Sancta, et fecila rinfrescare di nuovi colori, et continuando fece gratia ad alcuni altri talmente che l'anno 1512 dopo la clade di Bressa si fece uno Consortio per le offerte che gli erano portate, et feceli uno altaretto, poi nela crudele peste dil anno 1514 tante belle gratie concesse la gloriosa Vergine che il Batisterio fu ruinato, et mettuto dal altro capo di la Gesa, et fattoli uno bello Altare, poi nel anno 1520 fu dato principio ad una excelente et molto richa Capella » (Terni, lib. VIII).

(3) *Luigi da Majorica.*

« Era a questi tempi (1507) nell'hospitale di Rivolta alogiato uno Alovise de Maiolicha, huomo molto literato, et nel ragionare tanto veloce, che la memoria dietro non poteva ire; di statura basso, di ossa minuto, lunghetto di faccia, et cum capigli istesi; portava le scarpe cum il calchagno bassato, ligate sopra il piede cum le stropelle, cum habito dil tuto bizarro, et come dicono, filosophico, et professione faceva di predire le cose future; et essendo nela casa di Giovanantonio da Terno patruo mio, condoto a desinare da Vincentio Civerchio pictore, che nelo medesimo hospitale alogiava, per picture che faceva al Comune, disse me pre-

» sente queste parole: Tengano Venitiani più che ponno lunga » questa sua fabricha de le mura, perchè finite che l'habbino, » perderanno Crema, et il nemico la prima volta entrerà per » la porta di settentrione, et cussi fue.... Gli era anche » Messer Gianpetrino de Terno dottore mio cugino che aveva » uno anello in dito d'oro, portato già otto anni, gli seppe » dire dove comprato l'haveva, il peso, il pretio, et a che » parte dil cielo vardava la botega dove lo comperò, et molte » altre cose fece che non dico, che forse sariano da alchuni » giudicate sogni, pure si videro cum gli occhij aperti » (Terni, lib. VIII).

(4) *Socino o Soncino Benzon.*

La famiglia de'Benzoni in Crema era a quest'età divenuta sì numerosa, che quasi potea per sè sola mettere insieme una schiera, come fece in Roma quella de' Fabj. Spartita in più rami, i quali comprendeano parecchi casati che per lo più distinguevansi con soprannomi, non tutta durava concorde, per essere sì lontane le parentele, che sovente si contraevano nozze senza che abbisognasse dispensa; nè tutta in un medesimo modo godea di ricchezza e potenza, quantunque nessuno di quella stirpe fosse caduto in mendicità.

Fra tutti que'rami, due sopra gli altri si distinguevano, per essere stata in essi la sovranità, e inoltre perchè fregiati della nobiltà veneta; quello di Giorgio (a) cioè, e l' altro di Socino,

(a) Dal ramo di Giorgio Benzon, così parla l'Amelet nella sua *Histoire du Gouvernement de Venise* (Amsterdam, 1695, p. 568).

« Les BENZONI, autrefois seigneurs de la ville de Creme, où ils ont fondé le monastère de Sainte Monique, et aliez dans toutes les plus puissantes maisons de l'Italie, et particulièrement avec les Marquis de Ferrare, les Pallavicins et les Scotti, qui possédoient alors une bonne partie de la Lombardie. Il y a plus de 400 ans, que la ville de Milan étoit gouvernée pau un Venturino Benzoni, et sous le pontificat de Clément V il y an eut un autre (non già un altro, ma quel medesimo), qui fut honoré de la dignité de Gonfalonier de l'Église Romaine. Le premier Noble-

del quale siamo per ragionare. Entrambi discendevano da Venturino il Gonfaloniere, per due fratelli suoi figli, ma già spartiti in sesta generazione. Quello di Giorgio aveva ottenuto la nobiltà veneta appena ricovratosi in Venezia fuggendo dal suo dominio. Quello di Socino invece alquanto più tardi, in ricompensa a suo padre per un servigio prestato alla Repubblica, di riferire cioè i trattati ch'erano in corso tra il Duca di Milano e il Marchese di Monferrato nel 1483, scoperti a lui da suo figlio Francesco frate minore, ch'era in intima confidenza col Marchese suddetto; e tale servigio gli aveva inoltre guadagnata un'annua pensione di 500 ducati.

Credettero alcuni che il nome di Soncino usato sovente nella famiglia Benzone, fosse stato imposto la prima volta dopo la morte di Venturino, a ricordanza di quell'atroce misfatto avvenuto sotto le mura di Soncino, acciò il proprio nome, quante volte ripetuto, risvegliasse sempre nella memoria del figlio il dovere di vendicare il sangue del padre; e ciò consuona benissimo con gli atroci costumi di quell'età; ma nel caso presente non appuntino può convenirsi. Egli è vero che Venturino aveva un figlio con questo nome, non postumo però, anzi il primogenito di quattro fratelli. Se la pretesa derivazione si è vera, ei convien dire gli sia stato cambiato il suo di battesimo. Dopo d'allora in quasi tutte le generazioni si trova, scambiato però in Socino. Questi di cui parliamo avea avuto per bisarcavolo il Soncino figliuolo di Venturino, e per arcavolo Paganino, il fratello d'Antonia, che fu moglie di Giovanni da Oleggio. Il bisavolo suo era stato Filippino soprannominato Compagno, il più astuto politico di sua famiglia, che preparò

Vénitien de cétte famille, s'apelloit George Benzoni. Il étoit si grand seigneur, que la République, qui pensoit alors à établir sa domination en Terre-Ferme, ne trouva point de meilleur moien d'y réüssir, que de gagner son amitié en le faisant fils de S. Marc. Les Benzoni vinrent depuis demeurer à Venise, où ils se sont aliez avec les Lorédans, les Capello, les Grimani, les Sanutes, les Malipierres, et les Moccenigues. En 1669 Elizabeth Benzoni fut élüe Abesse du célèbre monastère *delle Vergini* ».

ai fratelli Bartolomeo e Paolo la signoria della patria, essendo egli morto nel fior dell'età, proprio quando stava per cogliere il frutto delle sue mene. Fu l'avolo un altro Paganino, e il padre un altro Compagno, quegli a cui venne conferita la nobiltà veneta.

Cominciò assai per tempo Socino ad esercitarsi nella milizia, e brevemente divenne buon capitano. Alla morte del padre ottenne dal Senato veneto, che gli si mantenesse la metà della provvisione, da dividersi tra lui e il fratello Gio. Maria. Nell'anno 1499, entrata in alleanza la Repubblica di Venezia con Luigi XII re di Francia, contro Lodovico il Moro duca di Milano, intanto che Giangiacobo Triulzio per la parte del Re cominciava la guerra in Piemonte, Venturino Benzon, passata l'Adda a guazzo presso a Cavenago, con le genti venete sorprese Lodi e se ne impadronì. Seguitò poscia a distinguersi nel corso di questa guerra, sì che l'anno susseguente (1500) ritrovasi condottiero di cavalli leggieri della Repubblica. Tradito il Moro dagli Svizzeri, e dato in potere del Re di Francia, suo fratello il Cardinale si diede alla fuga, indirigendosi verso Roma, e giunto sul Piacentino con numeroso seguito d'eminenti ecclesiastici, s'abbandonò alla fede di Corrado Lando, entrando a riposare in un suo castello. Credette costui suo maggior utile il tradirlo, quindi mandò ad avvisarne le schiere veneziane che trovavansi a Piacenza. Era in quelle Socino Benzone, e Carlo Orsino, parimenti al servizio de' Veneziani, i quali non si lasciarono già fuggire sì bella occasione di farsi merito; quindi accorsero immantinenti, e sorpresero quel magnifico drappello senza quasi che se ne accorgesse. Ma non tutt'affatto tranquilla però ne deve essere stata la presura, imperocchè quantunque non avesse soldati a difesa, pure contenea alcuni che sapevano tener l'armi in mano, e che per sorpresa anch'essi adoperandole, riuscirono a fuggire. I prigionieri furono formalmente ricevuti dalle genti venete, e ne fu steso atto in iscritto, indi Socino tutti insieme li condusse a Crema. Qui egli rifabbricava allora la casa, quella che probabilmente era stata de' signori Paolo e Bartolomeo, cioè la moderna casa Martini vicino alla piazza, imperocchè Giorgio abitava l'altra di sua famiglia nella contrada de'Civerchj, di cui porzione si destinò da poco a ricovero degli Orfani e Trovatelli. Per assegnare dunque comoda abitazione al Cardinale, il quale essendo anche vescovo di Cremona, gran parte del territorio nostro apparteneva alla sua diocesi, lo mise ad albergare presso il suocero Ottaviano Vimercati, e tutti gli altri vennero rinchiusi in castello. Il dì che i prigioni giunsero a Crema, si era il lunedì santo, a' 12 aprile.

Al giovedì assistette il Cardinale alla Messa nella chiesa di s. Agostino, ricevendo colà la comunione pasquale. Giovanantonio da Terno qual suo vicario nel territorio cremasco, ottenne poter presentarsegli, e lo trovò così povero, essendo stato derubato di tutto, che non avea di che mutarsi. Egli si offrì provvederlo degli abiti necessarj, e di quattrini ed argenti altresì, ma il prigioniero non accettò che una sola veste fatta come sogliono i cardinali in casa portare, ed alcune camicie con pochi fazzoletti, tutto il resto assai umanamente e con cortesi parole rifiutando. Nondimeno il buon vicario trovò occasione di spendere i trecento ducati che si trovava avere, e che il Cardinale non avea voluto accettare, vestendo parecchi di que'ch'erano rinchiusi in castello, fra'quali si trovavano alcuni vescovi, che spogliati delle loro cappe, erano rimasti in farsetto. Per mezzo del vicario stesso, provossi il Cardinale far cercare a Socino, che volesse permettere la fuga, non già a lui, ma a tutta la sua corte ch'era in castello, promettendo venticinquemila ducati, e ciò perchè credeva vi fosse anche il Landriano generale degli Umiliati. Ma appunto il Landriano era stato uno di coloro che se l'avevano cólta, menando una stoccata nel viso a Socino medesimo. E Socino che trovavasi nell'errore medesimo, ricusò l'offerta, facendo rispondere che v'era tal fratacchione là dentro, di cui solo ne volea di ducati più di trentamila. Presto la mancanza si discoprì, e il Cardinale fece dire allora a Socino, che preparasse una borsa nuova per riporre la taglia. Il sabato santo partirono per Venezia i prigionieri accompagnati dal Benzone, come aveva spedito comando il Senato, e appena giunti colà, l'ambasciatore di Francia presentò la carta ch'era stata scritta nell'atto della cattura, con la quale dichiaravasi che Socino gli avea o presi, o ricevuti che si dicesse, a nome del Re di Francia. Questo scottò fortemente alla signoria, ma egli seppe sì bene per allora cavarsene, che non solo se la passò immune, ma ottenne anzi premio, e ai cento cavalli ch'ei comandava, s'aggiunsero anche cento altre lancie. Il Cardinale tornato indietro, fu nel castello di Lodi consegnato con istromento ai Francèsi.

Dopo d'allora Socino ogni giorno più montava in superbia, e mandato in Toscana co'suoi soldati, siccome valoroso ch' egli era, in ogni incontro si distingueva, ma nel tempo medesimo incontrò brighe co'gentiluomini veneziani, i quali, ignoranti affatto d'ogni esercizio di guerra, venivano messi, coi nomi di commissarj, di provveditori, e d'altro, a comandare ai capitani, ed essi vi si sostenevano superbamente, pretendendo che gli assedj, le battaglie, le sorprese non si facessero che a senno loro. Era colà certo Gianpaolo Gradenigo nell'ufficio di provveditore, quando vi fu mandato Socino governatore delle genti d'armi, chè de'fanti era Jacopo di Tarsia. Avvenne che i Fiorentini correndo improvvisamente il Pisano, vi fécero grandissima preda, il che intendendo Socino cavalcò prontamente, e raggiunse i nemici che si ritiravano a Vico, e combattendo, la preda ricuperò. Tornato a Pisa la mattina susseguente, si presentò in palazzo ai signori ed al provveditore, il quale lo riprese aspramente, per essere egli uscito senza licenza sua. Socino che da nessuno si volea lasciar sopraffare, con arditezza rispose, ed era forse la ragione della parte sua, che uopo egli non avea di licenza, perchè dalla signoria di Venezia aveva immediatamente ricevuti i comandi, e sapeva egli che cosa s'avessè a fare. Acciecato allora il Gradenigo di collera, provossi per dargli uno schiaffo, e non vi riuscì, che se avveniva, forse non uscía più da quel luogo sulle sue gambe. Socino fu tanto padrone di sè stesso in tale momento da contenere le mani, ma nondimeno si disfogò con la lingua, e nacque da qui mortal odio fra que'due potenti signori. Quasi sempre avviene nel corso delle vicende umane, che i tristi, posti in alta fortuna, impunemente commettono le iniquità, e le scontano poi talora per l'unica generosa azione in cui forse incappano per errore. Così avvenne a Socino, cui tante colpe in seguito vennero attribuite, e pel solo merito d'aver fugato il nemico, e riconquistato il bottino, si guadagnò odio, persecuzione, e in fine obbrobriosa morte.

Poco dopo fu destinato il Gradenigo al reggimento di Crema, dove Socino co'suoi soldati era già ritornato. Questi due mortali nemici mal poteano frenarsi nell' odio loro, ma non osando offendersi apertamente, si disfogavano mormorando l' uno dell' altro, e il podestà lo faceva con maggiore riuscita, perchè molti in Crema odiavano il Benzone. Ora avvenne che discorrendo egli de' cavalli di Socino, disse essere quella di costui una stalla di vacche. Riferito l'ingiurioso motto non se lo seppe digerir l'altro, onde aspettando un giorno che il podestà era andato a messa in Duomo, schierò in piazza proprio rimpetto alla porta maggiore tutta la sua cavalleria, ed egli smontato a piè, attese che uscisse di chiesa il rivale. Quando al Gradenigo improvvisamente apparve la schiera, domandò che cosa fosse, e chi l'avesse condotta; onde fattosi innanzi Socino, Non vi meravigliate, disse, che quelle sono le vacche mie. Egli non minacciò, ma certo che un tale apparato non ispirò confidenza nell'animo del podestà, per cui dopo ricambiate alcune parole, ritirossi nella vicina sua casa. Cominciò allora il Gradenigo a ordire la sua vendetta, e con quella secretezza ch'era tutta propria del veneto governo, attese ad aggravare Socino d'uno spaventoso processo, che tendeva a perderlo affatto. In questo mentre finì il Gradenigo il suo reggimento, e gli fu dato per suo successore Andrea Trivisano, ma con tutto ciò non desistette dalla sua impresa, chè anzi andato a Venezia ebbe maggior agio di suscitargli contro nemici, e indusse il Consiglio de' Dieci a mandare apposta a Crema un suo segretario per nome Guidotto, ad ultimare il processo da lui cominciato. Anche il segretario tanto il mistero mantenne, che quantunque gli occhi di tutti i Cremaschi mirassero alle azioni di lui, ch'era cosa assai strana sapere l'ufficio suo, e vederlo lungamente far qui dimora, pure non fu alcuno che ne indovinasse il motivo, quale non potea essere di poco rilievo.

Finito il processo, per non dar sospetto a Socino, gli scrisse la signoria ch'egli dovesse andarne a Venezia insieme a Lodovico Vimercato, altro capitano al servizio, come se ad entrambi dovesse dare secrete instruzioni, e la condizione de' tempi torbidi ciò fece credere non che agli altri, ma a lui medesimo. Giunto che fu dunque appena nella Metropoli, tosto venne imprigionato, ed a lui le accuse che apparivano nel processo partecipate, che non erano già quelle della rivalità del Gradenigo, nè della preda ritolta ai nemici, ma bensì di molti eccessi, a cui la tracotanza sua l'avea strascinato; fra li quali di omicidj, d'abuso di potere, e sopra tutto d' un atto di sovranità nelle sue terre, avendo fatte piantare le forche dentro un bosco, sopra un'alta catasta di legna. Avendo egli allora in seconda moglie una Martinengo bresciana, tosto tutti i congiunti di lui furono a Venezia, e tanto s'adoprarono a suo vantaggio, che ottennero non venisse condannato nel capo. Dopo quarantasei giorni di prigionia, ascoltò la sentenza del Consiglio dei Dieci, come poco sopra racconta il Fino, cioè che si scegliesse quella fra le tre pene che per lui aveano decretato, o di passare cioè cinque anni in prigione, o dieci in confine a Candia, o quindici parimenti in confine a Padova. Quest'ultima egli prescelse, e come se fosse cittadino padovano divenuto, in libero stato vi piantò dimora, trasferendosi colà la moglie con tutta la famiglia di lui. Riuscì così l'inimicizia del Gradenigo a precipitarlo, ma il suo potere nella Repubblica era troppo angusto per ispingere la vendetta sin dove avrebbe desiderato, e a perderlo affatto si richiedeva non meno che l'autorità illimitata di Andrea Gritti.

Sopraggiunta ai Veneziani inaspettata e spaventosa la guerra, perchè mossa loro da tutte le potenze d'Europa, ch'erano concorse a Cambrai per istabilire la lega, pensarono che nelle difficili loro circostanze fosse da perdonare a Socino, e per tal benefizio guadagnarselo fedele, com'era valoroso capitano. E sì in questo, come a tanti altri avvenne, s'ingannarono grossamente, chè non appar beneficio agli uomini quello che mitiga la pena creduta ingiusta, e gli offesi agognano vendicarsi, se ne viene ad essi offerta l'opportunità. Non tardò infatti Socino ad accettare il partito, e brevemente fu a Crema nel grado suo con gran quantità di denaro, per far leva d'uomini. Venne egli accolto trionfalmente da'suoi concittadini, e con tanta dimostrazione di giubilo, che non mai forse ciò ad altri era avvenuto. Ma tale eccesso non soddisfece pure a' suoi più cordiali amici, che ne previdero le conseguenze, non essendo possibile che tanto favore non adombrasse la signoria; e sì tosto il podestà Nicola Pesaro, che molto aveva favorita la liberazione di lui, conobbe avere commesso errore, imperocchè al suo entrare si trovò pienamente soverchiato, senza poter più nella Terra di cosa alcuna disporre. Ben presto la guerra incominciò, ed anche Socino andò in campo, qual non si tenne sempre nel luogo medesimo, movendosi quasi ogni dì per la Ghiara d'Adda, ed assalendo con varia fortuna ora un paese ed ora l'altro. In tanti scontri e rappresaglie che occorsero, non mai di lui si trova memoria, sì ch'egli è da giudicare non volesse adoprarsi a favore de'suoi. Avvenne finalmente la battaglia d'Agnadello, affatto rovinosa pei Veneziani che vi rimasero appieno sconfitti. Luigi da Porto, nelle sue *Lettere Storiche*, così parla di lui in tal circostanza (lett. IX). « Ma i Francesi..... sono venuti a » Crema, la quale è stata lor consegnata per Mes. Soncino » Benzon (in essa era tuttora Mes. Nicolò da Pesaro), facendo » gran dimostrazione, se non di aver avuto intelligenza con » loro, almeno di avere smisurato odio contro i Viniziani; » perciocchè partitosi tacitamente dal campo dopo la rotta, ed » entrato in Crema, e sollevata la fazione sua, non volle dar » ricetto se non a pochissimi fuggitivi marcheschi; onde moltissimi che stanchi vi capitavano, non avendo rifugio dove » speravano averlo, e perciò dovendo oltrepassare, molti sono » stati morti da nemici, e molti dai paesani svaligiati e mal » conci; ed in conseguenza è stata di grandissimo danno alle » genti nostre questa di colui crudeltà ». E ciò non puossi negare, imperocchè anche il Terni racconta che molti uomini d'armi sperando ricovrarsi in Crema trovarono chiuse le porte; e che il capitano Francesco del Borgo gravemente ferito, non potendo entrare, morì nella chiesetta di s. Giovanni, poco al di là del ponte sul Serio.

Come è raccontato dal Fino, fingendo egli esservi costretto dalla necessità e dal volere altrui, fece per trattato cadere Crema nelle mani del Re di Francia, e fu questo il delitto di fellonía che gli appose Andrea Gritti; ma con tale delitto egli salvò la patria dal sacco, che non potea stare non avvenisse; imperocchè quando il podestà credea poter fare ancor lo spavaldo, ed era Crema presidiata da numerosi soldati, sotto pretesto d'eseguire i comandi del provveditore Gritti, a tutta la guernigione intimò la partenza, ed umilmente pregandolo i cittadini che volesse ritenerne almen quanti bastassero alla difesa delle mura, egli rispose che lo avrebbe fatto, purchè si obbligassero a nutrirli e pagarli. Caduto ciò a vuoto, ripregarono volesse almeno somministrar armi, acciocchè i cittadini medesimi badassero per sè alla difesa, ed egli fece dar loro alcune rugginose corazze che cadevano a pezzi, e vecchi e disusati lanzoni, la maggior parte de'quali non aveano che l'aste, mancanti del ferro. Nè dell'artiglieria di bronzo altro era rimasto che una sola colubrina nel rivellino della porta Ripalta, con la quale intendea il podestà mettere in iscompiglio l'esercito francese. Bergamo e Brescia di già s'erano arrese, e il Re assediava Peschiera, nè di quà dal Mincio rimaneva più schiera alcuna della Repubblica. Abbandonata in tal modo Crema, pretendea il Gritti che Socino la difendesse, o per meglio dire che la schiantasse dai fondamenti. Pure, se non per merito di Socino, in virtù almeno della fede de'Cremaschi devoti al governo veneto, non fecesi novità di sorta, sintantochè non giunse alcuno a molestarli; ma intimata finalmente da un araldo la resa, e trattandosi col ricusare di procacciarsi l'indignazione del Re, senza alcun'altra speranza, volendosi di così pressante materia deliberare in Consiglio, propose il podestà d'aspettare il dì appresso, per far cantare la messa dello Spirito Santo, con pericolo che l'araldo, il quale non avea concesso che tre sole ore di tempo alla risposta, andasse a riferire essere stato beffato. Socino la finì allora, e senza commetter violenze persuase al popolo d'assoggettarsi a Francia, ed ecco come aggravò la sua colpa, avendo resa la città a un uomo solo ch'era venuto a conquistarla; e sì quello solo era nemico tanto potente, quanto il presidio lasciatovi dai Veneziani, cioè il solissimo podestà.

Ceduta già la terra e la rôcca al Re di Francia, Socino si partì con gli ambasciatori per Brescia, dove trovavasi S. M., onde capitolare seco lui. Per tali loro sommessi diporti ottennero grata accoglienza, e la conferma di tutto quanto desideravano; e di più venne accordata al Benzone la condotta di 25 lancie, e 50 arcieri. Sulla fine di giugno il re Luigi XII entrò in Crema, e gli fu data da Socino la sua casa ad albergo, quella che come già sopra dissi è posta vicino alla piazza, quasi appena finita, e apposta addobbata di finissimi arredi, convenienti alla grandezza dell' ospite augusto. Creò ivi il Re parecchi cavalieri, fra i quali un figliuolo di Socino medesimo per nome Compagno. Partito poi il Re due giorni dopo, tosto incominciarono brighe tra i Guelfi e i Ghibellini, per cui si credè necessario mandarne parecchi a'confini. Socino, che pei recenti meriti presso i Francesi credevasi l'arbitro nella patria, più d'ogni altro soffiava nella discordia; quindi il governatore bellamente nel tolse di mezzo mandandolo al campo con la sua gente sotto il maresciallo Triulzi.

La fine di Socino Benzone è raccontata assai brevemente dallo storico nostro, onde spero non sarà discaro il leggerla con le parole medesime del Terni. « Socino Benzone che tra » Este e Montagnana solicitava le vitualie dil campo, a' 21 di » Luijo, vigilia de la Madalena, a hore 22, fu fatto prigione, » et ferito da Stradiotti Viniziani, che per la via de'monti di » dietro dal campo galico corseno; per li medesimi monti a » Padua il giuorno sequente lo condussero nel hora di terza » sopra di uno carro, fingendo luij non poter per le ferite star » a cavallo per dar tempo agli amici di ricuperarlo, ma nulla » gli valse perchè nel campo gallico nuova dila luij presa non » venne, fino al sequente giuorno che luij già a Padua era » agionto ».

« Andrea Gritti subito ordina chel fussi apichato, benchè » egli instasse di essere a Venetia condotto; il giuorno mede- » simo fra puoche hore dal capo dil Palazzo dela ragione verso » la piazza dei Signori a uno ferro fu il bon Socino apicato,

» et in quel atto doi volte la piazza corse a rumore non senza » qualche periglio di la citade. Il Trombetta di Chiamon luo- » gotenente regio, et di Giangiacobo Triultio mareschiallo di » Francia cum litere agiungie, che al Gritto notificavano come » non facesse a Socino, se non quello che per l'arte militare » si richiedeva, altramenti che gli protestavano di fare anchor » loro il simile a quanti gli capitassero alle mani de Veni- » tiani ».

« Il Gritto alla littera risponde che per debito de giustizia « ha fatto apicar Socino, et se Venetiano capiterà nele loro » mani che habbia fatto ala Regia Maestà quello che Socino » ha fatto a Venitiani, che apicandolo mai si dolerìa, nè si po- » trebbe lamentare de ingiustizia, et chel non dubitava che ad » alcun de suoi fossi fatto torto, havendo sempre cognossuto » le Signorie sue di summa giustitia » (Terni, lib. IX).

Così ignominiosamente perdè il prode Socino la vita, soddisfacendo più alle private vendette, che non al pubblico diritto. Ma non istà negli uomini il dispensare l'infamia, per quanti modi si cerchino a riuscirvi. Egli è necessario convincere la ragione, quale non soffre violenza. Perciò, quanti non morirono sotto la mannaja, o affogati da un laccio, lasciando nella memoria de' posteri onorato il lor nome? Così di Socino avvenne fra noi, e a ragione, imperciocchè per quanto si voglia biasimare l'ambizione sua, e la tracotanza, pure tante magnanime doti gli avea la natura donato, da poter egli onorare non che una città, ma un vastissimo impero.

LIBRO SETTIMO

Ricuperata Crema dalla Signoria nella maniera che si è detta, vi fu posto entro un grosso presidio. Perciocchè oltre ad ottanta lancie, centottanta cavalli leggieri, e trecento fanti di Renzo, ci venne Alessandro Donato con cavalli trentasei, Mariano da Prato con cavalli cinquant'uno, Mafeo Cagnuolo con fanti duecento, Silvestro da Perugia con centoquaranta, Antonio Pietrasanta con altrettanti, Andrea della Matrice con duecento, Andreazzo Cravina con trecento, Sevasto da Narni con altrettanti, Baldissaro da Romano con duecento, e Cristoforo Albanese anch'egli con duecento. Aveva il Crivello patteggiato di non si partire fuori della porta Nuova se prima non gli erano dati alla mano i settemila ducati, oltre le altre cose, promessigli di dono. Mancando adunque alla detta somma millequattrocento ducati, gli furono a nome pur della Signoria sborsati da' Cremaschi per meglio assicurar le cose. Perchè tenendo il Crivello la suddetta porta, stavano con qualche sospetto, massime vedendo essere un gran numero di Svizzeri dietro l'Adda. Avuti intieramente i denari, il Crivello se ne andò a Venezia, dove secondo le convenzioni fatte fu cortesemente guiderdonato. Nicolò Pesaro, il quale si trovò rettore in Crema quando vi entrarono i Francesi, eletto di nuovo a tal magistrato, ritornò a noi ai diciotto di settembre (1512). Tenevansi fuor di modo aggravati i nostri cittadini, alloggiando i soldati nelle case loro ed alle lor spese. Dolcndosene pertanto appresso di Renzo, ottennero che levategli le spese, vi avessero solo a dare legne e strame. E gli davano appunto mille carra di legne, e trecentocinquanta di strame al mese. Vi fu poi aggiunto l' oglio, il sale e le candele.

Rassettate le cose della Terra furono eletti quattro ambasciadori, i quali andassero a Venezia ad allegrarsi del riacquisto di Crema, ed a farsi confermare i privilegi. Furono gli eletti Bartolino e Petrino Terni, l' uno dottore e l'altro cavaliere, Guido Benzone dottore e cavaliere, e Pietro Verdello, i quali giunti a Verona furono fatti prigioni, avvengachè durasse ancora la tregua tra l' Imperatore e la Signoria. Ma ciò avvenne per la prigionia di alcuni Tedeschi presi nella riviera di Salò. Rilasciato il cavalier Benzone ed il dottore Terni con il Verdello se ne andarono a Venezia. Il cavalier Terni solo fu rattenuto in Verona, dove se ne stette per ottantasei giorni nel Castel vecchio. E dovendo al fine uscir di prigione, gli fu bisogno pagar una taglia di quattrocento ducati, i quali gli furono poi rimborsati dalla Comunità.

Già si era cominciato a rifare i borghi, quando temendo Renzo di nuova guerra, comandò che di nuovo si rovinassero. Abbassò le mura del castello e della Terra, e gettò giù i merli che vi erano d'attorno. Infermatosi fra questo mezzo il Pesaro, avendo scorsi poco più di tre mesi del suo reggimento, passò di questa vita e fu sepolto in s. Agostino. Fu pertanto ai venti di gennajo del 1513 mandato in suo luogo Bartolomeo Contarini. Sotto cui essendovi di nuovo non poca confusione per l'alloggiar dei soldati, fu ordinato che si avessero a compartire per le case secondo l'estimo e l'avere di ciascuno. E fu levato l' obbligo di dargli l' oglio, sale e candele. Laonde seguirono perciò infiniti mali, perchè volendo pure i soldati da' Cremaschi quello che non erano tenuti a dargli, molti de'nostri venivano feriti, ed anche uccisi senza altra dimostrazione. E quantunque i nostri cittadini volendosi pur alleggerir di tanto numero di soldati forastieri, facessero quattro compagnie di Terrieri, i quali in tutto arrivavano a poco meno di mille persone, nulla però gli valse: perchè nè più nè meno vi restarono tutti gli stranieri.

Pubblicata nel mese di maggio la lega fra il re Luigi e la signoria conchiusa col mezzo del Gritti e dell'Alviano, trovandosi ambidui prigioni in Francia, Renzo andò a vettovagliare il castello di Cremona, il quale tenevasi ancora a nome de' Francesi. E per il viaggio svaligiò in Soresina Alessandro Sforza con quaranta uomini d'arme. Di là a poco se ne andò alla volta di Brescia con le genti di Crema, e con parecchi pezzi d' artiglieria per batter il castello tenuto da'Spagnuoli. Temendo poi che per la rotta avuta dai Francesi alla Riotta non venissero i nemici ad accamparsi a Crema, vi ritornò di nuovo, lasciando l' impresa di Brescia, dove se n'era stato dai 14 di maggio fino a'10 di giugno. Stando Renzo in Crema trascorrevano le sue genti di quà e di là, saccheggiando nel contorno, quando in un luogo, e quando un altro. A' 19 di giugno arso primieramente Spino, entrarono in Pandino e lo posero a sacco. Il che intendendo i Terrazzani di Castiglione, temendo che non avvenisse loro il medesimo, mandarono a Renzo, e fatto con lui accordo condussero in Crema settanta carra di vino, e cento some di biada di cavallo. E poco appresso Renzo andò egli stesso con mille fanti, ducento cavalli, e cinque pezzi d'artiglieria a Romanengo a cui diede per otto ore aspra battaglia. Ma nulla facendo, nel giorno medesimo di s. Paolo, nel quale egli v'era andato, se ne ritornò addietro, rimastivi tra morti e feriti più di ducento dei suoi soldati. La cagione di questo assalto dicesi esser stata per avere i Romanenghesi svaligiati alcuni carriaggi che venivano a Crema e toltigli alcuni pezzi d'artiglieria. Vogliono anche alcuni, che ciò avvenisse per lettere, le quali erano state tolte da quelli di Romanengo a' nostri cavallari.

Data questa battaglia a Romanengo, tre giorni da poi Renzo mandò il Cagnuolo con parecchi de' migliori cavalli a Bergamo, dove per l'intendimento ch'egli vi avea, entrato di notte nella Terra per la porta di s. Antonio, svaligiò in casa de' Brembati il tesoriere spagnuolo togliendogli i denari riscossi per la taglia fatta dai Bergamaschi nell'arrendersi, acciò non fosse saccheggiata la città (*a*). Ritornandovi poi

(*a*) « Bergamaschi havevano hor mai la mitade di la taglia riscossa, et in groppi ordinata in casa di David da Brambate, » dove il Tesorero Spagnuolo alogiava, quando a giorni 3 di Giulio, già rivoltato, il Cagnuolo cum multi cavalli eletti il viaggio » di Bergamo prende, et a le mura de la città la notte agiunto, » per la porta di s. Antonio entra, gli danari piglia, et a le hore » 18 il giuorno seguente a Crema ritorna. Il Contareno ala porta » si mette a ricerchar il botino, et di sedese milla che dovevano » essere, trovò solamenti mille ottocento scuti. Bergamaschi sono » da Spagnuoli imputati, digando che per loro tradimento gli » sono levati, per il che Bergamaschi di peggio dubitando, un » altra volta gli rimettono ». (Terni, lib. 10).

a' 3 d'agosto entrò nella casa de' Cornelli, dove fece prigione un ricchissimo personaggio spagnuolo. Indi espugnata porta Pinta, prese la città. E poco appresso col soccorso di trecentocinquanta fanti mandatigli da Renzo, e con l'artiglieria tolta nella cappella, pigliò la cittadella facendovi prigioni da sessanta Spagnuoli che vi erano dentro, i quali con un molto pregiato signor spagnuolo detto Sanpuccio furono menati a Crema, portando una ricca preda di tremila cinquecento ducati con una maniglia d'oro trovata nella cisterna insieme con ottocento ducati.

Venuto intanto a giornata l'Alviano con gli Spagnoli appresso Vicenza, rimase rotto con perdita di più di cinquemila persone. Qui fu ferito a morte Gio. Paolo Sant' Angelo condottiere di cavalli. Lieto di una tanta vittoria Prospero Colonna desideroso di porre il freno a Renzo, il quale teneva in ispavento tutti questi contorni del Ducato di Milano, se ne venne in Lombardia, e si pose alle guarnigioni prima in Soresina, e poi a Romanengo. Ma nè per questo rimanevano le genti di Renzo che non trascorressero di quà e di là. Di modo che entrati una volta in Calcinate pigliarono la Terra, e vi fecero prigione Cesare Ferramosca, il quale vi si trovava con cinquanta lancie. E fu menato a Crema dal capitano Marcello Astallo, il quale era stato mandato a quest' impresa con una scelta di cavalli. Andati parimenti un giorno a Quinzano vi svaligiarono parecchi Milanesi.

Già si era appiciata la pestilenza in Crema, ed ogni dì vi si faceva maggiore. Fu pertanto a' 20 di ottobre dato principio alla chiesoletta di s. Rocco dietro la Crema, dove ebbero in dono il fondo del Contarini per essere stata qui la ripa delle fosse vecchie. Finissi poi questa chiesa l'anno 1520. Avevano gli Sforzeschi e gli Spagnoli occupati in modo i passi, che non senza gran pericolo si potevano portar denari da Venezia a Crema. Acciò dunque non patissero i soldati non venendo le loro paghe, la nostra Comunità ordinò di dare, per una fiata sola però, cinque per cento a chi portasse a suo rischio denari da Venezia per le paghe de'soldati. Appresso cominciarono i nostri cittadini a prestar quella più somma che potevano di denari al rettore. Ed egli poi con sue lettere li faceva restituire a Venezia. Prestò allora il cavalier Terni egli solo tremila ducati. Nè volle giammai il rimborso mentre durò la guerra, la quale non finì, che si trovarono i Cremaschi aver in tal maniera ottantamila ducati. A Giannino Piacenzi, il quale era stato fatto esattore dal podestà quando si prestarono i detti denari, fu assegnata in sua vita una provvisione di ducento ducati l'anno.

Trascorrevano, come già si è detto, su quel de'nemici non solo i soldati di Crema, ma ancora i cittadini stessi. Agostino Benvenuto tra gli altri andò una notte con ducento fanti a Castione di Lodigiana, dove, posti in fuga i Terrazzani, mise ogni cosa a sacco e svaligiò una compagnia di sessanta uomini d'arme. Gli Sforzeschi parimente giocavano di rimando. Marc'Antonio Filetino nobile romano, il quale era alla guerra di Pandino, uscito un dì d'aprile fuori della Terra entrò nel Cremasco ed arrivò sino ad Ombriano. Qui fattisigli all'incontro i nostri con una banda di cavalli leggeri, cominciarono a scaramucciare insieme, e tanto gli trattennero, che giunsero parecchi archibugieri, i quali di sopra della via, tirando per fianco, non solo gli ruppero, ma tutti gli fecero prigioni, sicchè nè anche un solo se ne potè fuggire. E così venne a vero che il Filetino, il quale uscendo di Pandino aveva giurato di veder le mura di Crema, egli le vide, ma non già in quella guisa ch'ei avea pensato. Ed essendo oltre la prigionia rimaso ferito nella scaramuccia, non volendo come uomo disperato pigliar cibo nè medicina, tosto si morì. Sdegnatosi per ciò Silvio Savello, trascorse anch'egli dalla banda di Pandino su'l Cremasco con trecento fanti, trenta uomini d'arme, e quaranta cavalli leggeri. Ma alfine dopo aver scaramucciato un pezzo co'nostri, fece ritirar le sue genti, delle quali però molti furono uccisi, molti annegati nel Tormo e molti rimasero prigioni.

Venuto il mese di maggio del 1514, il duca Massimiliano deliberò di stringerci con forte assedio. Fece pertanto che Prospero Colonna e Silvio Savello, amendue nobili romani, si accamparono a due miglia sotto Crema. Si pose il Colonna alla torre d'Offanengo con ducentocinquanta uomini d'arme, con altrettanti cavalli leggieri, e duemila fanti. Si mise il Savello con duemila fanti anche egli, e con la sua compagnia di cavalli ad Ombriano. E poco appresso fecero un bastione alla torre di Pianengo, dove postosi Cesare Ferramosca con molti fanti e cavalli cominciò a danneggiare il Cremasco in quel contorno, trascorrendo sin a s. Maria della Croce, a cui diede molti assalti, ma non potè pigliarla giammai, sì per essere la chiesa forte da sè, sì per la guardia che vi era dentro, non solo de' contadini, ma de' soldati mandativi da Crema. E di vero vi si erano fortificati in modo che non ci era rimedio d'espugnarla, perciocchè avevano murate le porte di fuori, e ripieno di terra e di travi tutto quel vacuo che ci è di dentro fin al fondo della chiesa; acciocchè quando pur fossero entrati a forza i nemici, non vi si potessero nascondere, nè ripararsi da' colpi di quelli che fossero nella sommità del tempio. A questo fine avevano parimente murata la cappella grande. E per un usciuolo si entrava nella sotterranea cappella, dove fatto un buco nel vôlto si ascendeva con scala di mano nella cappella di sopra. Indi per la chiozzuola salivano alla sommità della chiesa, dove avevano compartiti d'intorno quaranta archibugi, co'quali facevano giocar largo a'nemici, oltre che erano ancora ajutati dall'artiglieria del castello. Durò quest'assedio dal maggio sin alla fine d'agosto, nel qual tempo seguirono diverse zuffe tra l'una e l'altra parte.

Nè solo erano i Cremaschi travagliati di fuori, avendo da tre lati i nemici, ma erano ancora in varie maniere molestati di dentro. Perciocchè d' un canto ci era un grandissimo numero di soldati con intollerabili spese ed infiniti disturbi per gli alloggiamenti; ci era dall'altro la pestilenza, la quale (o fosse per la corruzione dell'aria, o per gli stenti e disagi, ovvero per l'ingordía de'soldati, i quali trasportando le robe dalle case degli ammorbati negli alloggiamenti loro, spesse fiate infettavano e sè ed i padroni delle case), si andava più di giorno in giorno ampliando. Ed era tale la cupidigia de'soldati, che entrando dove erano degli infermi, senza aspettare che uscisse loro lo spirito dal corpo gli spogliavano la casa. Erano poi gli infermi abbandonati da'vicini, dagli amici e da' parenti, di maniera che infiniti perivano, i quali per avventura sarebbono campati, se fossevi stato chi avesse lor fatti gli opportuni servigi. Molti parimente, che ancora respiravano, erano portati alla sepoltura per negligenza de' beccamorti, i quali solo avevano l'occhio a svaligiar le case e ad arricchirsi con le robe de'morti. E di vero, che queste siffatte persone si acconciarono molto bene i loro fatti. Uno tra gli altri, detto il Forlano, rubò tanto, che, cessata la peste, condusse a Venezia lenzuola per mille ducati. Ma al fine venuto in grandissimo bisogno, finì sua vita nell'ospitale. Era in modo appiciato nella Terra questo pestifero male, che tal mattina innanzi terza furono serrate cinquantasei case, e tal giorno morirono più di cento persone. Ma per non andar dietro ad ogni particolarità, dico che si venne a tanto, che non più v'erano deputati della Sanità. Non più si serravano case, nè più tenevasi conto de' morti. E senza più portare campanelle, nè bacchettine in mano, si tramischiavano i sani con gli infermi. Nè meno in tanta afflizione della Terra perdonò il cielo a quelli del contado, i quali dal principio dell' assedio si erano ridotti co'lor bestiami di quà del Travaccone, e vi avevano fatte delle capannelle di paglia. Qui anche essi morivano non come uomini, ma quasi come bestie (*a*). Nè cessò questa crudelissima pestilenza, che tra quelli di dentro e quelli di fuori perirono intorno a sedicimila persone. Nè cessarono però gli empj soldati dall' insolenze loro verso i Cremaschi; anzi perseverando in quelle, ogni giorno facevano di peggio. E si trovarono di quelli che per minime cagioni uccisero uomini e donne.

Era nondimeno di tanto caduta l'autorità delle leggi, e smarrito il timor delle pene, che quasi fosse lecito ad ognuno d'operare quanto gli fosse a grado, di tanti misfatti non si faceva veruna dimostrazione di castigo da quelli, a cui pure si aspettava di farla. Ma sebbene dagli uomini, non già da Dio rimanevano impuniti, come pur avvenne ad un Giovanni da Spoleto.

(*a*) « Cresceva il morbo nella plebe, et ne villani, ma più nele » giovani da marito che per il sexo non potevano come i maschij » vagare, nè mutar luocho, talmenti che apena la semente gli ri- » mase » (Terni, lib. 10).

Maravigliosa cosa certo è quella che io debbo dire di costui. Giocava questo Spoletino alle carte nell'ospitale di Ripalta. Quivi acceso di bestiale sdegno, perchè il giuoco non gli andava a modo suo, diede stizzosamente di piglio alle carte, e con orrende bestemmie bestemmiando Dio, le gettò in faccia ad un Crocifisso, che a canto vi era dipinto. Partitosi dopo il fatto dall'ospitale non giunse all'alloggiamento, che tutto si perdè dal lato dritto, e poco appresso spiccandosegli a pezzo a pezzo la carne dall'ossa con grandissima puzza miserabilmente se ne morì. E da qui imparino gli sprezzatori di Dio e de'Santi, quanto spiaccia al Signore il bestemmiare, poichè egli ne suol fare sì fatte vendette.

Trovandosi i Cremaschi in tanta calamità, quanta si è detta di sopra, molti uscivano bellamente fuor di Crema, ed a forza di denari, erano condotti a luogo sicuro. Andavano alcuni a Cereto e fu 'l Ceredano. Indi come se i Ceredani fossero (avendo essi a prieghi del Cardinale di s. Pietro in vincula, allora comendatario dell'abadia di Cereto, salvocondotto da Prospero Colonna) travestendosi alla contadinesca entravano in Lodi. Quivi s'erano Ghibellini potevano stare alla scoperta, ma se erano Guelfi era bisogno che vi stessero nascosti; perchè senza pur perdonare alle donne erano fatti prigioni. Cassandra, figliuola di Scipion Benzone, entratavi con alcune donne de'Lazzaroni, fu presa, e le fu mestieri pagar ducento ducati di taglia. Alcuni per inusitati sentieri erano menati all'Adda di sotto di Montodine, ove tragettati oltre il fiume, benchè ci fosse pena la forca, si riducevano a Piacenza. Altri poi con la scorta di alcuni Spagnuoli corrotti co'denari, pagando chi cinque, chi dieci e chi quindici scudi per persona, erano accompagnati fin alla Cava, villa del Cremonese dietro il

Po (*a*). E come che molti per questa via andassero a salvamento, una vigilia però di s. Giacomo ottanta tra uomini e donne giunti alla Cava furono assaliti da'nemici, dove quasi tutti gli uomini restarono prigioni. Tra questi fu Francesco Barbetta, Fermo Secco, Ippolito Figato, Bernardino Calcinato, Gio. Paolo Benzone, Rodolfo Alfiero, ed altri parecchi, i quali menati a Soresina tutti fuggirono, del Barbetta e del Secco in fuori. Laonde appresentati amendue al Colonna, fecero taglia l'uno cento scudi e l'altro trecento, e furono costretti a ritornarsene a Crema. Di là a poco fu con alcune monache di s. Monica presa Maddalena Gambazzocca, la quale fu astretta a far taglia cento scudi, e le monache furono menate a Caravaggio.

Si trovarono essere usciti da Crema, nella maniera che si è detto, da quattrocento cittadini, i quali come che in diversi luoghi facessero ricapito, andarono però per la maggior parte a Venezia ed a Piacenza. E di vero, che per le molte cortesie usate da'Piacentini siamo loro oltremodo obbligati, perchè non solo a tutti i Cremaschi che vi capitarono diedero cortese albergo nella città loro, ma ci sovvenirono eziandio largamente di vettovaglia, massime di spezierie e di quelle cose delle quali ci era grande carestia in Crema. Tra tutti i Piacentini cortesissimo ci fu il conte Paris Scotto, il quale meritò di esser chiamato padre dei Cremaschi, a cui per ajutarci fu abbru-

(*a*) Qui il Terni sommamente loda la fedeltà de'soldati spagnuoli, i quali contrattando il prezzo che richiedevano per iscortare i fuggitivi a un tanto per persona, mai non riscossero nulla più, nè rapirono mai cosa alcuna, nè all'onestà delle donne attentarono, quantunque tutti avessero in lor pieno arbitrio. Raro esempio di fedeltà a que' tempi, e fra soldati di cui gli Storici non ne tramandarono gran buona fama.

ciato Fombio. Laonde gli fu dalla signoria assegnata per ciò una provvisione di seicento ducati in Bergamo.

Venuto il mese d'agosto, vedendo Renzo che in Crema ci era gran bisogno di denaro, pose mano negli argenti del Monte di Pietà e di s. Maria della Croce, e cominciò a battere tre monete di valuta di quindici soldi l'una, le quali erano dette Pettacchie. Non avevano impronto alcuno, fuorchè una imaginetta di s. Marco d'un lato. E perchè l'altre monete che correvano per il più erano false, queste per la bontà loro aveano grandissimo corso per tutta Lombardia. Era omai ridotta Crema a tal partito, che ci era poca speranza di potersi lungamente tenere. Deliberossi pertanto Renzo d'assalire l'uno dei campi sforzeschi, dandosi a credere (come anco avvenne) che rotto l'uno, l'altro si leverebbe. Avuta dunque primieramente informazione di un contadino cremasco detto Baruffo, per qual via si potesse assaltare i nemici, e mandato appresso Andrea della Matrice, travestito da villano, a riconoscere il luogo, la notte seguente il dì di s. Zeffirino diede in tal maniera effetto al suo disegno. Uscirono prima a due ore di notte per la porta di Serio intorno a quattrocento contadini, i quali erano entrati in Crema per comandamento di Renzo. A questi s'aggiunsero con circa settecento fanti Andrea della Matrice, Andrea Gravina, Savasto da Narni, Cristoforo Albanese, Silvestro da Perugia, e il Cagnuolo da Bergamo, e s'avviarono alla volta del Moso. Il Pietrasanta e Baldissare da Romano presero con le loro compagnie la via de'Sabbioni, per assaltar tutti ad un tempo il bastione fatto a s. Lorenzo. Giacomo Micinello romano andò con cento cavalli leggieri alla volta di Capergnanica. Gli uomini d' arme per vietare che il Colonna non potesse soccorrere il Savello, si posero in Ghiara di Serio, non lungi però dal castello. Il Contarini poi si ridusse con Renzo alla porta d'Ombriano. Era già passata più di mezzanotte, quando le nostre genti giunsero appresso la via di Lodi, lontano un miglio dal campo dal Savello, per assalirlo dopo le spalle. Quivi fermate le fanterie, il Matrice, capo della vanguardia, con acconcie parole esortò i compagni a valorosamente portarsi, e posto l'ordine che si avea a tenere in questa impresa, entrò su la via di Lodi. E scelti quattro capi di squadra s'avviò innanzi seguendo dietro con grandissimo silenzio un poco discosta la fanteria. Arrivati ove erano le prime sentinelle, disse che egli era un messaggiero, il quale venendo da Lodi se n'andava al Savello per cose di non poca importanza, e le diede certi contrassegni di gente, che la sera era arrivata nel campo, di maniera che non si avvedendo per l'oscurità della notte delle genti che seguivano dietro, ad una fu trapassata la gola dal Matrice con una partigianella, e l'altra fu copata con una scure. Giunti alle seconde sentinelle le trovarono addormentate, e parimenti le uccisero. Indi levate le sbarre, se n'andarono di lungo alla torre, dove era una grossa guardia per esser sotto al campo ad un tiro di dardo. Quivi il Torregiano, o che scorgesse dall'alto le genti già vicine, o che udisse il loro calpestío, cominciò gridare che si facesse buona guardia. Ma i sonnacchiosi soldati non porgendo orecchio alle voci del Torregiano, assaliti dal Matrice e da'compagni furono tagliati a pezzi. Laonde levate le sbarre sopraggiunsero addosso ai nemici, che a pena se n'avvidero. E con trombe di legno e pentole di terra lanciarono certi fuochi lavorati negli alloggiamenti e ne' padiglioni vicini, di modo che v'accesero un tal incendio che pareva di mezzogiorno. Avvedutosi il Savello dell'improvviso assalto datogli da' Marcheschi, non avendo agio d'armarsi, diede solo di mano ad uno scudo, e montato a cavallo con alcuni pochi de'suoi trascorse per il campo, confortando con frettolose parole i soldati al combattere ed a difendersi da' nemici. Ma poco furono giovevoli le sue parole; perchè i soldati per lo spavento del fuoco, e de'nemici armati che gli erano addosso, sbarigliandosi tuttavia, si davano a fuggire chi in quà chi in là. Soli gli Svizzeri, serratisi insieme oltre l'acqua dell'Alchina, dove avevano gli alloggiamenti, cominciarono a far testa, combattendo con tanto valore, che ben due fiate fecero ritirare i nostri, il che intendendo il Micinello, il quale (come si è detto), con cento cavalli leggieri era andato per la via di Capergnanica, diede la volta verso Crema, stimando che le nostre genti fossero rotte. Ma il Matrice presa l'artiglieria dei nemici, e rivoltatagliela contro, cominciò a tirare nello squadrone degli Svizzeri. Di maniera che assalendoli da un lato i contadini ed i soldati dall' altro, non solo li ruppero ma quasi tutti li ammazzarono. Il Cagnuolo, che avea menate le mani nelle genti italiane, alfine rimase ferito da Benedetto Salerno, uno de'capitani sforzeschi. Rotto il campo ed ammazzativi tra gli altri segnalati personaggi Pettero capitano degli Svizzeri, e Fiorabraccio Stipicciano capitano di cavalli, Silvio diede anch'egli a fuggire per la via di Lodi, o (come molti dicono) per quella di Capergnanica, di modo che se i nostri cavalli leggieri, che senza pur entrare nel campo si erano ritirati alla volta di Crema, non avessero mancato del debito loro, non solo restava prigione il Savello, ma dove molti de'suoi fuggendo si salvarono, niuno quasi si sarebbe potuto campare (a). Quelli che erano nel forte di s. Lorenzo, dopo l'essersi per un pezzo valorosamente difesi, sopraggiuntavi addosso la furia dei contadini s'arresero al Cagnuolo a discrezione di Renzo.

Avea già intanto un contadino arrecata la nuova della vittoria al governatore, di cui egli ne prese allegrezza tale, che gli diede parecchi scudi di buona mano. Rotto il Savello ad Ombriano, i Cremaschi per sbrigarsi affatto dall'assedio volevano dall'altro canto assalire il Colonna, il quale veduto il fuoco, udito lo strepito dell'artiglieria, e sentito gridar all'arme in Crema (il che si era fatto a bello studio, acciò ch'egli non s'accorgesse dell'inganno), se ne stava sicuro dentro a'suoi ripari, pensando che tutto ciò avvenisse perchè Silvio ci avesse assaliti, ed avesse appiccato il fuoco nelle capannette de'contadini posti dietro al Travaccone, e che perciò i nostri gli avessero sparata l'artiglieria contra. Ma Renzo come saggio capitano contentandosi della prima vittoria, non volle che con tanto rischio si tentasse la seconda, la quale poi acquistarono senza sangue; perchè poco appresso levandosi il Colonna se ne andò a Romanengo con le sue genti. Fu tale l'allegrezza dell'avuta vittoria, che venuta la mattina, tutta Crema per così dire andò ad Ombriano. Quivi compassionevole cosa era vedere d'ogn'intorno il gran numero de'corpi morti, i cavalli abbruciati, e gli alloggiamenti tutti rovinati. E come che si frammischiassero insieme senza alcun riguardamento i sani e gli infermi, cessò però in

(a) Il Micinelli che sì vilmente s'era fuggito portando la mala nuova della sconfitta, tratto dall'inganno suo, ricorse verso il campo, per entrar a parte anch'egli del ricco bottino, e lungo la via quanti trovava villani che se ne ritornavano carichi di preda, li facea trucidare per dispogliarneli.

maniera la peste, che dove prima tal giorno morivano fin a cent' ottanta persone, in meno di quindici giorni (o fosse per la molta allegrezza, o pure che Dio ci volesse fare due grazie insieme), tutta la Terra fu risanata. In segno di tanta vittoria Renzo fece attaccare nel Duomo appresso la cappella della Madonna tre stendardi tolti agli Sforzeschi con quattro pezzi d'artiglieria grossa. E qui si veggono fin al dì d'oggi questi trofei con un breve scrittovi in tal maniera:

OBSIDIONE LEVATI, PARTAE VICTORIAE POSTERIS
MONUMENTUM FUTURA, AD FASTIGIA DIVAE VIRGINIS
SPOLIA PRAEFIXIMUS. ANNO M.D.XIV.

LIBRO OTTAVO

Avendo io per pubblico decreto a continuare l'istoria della patria mia, comincierò dal fine del quattordici, dove io terminai il settimo libro; e seguirò fin all'anno presente 1567, e di mano in mano, secondo che avverranno cose degne di memoria. Dico adunque, che rotto Silvio Savello ad Ombriano (1514), partissi poco dappresso da s. Bernardino Prospero Colonna. Dopo la cui partita Renzo fece subito spianare il monastero, acciò più non vi si potessero accampare i nemici. Ritiratosi il Colonna a Castiglione sparse molti de' suoi soldati nei contorni del Cremasco, per impedirci il seminar de' formenti. Ora mentre egli se ne sta in Castiglione, Renzo una notte tentò di fargliela; avvenga che non gli andasse ad effetto il pensiero, non già che egli non avesse bene ordinata la trama; avendo mandata innanzi la fanteria co' contadini e postosi egli stesso con la cavalleria a s. Maria in Brescianoro ad un miglio vicina a Castiglione; ma per difetto d'Andreazzo suo capitano, il quale non avendo a caro che questa impresa si facesse, dicendo che preso il Colonna la guerra sarebbe finita, dissuase gli altri capitani a non entrare nella Terra, dove pur agevolmente sarebbero entrati trovando aperta la porta di Serio. Laonde fingendo di essere stati impediti da un grandissimo nembo sopraggiuntovi il quale avesse lor spente le corde degli archibugi, senza veruna fazione se ne ritornarono a dietro. Venne in questo mezzo in Crema il conte Bartolomeo da Villa Chiara con mille cinquecento fanti dimandati da Renzo, il quale disegnava di ripigliar Bergamo tenuto dagli Spagnuoli. Dove pochi dì da poi fu mandato Mafeo Cagnuolo con parecchi cavalli; e per il viaggio a Verdello tagliò a pezzi intorno a ducento fanti spagnuoli, che andavano in soccorso di Bergamo. Ma giuntovi il Cagnuolo prese la città, e costrinse gli Spagnuoli a ritirarsi nella rôcca detta la Cappella. Il che intendendo Raimondo Cardona vicerè di Spagna, e Prospero Colonna, s'avviarono subito alla volta di Bergamo. Laonde Renzo ordinò che vi andassero in soccorso del Cagnuolo il conte Nicolò Scotto, Andrea della Matrice e Savasto da Narni, i quali abbattutisi nell'andare negl'inimici furono rotti a Morengo; e fuggendo il conte verso l'Adda, fu preso alla Canonica, e menato a Milano per commissione del Duca gli fu tagliata la testa. Gli altri due capitani se ne ritornarono a Crema. Veduto pertanto il bisogno di Bergamo, Renzo vi andò egli stesso con molta gente e con l'artiglieria, lasciato però bastevole presidio in Crema. Ma vedendo al fine non si poter difendere, rese la città agli Spagnuoli. Pagarono allora i Bergamaschi per fuggir il sacco, ottantamila ducati d'oro. A Renzo poi furono concessi questi capitoli, cioè

Che egli con le sue genti potesse uscir da Bergamo con le robe portate da Crema, e con le bandiere spiegate, del Cagnuolo in fuori, il quale per esser stato quello che avea lor tolta la città, vollero che se ne uscisse con la bandiera piegata.

Che i suoi soldati potessero andare dove volessero purchè non tornassero a Crema, ma ben potessero trarne fuori le robe, e condurle ove lor piacesse.

Che s'intendesse fatta tregua per quattro mesi, in maniera che ciascuno nel suo territorio fosse sicuro; ma andando altrove, si potesse far prigione.

Che a tutti i Cremaschi fuorusciti di Crema per la pestilenza (purchè non portassero vettovaglia) fosse lecito passare per le terre dello Stato di Milano, o ritornarsene alla patria a loro piacere (*a*).

Che passati i quattro mesi della tregua, ella parimente s'intendesse raffermata se dall'una delle parti non fosse protestato in contrario; e durasse anco dopo la protesta un mese.

Era già venuto il mese di gennaro del 1515 quando in Venezia fu presa la parte, per l'estrema carestia che era in Crema, di mandarne fuori il popolo. Avvenne ciò per l'informazione data da Renzo, il quale, essendogli dimandato da' signori, che via ci sarebbe da poter tenere la Terra, avea lor risposto, o che bene la vettovagliassero, o ne facessero uscir fuori i Terrazzani. E quantunque di ciò fossero scritte lettere ducali al podestà, non se le diede però esecuzione veruna, perchè dolendosi di ciò i Cremaschi fu prolungata la cosa; ed al fine tanto si fece che venuto un poco di vettovaglia a Crema, fu rivocata

(*a*) Quest'articolo cui era stata messa la clausola, purchè non portassero vettovaglia, fu causa di strane violenze; imperciocchè tornando in patria i Cremaschi molti furono presi e ritenuti prigioni sotto pretesto che avessero vettovaglie, dichiarandosi tali, poche spezierie, alcuni limoni, o melarancie. (Terni, lib. 10).

la parte. Nel mese di luglio dell'anno predetto, la notte seguente il dì di s. Giacomo, uscito Renzo di Crema entrò in Castiglione; dove preso il Greghetto capo de'cavalli leggeri, pose la Terra a sacco. E poco da poi andato a Lodi lo prese, e saccheggiatevi parecchie case, consegnò la città a' Francesi, i quali erano in lega co' Veneziani. Di là a pochi dì egli si fortificò con grossi bastioni in bocca di Serio, fatto un ponte sopra l'Adda, per dar sospetto a Lorenzo de' Medici, il quale con le genti del Papa, e co' Spagnuoli a favore del Duca di Milano, si era appresentato a Trebbia appresso Piacenza; benchè ci siano di quelli che dicono ciò esser stato fatto da Renzo, per potersi in tal maniera levare fuor di Crema con le sue genti, essendosi segretamente (per esser finita la sua condutta co'Veneziani) acconciato col Papa. Del che dubitando Domenico Contarini e Giorgio Emo provveditori del campo, venuti a Crema con alcune genti ed artiglierie a' 10 di settembre, lo licenziarono da sè. Dicesi però esser stata in gran parte cagione della partita di Renzo la discordia nata tra lui e l'Alviano. Partito Renzo al servizio de'Veneziani se ne andò a Piacenza, dove fu lietamente ricevuto da Lorenzo de'Medici nipote di papa Leone, da cui ebbe subito ducento uomini d'arme e ducento cavalli leggieri. Aveva il Contarini podestà sostenuti in Crema molti travagli di guerra e di peste; quando a' 6 di novembre del 1516 venne in suo luogo Zacaria Loredano; ne' cui tempi come nella Lombardia succedessero varie cose per conto di guerra, non avvenne però in Crema cosa notabile. Successe al Loredano, a' 24 d'agosto del 1517, Federico Rainero. Vennero sotto lui in Crema i frati Zoccolanti; a' quali (come si è detto) Renzo aveva spianato il monastero di fuori. E nel mese d'agosto dell'anno seguente diedero principio alla lor chiesa. Era già finito il reggimento del Rainero, quando a' 27 di febbrajo del 1519 venne in sua vece Marino Cornaro (a), a cui a'20 di maggio dell'anno seguente successe Andrea Foscolo. Ottennero al suo tempo (1520) i frati del Camiciotto la chiesa di s. Benedetto da monsignor Luigi Tasso bergamasco, vescovo di Parenzo e poi di Recanati. Dicesi essere stata maggiore la pensione che l'entrata del benefizio. Ma fu la fortuna a' frati favorevole; perciocchè non passò l'anno dopo la rinunzia, che il vescovo essendo ad un suo podere nel Bergamasco fu ucciso. Apparvero quest'anno medesimo certi segni di croci, i quali in un istante nascevano su le vestimenta per lungo e per traverso. Il lor colore tirava al bigio, nè era possibile levarle con acqua, o con altro. Sì fatte croci trovo esser avvenute in altri diversi tempi e luoghi; e diecinove anni innanzi molte se n'erano vedute in Alemagna; se ne videro altresì in queste nostre parti nell'anno 1274. Quest' anno stesso con rovina di molte case, massime di s. Benedetto, fu fatta la piazza appresso il castello.

L'anno seguente infinite persone dello Stato di Milano si ridussero in Crema, come in luogo sicuro. Nacque ciò

(a) « Cavandosi nel principio dil anno 1519 per far il Santuario sotto il choro de Frati Predicatori quale fu dopo isplanato, » fu il cadavere retrovato di Costantino de'Albergoni già anni » sette ammazzato et sepolto, integro, fermo, biancho, senza alcuna putredine, cum la pelle et carne che nel tochare cedevano, come se alhora fussi morto, et era tanto biancho et netto » che io nel primo sguardo, per essere declinato il sole, et in » luocho alquanto oscuro, credetti fusse coperto d' un linzuolo, » cum il ventre sodo, che è pur vaso di putredine, senza lesione » alcuna, cosa veramente digna di memoria, vedendo natura in » costui mutar la solita legge » (Terni, lib. XI).

dallo spavento, che avevano per la guerra appicciata da papa Leone e Carlo V contro Francesco re di Francia, a cui erano uniti i Veneziani ed il Duca di Ferrara. Fu per questa guerra non poco danneggiato il Cremasco; perciocchè di quando in quando vi trascorrevano i nemici. Avvenne per tanto un giorno, che essendosi scoperti dalla banda di Lodi certi cavalli, e dato sospetto di qualche tradimento, si gridò all'arme, e corse tutto il popolo armato alle porte a difesa della Terra. E perchè Riccino d'Asola capitano de'cavalli leggieri, udito lo strepito, volea entrare nella porta d' Ombriano, fattosegli all'incontro con gran numero del popolo Giannino Piacenzi gli disse arditamente, che ei se ne andasse pur co' suoi soldati attorno le mura, perchè egli co' Cremaschi soli voleva guardare la porta. Di maniera che volendovi pur entrare l'Asolano e tuttavia opponendosegli il Piacenzi col popolo, fu per nascere non poco disordine nella Terra, e vi nasceva di sicuro se il Foscolo postosi di mezzo non avesse acchetata la cosa, ordinando, che questi e quelli stessero alla guardia della porta (*a*).

Correva l' anno 1522 quando Solimano imperadore de' Turchi, con ducentomila uomini si dispose di porsi intorno a Rodi. Fu pertanto per

(*a*) A questi dì era tanto l' odio che i Milanesi portavano ai Veneti ed ai Francesi, che quanti ne potevano avere ne trucidavano; ed erane stato cagione le violenze usate poco prima nella difesa di Milano, e fra l'altre la principale quella d'Andrea Gritti che fece abbruciare tutti i borghi della città. E per questo occorse a Francesco Girello nostro cremasco, sorpreso in cammino, che insieme a due francesi portava spade nel campo veneziano, e condotto perciò a Milano per essere giudicato, che la plebe tutti e tre tagliò a pezzi. Anche Mariano Contrino e Girolamo Tadino, cremaschi essi pure, corsero grave pericolo, essendo colà prigionieri condotti. (Terni, lib. XI).

il suo gran valore chiamato da Filippo Lilidamo, gran maestro de' cavalieri, Gabriel Tadino cremasco (1), il quale trovavasi allora nell' isola di Candia, al servizio de' Veneziani. Giunto il Tadino a Rodi fu subito fatto cavaliere, con provisione di milleducento ducati all' anno, e con la spettativa del primo priorato che vacasse; ed appresso gli fu dato il bastone del generalato. Nel qual grado si portò onoratissimamente, ingegnandosi quando ad un modo quando ad un altro di opporsi agli assalti de'Turchi, e contravvenendo alle lor mine, riparando con grandissima prestezza alle mura, che venivano gettate a terra dalle artiglierie turchesche, e con mille ingegnose maniere difendendo a più potere la città. Nè finì l'assedio, che trovandosi un dì su 'l baloardo detto di Spagna, rimase investito in un' occhio d'un archibugiata. Arrendutasi in fine a patto la città, egli fu bellamente mandato fuori dell' isola. E ciò fece il Gran Maestro temendo che il barbaro contra la promessa fede, per aver egli più d'un altro cavaliere offeso l'esercito turchesco, non lo volesse nelle mani, e malamente lo trattasse. Ma indi a poco gli fu dato il priorato di Barletta, ricco e nobile castello di Puglia; il quale tiene il secondo luogo fra tutta la religione. Fu poi a nome pur de' cavalieri mandato a Carlo V, per ottenere un luogo di fare una nuova città. Laonde dopo molti favori fattigli dall' Imperadore, per la fama delle sue prodezze fu fatto capitano dell'artiglieria dell' imperio. Ed ottenne al fine per abitazione de' Cavalieri l'isola di Malta, posta nel mare Mediterraneo distante intorno ad ottanta miglia dalla Sicilia.

Erano già scorsi dieci mesi, che Luigi Foscari era venuto in luogo del Foscolo; quando per la morte di Antonio Grimani fu assunto al dogato

Andrea Gritti. Elesse pertanto la nostra Comunità Mazzuolo Benzone cavaliere e nobile veneziano, Alessandro Benvenuto, Leonardo Zurla ambidue cavalieri, ed Alessandro Amanio dottore, i quali partiti da Crema a'13 di luglio se ne andarono a Venezia ad allegrarsi con Sua Serenità. Di là ad un mese, pubblicata la lega fatta da' Veneziani con Carlo re de'Romani, col Duca d'Austria suo fratello, e con Francesco Sforza succeduto a Massimiliano nel Ducato di Milano, furono mandati fuori di Crema tutti i partigiani de'Francesi. Avvenne ciò, perchè il re Francesco, da cui, per esser troppo lento al loro soccorso, si erano slegati i Veneziani, già s'avvicinava con grosso esercito a'confini dell'Italia. Fecesi grande provvisione di monizioni, e di molini di mano. Postisi poi i Francesi a mezzo settembre sotto i borghi di Milano, il governatore vecchio di Lodi, il quale non ostando il bando fatto contra la fazione francese, era ancora in Crema, uscito fuori con trecento fanti Cremaschi, aggiuntivi molti Guelfi lodigiani, se ne andò a Lodi, e lo prese a nome di Francia. Ma lo stesso giorno che egli lo prese, lo perdè ancora, sopraggiungendovi Massino Dossi con duecento cavalli mandati dal Duca. Indi a poco ripigliato Lodi dai Francesi, fu di nuovo bandito che tutti i forastieri si togliessero fuori di Crema. Finito il tempo del Foscari, gli successe a'6 di giugno del 1524 Giovanni Moro. Andò al suo tempo podestà a Milano Nicolò Amanio (2) nostro cittadino, gentiluomo di belle lettere e non men atto a'maneggi delle cose de'principi, che agli studi; e veramente t le che meritò essere ascritto dall'Ariosto nel bel numero degli scrittori del suo tempo, nell'ultimo canto del suo Furioso, dove egli dice:

> Veggo Nicolò Tiepoli, e con esso
> Nicolò Amanio, in me affissar le ciglia.

Era a questi tempi la Terra nostra rifugio de' Lodigiani, perciocchè per i spessi rivolgimenti di Lodi (che tal giorno due volte fu preso, quando da' Francesi e quando da'Spagnuoli), lasciata la patria, si riducevano a Crema. Se avveniva, che la città fosse presa da'Spagnuoli, subito uscivano i Guelfi e venivano a Crema. Se all'incontro se ne insignorivano i Francesi, i Ghibellini facevano lo stesso; di maniera che per sì fatte rivoluzioni si trovarono tal'ora in Crema le centinaje de'cittadini lodigiani, quando dell'una e quando dell'altra fazione. Ci vennero inoltre molti personaggi milanesi. Tralascio poi Piacentini, Cremonesi ed altri de'luoghi vicini, de'quali ce n'era gran numero (*a*). A'cinque d'ottobre dell'anno predetto fu da' personaggi della Lega fatta una dieta ad Offanengo in casa di Santo Robatto. Qui si trovò il Vicerè di Spagna, il Duca di Borbone fuoruscito di Francia, il Marchese di Pescara stipendiati dall'Imperadore: il Duca d'Urbino generale allora de'Veneziani, il Duca di Milano, e Girolamo Morone governatore dello Stato del duca Francesco. Fu creduto, che discorressero a'danni del Re di Francia, il quale poco da poi, che fu a'24 del vegnente febbrajo, rotto dagli imperiali sotto Pavia, rimase prigione col Re di Navarra, e con più di trecento de'suoi baroni (*b*).

(*a*) Morì in quest'anno il sacerdote Luigi Verdelli, e lasciò una pingue sostanza i di cui frutti dovessero distribuirsi in dote a povere zitelle ; e tal beneficio dura tuttavia, determinato a lire cinquanta austriache per ciascheduna, e ne partecipano quante ne vanno a marito sì nella città che nel territorio, purchè il parroco attesti la loro povertà. La famiglia Verdelli, estinta son pochi anni, avea avuto principio da un Giovanni venuto nel 1250 da Verdello, terra del bergamasco. Di Luigi parla il Fino due volte dopo le sue Seriane, nella *Scielta degli Uomini Illustri*.

(*b*) Tanta era l' insolenza degli Spagnuoli dopo la prigionia del

Fu a questi tempi, a'20 d'aprile del 1525, dato principio alla rinnovazione del palazzo, posto a dirimpetto della facciata del Duomo; dove sopra una barra coperta di broccato fu processionalmente portata una pietra di marmo benedetta, con lettere scolpitevi, le quali contenevano il principio di tal fabbrica (3). A'7 poi del seguente maggio si principiò l'ospital grande di s. Maria Stella. Pose il Moro, prima ch'egli si partisse, sopra l'arco del portone della piazza l'imagine di s. Marco, donatagli dal Duca di Milano, la quale altre volte era stata rapita da'Francesi a'Bergamaschi. Diede cambio al Moro a'13 di agosto dell'anno suddetto Pietro Boldù. Furono fatti sotto lui ne'tempi di carnovale molti sontuosi conviti. Uno tra gli altri splendidissimo ne fece a'11 di febbrajo Malatesta Baglione perugino, allora governatore di Crema. Trovaronsi a questo real convito ottanta persone tutte di conto. Fu parimente la stessa sera recitata una piacevolissima commedia con bellissimo apparecchio di scena in casa di Sermone Vimercato gentiluomo tra' nostri cittadini splendidissimo (4).

Re di Francia, che così il Terni d'essi racconta: « Spagnuoli in » Giarra d'Adda, et nel Cremonese fecero gli alogiamenti, cum » tanto stratio dil vivere, che tuti e populi ruinarono; una sola » voglio contare, che a impire un lepore fecero ad un poverello » spendere sette lire de Imperiali. Molti le patrie abandonarono » al hospitale avicinati, l'olio di oliva spargevano sopra le biade » de cavalli per meglio ruinare i poverelli; et se per caso se » absentavano, gli soldati volevano la spesa dil viaggio dal pa- » drone di casa, et stando nel alogiamento, uno ducato, o due » per homo d'arme ogni giuorno volevano, oltre le spese, et al- » cuni 6 ducati, alcuni 10, et 20, segondo il grado loro, di con- » tributione. Antonio da Leva in diverse parti scuti 300 al giuorno » di contributioni haveva, fino a cani gli erano assignati soldi » vinti al giuorno; le donne forzavano cum ogni dispreggio, » ne'Gelphi, ne'Gibellini conoscevano ».

Aveva la prigionia del Re di Francia in maniera insuperbiti gli Spagnuoli, che da tanta vittoria promettendosi quasi l'impero di tutta Italia, cominciàrono contra i patti della Lega a volgersi contra il duca Francesco con pensiero di cacciarlo dallo Stato. Del che avvedutisi i Veneziani, i quali a tutto lor potere volevano che lo Sforza stesse nel ducato di Milano, trattarono una nuova Lega con papa Clemente VII, il quale era succeduto ad Adriano, con il Re di Francia, con il Re d'Inghilterra e con lo Sforza, la quale dopo lunga pratica fu segretamente conchiusa a'22 di maggio in Cugnac città della Francia. E come che il Papa ed i Veneziani fossero i primi a scoprirsi, non passò però molto, che il Re anch' egli palesò l'animo suo; perciocchè a'24 di giugno fece pubblicare in Agolem la predetta confederazione alla presenza di Consalvo vicerè di Spagna. Ora assoldandosi gente d'ogni banda da'signori della Lega, furono condotti al servizio dello Sforza tre nobili cittadini cremaschi, Gio. Andrea Benzone, Giulio Sant'Angeli e Gian Andrea Parma, con trecento fanti per ciascuno. Venuto in questo mezzo a parlamento con Baglione Lodovico Vistarino, personaggio nel mestiero dell'arme segnalatissimo, e di molta autorità appresso i Lodigiani, ordinò di dar Lodi a'Veneziani, temendo non fosse saccheggiato dagli Spagnuoli che v'erano entro, i quali tuttodì commettevano infinite scelleraggini. A'25 adunque di giugno uscito di Crema il Baglione con il conte di s. Lorenzo, con Alessandro Marcello, Macone da Coreggio, Babone di Naldo, Mafeo Cagnuolo, Cristoforo Albanese, Gentile di Carbonara, Biagio Stella, Ciarpelone da Perugia, e Roncone da Verona, con milleducento fanti tra tutti, s'avviarono alla volta di Lodi. E giunti a Cavenago la notte, con le barche tragettarono l'Adda;

rimanendo di quà del fiume Giovanni da Naldo e Bino Perugino con centocinquanta cavalli leggieri; i quali postisi quasi all'incontro di Lodi, a bello studio cominciarono da questo lato ad appicciarla, a fine che gli nemici, intenti alla difesa da verso l'Adda, non s'accorgessero del tradimento che dall'altro canto si dovea fare; perciocchè il Baglione guidato da Gio. Battista Carbonazzi alfiere del Vistarino, a sette ore di notte s'avviò con molta segretezza alla volta del bastione di porta Milanese; dove dato il segno, il Vistarino che con alquanti compagni armati a questo fine si era posto in casa di Gio. Maria Modignano, corse tantosto, e fingendo di visitare le guardie ve le tagliò tutte a pezzi. Laonde i nostri appoggiate le scale alla muraglia cominciarono a salire il bastione. Entrati nella Terra il capitano Macone, il Marcello, ed il Carbonara con le loro compagnie, si drizzarono alla volta della piazza. Avvedutisi gli Spagnuoli del tradimento, a rifuso corsero all'arme, non potendo discernere gli amici da'nemici. Erano allora capitani in Lodi delle genti imperiali Sigismondo Malatesta di Rimino (quegli con cui combattè poi nello steccato il Vistarino, per la calunnia datagli ch'egli avesse tradita la patria), Cesar da Napoli, Giovanni da Nocera, Fabrizio Maramaldo, Sforza Marascotti bolognese, Alfonso Galanti, Alessandro Lampugnano, Francesco Papacodà, ed uno detto lo Spagnuoletto, i quali tra tutti avevano intorno a millecinquecento fanti. Oppostisi dunque a'nostri valorosamente, combatterono per un pezzo, ed essendo tra gli altri ucciso alla piazza l'alfiere di Macone, pareva che i nostri si ritirassero. Postosi pertanto il Baglione innanzi a tutti coraggiosamente combattendo, e tuttavia rincorando i soldati, accrebbe lor tanto le forze, che dove prima quasi erano ritirati, fecero sbaragliare gli Spagnuoli.

Di maniera che sopraggiungendovi il conte di s. Lorenzo, Ciarpelone e Biagio Stella, i quali ultimi erano entrati nella Terra, non al bastione, ma a porta Reale per esservi più agevole l'ascesa per la bassezza della muraglia, li costrinsero a ritirarsi nel castello. Rimasero allora prigioni quattro capitani, Cesar da Napoli, il Marascotti, il Papacoda, e lo Spagnuoletto; i quali furono menati a Crema. E furono svaligiati da ottocento fanti, con gli alloggiamenti loro. Giunsero intanto da Crema sei pezzi d'artiglieria, la quale subito il Baglione fece piantare a rincontro del castello. Il Duca d'Urbino, il quale consapevole dell'ordita trama partitosi la notte stessa da Chiari con le genti veneziane si era ridotto ad Ombriano ad otto miglia vicino a Lodi, avuta la nuova che il marchese del Guasto (mentre i nostri attendono a rubare) era con parecchi soldati da piedi e da cavallo entrato nella rôcca, diede con molta prestezza soccorso al Baglione. Il che vedendo gli Spagnuoli, usciti bellamente di notte per la porticella, abbandonarono la rôcca, nella quale entrò poi Alessandro Marcello. Furono poco da poi levati da Crema dodici cannoni e dodici navi di far ponti, e condotti a s. Donato non lungi da Marignano, dove per andar alla volta di Milano, e soccorrer il Duca, assediato nel castello da'Spagnuoli, signori della città, si trovavano con le genti veneziane ottomila fanti, cinquecento lancie, e cinquecento cavalli leggieri del Papa, con quattromila Grigioni. Ma non avendo effetto il disegno della Lega, il duca Francesco se ne uscì d'accordo fuori del castello, e si ridusse a Crema, dove ricevuto con molta allegrezza, ed alloggiato in casa di Sermone Vimercato, dimorò da'3 d'agosto fino a'17 del seguente ottobre. Indi fatto prima cavaliere il più giovane figliuolo del Vimercato, e promessogli quell'uffizio in Milano, che a lui più fosse a grado, e creato parimente ducal senatore Alessandro Amanio dottore, se ne andò a Cremona, dopo molte sanguinose battaglie racquistatagli da Francesco Maria duca d'Urbino, generale de'Veneziani. Fornita la podestaría del Boldù gli successe a'11 di novembre del 1526 Andrea Loredano, giovane di 24 anni, ma fatto podestà per denari. Fu ne'tempi del Loredano dato principio al rivellino del nostro castello, secondo il disegno del Duca d'Urbino. Venuto l'anno 1527 (anno famoso per il sacco di Roma cagionato dal Duca di Borbone) dal principio d'aprile fino a mezzo giugno furono continue pioggie nella Lombardia; di maniera che il Po, l'Adige, il Mincio, l'Oglio, la Mella, e gli altri fiumi uscendo da'lor vasi allagarono infiniti paesi. Seguì perciò sì fatta carestia, che il formento giunse a lire cinquanta per soma, ed il miglio a trenta, di modo che molti perirono di fame. Il Duca di Milano, il quale (come dissi di sopra) se n'era ito a Cremona, dimoratovi per otto mesi ritornò la Crema; e di là a pochi dì si ritirò a Lodi. Fu questo anno poco lieto per la famiglia de'Tadini nostri cremaschi; percioechè don Gabriel cavalier di Rodi, e priore (come già si è detto) di Barletta, uscito a'18 d'agosto da Genova con duemila fanti per affrontare i nemici, scaramucciando fu rotto e fatto prigione da Cesar Fregoso, e menato nel castello di Cremona; dove per la troppa grossa taglia che gli era dimandata, stette parecchi mesi. Alla prigionia dell'onorato cavaliere s'aggiunse la morte de'due famosi capitani, Girolamo e Fabrizio, l'uno di lui fratello, e l'altro cugino.

Erano stati eletti per rettori di Crema due Loredani, ambedue per denari. Partendosi adunque Andrea, venne Luca in sua vece alli 11 di marzo dell'anno 1528.

Fu ne'suoi tempi molto danneggiato il Cremasco, quando da'Spagnuoli, e quando da'Lanzichinecchi condotti in Italia dal Duca di Bransovico a favor dell'Imperadore. Fu tra le altre ville abbruciato Montodine, Moscazzano, parte di Credera, Rubbiano, Rovereto, ed il Casaletto. Nè solo ci diedero il guasto i Lanzichinecchi e gli Spagnuoli, ma molto ci danneggiarono le genti ancora di Monsignor di s. Polo; il quale a'18 d'agosto passò dietro le mura di Crema con un esercito d'ottomila fanti, quattrocento uomini d'arme, ed altrettanti cavalli leggeri mandati dal Re di Francia in soccorso della Lega. Fu inoltre non poco travagliata Crema col Cremasco dalla pestilenza; la quale questa estate s'appicciò quasi per tutta Italia. E come che molti ne morissero, fu però questa d'assai minor danno di quella del quattordici; di maniera che a paragone di quella, le genti chiamarono questa un morbetto. Levato il Loredano con poco onore dal reggimento di Crema (5), fu mandato in suo cambio a'25 di novembre dell'anno predetto Filippo Trono, il quale era podestà a Bergamo. Furono parimente sotto il Trono molto danneggiate le ville del nostro contado dalle genti veneziane, alle quali, alloggiando su il Lodigiano di quà d'Adda, fu per carestia di vettovaglia concesso da Polo Nani provveditore del campo, che potessero a lor piacere trascorrere su il Cremasco (*a*). Correva l'anno 1529

(*a*) Qui pure descrive il Terni lo stato deplorabile del nostro contado, dicendo, che ritiratisi i Veneziani di quà dall'Adda misero gli alloggiamenti nelle ville del Lodigiano e della Ghiara d'Adda, dove non trovando da vivere, per volere di Polo Nani provveditore, si diedero a saccheggiar il Cremasco di biade, fieni, ed animali; e tutto quello che trovavano, peggio che non i nemici facendo, de'quali almeno eravamo sicuri attorno alle mura, quando spaventato il Duca di Milano per la prigionia di Monsignor di s. Polo, il quale con grande uccisione de'Francesi era stato fatto prigione verso Landriano d'Antonio da Leva, partissi da Lodi, e di nuovo se ne ritornò a Crema, ed alloggiò nel suo solito albergo di Sermone Vimercato. Non passò l'anno predetto, che furono altresì saccheggiate molte ville del Cremasco da verso Cassano, dove trovavasi il Duca d'Urbino con le genti veneziane: di maniera che di quando in quando non solo dagli stranieri soldati, ma da'nostri ancora eravamo danneggiati *(a)*.

rapirono sino sulle porte della Terra; gli uomini facean prigionieri, assoggettandoli a taglia per liberarli, e molti ne uccisero, senza che gli uccisori venissero nè puniti nê ripresi. Molte ville comperarono dal provveditore salvocondotto, qual costò loro più di duemila ducati, pur alfine anch'esse furono parimenti spogliate.

(a) In quest'anno sul finir di dicembre tanto fu gagliardo vento di tramontana, che la maggior parte del territorio nostro fu coperto di foglie di castagno portate dalle montagne di Bergamasca.

ANNOTAZIONI AL LIBRO VIII.

(1) *Gabriele Tadino.*

Il compilatore delle Illustri Genealogie Cremasche mette quale stipite del casato Tadino in Crema certo Cristoforo che viveva nel 1380, nè dice d'onde venuto; e perchè sembra che il detto compilatore scrivesse l'opera sua nel secolo XVII, con le notizie che a lui furono somministrate dalle famiglie medesime ch'egli imprese ad illustrare, e forse per commissione di quelle, così è da credere che qualche volta eccedesse nel lodare, non mai che tacesse pregio alcuno noto per istoria, o per tradizione. Riescono quindi sospette tutte le aggiunte fatte a quel libro, quantunque non tutte si possa asserire essere false; e tanto più sospette, quando appartengano a potenti famiglie, nelle quali fiorirono uomini cospicui, imperocchè di adulatori non v'ha mai scarsezza, e corsero tempi in cui fu di moda l'arte d'andar a cercare i fondatori delle nobili prosapie insino ne' figliuoli di Noè. E appunto fra i Tadini tante furono persone illustri, oltre Gabriele, nome celebratissimo in tutte le storie della sua età, che di tali menzogne parecchie potrebbero essere state spacciate. Trovo infatti in un manoscritto, che per autorità del Boldonio, la famiglia Tadini proveniva dalla Macedonia, e chi sa forse non fosse quando regnava Pirro, adducendone in prova che Tolomeo numera fra l'altre di quella Provincia anche la città chiamata Tadino. Dalla Macedonia passò a Brescia, senza che si sappia nè come nè quando, e vi si trovava nel 1096 quando Gottifredo Buglione andò alla conquista di Terra Santa, perchè un Ardizzone Tadino lo seguitò, conforme racconta la Storia Bresciana di Ottavio Rosso. Prosiegue poscia con altri, senza mai dirne come fossero congiunti fra loro, asserendo che Ottonello Tadino fu nel 1121 uno degli espugnatori della rôcca di s. Martino di Gavardo; che Aliprando combattè contro Federigo I nel 1160, generale dell'esercito bresciano; che Enrico fu all'altra crociata del 1217; che Josalvio intervenne al celebre comizio tenuto nella città di Brescia a tutela della Chiesa nel 1252, per esortazione di papa Innocenzo IV, avendo già, l'anno prima, Giovanni tenuto il freno al cavallo montato dal Papa medesimo, allorchè in Brescia entrò, insieme a Bartolomeo Rodengo; che nel 1340 a' tempi di Luchino e Giovanni Visconti viveva Stefano nato in Caravaggio (è qui da osservarsi che nessuno di tanti nomi venne imposto ai nipoti e pronipoti, come usavasi allora per conservar la memoria degli illustri progenitori, se si eccettua Giovanni ed Enrico, fra tutti i più volgari); e giugne finalmente a quel Cristoforo, che il compilatore delle Genealogie nomina il primo.

Contentandoci noi da qui cominciare, che non è questa per avventura origine oscura, nè troppo recente, sarà forse utile assunto il provare come Gabriele fosse veramente Cremasco, lo che molti contrastano, ed anzi la maggior parte degli scrittori dei tempi suoi, quasi cosa vera e provata, lo chiamano Bresciano; ed alcuni, forse con maggior fondamento, lo vogliono Bergamasco. Che quel primo Cristoforo, il quale si elesse in Crema la sua dimora, provenisse da Brescia o da Bergamo, o da Tadino di Macedonia, ciò poco monta, ma egli è certo che vivea qui ricchissimo sino dall'anno 1380. Ebbe due figli, il primogenito de' quali, per nome Michele, esercitò la medicina, professione nobilissima a que' dì al pari di quelle della legge e dell'armi; sì che ad alcuna delle tre quasi tutti i giovani patrizj, che non aspiravano al chiericato, solean dedicarsi; e chiamavasi il secondo Tadino, anche ciò usato sovente d'imporre a persona il nome medesimo del casato. Questi due fratelli fiorivano verso il 1405, e perciò è necessario il credere o che venissero fanciulli col padre, o che qui nascessero poco dopo la sua venuta. Essi formarono due famiglie, delle quali quella di Tadino s'estinse dopo cinque generazioni, e l'altra di Michele durò sino a' dì nostri. Di Michele figliuolo si fu Clemente, padre di Gabriele; e perchè egli che aveva vasti possedimenti a Martinengo, castello del territorio bergamasco, colà ritirossi nella seconda metà del secolo XV, come credono alcuni per viver lontano dal romor della guerra, ne riportò il soprannome di Martinengo aggiunto al cognome di Tadino, il quale trasmise anche nel figlio, in quel castello nato ed educato. Da un tal soprannome giudicarono i più fosse Gabriele della rinomata famiglia Martinengo bresciana, e ciò spacciossi allora senza contraddizione; ma i Bergamaschi invece, sulla fede di fra Celestino, autore della Storia Quadripartita di Bergamo, cappucino nativo di Martinengo, quale terrazzano loro lo riputarono. E sì di lui, come di parecchi altri, gareggiarono illustri città a chiamarlo lor figlio, prova onorata d'eccelso merito. Ma certo si è che suo padre era Cremasco; e se non egli, che quasi fanciullo abbandonò la patria senza più tornarvi a dimora, sì i suoi fratelli e cugini e discendenti, non mai disconobbero questa patria, quantunque vagassero in molte contrade, condottivi dalle loro militari imprese, chè sempre in quella famiglia prevalse l'amore dell'armi.

Nacque Gabriele, come già sopra dissi, nel castello di Martinengo da Michele Tadino verso il 1475, nè si sa chi fosse sua madre, rade volte trovandosi prima del secolo XVI i nomi delle mogli de' cavalieri scritti sugli alberi genealogici, quando non fossero di sì distinti casati, della cui parentela il marito se ne tenesse onorato; o forse perchè gli alberi genealogici vennero compilati la maggior parte nel secolo XVI, quando già parecchi nomi avea fatto il tempo dimenticare. Della sua infanzia e della prima gioventù non è rimasta altra memoria, se non che attese assiduamente allo studio delle matematiche. Assai di buon'ora dedicossi al mestiere dell'armi, ed entrò al servizio della Repubblica veneta, sotto il cui dominio era nato, e, conforme l'inclinazione sua, fu all'artiglieria destinato, nuove ed incerte essendone ancora a que' tempi le discipline; e fervorosamente del pari attese a tutta quanta è vasta l'arte delle fortificazioni. Non andò guari che conosciuto il Senato quanto ei valesse, accordògli i principali comandi; anzi per timore che instigato da altri Sovrani non mancasse al servizio suo, lo mandò in Candia. Ma appunto a quel tempo Solimano imperatore de' Turchi, padrone già della Siria, della Giudea, dell'Arabia, dell' Egitto e della Mesopotamia, preparavasi contro i Cristiani. L'anno 1522 spedì costui una flotta nel Mediterraneo, la quale dopo varie imprese finalmente piombò sopra Rodi. Il gran mastro di Rodi Valerio Isle-Adam, atterrito da quella sorpresa, ne' frequenti consigli tenuti coi cavalieri, venne informato da Antonio Bosio del valore e della perizia di Gabriele; per cui voglioso d'averlo a presidio dell'isola, mandò il Bosio stesso in Candia all'ammiraglio veneziano Domenico Trevisan, ed al Generale di terra, acciocchè lo soccorressero in tanto pericolo coi loro legni, e gli mandassero il Tadino per rifare ed accrescere le fortificazioni. Ma nulla il Bosio ottenne, essendogli risposto che senz'ordine espresso della Repubblica non era permesso loro mancare alla pace che durava tuttavia tra i Veneziani e i Turchi, nè poter accordargli il Tadino, acciocchè non fosse pretesto al Sultano di romper con essi la guerra. Irritato il Bosio da tale risposta, furtivamente trattò col Tadino, e lo indusse a fuggire la notte con due suoi compagni che vollero seguitarlo. Ma uscita la nave dal porto, non avendo fatto ancor lungo viaggio, incontrò fiera burrasca, per cui gli fu forza approdare di nuovo all' isola, tenendosi però all' áncora in luogo nascoso. Il giorno appresso accortisi i Veneziani della mancanza de' tre fuggitivi, tosto i generali mandarono due triremi in cerca della nave del Bosio, e pubblicarono nell' isola che se vi fossero ancora nascosti, venissero tosto, sotto pena di morte a chi nol facesse, tradotti al lor tribunale. Le triremi fecero il giro tutto all' intorno, ma la nave Rodiotta nascondendosi fra gli scogli non venne scoperta. La notte appresso essendo cessato il vento, potè far vela per Rodi, dove giunse felicemente, e ingannata la vigilanza dei Turchi, riuscì d'entrare in porto. Giunto appena chiese Gabriele al Gran Mastro d'essere ascritto nella religione, il quale con nuovo esempio, creduto alla sua asserzione in tutto ciò che debbono gli altri formalmente provare, non solo il fece Cavaliere, ma Gran Croce inoltre, promettendogli il primo luogo di dignità che sarebbe vacato. Lo creò generale di tutto il presidio, e assegnògli 1200 ducati d'oro di stipendio. I Turchi intanto speravano espugnar la fortezza con le mine, e preparatene quindici, ciò venne a notizia di Gabriele, che tosto con grande silenzio quindici contromine fece scavare, alle quali dando improvvisamente il fuoco, tutti i loro lavori in un momento distrusse.

La fortezza di Rodi aveva cinque gran baluardi dalla parte di terra, dove appariva in forma rotonda, col nome ciascuno delle diverse lingue che n'erano a difesa; e verso il mare formava una mezza luna, sui corni della quale ai bei tempi della Grecia poggiavano i piedi del celebre colosso, fra le cui gambe passavano le navi. I Turchi dunque tutta in terra la cinsero col loro esercito, e rivolte le batterie contro i baluardi degli Inglesi e de' Francesi, cominciarono a fulminarli; ma Gabriele del pari con altre batterie al di dentro ne fece grande strage: ed uscito poscia la notte, piombando su quelli che s'erano avvicinati alle fosse, attaccò fiera zuffa, nella quale fingendo di ritirarsi, trasse il nemico sotto il cannone della fortezza, e colà interamente lo sbaragliò. Atterriti gl' Infedeli da questo primo fatto, vedendo aver essi tanta gente perduta, intanto che dei nemici pochissimi erano i morti, cominciarono ad ammutinarsi, sì che mandatane notizia al Sultano, deliberò egli stesso trasferirsi all'assedio.

Al suo arrivo, avendo condotto gran copia d'esercito, sì che dicevasi esservi stato a quel campo trecentomille combattenti, ogni tumulto cessò, ed egli fe' dar principio a batter le mura. Gli assediati non erano più di cinquemille, ma gente coraggiosa tutta e forte, sì che risolutamente si difendeva. Terribile guasto davano alla Terra le bombarde de' Turchi, rovinando edificj, ed uccidendo gente per tutto, onde il Tadino facea stare sentinelle sull'altissima torre di s. Giovanni, le quali con certi segnali avvisandone la guarnigione al momento dello scoppiare, cercava ognuno alla meglio mettersi in salvo. Nel tempo medesimo i Turchi costruirono una strada coperta, e giunsero al muro esteriore della fossa, del quale stando a difesa, e circondando i forti, impedivano coi colpi loro ai Cristiani di comparir sui bastioni; ed a questo trovò riparo il Tadino, col collocar batterie da traverso, le quali a' fianchi ferendo, se bene da lontani punti, pure valsero a farli affatto sgombrare. Allora i Turchi diressero i loro sforzi al bastione de' Tedeschi, e fatti forti argini con graticci e terra, cercarono d'espugnarlo, e tosto tali lavori dal cannone del forte vennero pienamente distrutti, sì che dovettero abbandonarne il pensiero; e lo stesso accadde loro alla torre di s. Nicola. Ma non perciò cessavano i Turchi dall'assalire, e ai torrioni degl' Inglesi, de' Spagnuoli e degli Italiani ad un punto voltarono l'armi, e con tanta violenza di artiglieria, che in poco tempo rovinate le mura, caddero a ispianare le fosse, sì che restava aperto l'adito per entrare nella fortezza; al quale pericolo mirando Gabriele, avvisò che agli estremi mali si richiedono estremi rimedj, onde con pochi scelti, quella via a sè stesso rendendo proficua, uscì dalle mura, e, sorprese le sentinelle nemiche, entrò negli accampamenti, nei quali sbigottiti i soldati, invece che difendersi, si diedero precipitosamente alla fuga; ond'egli ritornò a' suoi con molti prigionieri, non avendo perduto che un uomo solo. Ciò mise in costernazione i nemici, sì che Solimano vedendo non cavarne profitto da quella maniera di guerra, ad altro volse il pensiero, cignendo la Terra di stretto assedio, e provandosi con le mine se superarla potesse. In prima rese generale l'assalto, indi per ben due volte fece impeto nel bastione degl' Inglesi, ed ambedue le volte venne respinto. Mustafà suo Visir combatteva da quella parte, e già molti Turchi montavan le mura, quando Gabriele essendovi accorso, dispose alcuni piccoli cannoni sulla maggior sommità, e prestamente li fece precipitare. Allora assaltossi il bastione degl' Italiani, indi quello degli Spagnuoli, ma sempre inutilmente, sì che dovettero i Turchi con grande perdita ritirarsi. Morirono di loro cinquemille contro gl' Inglesi, settemille contro gl'Italiani e tremille contro gli Spagnuoli. Ma Solimano, disposto l'esercito a guisa d'arco, tutta circondò la fortezza, onde su d'ogni punto con egual furore combattere. Per molte ore durò il conflitto, assai pericoloso per li Cristiani, pochi a difendere un circuito sì vasto; onde Tadino correndo da un luogo all'altro, riparava a' danni presenti col muovere schiere, preveniva i futuri provvedendo de' migliori duci i posti più pericolosi, e dove animando a combattere perchè il cimento lo richiedeva, dove raffrenando l'ardire soverchio per risparmiare i soldati, giunse a sostenersi con sì grand'arte, che non potendo in luogo alcuno penetrare i nemici, rintuzzarono quel primo ardore; ond'egli allora, e con la forza delle artiglierie, e con lo scagliare de' bitumi ardenti, ed altri artificiati fuochi, che giù dall'alto insieme a'sassi incessantemente cadevano, li ridusse loro malgrado suonare a raccolta, onde non perir tutti sotto di quelle mura. Raccontasi che in tale fatto d'armi ventimille Turchi morissero.

A tale sconfitta tanto Solimano s'afflisse, che disperato quasi si nascose nella sua tenda, senza voler più mostrarsi a'soldati; e colà non curandosi insino delle sue più geniali mollezze, stavasi col capo velato, com'è costume de' Turchi nelle lor traversíe, e compreso da tale tristezza, che i suoi più fidi n'aveano spavento. Ma finalmente, risoluto di ritornarsene a casa, già la flotta ottomana erasi appressata al lido, già si strappavano le tende, e sulle navi trasportavansi l'armi e le munizioni, con gran contento di tutti i Turchi, che riguardavano quella Terra come la lor sepoltura. Ma la perfidia di un soldato Epirota fece sì che Solimano cambiasse del suo proposito, poi che gli fu rivelato essere gli assediati ridotti agli estremi, mancanti di viveri e di munizioni da guerra, pochi ed infermi, e per sopra più mal sicuri anche della fede de' cittadini, onde non potea a meno, che al primo assalto non fossero per cedere. Da questa speranza rianimati i barbari, tornarono agli assalti, e Mustafà, già destinato al governo della Siria, prima di partire assalì nuovamente il baluardo degl' Inglesi per tre giorni di seguito, destinandovi i veterani de' Mamalucchi, ma sempre respinto, perdè la speranza di poter conquistarlo. Dall'altra parte il pascià Pirro tentò con le mine il vallo degl'Italiani, senza potere egli pure cavarne profitto alcuno. Finalmente combattendo Gabriele al baluardo degli Spagnuoli, mentre attendeva a ricostruire nuove difese, poi che l'inimico era già entrato, côlto il sabbato 11 ottobre d'una palla d'archibugio nell'occhio, del quale poi ne rimase cieco tutta la vita, costretto fu a ritirarsi. E qui il Terni osserva che losco al pari di Annibale, Antigono, Filippo Macedone e Sertorio, così d'essi al pari meritò fama d'ottimo capitano.

Perduto il bastione, quantunque anche senza di lui assai valorosamente combattuto avessero i suoi compagni, giovarono i ripari di già costrutti a trattenere alquanto il nemico, sì che egli fu in tempo a riaversi tanto, per poter accorrere a ricostruirne di nuovi, tosto dopo che quelli erano stati spianati. Nè questa conquista de' Turchi costò lor poco sangue, imperocchè più e più migliaja d'uomini ebbero a lasciarvi la vita.

Ma sì i Cristiani quanto gl' Infedeli trovavansi ridotti agli estremi, mancanti di tutto, e quasi insin di coraggio, quando il Gran Mastro chiamò a consiglio il generale di terra Tadino e l'ammiraglio della flotta. Volea questi che si cedesse alla fine, asserendo non essere più possibile di sostenersi; e Tadino invece con sue ragioni sforzavasi di provare, che in pochi dì i Turchi sarebbero stati costretti di levar l'assedio. La disputa fu lunga, e più calda alquanto che non si convenisse, onde l'Ammiraglio che da questo avea rilevato in che confidasse, e di che temesse il Tadino, fece gettare nel campo ottomano una lettera legata a una freccia, nella quale suggeriva a Solimano che facesse costruire un altissimo argine al monte Filoremo, dalla parte della torre di s. Nicola, il quale superasse le mura, e in cima a cui posta la più grossa artiglieria, tutta la città dominando, potrebbe in breve distruggerla. Ciò in una notte da Solimano fu fatto, mettendo al lavoro tutto l'esercito, e la mattina, quando se ne avvide il Tadino, tosto lagnossene col Gran Mastro, dicendo che l'Ammiraglio li aveva traditi, e tanto il tradimento apparve chiaro e venne provato, che senza ritardo alcuno fu il perverso Ammiraglio condotto a morte.

Prima però di cominciare a distruggere la città, mandò Solimano alcuni araldi ad intimare la resa, promettendo onorevoli patti. Allora il Gran Mastro radunato numeroso consiglio, permise a ciascheduno dire il proprio parere. Pochi sostennero doversi seguitare la guerra, i più invece ne mostrarono l'impossibilità, e Tadino fu tra questi ultimi, dicendo, che per la gloria s'era già fatto abbastanza, troppo per la difesa d'un' isola che, sì vicina ai loro mortali nemici, anche superata la presente fortuna, sarebbe presto caduta in loro potere. D'essi per nulla curarsi i principi cristiani, e rimanersene indifferenti spettatori d'un conflitto, da cui pareva in allora dipendesse soltanto la sorte de'cavalieri, e che perduto, sarebbero diventati i Turchi padroni di tutto il mare Mediterraneo. Ma se a riparar tanto male non avevano atteso coloro cui si spettava, come poter più i cavalieri impedirlo? Morti la maggior parte, i pochi rimasti feriti, stanchi e senza soldati. Non più munizioni da bocca, non più da guerra. Perdute le vecchie trincee non rimanere che i nuovi ripari deboli ed imperfetti, e per soprappiù le bocche de'nemici cannoni non già oltre i valli e le fosse, ma vedersi rivolte al capo. Nondimeno offrir Solimano la pace. Perchè ricusarla? Per morire inutilmente fra quelle rovine, e perder così la speranza di potere in nuovi incontri giovarsi del valor de' superstiti?

Dopo di quel consiglio avendo il Gran Mastro deliberato di arrendersi, ne successe quella capitolazione coi Turchi tanto celebre in tutte le storie d'Europa. Ma perchè il Tadino era dai Turchi più che qualsiasi altro Cristiano odiato, temendosi di loro perfidia, fu tenuto nascosto sino al momento della partenza, ed imbarcato con gli altri, toccata appena Candia, volle egli tosto condursi a Roma. Colà dal sommo pontefice Adriano VI fu non poco onorato, indi dal suo successore Clemente VII venne concesso all' imperatore Carlo V, il quale ad onorevoli patti nelle sue milizie lo accolse.

Sparsa la fama del favore che Cesare a Gabriele accordava,

il Gran Mastro di Rodi, con tutto l'Ordine de'cavalieri, lo incaricò d' intercedere presso di lui, acciocchè venisse altra sede assegnata al suo Ordine; ond'egli andatone come ambasciatore al Sovrano, ottenne l' isola di Malta, della quale in breve i cavalieri presero possesso, e per premiarne il Tadino, fu a lui conferito il Priorato di Barletta nell'anno 1525.

Lo creò indi Carlo V generale di tutta la sua artiglieria, e per lungo tempo si conservarono nel castello di Milano parecchi cannoni, su cui era scolpito il suo nome.

Con tale incarico fu mandato dall' Imperatore a varie guerre, e finalmente a quella di Genova, dove Cesare Fregoso, soccorso dall'armi di Francia, mirava a soggiogare la patria. Colà messo al comando di tutte le forze austriache, fu sorpreso la notte de' 18 agosto 1527 dal Fregoso, e fatto prigioniero, nel quale incontro perdè anche un suo fratello per nome Gerolamo, ed un cugino Fabrizio, i quali valorosamente combattendo rimasero morti, o forse solo gravemente feriti; imperocchè il Terni racconta ch'entrambi morirono in Crema, Gerolamo agli 11, e Fabrizio ai 13 d'ottobre, e furono sepolti in s. Domenico negli antichi monumenti della famiglia (lib. XI). Gabriele condotto nella rôcca di Cremona dovè riscattarsi a prezzo di quattromille ducati d'oro, o dodici mille, forse, d'argento, come attesta il Terni, che propriamente viveva a que' tempi.

Dopo di ciò pare che affatto rinunciasse al mestiero dell'armi, e trasferitosi a Venezia morì nel 1543, o secondo altri nel 1544, e venne sepolto in un avello di marmo nella chiesa de' ss. Giovanni e Paolo. In onore di lui fu una medaglia battuta, dove egli è effigiato con lunga barba in abito di cavaliere gerosolimitano, a cui sta intorno questa leggenda: *Gabriel Tadinus Bergomas Eques Hierosolimitanus Cæsaris tormentorum præfectus generalis*; ed al rovescio sono quattro cannoni sulle ruote, col motto: *Ubi ratio ibi fortuna profuga* - MDXXXVII. (Tintori).

Chi volesse da questa medaglia giudicare della patria di Gabriele Tadino, ei converrebbe dire fosse Bergamasco; ma gioverà qui avvertir brevemente alcune cose, le quali forse non a tutti cadranno in pensiero. Io non so dove, nè per commissione di chi la medaglia venisse coniata, perchè in nessun luogo tale notizia trovai, ma se i Bergamaschi ebbero parte nel rendere a lui quest'onore, certo che lo dovevano chiamar Bergamasco, ed anche con ragione, perchè nel territorio loro era nato; se il Tadino medesimo prestò il suo assenso per le parole della leggenda, sarebbe prova questa amar egli essere così chiamato; ma nell'una supposizione e nell'altra sarebbe parimenti vero altresì, senza distruggere l'esposto nella medaglia, ch'egli era figlio di padre cremasco, che nacque per caso in territorio limitrofo, e che la sua famiglia non mai abitò in Bergamo, nè ebbe cittadinanza in quella città, se non per quanto si spetta a poderi e case di sua ragione ch'erano in quel territorio.

Racconta Fra Celestino nella sua Storia Quadripartita di Bergamo, che durante la guerra tra Carlo V ed i Francesi, passando questi da Martinengo, non vi fecero danno alcuno per rispetto della patria di Gabriele.

Fu anche chi pensò che Gabriele appartenesse alla famiglia Martinengo cremasca, ch'io non so se così chiamata perchè derivasse da quel castello, o fosse un ramo della bresciana, essendo lungamente durata in Crema cospicua; ma ciò non ha fondamento di sorta.

(2) *Nicolò Amanio.*

La famiglia degli Amanj poco innanzi a quest'età era venu... ad abitare in Crema, e fu il primo Bettino che vi prese dimora nel 1468. Egli ebbe tre figli, Nicolò, Francesco e Alessandro. Quest'ultimo entrato in grazia a Francesco II Sforza, fu fatto Senatore di Milano, e colà trasferì la famiglia sua. Francesco visse sempre in Crema, ed ebbe numerosa discendenza. Incaricato di onorevoli ufficj assentossi sovente Nicolò dalla patria, sostenne le podesteríe di Cremona e di Milano, e procacciossi fama di poeta e letterato illustre; della qual cosa oltre l'autorità dell'Ariosto, qui citata dal Fino, assai prove ne somministra il Bandello in più luoghi del suo Novelliere. Delle numerose poesie da lui composte, non si curò egli darne in luce nessuna, e perciò è da credere molte n'andassero smarrite, e le poche che ne rimangono è necessario cercare in parecchie raccolte pubblicate da altri. Egli lasciò tre figliuoli, de'quali i discendenti del primo trasmigrarono in Lodi e del terzo in Ancona. Que' del secondo durarono in Crema sin quasi al secolo XVIII. Gio. Paolo Amanio, proposto de'ss. Giacomo e Filippo, e vescovo d'Anglone, anch'egli valente poeta, era figlio di suo fratello Francesco.

(3) *La Piazza e le pubbliche Fabbriche che furono e sono in quella.*

Nel tempo che Crema venne fondata non v'era che una sola chiesa nel suo recinto, detta la Madonna della Mosa, ma angusta troppo per contenere la nuova popolazione. È tradizione volgare, che tutta consistesse nel presente altare della Madonna in Duomo, o poco più, e che l'imagine della Vergine che vedesi anche presentemente dipinta sul muro, sia quella medesima che in allora vi si trovava, rinfrescata però nel 1508, come narrossi già sopra. A dir vero quel quadro non ha l'aspetto di esser stato dipinto nel V o nel VI secolo, quando non l'avesse il pittore, che la rinfrescò in tempi assai migliori per l'arte, disegnata nuovamente di sua fantasía, conservando soltanto la disposizione e l'attitudine delle figure. Nè ciò dico per far credere sia quello assai pregevole quadro, ma perchè i contorni non appajono di gusto greco, come sono in tutte le pitture di quell'età. Tale chiesetta nondimeno, fondata come oratorio a principio, è da credersi divenisse parrocchia in breve, perchè presso avea il cimitero; o che almeno alcun sacerdote d'altra chiesa fuori del lago, v'entrasse ad amministrare i sacramenti. Numerose nella rifabbrica del Palazzo del Comune si trovarono le sepolture, ed una fra queste con la data dell'anno 375. Egli è vero che credesi aver avuto Cremete le sue case a Palazzo, prima ancora della fondazione di Crema; ma quantunque la chiesa di quella villa mostri per la sua vetustà essere l'unica fra le antiche che in tutto il territorio nostro non sia stata rifabbricata, pure nè v'ha memoria che allora vi fosse, nè si può giudicare per la sua costruzione opera del IV o V secolo.

Per relazione del Terni si sa che la prima chiesa eretta in Crema dopo la sua fondazione si è stata quella di s. Benedetto, e ciò fu verso il 589, vale a dire diciannove anni dopo, e cominciato da poco il secolo VII, due altre ne vennero erette, cioè quella di s. Sepolcro ad occidente della Terra, e l'altra di s. Pietro a tramontana, e tutte e tre fuor dalle fosse come chiese de' borghi, i quali furono chiamati coi nomi medesimi. Ma da nessuno è ricordato che chiesa alcuna dentro le fosse si costruisse; nè può supporsi che la sola cappella della Madonna della Mosa bastasse a capir tutto il popolo, che pur tutto a quell'età era cristiano, senza infezione d'eresia. Forse che per qualche tempo bastò ingrandire alla meglio l'oratorio, quanto appena bastasse all'uopo, intanto che ciaschedduno era intento a costruire le case, ed innalzare le mura; e se così fu, certo che fra le abitazioni si lasciò sgombro tanto terreno su cui capisse la chiesa, precisamente nel luogo medesimo dove adesso si trova, e forse della larghezza medesima, ma alquanto più corta, perchè dinanzi alle case che sono rimpetto al coro eravi una contrada, vasta com'è tuttavia dalla porta posteriore del vescovado, la quale metteva in piazza, proprio appiè del campanile.

Nel modo stesso che non ne è rimasta memoria della prima fabbrica della chiesa, nessuna memoria ne fu lasciata dell'altra vastissima fabbrica pubblica, che portò il nome una volta di Palazzo del Comune, ed ora con diversi nomi addomandasi, conforme gli usi diversi a cui venne destinata. E in que' principj forse si murò quale abitazione di Cremete, che divenuto signore della nuova Terra, dovea qui risedere per amministrar giustizia, ritenendosi l'altra che aveva a Palazzo, quale villa sua di diporto. Tolta dunque per centro la cappella della Madonna, e segnatovi appresso lo spazio che doveva comprendere la chiesa maggiore, anche le piazze furono divisate come veggonsi oggidì, cioè la meridionale e l'occidentale, chè l'altra piccola davanti al Vescovado fu aperta più secoli dopo. Tutto il lato dunque che guarda a mattina, comprendendo anche lo spazio della contrada d'Ombriano, per entrar nella quale passavasi sotto una vôlta, e di più il lato dove presentemente v' ha il Municipio e la piazzetta del Vescovado, in linea con la facciata del Duomo, si destinò pel Palazzo Pubblico, chè quantunque fossero umili i principj di sì piccola Terra, pure il signore di questa volle avervi albergo di principe. Solo fra il Duomo e il Palazzo, dov' è adesso la sacristia chiamata in addietro della Madonna, ed ora de' canonici, eravi il Battistero, nel quale non si entrava dalla chiesa, ma dalla piazza. Gli altri lati poi furono lasciati per le abitazioni private. Tutte le vie che in piazza mettevano erano all'ingresso coperte di vôlte; nè ardirei assicurare tale si fosse la prima sua costruzione, nondimeno sembra probabile che sì, imperciocchè considerandole come porte, delle quali si chiudevano i cancelli in tempi pericolosi, e vi si appostavano guardie, pare che in quella prima età così torbida, più che in qualunque altro siasi tempo, dovessero tali precauzioni venir suggerite. La piazza innanzi al lato meridionale del Duomo aveva due pozzi pubblici, de' quali nessuno scritto ricorda, ma che furono già pochi anni scoperti, allorchè si volle dare più facile scolo alle acque piovane. Ed anche questi giudico cavati a quell'epoca, in cui la necessità del murare, e gli scarsi pozzi nelle case private, avranno fatto procacciare quel comodo agli abitanti. Nè forse durarono a lungo aperti, chè nelle molte occasioni ch'ebbero gli scrittori di descrivere la piazza per feste od altro, mai di questi non è fatta menzione. Cessato il bisogno per la costruzione di numerosi pozzi nelle case, convien credere che quali ingombri venissero poco appresso coperti.

Il Palazzo deve essere stata una delle prime fabbriche che si facessero, perchè di là doveva movere il governo e l'ordine di tutta l'isola, grande e magnifico, ma di quella magnificenza che i tempi e le circostanze poteano permettere, perchè le arti in gran decadenza, e in que' principii, forse che fra tanta gente veniticcia la maggior parte erano operai, nessuno architetto. La chiesa invece, a costruire la quale si richiedevano più abili maestri, più diligenti artefici, e maggior copia di materiali adatti a tal uopo, e perchè inoltre, proprio in quell'età, che da poco la religione cristiana aveva cessato d'essere perseguitata, sì che innumerevoli tempj s'innalzavano dovunque, era divenuto costume ne'popoli, usar quanti mezzi stavano in lor facoltà di renderli vaghi e maestosi, tanto che alla divozione ed al fervore loro corrispondessero. Se si vuol prova che in ciò anche i Cremaschi non vollero essere da meno degli altri, ne è rimasto tal monumento nella porta maggiore del Duomo, che nessuno può mettere in dubbio. Que'pochi marmi scolpiti che formano gli stipiti e l'arco, sono tutto ciò che ne rimane d'antico, ogni altra cosa essendo andata dispersa, come suol sempre avvenire nel mondo per la moda, e pel desiderio di cose nuove, da cui sono indotti gli uomini più che a fare, a distruggere. Que'pochi marmi adunque, se bene rozzamente scolpiti, attestano chiaro in quale età lo sieno stati, e quanto esser dovesse grandioso il tempio a cui davano ingresso; imperciocchè non iscadono punto dagli altri scolpiti all'uso medesimo ne'secoli VI e VII, per le principali basiliche della Lombardia; e in conseguenza di ciò l'opera del nostro tempio non potea essere intrapresa in quella confusione di fabbriche, mentre tutto ancora mancava, periti artefici e convenevoli materiali; a tale ch'è necessario arguirne essersi differita a tempi più tranquilli, e quando gli abitanti, maggiormente agiati, potessero sopperire alla spesa di condurre periti architetti ed apprestar loro tutto quanto si richiedesse.

Dopo quella lontana età, in cui le maggiori moli ebbero principio, non lasciandone altra storia che le tracce d'essere state, scorsero quasi sei secoli, del quale tempo ogni memoria è andata dispersa, se si eccettua quella d'alcune gesta guerriere, tramandata più da narrazioni straniere, che non da peculiari documenti nostri, e di ciò manifesta n'è la cagione, avendo il sacco e l'incendio del 1160 tutto distrutto, quanto dentro le nostre mura si conteneva. La descrizione fatta dal Terni di quello spaventoso disastro basta a convincerne che nulla fu possibile salvare allor dalle fiamme, anzi sembrerebbe quasi non altro esser rimasto ad indicare dove prima Crema sorgesse, e quanto terreno coprisse, che un ammasso di sole rovine. Federigo perdonò agli abitanti, ed anche permise loro trasportassero fuori il più che potevano caricare sopra della persona, ma può bene ognuno immaginarsi quante avessero cose preziose ben maggiormente che non pergamene, libri ed altri simili impacci. Gemme, oro, argento, addobbi, e infermi inoltre e feriti e fanciulli e tramortite donne. Vuota che fu di abitanti la terra, i soldati entrarono a devastarla, e riuscì angusta per tanto esercito. I primi entrati voleano tutto rubare per sè, gli ultimi ovunque trovavano saccheggiatori non più bottino; onde irritati appiccarono il fuoco alle case, e così in una notte tutto fu arso. Nè bastò questo, imperocchè i confinanti nostri, i quali avrebbero voluto che mai più Crema sorgesse, impresero coi picconi ad abbattere i muri, quali il fuoco non aveva potuto ardere; ma perchè il demolire è faticoso quasi come l'edificare, così ben presto se ne stancarono, lasciando in tale stato le fabbriche, che il popolo minuto, cui non era rimasto ricovero, tornò ad abitarvi dentro coprendole alla meglio. Anche delle chiese, racconta il Terni, che ne venne fatto esterminio; ma in quanto doveano essere più solide che non gli altri edifici, così anche meno ne avranno sofferto danno. Quindi venticinque anni dopo la sua distruzione, venne Crema riedificata sulle antiche sue fondamenta, a riserva di pochi cambiamenti fatti per maggior comodo degli abitanti.

Un secolo dopo, cioè nel 1284, intrapresero i Cremaschi a rifabbricare la chiesa maggiore, o perchè forse i sofferti guasti l'avessero resa pericolosa, o perchè solo dispiacesse loro la vieta sua costruzione. Dicesi sia stata opera de' soli Ghibellini, e che v'impiegassero cinquantacinque anni di tempo per condurla a capo. Salio Landriano podestà vi fece poi dipingere sulla facciata l'imagine di s. Ambrogio e le insegne ducali, le quali pitture, dice il Terni, che a' tempi suoi quasi non apparivano più. Vollero inoltre i Podestà milanesi che anche in chiesa si dedicasse un altare a s. Ambrogio protettore di Milano, che fu quello oggidì dedicato a s. Marco. La sua forma era conforme al gusto di quell'età, semplice d'ornati, e tale dentro come tutt'ora ne appare l'esterno che non fu riformato. Conoscendo ciascuno che la porta maggiore non è scoltura di quella età, così è a supporsi fosse rimessa la vecchia. Nel tempo medesimo, al credere del Terni, venne fatta una notabile aggiunta anche al Palazzo del Comune, cioè la torre sopra le stanze del Municipio, eretta dai Guelfi per lor sicurezza, nel corso di soli due anni. Nel 1345 fu anche aperta la porta del palazzo che mette alla scala, trovandosi forse allora la principale rimpetto al Duomo; e perchè nel tempo medesimo venne anche costrutta una magnifica sala per radunarsi il Consiglio sopra il portico dov'è adesso il Corpo di guardia, così io credo che la nuova porta e la scala parimenti a quest'oggetto venissero aperte. Demolite poi le fabbriche le quali ingombravano la piazzetta innanzi al Vescovado, fu nel 1499 la sala a miglior forma ridotta, chè dovea la vecchia avere scarsezza di luce.

La desolatrice peste del 1361, avendo quasi d'abitanti resa deserta Crema, i pochi rimasti si votarono a s. Pantaleone, eleggendoselo a protettore, quando avevano prima i santi Antonio, Sebastiano e Vittoriano. La peste cessò, e sino d'allora si instituì la festa e la processione che tuttavia dura a' 10 di giugno. L'altare che primo a questo Santo fu dedicato, forse fu quello presso alla sacristia, cioè dove adesso è la cappella del Crocifisso, scrivendo il Terni che a' suoi dì si vedevano colà molte pitture rappresentanti i miracoli del santo Martire, dov'erano figure vestite con gli abiti usati all'età che infierì quella peste. E pare intenda fossero dipinti a fresco, a'quali, forse guasti per vetustà, altri quadretti in tela vennero sostituiti e di questi alcuni se ne conservano tuttavia dipinti senza dubbio dopo il 1500, dove le figure sono vestite non già con le fogge del medio evo, ma con le romane del basso Impero.

Assunti al dominio di Crema Paolo e Bartolomeo fratelli Benzoni, essi non abitarono il Palazzo Pubblico, ma sì bene la casa loro a quello vicina, cioè la moderna casa Martini. Poco essi durarono nella signoria, e morirono di peste nel 1403, lasciando Bartolomeo in testamento che lo seppellissero all'altare di s. Donato nella Chiesa maggiore. Il Duomo allora era attraversato d'una inferriata, la quale chiudeva la parte superiore della chiesa ch'è tra le porte laterali e l'altar maggiore; ed era inoltre nel luogo medesimo attraversato da due gradini. Ora dal testamento di Bartolomeo Benzone si ha notizia che quest'altare era vicino al cancello, sicchè dovea essere o quello in oggi dedicato a s. Lucia, o l'altro rimpetto a s. Giovanni Evangelista. Ma in quell'occasione ei prescrisse doversi l'altare di s. Donato dedicare a s. Martino, devoto a questo Santo per essergli stata decretata la Signoria nel giorno della sua festa. Se ciò si eseguì, lo che è incerto, la sua disposizione non ebbe assai lunga durata, specialmente se l'altare di s. Donato si era il medesimo che in oggi di s. Giovanni Evangelista, perchè ai tempi del Fino era intitolato di s. Apollonia. (Seriana XII.ª).

Anche Giorgio Benzone, successore di Paolo e Bartolomeo, non abitò nel Palazzo Pubblico, ma nella propria casa, posta nella contrada de'Civerchj, come credono alcuni, o all'asserir d'altri vicino alla piazza della Solata. Poco o nulla quindi del Palazzo curò, ma bensì diedesi cura di abbellire la chiesa. Fece dipingere l'ancona dell'altar maggiore da un Rinaldo da Spino, e credo avrà il quadro rappresentato la Vergine Assunta, ma non è quello certamente che ora sta in fondo al coro. Nell'odierna cappella della Madonna venne per sua commissione eretto un nuovo Battistero in mattoni, di forma ottangolare, sostenuto da colonnette rotonde a foggia di tempietto, dentro cui si poteva comodamente passare tra le colonne e il vaso dell'acqua santa; e sopravi una piramide alta sino alla vôlta. La chiesetta di s. Giovanni ch'era da lato, stata sino allor Battistero, fu chiusa e ceduta in seguito al Comune, il quale in ricognizione offriva ogni anno due torcie il giorno di s. Giovanni Battista. Rimase il Battistero in quel luogo quasi un secolo intero, e incominciata poi nel 1307 la divozione all'immagine della Beata Vergine ch'era colà dipinta, si trasportò all'odierno altare del Crocifisso, dove veneravasi s. Pantaleone; e venne a s. Pantaleone dedicato l'altro al lato opposto del maggiore, tuttora sussistente. Se bene in nessun luogo si trovi come e quando venisse instituita la collegiata, pure a questi tempi, cioè verso il 1410, non solo sussisteva, ma usavano già i canonici convivere insieme, essendosi la Canonica ingrandita, forse acciocchè potessero tutti capirvi, ed ebbe poi compimento nel 1466 sotto il governo di Leonardo Zurla, forse proposto. La Canonica era fabbricata dove ora è il Vescovado, dietro l'ala del palazzo che guardava a sera, nella cui ala l'anno 1453 essendosi istituito il Collegio de' Notai, fu messa la lor residenza, col nome di Notarìa. Essendo passata Crema sotto il dominio veneto nel 1449, sembra che subito in odio de' Milanesi venisse a s. Ambrogio levato in Duomo l'altare, perchè trovasi che soltanto sette anni dopo era intitolato altare di s. Croce, e l'avea in proprietà la famiglia Palotta. (Ronna, tom. 3). Tosto l'anno 1450, per secondare anche nella divozione i loro nuovi padroni, instituirono i Cremaschi di fare un'annua obblazione il giorno festivo di s Marco, indi nel 1456 si decretò dedicargli l'altare di s. Croce.

L'anno 1453, se bene io non trovi sia stata peste, pure fu invocata la protezione di s. Sebastiano, a preservazione di questa, e forse per sospetto o indizio alcuno che fosse apparso, imperocchè questa invocazione fu fatta con parte presa nel generale Consiglio, dedicandogli un altare, che è quello stesso il quale col titolo medesimo sussiste ancora, e si decretò che ogni anno nel giorno della sua festa venisse a quello presentata una pubblica offerta. L'ancona che vedesi là dipinta in tavola, uno de' più bei quadri che vanti la nostra patria, è opera posteriore di Vincenzo Civerchj, la quale intraprese nel 1515 pel convenuto prezzo di ventinove ducati d'oro, pagati dai Consoli della Matricola de' Mercanti. All' immagine di s. Sebastiano, che sta nel mezzo del quadro, si vollero aggiunti ai due lati s. Rocco e s. Cristoforo: il primo forse perchè si suol dai fedeli invocare a preservazione della peste, cagione che avea fatto erigere l'altare, e l'altro per esserne forse devoti i mercanti.

In proporzione alla grandezza della chiesa parve fosse troppo angusto il presbiterio, quindi nel 1485 si prolungò la fabbrica posteriormente per quello spazio che è dopo il campanile, togliendolo alla contrada in allor pescheria; la quale pescheria destinossi sulla piazza maggiore di s. Domenico. Agli 8 agosto 1488, si fondò in piazza una colonna di pietra bianca, e ciò a chiaro di luna, racconta il Terni, e sopravi l'antenna per innalzare lo stendardo di s. Marco, ma pochi giorni dopo l'antenna fu spezzata dal fulmine, e per molti altri non se ne fece più altro. Ma indi, nè è detto quando, venne trasportata innanzi al lato meridionale del Palazzo, stando prima proprio rimpetto alla contrada d'Ombriano, e colà s'inalberò lo stendardo. Di questa colonna nessun più ricorda, e può essere che venisse levata nella rifabbrica del Palazzo.

S'egli è vero che fu architetto il Bramante dell' arco della piazza, il quale volgarmente da noi Torrazzo si chiama, e ciò asserisce Antonio Maria Clavello in una sua relazione latina scritta nell'anno 1670, ed anzi che sia venuto a Crema egli stesso a dirigerne la costruzione, convien dire che si fondasse o sulla fine del secolo XV, o sul principio del XVI, imperciocchè si è questa l'epoca in cui egli soggiornò lungamente a Milano, ed indi passato a Roma, non si sa che tornasse più in Lombardia. Quella massiccia molle ha tutta l'apparenza infatti del tempo in cui l'architettura cominciava a spogliarsi dalle forme gotiche, per ritornare al bel gusto romano; e a tale riforma appunto il Bramante attese con indefessa cura. Che tale fabbrica non sia stata costrutta a un tempo solo col palazzo che la chiude in mezzo, appare chiarissimo, imperciocchè in nulla corrispondono l'una all'altra, nè scorgesi vestigio d'alcun carattere che le manifesti opere d'un ingegno medesimo. E perchè trovo in Terni che nel 1499 pensarono i Cremaschi di ingrandire la piazza, così suppongo che sia stato in conseguenza di quel nuovo ornamento. Venne infatti a quell'epoca abbattuta la porzione del palazzo, che seguitava a filo della facciata del Duomo, sin dove è adesso il Corpo di guardia, e trovossi di così solida costruzione, ch'è detto essere tanto costato forse allora il distruggere, quanto secoli prima il costruire. In quello spartimento stava la Notarìa, già Battistero, la Cancelleria del Comune, e l'officio de' Consoli de' mercanti. In tal modo la Canonica, che rimaneva in prima coperta, ottenne luce dalla piazza immediatamente. A quell'età la strada grande che dalla piazza metteva alla contrada di Serio, era quella chiamata in oggi il Cimarosto, e che dicevasi una volta dell' Olmo; e ciò rimase sino all'anno 1825 in cui aprissi la nuova contrada, col nome degli Orefici. Un'angusta viuzza però, coperta la maggior parte, da cui nè carri nè carrozze poteano passare, vi stava aperta anche allora. Entro quella aveano gli ebrei il loro ghetto. Quando ad essi quel domicilio si concedesse, non è da nessuno narrato, ma certo vi dimoravano nel 1509, quando corsero pericolo d'essere saccheggiati, come il Fino racconta. Durarono poscia a lungo, ma non si sa quando venissero discacciati. Pure verso la metà del secolo XVII non v'erano più, perchè lo storico Canobio avea la sua casa proprio dove era il Ghetto.

Non passò guari dopo la fabbrica dell'Arco di Bramante, che volendosi maggiormente abbellire la piazza, fu ordinata la rifabbrica del Palazzo del Comune che guarda a mattina, per tutta la larghezza della piazza medesima, entrando anche alquanto nella piccola strada che mette alla casa Martini, se bene in questo tratto senza portici e spoglia d'ornati, con intenzione forse di abbatter le case che lo nascondono, rendendo così la piazza maggiormente vasta, e dandole più comoda ed appariscente entrata. Racconta il Terni che tutta quella parte del palazzo per vetustà minacciava cadere, onde non sembrava strana la supposizione che fosse stato fondato quando Crema ebbe principio. Nondimeno guardando anche adesso l'interno dell'edificio, a fatica potrebbesi credere che tutto là dentro sia stato rifatto da soli tre secoli. Fu nel cavare le fondamenta di tale rifabbrica, che si trovarono le antiche sepolture di cui s'è altrove parlato, manifesta prova che, coperte una volta sotto quell'edificio, per quasi mille anni rimasero dimenticate. Grande solennità venne celebrata nel mettere la prima pietra il giorno 27 aprile 1525, e trascrive il Terni molti versi latini recitati nel durare della cerimonia. L'anno medesimo sull'Arco della piazza fu collocato lo stemma della Repubblica veneta, cioe il leone alato, e ciò dimostra che già costrutto era il Torrazzo. Ma quel leone non era già quello che fu rapito dai Francesi insieme al quadro di Vincenzo Civerchj, bensì un altro tolto ai Bergamaschi e lasciato a Milano.

L'anno 1547 sotto il podestà Girolamo Barbò venne rifabbricato il Palazzo verso la Canonica, e nel 1557 posto un altro leone alato sull'alto della Torre del Municipio, la quale, come il Fino racconta nel libro IX, aveva il podestà Costantino Priuli fatta dipingere. E questo, come leggevasi nell'inscrizione postavi sotto, era propriamente il leone dorato tolto dai Francesi ai Cremaschi. Gli anni però e le intemperie delle stagioni gli aveano fatto perdere la doratura, come cancellata fu affatto l'inscrizione, sì che agli ultimi tempi della Repubblica veneta nulla di questo più si vedeva. Nel 1552 il podestà Luigi Mocenigo, che fu poi Doge, fece dipingere a fresco una sala nel Palazzo, dov'era rappresentata in varj quadri la vittoria di Renzo da Ceri sopra Silvio Savelli. Carlo Urbino ne fu il pittore, e fra le opere sue a fresco era questa la più pregiata. Ora s'ignora anche dove si fosse. I principali de'nostri pittori cremaschi, tutti e dentro e fuori del Palazzo dipinsero, ma nulla più rimane di que' lavori.

Sulla sommità della facciata del Duomo erano state messe ad ornamento tre torricelle, ed avendone svelta una il vento l'anno 1578 (Fino, lib. X) e fattala cadere in chiesa, anche le altre due si levarono. L'anno medesimo venuto il visitatore apostolico mons. Gio. Battista Castelli vescovo di Rimini (Fino, *ibid.*), oltre le bandiere e i stendardi, fece levare anche un altare di s. Eligio detto de' Ferraj, ch'era ad una colonna appoggiato; e nel demolirlo vi si scoprì un'imagine della B. Vergine, che sulla colonna medesima era dipinta. (Tintori).

Sino dall'anno 1497, desiderosi i Cremaschi d'avere un vescovo, e togliersi così alla giurisdizione di tre diocesi, cioè la Cremonese, la Piacentina e la Lodigiana, le quali il territorio nostro si dividevano, misero due istanze, l'una al Principe e l'altra al Sommo Pontefice, mandando forse alcuni illustri cittadini a presentarle, perchè è detto essere stato a spesa del prete Andrea Clavello. I Veneziani avrebbero assai volontieri accondisceso a questo lor desiderio, perchè nello spirituale doveva Crema dipendere da' vescovi, la cui sede era fuor dello Stato; ma per allora, mancando tutto quanto era necessario, cioè le entrate per la mensa, e i mezzi per l'erezione del vescovado, così cadde a vuoto l'impresa. Sino al 1545 più non si parlò di tal cosa, o almeno non fu fatto nulla che rilevasse, ma a quest'epoca dicesi che il cardinal Cesis, commendatario dell'Abazia di Cereto, avesse offerto la sua Commenda per ciò; ma ignorando quali condizioni chiedesse, ch'egli a quanto pare voleva venderla e non donarla, come la vendè infatti ai Dolfini, così ignorasi il perchè non venisse accettata. Fu indi proposto l'anno 1563 monsig. Paolo Amanio per vescovo, il quale dotava il vescovado con la sua prepositura de' ss. Giacomo e Filippo, ma ciò nè pure riuscì; e finalmente l'anno 1580, si ridusse la canonica in vescovado, e nominò il Papa per primo vescovo Gerolamo Diedo. A quella prima fabbrica poco aggiunsero i vescovi successori, ai quali bisognava per ogni spesa assottigliare il lor beneficio. Il secondo vescovo Gio. Giacomo Diedo, fu quegli che consecrò la Cattedrale a' 14 gennajo 1585.

Usavasi anticamente giovarsi delle campane del Duomo quante volte abbisognasse al Comune render nota al popolo cosa alcuna, per la ragione che tutto il materiale della chiesa era di sua proprietà. Al vescovo Gio. Giacomo Diedo non piaceva quest'uso, quindi pregò i Provveditori, che facessero mettere la campana nella torretta dell'arco della piazza, colassù fabbricata a tal uso, e sì lo compiacquero nell'anno 1594.

Il campanile della Cattedrale, come attesta il Canobio, venne alzato sotto il podestà Massimo Falier, cioè l'anno 1604. Sarebbe difficile il volere determinare d'onde si cominciasse ad alzarlo. Il vecchio costrutto nella rifabbrica dovea già essere molto alto, poichè dice il Terni, che costava più di dodicimille ducati; rimprovero che diede il podestà Bernardo Barbadico ai Cremaschi, perchè non voleano spendere altrettanto nella fabbrica delle mura. Per attestazione del Terni medesimo sappiamo che nel 1549 il campanile suddetto avea tre corone. La nuova parte aggiunta non potea essere dunque che il cono posto sopra la terza corona; ma perchè sarebbe stato d'assai strana costruzione se in tutto ne fosse mancato, così io credo che forse troppo tozzo apparendo, abbiano voluto coll'allungarlo renderlo maggiormente svelto e piacevole all'occhio.

La miracolosa immagine del Crocifisso stata messa sul fuoco l'anno 1448, rimanea tuttavia appesa al muro, quando nel 1610 si pensò destinarvi un altare. Fu scelto quello dove trovasi anche oggidì, nella cui cappella eravi il Battistero. Venne questo dunque trasferito fuor dalle mura del tempio, fra le sacristie presso alla porta di settentrione, e non in altro differisce dall'antica chiesetta di s. Giovanni, che per avere l' ingresso dalla chiesa, invece che dalla piazza; nè da quel luogo fu più rimosso, quantunque alcuni cambiamenti vi si facessero nell'interno. Il trasporto della Sacra Imagine fu fatto solennemente, e venne collocata nella sua nicchia dopo una magnifica processione per la città. Quasi un secolo dopo, cioè nel 1708, per eccessive pioggie che guastavano le biade, venne collocato sull'altar maggiore, dove il clero, i magistrati ed il popolo accorsero ad invocarlo, e n'ottennero la serenità. Di tale grazia si celebra anche in oggi l'anniversario nella prima domenica di luglio. Si divisò indi ingrandire la sua cappella, prolungandola nella strada che è dietro il Duomo, come già s'avea fatto del coro, quando prima non era più lunga dell'altra sua pari di s. Pantaleone, che sta propriamente sotto al campanile.

Nel Palazzo del Comune l'anno 1628 il podestà Gerolamo Venier fece dipingere una sala istoriata de' fatti della Gerusalemme liberata del Tasso, ma non si sa da quale pittore, e vi pose una statua vestita alla ducale, rappresentante lui stesso. Fu questa chiamata la sala Veniera, nome che conservò lungamente; ma a'nostri dì ignorasi quale sia. Parimenti in questo anno venne collocata la statua di s. Pantaleone sulla facciata del Torrazzo che guarda alla piazza. La porta che mette alla scala per cui si va all'odierna residenza municipale, ed in allora albergo del podestà, era stata nella rifabbrica costrutta di legno dipinto, col proposito di rifarla in marmo, ma ciò non s'era mai fatto; quindi nel 1632 il podestà Falier la volle cambiata, e nell'occasione stessa fu tolta di là anche la corda del martorio che pendea sotto l'arco, trasportandola vicino al Torrazzo: e questa era la corda per punire, condannando i delinquenti ad uno, due o più tratti, il podestà a suo arbitrio, e non già quella che usavasi ne' tribunali per cavare dalla bocca de' rei la confessione de' loro misfatti.

Sulla parete esteriore del Duomo, nè è detto in qual luogo, stava dipinta un'antica imagine della Vergine a cui il popolo avea divozione, quindi nell'anno 1632 venne costrutta espressamente la vôlta sotto il coro, dove con gran cura il dipinto fu trasportato in uno con parte del muro, e fu messa col titolo di Madonna del Popolo.

La parte del Palazzo posta a mezzodì dell'Arco, era a questi tempi Armería, e forse da un pezzo, ma gli Accademici Sospinti, società letteraria cremasca, ottennero che venisse sgombrata, trasportando il tutto in castello, e ad essi ceduta per le loro adunanze. Parecchi podestà che amavano le lettere se ne dichiararono protettori, e le ottennero privilegi dal Principe, con dotazione d'una metà di certe multe che allora usavansi imporre a chi avesse recato danno altrui. Ma non tutti la pensarono nel modo medesimo, e il rettore Francesco Valier, cui altri spassi piacevano, volle nel 1646 che una truppa di comici venisse qui a recitare. Crema non aveva teatro ancora, quindi fu giudicata adatta a tal uso la sala de' Sospinti. Questo nuovo spettacolo a meraviglia allettò, essendo per soprappiù la truppa composta d'abili mimi, alla direzione di cui era certo Orazio del Sole, che il Canobio chiama protocomico. Dopo provato quello spasso, le fredde adunanze degli Accademici divennero agli spettatori nojose, anzi non promovevano che sbadigli. Si offesero i dotti a quell' inurbano contegno, e molto più perchè sovente era lor tolta la sala per darla ai commedianti, onde la Società cominciò a stancarsene. A darle quindi maggiore tracollo due altri casi avvennero, l'uno che fu spogliata della sua dote, perchè ai Podestà successivi piacque quel provento spendere in diversa maniera, e l'altro che alla commedia successe il dramma in musica l'anno 1659 cantato nella lor sala. Dopo d'allora l'Accademia non già si disciolse, ma cessò dal più radunarsi, e la sala divenne il pubblico teatro. Così durò fino al 1716, epoca in cui si prefissero i Cremaschi voler fabbricare un teatro vero, alle sole rappresentazioni sceniche destinato; quindi lasciata la sala libera, parve questa luogo opportuno per radunarvi il pubblico Consiglio, e così fu fatto; permettendo però che anche gli Accademici Sospinti potessero tenervi le loro adunanze; e vi fu messa a quell'epoca tale inscrizione:

THEATRALIBUS LUDIS
HANC ARISTOCRATIS SEDEM
LITERARUM ATHAENEO
PUBLICIS CURIS ET AUSPICIIS
PATRIA NOBILITAS SUBROGAVIT
ANNO MDCCXVI.

Presentemente i piani superiori di questa parte del Palazzo sono destinati a tribunale dell' I. R. Pretura.

Dentro il Duomo l'anno 1650 fu fatto un nuovo cornicione per attaccarvi gli arazzi, onde convien credere che di tal membro quella fabbrica mancasse affatto. Già da un pezzo miravano i Cremaschi a procacciarsi un magnifico quadro, per collocare sull'altar di s. Marco, e ne avevano data la commissione a Guido Reni, uno de'più celebrati pittori di quell'età. Guido nel 1642 era morto, lasciando il quadro imperfetto, anzi poco più che abbozzato, e nondimeno gli eredi tutto intero pretendevano il prezzo convenuto per rilasciarlo. Ciò fece ritardare alquanto l'acquisto, ma finalmente nel 1666 mandarono apposta a Bologna chi lo pagasse e lo trasportasse. Questo bel quadro fu collocato in luogo mal proprio, imperocchè assai più che non gli altri finiti abbisognando di luce, trovasi invece nel luogo più oscuro della chiesa, dove per poche ore del giorno, ed allor solo che illumina il sole, puossi distintamente vedere. Ricordando lo Zucchi all'anno 1736 dei due scalini che attraversavano il Duomo, e che durarono poi sino all'ultimo racconciamento interno, quale linea che divideva gli uomini dalle donne, nulla dice però dell'inferriata che anticamente vi stava. Nelle maggiori solennità, usando il podestà ed i provveditori andare in chiesa alla messa ed a' vespri, erano poste le loro panche appiè della scala per cui si ascende all'altar maggiore, ma nel 1747, volendo anch'essi aver luogo nel presbitero, decretarono d'ingrandirlo. Per questo ne nacque briga col Vescovo, ma nondimeno ne vennero a capo. Come tale ingrandimento si facesse nessuno racconta; pur è da credersi che la scala sola sia stata mossa, trasportandola inverso alla porta.

Finalmente nell'anno 1776 s'incominciò la rifabbrica nell'interno del Duomo, e venne ridotto come vedesi presentemente nel corso di quattro anni. Ne fu architetto Giacomo Zaninelli cremasco, Academico Clementino, e pittore de'fregi Orlando Benutti di Treviglio. Tre palle nuove fece in quest'occasione il nostro cremasco pittore Mauro Picinardi, allievo de'Ciguaroli di Verona. L'una di s. Pantaleone che venne messa all'altare di questo Santo, pel quale altare compose anche la lunetta che vi sta sopra, unendo insieme parecchi antichi quadretti di miracoli che si credono di Carlo Urbino, e le connessioni colorando col suo pennello. L'inscrizione al medesimo altare che dice

D · O · M

ET DIVO PANTALEONI MARTIRI

CREMENSES PESTE LIBERATI

IV ID. JUN. MCCCLXI

VOT. SOL.

L · L · M

forse fu copiata dall'antica che stava in tutt'altro luogo. La seconda palla di Picinardi si è quella di s. Lucia, posta dalla munificenza del c. Manfredo Benvenuti (Ronna, t. 3). La terza quella della Visitazione della B. Vergine, altare ricostrutto a spese de' calzolaj. Parimenti la nobile famiglia Braguti supplì alla spesa dell'altare di s. Sebastiano. La palla in coro della Vergine Assunta è pittura di Carlo Urbino, o almeno sua certamente la parte superiore; perchè l'inferiore degli Apostoli vogliono alcuni sia d'altro insigne pennello, cioè di Vincenzo Civerchj. Dello stesso Civerchj due altri magnifici lavori stavano in Duomo, l'uno l'Annunziazione della B. Vergine sui portelli dell'organo, che nel rimodernare la chiesa andarono smarriti, l'altro della Morte pur della Vergine, quadro grandissimo che stava appeso alla parete laterale dell'altare della Madonna, parimenti tolto di là per rabbellir la cappella, ma che tuttavia si conserva in una sala del Monte di Pietà. (Terni, Fino, Figati, Canobio, Tintori, Zucchi, Ronna).

(4) *Convito di Malatesta Baglione.*

Il Terni tutta questa festa descrive minutamente, ed essendone egli stato testimonio di vista, credo far cosa grata ai lettori, riportandola con le parole sue stesse, come documento delle costumanze di quell'età.

1526. « Malatesta Baglioni Perossino, che da Venitiani fu » poi fatto capitano generale de la fanteria, havendo nela terra » nostra gli alogiamenti, l'ultima domenicha di carnovale a 11 » di febbraro fece una solenne festa et cena, come intenderete, » a quale invitate furono tute le nobile donne di Crema cum » li loro mariti et molte forastiere. Alogiava il splendido capitano nela casa di Santangioleschi nela Porta Umbriano ala » piazza vicina; a meggio il giuorno si comincia a ballare, e » nascoso il sole andarono a casa di Sermon Vimercato, dove

» per recitare una comedia era aparechiato; fornisse a due » hore di notte, et i convitati al luogo di la festa ritornano. » Il Potestà cum tuta la corte, il Camarlengo, il sig. de la » Rovere genovese, Patrone in parte di la Abbazia nostra, il » sig. Renato Trivultio cum la consorte, il conte Giovan Boro- » meo, il sig. Alvise de Gonzaga, il sig. Cesare Fregoso geno- » vese, la sig. Ludovica Landriana contessa di Pandino, la » consorte dil conte Gian Francesco dela Somaglia, il conte » Alberto Scotto capitano di gente d'arme di Venetiani, che » nela Terra alogiava, il conte Alexandro Donato venetiano » condottiere di cavalli legieri, et la moglie, tre Capitani spa- » gnoli che erano ala custodia di Soncino, Lione Cusmara mi- » lanese, il Cagnuolo, Ronchone, Giovan de Naldo, Alexandro » Marcello, Fabritio Tadino, tuti Capitani de fanteria, che » alogiavano in Crema cum molti nobili di la Terra, che al » numero di ottanta tutti ascendevano.

» In tavola non furono metuti luminarij alcuni, che tanto » era il splendore delle torce che gli era chiaro come de meggio » giuorno. Benchè sule strate coperte fossero, corsero due raggie » di fuoco con grande furore sotto il coperto da un capo » all'altro, mentre che si lavarono le mani; nel assetarsi tanto » strepito di pifferi et trombe, che insordirono le genti da » ciascun lato; sentarono ala costuma francese. Dodese vasi » dorati furono prima portati pieni di braggie, metuti in » tavola per scaldarsi le mani, cum profumi; in uno eravi il » Dio d'amore che ardeva, nel altro la Fenice, nel altro la » Salamandra, nel altro un agnello sacrificato sopra l'altare, et » in uno de gli altri Mutio Scevola; il resto era senza figura. » Poi gli furon portate queste vivande, cinque sorte per posta » a 14 piatti per sorte, che erano ogni volta piatti 70 ».

Marzapani e fugazzette cum malvasia dolce . .	N.° 24
Salata verda	» 14
Salata de cedri	» 14
Salata de gniffi	» 14

Salata de minucij, cioè di viscere et colli d'ucelli	N.° 14
Lingua salata	» 14
Pernise a tre per piatto	» 14
Tordi otto per piatto	» 14
Polpette di vitello	» 14
Torta biancha	» 14
Sapuore pavonazzo	» 14
Pipioni a lesse tre per piatto	» 14
Mezzi agnelli de nanci	» 14
Ravioli cum grassa di vitello	» 14
Torta verda	» 14
Sapuore bianco	» 14
Fasani	» 14
Anedre	» 14
Pasticci di carne pista	» 14
Torta de peri	» 14
Salsa verda	» 14
Due anadre che parevano rostite e andarono via.	
Testa di vitello	» 14
Brodo lardé di vitello	» 14
Petti di vitello	» 14
Torta di herbe	» 14
Sapuore rosso	» 14
Pavoni et gallo montano	» 14
Lengue di vitello	» 14
Meze lepore rostite	» 14
Pasticci de oseletti vivi	» 14
Limoni cum zucharo	» 14
Caponi a lesse	» 14
Carne di manzo	» 14

Persuti di porcho . . . . N.° 14
Pasticci de cervelli . . . . » 14
Sapuore giallo . . . . » 14

Porchetti da latte . . . . » 14
Pasticci de pernise due per pasticcio . . . . » 14
Caponi a rosto . . . . » 14
Sfogli di zucharo, butiro e cinamomo . . . . » 14
Sapuore beretino . . . . » 14

Duij caponi che parevano rostiti, e che fugirono via.
Daijni due integri a rosto in piedi dorati sulle barelle.

Coniglij . . . . » 14
Lepore in gelatina . . . . » 14
Offelle . . . . » 14
Mostarda . . . . » 14
Coniglij due vivi in pasticci che fugirono, parevano cotti.

Galatia di color rosso . . . . » 14
Galatia biancha . . . . » 14
Biancho mangiare di polpe di caponi . . . . » 14
Latte-mele . . . . » 14
Canoni ovvero storti . . . . » 14

Gelo de cotogni una scatola per piatto . . . . » 14
Copeta una scatola per piatto . . . . . . » 14
Peri guasti . . . . » 14
Mandole candite in zucharo . . . . » 14
Peri moscatelli canditi . . . . » 14

« Data l'acqua ale mani si rimeterono le tovaglie, et furono
» portate vivande quadragesimale come quà è scritto ».

Salata de radici cotta . . . . N.° 14
Salata de capari . . . . » 14

Anchiove in aceto, e passule . . . . . . N.º 14
Botarge . . . . » 14
Arenghi in brovetto . . . . » 14

Lamprede fritte . . . . » 14
Pescharia minuta . . . . » 14
Temoli, e botrice fritte . . . . » 14
Olive . . . . » 14
Ravioli quadragesimali fritti . . . . . . » 14

Trotte a lesse integre de libre 4 l'una e 5, e una de libre 17. . . . . » 14
Luci a lesse grossi . . . . » 14
Pasticcij de anguille . . . . » 14
Civeli in brovetto . . . . » 14
Mandolato . . . . » 14

Botatrice grosse da latte . . . . » 14
Ove di trotta in minestra . . . . . . » 14
Anguille in brodo . . . . » 14
Schenale . . . . » 14
Pasticcij de' carpioni . . . . » 14

Sardoni de libre 1 1/2 fritti . . . . . . » 14
Carpioni de libre 2 fritti . . . . . . » 14
Tonina . . . . » 14

Fava spatulata cum pignoli et una coperta di zucharo . . . . » 14
Composta de zuche cum zucharo . . . . . » 14

Anguille a rosto . . . . » 14
Minestra de viscere di pesce, figadelli, budelle et latte . . . . » 14
Pessi persegi fritti . . . . » 14
Finochi in aceto . . . . » 14
Sardoni in gradella fritti . . . . . . » 14

Tenconi di laco a lesse	N.° 14
Sapuore di mandole e zenzere	» 14
Lumache a guazzetto	» 14
Pischaria in sapore	» 14
Torta di pistacchi e zucharo	» 14
Ostrige due barili	» 24
Gambari	» 14
Citronati di zucharo	» 14
Latuche di paste	» 14
Fichi sechi	» 14
Mandole cum uva passa	» 14
Noci bianche sparse di acqua rosa e zucharo	» 14
Pistachi	» 14
Charobe	» 14

Sono di grasso piatti	N.° 788
Di magro	» 650
In tutto piatti	N.° 1438

» Dopo la cena un pezzo si balla, et data la colazione si » fornisse il giuoco.

» Il giuorno seguente per il conte Alberto Scotto fu uno » triumpho cum una solennissima cena fatta alli medesimi si» gnori et citadini, ma tuti non gli andarono, astrachi già, et » fastiditi, cum superbissimo aparato nela casa de figliuoli di » Giangiacobo Zenaro sula Solata, cum tanto ordine et genti» lezza, quanto ingenio humano si possa imaginarsi ». (Terni, lib. XI).

(5) *Podestà Loredani.*

Dopo avere il Terni raccontato le estorsioni usate da Antonio da Leva a Milano, passa a raccontare quelle dei due Podestà fratelli Loredani suoi imitatori in tal modo:

» Marcho Foschari a 14 di ottobrio (1528) a Crema agiunge » dal Senato di Venetia mandato a fare processo contra di » Andrea Lauredano che fu Potestà di Crema, et hora di Bressa, » et contro Lucha Lauredano in que' tempi Potestà di Crema, » per le estortioni per loro fatte a Cremaschi, et molti furono » esaminati, sichè il processo fu di 1160 foglij; ambi furono per » dinari fatti, come vi ho detto. Era Lucha Lauredano di etade » d'anni circa 55, senza pelo in barba come femina, largo di » gotte, palidissimo, mai rideva, colerico oltremodo, biastema» tore crudelissimo, a ognuno facilmente diceva vilanie, et a » tirar il danaro solicito e vigilante. Mettevano questi due » Lauredani il Calmiero sopra la biava, cosa nela Terra nostra » inusitata, et la facevano vendere lire 20 la soma, quando » tra vicini, et a Bergamo era 40 e 50 lire venduta, et tuta » la fecero portare dentro, cusì che neancho le semenze et il » vivere gli rimasero; ne a tale effetto gl'indusse la compassi» none de'poveretti, che nela Terra erano, ma il sfrenato desio » di menare le mani, et di crassarsi nel poverello sangue de' » Cremaschi, come vedereti. Mettuto il Calmedro fanno prohi» bitione sotto pene gravissime che alcuno non venda biave » nè grossa, nè piccola, senza sua licentia, per il chè era bisogno » a poveretti stare due, ovvero tre giuorni a battere ala porta, » et pregare che fatto gli fosse il bolettino, che più di danno » era il tempo perduto, che non valeva due staroli, come di» cemo noij, di formento o di miglio. Fatti pur quando a loro » piaceva gli bolettini, facevano comandar le biave da portare » in piazza, per vendere dove a loro piaceva, tolendo a tale » efetto le più triste, per serbar le migliori a loro guadagni, » perchè più spazzamento, e maggiore precio havevano in ciascun

» luoco, et tuta si consignava ad uno solo che la vendeva,
» perchè anco la libertade tolta era al patrone di poterla dare
» a chi li bolettini havessero. Unde tanta calcha per haver la
» biava quivi se radunava, che tuto il giuorno molti consuma-
» vano, nanci che potessero havere il grano, nè pur volevano
» che per l'Anime de' Morti si desse per elemosina pane, acciò
» che di maggior quantitade fussero mancanti. Scrissero a
» principio a ciascuno le biave che havevano, et se gli con-
» tadini ad ogni richiesta loro non le consegnavano, erano
» bruschamente condannati, et distenuti, perchè nanche dil suo
» senza pena mangiare lecito gli era. Vetarono poi a Contadini
» che non vegnesseno nela Terra acciò non mangiassero dil pane,
» ad effetto che maggiore quantitade di mandar via gli rima-
» nesse, et facevano il Mercato il Sabato fori dele porte, et se
» alcuno portava fuori di la Terra pane gli era tolto anche che
» uno solo ne avesse, et ale donne cerchavano quando ussire
» solevano da la Terra fin dove non è licito ad ognuno porre
» mano, cum tante lacryme tal hor de poveretti che carichi
» de figliuoletti erano, che morevano di fame, che i sassi ave-
» rebbero pianto; benchè gli Ufficiali più duri, et crudeli
» sempre diventavano, che tuto il paese era disperato, et questo
» facevano per darlo a quatro, o cinque contrabandieri che lo
» conducevano là dove maggior precio si sosteneva, et a Pote-
» stati davano quatro, o tre ducati la soma, et sempre come
» vi ho detto il più bello era mandato via, et il granazzo
» mandato in piazza a uso de' compratori a lire 20 la soma,
» sichè e poveri e ricchi erano ingannati, et tuti ad un tratto
» si lamentavano. Di notte li contrabandieri lo conducevano
» di fuori, ovvero di giuorno soto specie che linosa fosse, et
» Lucha Loredano a Jacobo Boschirolo contadino molte volte,
» come si diceva, dette le chiavi di la Terra, acciò che a suo
» piacere potesse ussire, talmenti che fino a Pavia et a Milano
» ne fu condotto, cum le bolette che faceva Giovanni And.
» Vimercato detto Moschetto ne la Terra di Rivolta Secca cum
» il sugello dil Potestà Andrea Loredano, et molti ne furono
» condotti uno giuorno per li Cavalli liggieri di Farvarello

» Capitano de Venitiani a Cassano dal Proveditore, che presi
» furono nel Borgo di Porta Renza de Milano a S.^to Gregorio
» cum le bolette d'Andrea Loredano. Usavano anco una cru-
» deltade non più odita, et massimamente Lucha Loredano che
» ni tempi dil raccolto quando gli contadini per dubio di la
» guerra ogni giuorno conducevano dentro, siccome le batte-
» vano le biave, faceva serare le porte nanci l'ora consueta,
» et tal hora a hore 21, et la matina quanti villani si trova-
» vano ne la Terra erano mettuti in prigione, et pellati fino
» sul vivo, come quelli che venuti erano dentro a mangiar il
» pane contro le proclame fatte, cosa veramente più che crudele
» fino al Diavolo odiosa. Uno fornaro, o due solamenti face-
» vano pane, ne al Prestinaro med.^mo che il datio dil pane
» haveva Jacomo Patrino era concesso, anci gli era inhibito
» di far pane, perchè di quanto ne andava in Campo, ave-
» vano due o tre Scuti la soma, et per questo cum pocho
» numero di persone facevano tale effetto, acciò non si sco-
» presse, et gli poverelli di Crema stavano uno giuorno a pia-
» tizare, anci a piangere uno pane nanci che lo potessero
» havere, perchè in uno solo luoco si vendeva, et due volte
» al giuorno matina e sera, et tanta turba si gli conculcava,
» che si strassavano i panni per andare inanci, et cum le per-
» tiche li sporgevano la borsa cum denari assaissimi, non di-
» meno molte volte restavano senza pane, et fu per tale cagioni
» nel paese nostro dentro e fuori, che biave haveva per due
» anni da guazzar il mondo, tanto disaggio e carestia, che i
» poveri contadini come bestie, più di herba, e di panello
» visseno, che di pane, e miro non è se dal morbo non pote-
» vano liberarsi; et al Maggio erano a tanta inopia ridotti,
» che volendone Venitiani per uso dil campo che andare voleva
» a Milano some 500 non le puote havere, et la empresa las-
» sarono stare, et cum tanta colera fu ripreso Andrea Loredano
» dal Proveditore dil Campo Dominico Contareno ne la casa
» di Sermone Vimercato, che anchora la voce sotto il celtro
» di la sala rimbomba. Non mi estenderò sopra altri che per
» una libra di butiro venduta uno soldo più che non era il

» Calmedro furono in lire 25 condennati, tra quali Gio. Ber-
» nardo Dente; poi venerono i forastieri cum li mastelli pieni,
» et lo vendevano in piazza quello che volevano loro, et non
» erano molestati, perchè onte avevano le mani ala Corte. Ali
» meloni, et herbe havevano dato il Calmedro, acciò di bando
» Lucha gli avesse da Ortolani, senza rispetto menando pale-
» semente la falce. Se dovessi tute le estorsioni racontare, non
» basterebbe la grandezza dil presente Volume, che pur a
» pensarle mi affanno, et astracco..... Andrea Loredano che fu
» Potestà nostro a'22 (Novembre 1528) fu ala Avogaria, giunto
» il processo, citato, Ufficio di Venezia, per le cagioni dette
» di sopra; Filippo Truono Potestà di Bergamo a Crema venne
» a 25 dil detto mese, et a Lucha Loredano fa comandamento,
» che per nome di la Signoria di Venezia gli consignasse il
» Regimento di Crema, et che al Uficio di la Avogaria si apre-
» sentasse, a difensarsi da quello che imputato era. Giovanni
» Dolfino Avogadore fu quello che gl' intromise, come dicon
» loro, et furono menati ale due Quarantie; et perchè nella
» prima balotazione dopo disputato il caso s'accorse l'Avoga-
» dore che cum tributi havevano giucato, fece dalla Signoria
» inhibire ale Quarentie che non procedessero, ma differta
» fussi l'espedizione, fino che la nuova Quarantia entrava,
» acciò la giustitia, come è di loro costume, luoco havesse, per
» il che in lungo differischono il giuditio; finalmente furono
» sententiati, privati de gli Ufficij di Terra per cinque anni,
» et che mai potessero havere Ufficij a Bressa, nè a Crema,
» et che pagassero tute le estorsioni tolte a poveretti, et non
» potessero uscire di prigioni, fin che al tuto satisfatto non
» fussi ». (Terni, lib. XI).

LIBRO NONO

Era stata l'infelice Italia per trentacinque anni (cominciando dalla venuta di Carlo VIII re di Francia) in continue guerre e travagli, quando nel mese di agosto dell'anno predetto si conchiuse la pace tra Carlo V e Francesco re di Francia in Cambrai città della Borgogna; per la quale aggiuntavi quella di Bologna, che fu stabilita ai 23 del seguente dicembre, e pubblicata ancora in Crema con molta solennità il dì dell'Epifania del 1530, quasi tutta la cristianità si pose in tranquillo stato. Non essendo per tanto da quella pace in poi avvenuta in Crema cosa memorabile per conto di guerra, porrò solo la successione dei Rettori con le cose che ci pareranno degne di qualche memoria (come che poche ce ne siano al giorno d'oggi) avvenute ne'reggimenti loro. Dico adunque che era già finito il reggimento del Trono, quando a'15 di marzo del 1531 fu mandato in suo luogo Antonio Badoaro: a cui a'18 di settembre dell'anno seguente successe Pietro Pesaro. Dopo il quale al primo di febbrajo del 1534 venne

Giovan'Antonio Veniero. Indi a'6 di giugno del 1535 entrò Vincenzo Gritti. Ebbe il Gritti a'9 d'ottobre del 1537 per successore Luigi Soranzo. Al Soranzo diede cambio a'7 di febbrajo dell'anno seguente Marco Morosini. Venne poi in sua vece a' 23 di giugno del 1539 Lorenzo Salomone. Seguì dietro a lui ai 25 d'ottobre del 1540 Donato Malipiero. Al Malipiero fu dato per successore ai 28 di febbrajo del 1542 Tomaso Michele, ma essendo fra pochi dì venuto a morte, e sepolto nel nostro Duomo, fu mandato in suo luogo Ermolao Barbaro, levato da Bergamo, dove egli era capitano. Venne ne'tempi del Barbaro nel mese di agosto del 1542 una gran moltitudine di cavallette, le quali, delle viti infuori, danneggiarono molto la campagna. Nè solo furono ne'nostri paesi, ma eziandio nella Germania. Trovo di queste cavallette esserne state in diversi tempi e luoghi. Scrive Giacom Filippo nel settimo e nell'undecimo del suo supplemento esserne venuta grande moltitudine in Africa l'anno del Signore 118, e nella Francia nel 1364. Ne vennero parimenti, come io dissi nel primo libro, in queste nostre parti nel 591. Tralascio poi che questo fosse uno de'flagelli co'quali Iddio, come si legge nell'Esodo a'dieci capi, flagellò Faraone, mentre che egli indurato col popolo ebreo lo ritenne in dura schiavitù.

Partendosi il Barbaro da Crema, gli successe a'14 d'aprile del 1543 Lorenzo da Mula; a cui diede cambio a'13 d'agosto dell'anno seguente Luigi Gritti, dopo il quale venne a'20 di gennajo del 1546 Francesco Diedo. Indi al primo di maggio del 1547 fu mandato Giacomo Barbo: sotto cui si principiò la fabbrica del nuovo palazzo verso la canonica, il quale fu poi finito sotto Gian Francesco suo fratello, succedutogli nel reggimento a'3 di settembre nel 1548. Prima che Giacomo Barbo cedesse la podestaría al fratello venne in Crema Stefano Tiepoli, il quale col titolo di general provveditore era venuto fuori per provvedere alli bisogni della Terra-ferma e massime della Lombardia, dove i nostri signori avevano qualche sospetto, perciocchè si diceva, che Filippo re di Spagna, figlio di Carlo V, era per venire in Italia; nella quale pareva che esso Imperatore avesse troppo buon in mano; essendo dalla sua, Genova, Firenze, Siena, Mantova e Piacenza, la quale ucciso il duca Pier Luigi Farnese dal conte Agostino Landi ed altri congiurati, era subito stata occupata da don Ferrante Gonzaga a nome dell'Imperatore. Furono al Tiepoli fatti molti onori dalla nostra Comunità: perciocchè ella vi mandò primieramente due ambasciadori, il cavaliere Michele Benvenuto e Gian Francesco Zurla, amendue dottori, ad incontrarlo fin agli Orzi. Giunto poi in Crema, ed alloggiato nel palazzo del conte Fortunato Benzone, egli fu magnificamente presentato da essa Comunità; la quale inoltre per più solennizzare la venuta d'un tanto personaggio fece fare nel mezzo della piazza un castello di legno con una torre in mezzo, il quale con una bellissima maniera ed ordine di finta battaglia, non senza gran piacere del provveditore e di tutti i riguardanti fu combattuto e difeso. Al fine pigliato a forza il castello fu dato il fuoco ad una gran palla, nella quale erano rinchiuse ottocento rocchette, acconciate in maniera, che in quattro fiate, a dugento per fiata, con giusta intraposizione di tempo uscirono scoppiando fuori dalla palla con tanto splendore e strepito, che gli astanti sgomentati si diedero a fuggire, chi in quà chi in là. Dimorato il provveditore in Crema per dieci giorni, e fattevi quelle provvisioni che gli parvero bisognevoli, partissi per Bergamo accompagnato da tutta la nobiltà di Crema.

Erano già scorsi 100 anni, a'16 di settembre del 1549, il dì appunto di s. Eufemia, dopochè i nostri antichi mossi da giuste cagioni passarono dalla Repubblica milanese sotto la felicissima ombra del Leon d'Oro. Fu pertanto ordinato per pubblico decreto che solennemente si festeggiasse questo giorno, dando per tutte le chiese con festevol suono di campane segni dell'universal allegrezza, massime nel Duomo, dove cantatavi primieramente con molta solennità una messa da' sacerdoti, il cavaliere Michele Benvenuto, bellissimo dicitore, intorniato da tutta la nobiltà e popolo di Crema, con grandissima attenzione di ciascuno recitò una bellissima orazione, la quale con alcune altre de' nostri ambasciadori recitate nella creazione di diversi principi di Venegia si porrà nel fine dell'istoria. Detta l'orazione dal Benvenuto, fecesi una general processione per tutta la città. Venuta poi la sera vi diedero altresì con fuochi, con tiri d'artiglierie e con infinite altre maniere, manifesti segni d'allegrezza. Piacque ciò in modo ai nostri Signori, che con lettere ducali fu imposto al Rettore, che chiamati a sè i cittadini, con quelle più accomodate parole che egli sapesse, rendesse loro grazie di sì fatta dimostrazione (*a*).

(*a*) La lettera Ducale così era espressa: « Franciscus Donato Dei gratia Dux Venet. Nob.i et Sap.i Viro Joanni Fran.co Barbo de suo Mandato Potestati et Cap. Cremæ. Fideli dilecto salutem, et benedictionis affectum. Con quel apiacer, et contentezza de animo che exprimere vi possamo maggiore havemo inteso per le littere vostre de dì 17 dil presente, con quanta festa, et giubilo tutti quelli fidelissimi, et carissimi citadini, et populo habbino

Finito il magistrato del Barbo, gli successe a'9 di febbrajo del 1550 Marco Bacciadonna. Questi a maggior sicurezza della Terra, fece abbassare la porta del Serio. Ebbe il Bacciadonna per successore Francesco Memo. Venne al suo tempo in Crema il Duca di Urbino generale de'Veneziani, il quale alloggiò in casa de'conti Sermoni. Fra i molti divisamenti che egli fece per ridurre la Terra a maggior fortezza fu detto che disegnò di fare un cavalliere (o baloardo che dir vogliamo) a s. Bartolomeo di fuori. Fu in luogo del Memo a'21 di settembre del 1552 mandato per legge straordinaria Luigi Mocenigo cavaliere, il quale fu poi creato Doge, l'anno 1570. Fu questo Rettore tutto giustizia, tutto bontà, di maniera che la città visse molto felicemente sotto il suo reggimento. Fu da lui fatta la scala del palazzo detta Mocenica. Venuto a

fatta comemoratione del felice giorno, nel quale essi devenero alla devotione dil Santo nostro cum tali segni, et dimostratione affettuosa del ardente, et inconcussa fede loro, che invero ne hanno confirmati in quella ferma credenza che havemo sempre tenuta, et che tenemo tuttavia che quella fidelissima terra sia tanto affectionata, et devota alla Republica nostra, quanto altra qual si voglia Cità che s'attrovi sotto il Dominio nostro; per il che chiamati a voij quelli Sp.li Citadini, li farete intendere per nome nostro, che noi riconoscendoli in fatto per tali, quali essi in molti tempi, et diversi importanti occasioni si sono cum opere eggregie et memorabile demostrati, cioè per fidelissimi, et ben meritevoli della gratia nostra, saremo sempre pronti a corispouderli con quella amorevole affectione, che convene a pietosi padri verso dilettissimi, et obedienti figlioli, nel che vi extenderete cum quelle acomodate, et prudente forme de parole che saprete ben usare, di modo che essi sian ben certi dell'amore che li portiamo, e del desiderio qual tenemo de gratificarli, sempre che ne sia data occasione di poterlo fare. Datæ in nostro Ducali Palatio die 23 settembris Ind.e 8.a 1549 ».

morte al suo tempo il serenissimo Donato, fu a'4 di giugno del 1553 eletto principe Marco Antonio Trevigiano. Elesse pertanto la nostra Comunità quattro ambasciadori, i quali andassero ad allegrarsi col nuovo Principe. Furono gli eletti il conte Fortunato Benzone e Michele Benvenuto, amendue dottori, Bartolomeo Benzone e Francesco Marcotto. Fu allora il Benvenuto, dopo una bellissima orazione recitata a Sua Serenità, fatto cavaliere insieme col Marcotto. Dietro al Mocenico venne Bernardo Sagredo. Attese anch'egli ad adagiare il palazzo rifacendo dai fondamenti quella parte di dietro appresso la sala Mocenica. Laonde fu poi detta la sala Sagreda. Fecesi sotto lui, nei tempi del carnevale, un bellissimo abbattimento alla sbarra, di cui furono mantenitori il conte Lodovico ed il signor Annibale Vimercati. Tra i molti venturieri poi, i quali molto garbatamente comparvero, fu molto lodata la comparsa che fece il cavalier Marzio Verdello, il quale comparve con una bellissima livrea alla tedesca. Dopo i torniamenti si recitò in piazza la commedia degl'Ingannati, la quale come che da sè sia bella ed ingegnosa, piacque molto per i personaggi di conto che la recitarono. Tra i quali fu il cavalier Michele Benvenuto dottore, che vi fece il prologo, il sig. Cristoforo Benvenuto ed il sig. Agostino Frecavallo.

Era appena il Trevigiano stato un anno nel dogato che egli passò a miglior vita. Laonde essendo creato in suo luogo, a'11 di giugno del 1554, Francesco Veniero, la Comunità mandò ad allegrarsi col nuovo Doge il conte Fortunato Benzone, il conte Marc'Antonio Vimercato, il cavalier Cosmo Benvenuto e Paolo Francesco Cristiani dottore, il quale latinamente orò al cospetto di Sua Serenità con molta soddisfazione di tutti quelli eccellentissimi signori. Diede cambio al Sagredo, ai 12 di giugno del 1555, Francesco Bernardo, il quale con la sua severità tenne molto in freno la nostra Terra. Egli primiero introdusse l'usanza che i dottori andassero in processione co'baveri fatti di pelle di vajo. Fece parimente indorare la raggia della torre del Duomo, e volle che si battessero le ore alla francese. Fu invece del Bernardo mandato Costantino Priuli a'25 d'ottobre 1556. Questi fece dipingere la torre del palazzo adornandola nel mezzo con un Leone indorato, fatto condurre dal conte Giovan Battista Brembato fin dalla città d'Asti, dove rapito da Crema fu già portato da'Francesi, come dimostra l'iscrizione postagli sotto con sì fatte parole:

ABDUCTUS A GALLIS ASTAE OBSCURUS JACUI. NUNC VERO RESTITUTUS PATRIAE INSIGNIS MANEO, OPERA CONSTANTINI PRIOLI.

Sotto il Priuli stette la Terra nostra in continui spassi ed a'piaceri. Si recitarono commedie e si fecero diversi torniamenti e giostre. Tralascio le belle feste ed i sontuosi convitti fatti e nella Terra e fuori, cagionati dalla splendidezza di madonna Elena sua moglie, la quale con onesta servitù fu molto corteggiata da'più onorati cavalieri di Crema.

Aveva il Veniero regnato un anno, undici mesi e diecinove dì, quando per la sua morte fu da'Padri eletto in suo cambio Lorenzo Priuli. Volendo pertanto la nostra Comunità servare l'antico costume elesse Gio. Giacomo Gennaro e Bartolomeo Catani dottori, i quali volendo con onorata compagnia, andarono ad allegrarsi col nuovo Principe. Finita la podestaría del Priuli gli successe, al primo di maggio del 1558, Andrea

Badoaro, la cui gravità stimata da alcuni severità fu cagione che egli non fu men temuto da'cattivi che riverito da'buoni. Diede luogo il Badoaro, a'30 di luglio del 1559, a Nicolò Gabrielli. Venuto a morte sotto il Gabrielli, a'6 di maggio del 1520, Michele Cerri, il quale in pochi anni di povero artigiano era divenuto ricco mercante, trovandosi senza figli istituì erede de'suoi beni il Monte della Pietà, e vi lasciò per poco meno di 100 mille lire. Venne dopo il Gabrielli, a'22 di settembre del 1560, Andrea Bernardo il quale adornò l'organo del Duomo aggiungendovi l'ornamento del cappello, tutto messo ad oro. Venne al suo tempo il provveditore generale Tomaso Contarini, il quale fra le altre provvisioni che egli fece gettò a terra le mura di pietra dei molini che sono di attorno Crema, ed ordinò che si facessero di legno. Dopo il Bernardo fu mandato in suo cambio a'30 di aprile del 1561 Pietro Veniero, fratello del serenissimo M. Francesco. Trovandosi sotto questo Rettore in Crema monsignor Gio. Paolo Amanio, nostro cittadino, vescovo d'Anglone, il quale era venuto dal Concilio di Trento, parve a' nostri cittadini che si fosse offerta bellissima occasione col mezzo suo di dare effetto a quello che in diversi tempi era stato con diverse maniere tentato, di fare Crema città. Avendolo pertanto più volte pregato, lo persuasero al fine a contentarsi che ciò si trattasse a nome suo, dovendosi conferire il nuovo vescovato nella sua persona, con patto però che egli costituisse per dote del vescovato il benefizio de'ss. Giacomo e Filippo, e la Comunità facesse tutte le spese a ciò bisognevoli. Radunato adunque a'20 di maggio del 1563 il Consiglio generale, fu da'signori provveditori posta la parte; a cui di cent'otto consiglieri, che vi si trovarono, tutti (di nove in fuori) si mostrarono favorevoli. Laonde furono eletti due ambasciadori, il cavalier Michel Benvenuto e Gio. Francesco Zurla, ambedue dottori, i quali dovessero andare a Venezia e supplicare a' Signori che si contentassero che Crema fosse fatta città (dando però il vescovato a monsignor Amanio), e che ci favorissero appresso Pio IV pontefice, per la spedizione di questo negozio. Andati gli ambasciadori a Venezia maneggiarono la cosa in modo che fu lor concesso dai Signori ciò che dimandarono. Ottenuto ciò a Venezia, fu dato il carico di maneggiare il negozio a Roma appresso il Pontefice, col mezzo dell'ambasciadore veneziano, a M. Valerio Amanio, cugino del detto monsignore ed allora segretario del cardinal Borromeo, nipote di Sua Santità. Ed avvenga che per certi rispetti, che ora non fa luogo raccontarli, fin all'anno presente 1567 la cosa non sia stata spedita, vi è però maggior speranza che ella debba in breve aver il desiderato fine. Il che ci sia dal Signore Iddio concesso ad onore di Sua D. M., e ad universale beneficio della patria nostra. Hanno più volte (come si è detto) i nostri cittadini tentato in diversi tempi di fare che Crema fosse adornata del nome di città (come di ragione per la nobiltà de' cittadini e per la moltitudine del popolo se le conviene): ma, che che ci sia stato d'impedimento, la cosa non ha mai avuto effetto. Era scorso poco più di un anno dopo che i Veneziani se ne insignorirono che fu tentato di farla città, e fu perciò mandato ambasciadore a Venezia ed a Roma Luigi Vimercato dottore. Indi a pochi anni si ritornò a maneggiare l'impresa. L'anno 1545 tentarono di farne vescovo (offerendosi il cardinal Cesi di dar la badia di Cereto per dote del vescovato) Leonardo Benzone, allora prevosto nel nostro

Duomo, e molto favorito dal papa Giulio III, da cui fu poi fatto vescovo di Volturno, città della Puglia. L'anno parimenti 1565 procacciando mons. Girolamo Diedo di avere il titolo di questo nuovo vescovato, a cui voleva egli assegnare per dote un'entrata di 400 scudi d'oro dei suoi beni, fu perciò posta la parte del nostro generale Consiglio; la quale non essendo approvata dal maggior numero dei consiglieri, fu cagione che non si fece nulla.

Era già fornito il magistrato del Veniero, quando a' 10 di giugno del 1563 venne in sua vece Leonardo Pesaro. Fu sotto lui recitato nella corte de' cavalieri Benvenuti l'*Eunuco* di Terenzio, fatto volgare da M. Cristoforo Benvenuto gentiluomo nel vero letterato e giudizioso. Seguì dopo il Pesaro, a' 22 di marzo 1564, Vito Morosini. Era al suo tempo principiata la fabbrica della monizione del miglio, dove nella prima pietra furono scolpite queste lettere:

HIERONIMO PRIOLO VENETIARUM PRINCIPE, VITO MAUROCENO PRAETORE, AERE DIVI MARCI AC COMMUNITATIS CREMAE CONSTRUCTUM XII KAL. DEC. M.D.LXIV.

Successe al Morosini, a'12 di aprile 1565, Gio. Battista Quirini; sotto cui essendo nata contenzione della precedenza fra i provveditori della Terra ed il signor Girolamo Pallavicino condottiero di genti d'arme, il quale per avere pigliata per moglie l'Angela, figliuola del conte Fortunato Benzone, con ottantamila lire di dote, se ne stanziava in Crema; fu a'13 di maggio chiamato il Consiglio generale, da cui vennero eletti due ambasciadori, il cavalier Compagno Benvenuto e M. Lelio Zurla; i quali andati per ciò a Venezia ottennero che i provveditori dovessero precedere a tutti, del governatore in fuori. Ma non passò molto che il Pallavicino, caduto in infermità incurabile, se ne morì. Eletto avevano i nostri signori quest'anno il cavalier Luigi Mocenico per provveditore generale nella Terra-ferma. Venendo pertanto alla volta di Crema il cavalier Michele Benvenuto e M. Francesco Zurla, ambedue dottori, di ordine della Comunità, andarono ad incontrarlo il giorno avanti fino a Romano. Giunto poi a Crema col conte Eugenio Sincritico, conte di Rocas e collaterale della Signoria, fu con ogni maniera d'onore accettato, sì per la dignità del titolo e suoi gran meriti, come ancora per il felicissimo reggimento undici anni innanzi fatto in Crema. Dopo il Quirini, a'22 di settembre del 1566, fu per scrutinio mandato Domenico Moro, senatore di gran nome. Pose questi ogni studio per unire gli animi dei cittadini, i quali non tanto per alcune particolari offese sotto a'suoi precessori avvenute, quanto per cagione del Consiglio erano disuniti; perciocchè vedendo molti nobili che la famiglia de' Zurli co' suoi partigiani, prevalendo nel Consiglio, disponeva le cose al modo suo, avevano poco prima tentato di riformare il Consiglio con questi tre capitoli:

Che non potessero essere più di venti consiglieri per famiglia;

Che non potessero esser dati più di tre uffizi per famiglia;

Che quando si ballottasse alcuno, tutti quelli che fossero della stessa famiglia uscissero fuori del Consiglio;

Ma di ciò si era però fatto nulla, perchè volendo proporre la parte nel Consiglio erano stati impediti per lettere dell' Avogadore. Laonde mandati perciò ambasciadori dall'una e dall'altra parte a Venezia, e trattata la cosa appresso i Signori, per le lettere ducali scritte al Quirini, era stato vietato che non si avesse ad innovare cosa veruna intorno agli ordini del Consiglio; ma non si negasse già (come per lettere dell'Avogadore avevano per innanzi negato) il proporvi qualunque parte.

LIBRO DECIMO

Finita la podestaría del Moro, gli successe, a'diecisette di marzo del 1568, Pietro Foscari. Fu sotto lui finita la fabbrica della monizione del miglio, principiata sotto Guido Morosini l'anno 1564. Fece il Foscari lastricare la via tra la casaccia ed il monastero delle monache di s. Monica, ed ordinò che fosse chiamata via Foscara. Venuto a morte ne'suoi tempi a' 3 di novembre Girolamo Priuli doge di Venezia, fu eletto in suo luogo Pietro Loredano; furono perciò mandati dalla nostra Comunità due ambasciatori a Venezia ad allegrarsi, Giulio Zurla dottore, detto il Biondo, e Camillo Tadino cavaliere. Fu allora recitata dal Zurla con molta soddisfazione di tutto il collegio quella dotta orazione, già data alle stampe con altre cinque. Diedesi fuori quest'anno il Breviario nuovo d' ordine di Pio V pontefice conforme al decreto del Concilio terminato nella città di Trento l'anno 1563. Al Foscari diede cambio a' 12 di giugno del 1569 Gio. Battista Foscarini.

Bartolino Terni, gentiluomo di molto pregio, andato quest'anno in Francia al servizio di Carlo IX, con titolo di capitano di cento cavalli, fece prodezze tali contro gli Ugonotti, che a contemplazione di monsignor d'Angiò, fratello del Re, fu creato cavaliere dell'Ordine. Non si fornì il reggimento del Foscarini, che mancando a' 3 di maggio del 1570 il doge Loredano, gli fu sostituito Luigi Mocenigo. Elesse perciò la patria nostra il conte Gio. Paolo Sant'Angeli, ed il dottore Curzio Clavello, i quali andarono ad allegrarsi con Sua Serenità, al cui cospetto fu con molta lode recitata una bellissima orazione dal Clavello. Seguì dopo il Foscarini, a' 23 di settembre del 1570, Marc'Antonio Cornaro fratello del cardinale. Nel mese di dicembre e nel seguente gennajo venne tanta neve dal cielo che crebbe all'altezza di trent' oncie, di maniera che fece cadere molti edifizj. Cadde allora la chiesa delle monache di s. Maria e quella di s. Rocco, con offesa e morte d' alcune persone.

Avea Selim, imperatore de'Turchi, contra i capitoli poco prima sottoscritti di sua mano, intimata la guerra a'Veneziani per cagione del regno di Cipro. Furono perciò dalla patria nostra fatte molte dimostrazioni della sua fedeltà verso la Repubblica veneziana; fu in particolare fatto un dono al Principe di tremila scudi, i quali furono da Lelio Zurla appresentati a Sua Serenità. Molti Cremaschi poi di portata andarono a servir in quella guerra. Tra questi fu Evangelista Zurla, di ordine del Principe eletto sopracomito d'una galera, il quale seco condusse Leonardo suo figliuolo, e Rutiliano suo nipote, per nobili di galera, e Gio. Estore Marinone suo capitano. Andò il conte Lodovico Vimercato, con titolo di colonnello, nella galera di Gerolamo Zane generale de' Veneziani. Natale di Crema, già stato sargente maggiore dell'esercito italiano sotto la Mirandola in tempo di papa Giulio II, fu posto nel governo di Corfù dove era parimente capitano Giacomo Calderuolo. Il colonnello Scipion Piacenzi fu disegnato governator in Famagosta, il quale con singolar prudenza e con lunga isperienza, appresa in molte guerre, difese quella città fin che ferito in un braccio, e sopraggiunto da febbre maligna cesse al fato in quell'assedio. Si trovò in detta città anco David Noce (*a*) e Gio. Antonio Piacenzi, l'uno con una compagnia di 200 fanti, e l'altro con 100. Non lascierò già di dire, che essendo al governo di Famagosta il Piacenzi non meno s'adoperò in servizio di quella città Emilia Zurla sua moglie, imperocchè ella con animo intrepido preparava di continuo rinfrescamenti ai soldati stanchi dal combattere, ed agli infermi e feriti con molta carità faceva provvedere delle cose loro bisognose; ed essendo ridotta quella fortezza a mal termine, essa con animo virile ridusse una compagnia di gentildonne insieme, le quali con lei attendevano a portar quando terra, quando altra materia, per rifar i parapetti da' Turchi continuamente con i spessi tiri d' artiglieria fracassati. Il capitano Antonio Ghisi andò luogotenente del colonnello Buonagiunta. Capitani in Nicosia fu il conte Nicolò Benzon, ed Annibal Albanese, con Cristoforo suo nipote; Pompeo Meneguli andò lanciaspezzata del sig. Gerolamo Martinengo. Tra quelli Cremaschi,

(*a*) Di Evangelista Zurla, Lodovico Vimercato, Natale Scaletta detto Natale da Crema, Scipione Piacenzi, e David Noce, vedi il Fino medesimo nella *Scielta degli Uomini Illustri*. David Noce discendeva in quarta generazione da Pietro, fratello dell'illustre Giovanni, di cui parlossi alla nota II del libro V.

che andarono poi ad offerir sè stessi a Sua Serenità (che pur ve ne andarono molti personaggi non solo di questo dominio, ma d'altri Stati ancora), fu il conte Camillo Sant' Angeli, ed il conte Mario suo fratello. Per venturiero andò Gerolamo Vimercato ed Onorio Barbetti ambedue gentiluomini onorati.

Non era ancor finito l'anno, che venuto a morte in Crema Marc'Antonio Cornaro venne in suo luogo, a' 16 d'agosto 1571, Marco, anch' egli di casa Cornara. La Lega dopo molta pratica fatta tra il Pontefice, il Re di Spagna, e i Veneziani, a' quali, come si è detto, il Turco avea intimata la guerra, ebbe quest'anno felicissimo successo, perciocchè venuta a giornata l'armata cristiana con la turchesca, a' 7 di ottobre, ella rimase vincitrice alle Gomenizze, luogo fatale a giornate navali, poichè qui appunto Augusto vinse già Marc'Antonio e Cleopatra. Laonde in memoria dell' ottenuta vittoria edificò la città di Nicopoli, che poi fu detta la Prevesa. Qui parimente già 45 anni, se non fosse stato disparere tra' capi cristiani, le armate della Chiesa, dell' Imperatore e de' Veneziani s'azzuffavano con quella di Solimano. Il numero dei Turchi, tra morti e presi in questo conflitto, arrivò a' 29990, cioè 34 capitani di fanò, 120 governatori di galere, 25000 tra giannizzeri, spacchi, venturieri e galeotti, e 3846 fatti prigioni. Le galere conquistate furono 117, e 13 galeotte. Dei nostri fu detto, che vi restarono settemille seicento cinquantasei persone. Tra questi fu Agostino Barbarigo provveditore dell' armata, diecisette governatori di galera, ed otto nobili. Trovossi in questo naval fatto d'arme Evangelista Zurla sopracomito di una galera, il quale valorosamente combattendo conquistò una galera di fanò di vent' otto banchi. Vi si trovarono parimenti parecchi altri Cremaschi, i quali tutti onoratamente si portarono, ed in particolare Gio. Estore Marinone capo della galera. Non vi si trovò il conte Lodovico Vimercato, non il colonnello Natale, non il Piacenzi, perciocchè prima che seguisse la giornata, erano tutti tre mancati in servizio della Repubblica. Il conte Nicolò Benzone era morto di suo letto in Famagosta, David Noce maestro di campo vi era nel terzo assalto stato ucciso da' Turchi su 'l torrione dell'Arsenale. Il capitano Annibale Albanese era l'anno innanzi rimaso nella presa di Nicosia. Il capitano Antonio Ghisi ed il capitano Antonio Piacenzi, si trovavano ambedue prigioni de'Turchi. Il capitano Giacomo Calderolo, il quale nell'impresa della Parga aveva dato gran saggio del suo valore, era al presidio di Corfù.

Al Cornaro, il quale in tanta calamità di guerra e di carestia si portò in maniera che diede soddisfazione a tutti, successe, a'5 d'aprile del 1573, Nicolò Salomone. Venne al suo tempo in Crema Paolo d'Arezzo cardinale e vescovo di Piacenza; dove dimorato per diecisette giorni nel Cremasco, volendo il popolo, al partir del Salomone, por l'arma sua nella facciata del palazzo senza il consenso de'provveditori della città, esso fu impedito. Laonde astretto a mutar pensiero, la pose nell'arco appresso la porta del Serio. Diede cambio al Salomone, a'30 di maggio del 1574, Giovanni Zeno. L'anno seguente a' 16 di gennajo per opera di Agostino Vimercato prevosto del Duomo, Vicario del Vescovo di Piacenza, e di Frà Samuele dell'Ordine de'Capuccini, fu principiata la Compagnia della Dottrina Cristiana nella chiesa di s. Giuseppe, dove ebbero albergo i Cappuccini fin alla fondazione del lor monastero, lontano da Crema un miglio, a cui fu dato principio a'diecisette del vegnente aprile. Dove essendo andato processionalmente tutto il clero della città pose giù la prima pietra il suddetto prevosto Vimercato.

Sotto il Zeno il popolo di Crema, per mezzo de'suoi Sindaci, comparve a'piedi di Sua Serenità dolendosi che i grani condotti per porzione su l'estimo in Crema non erano bastanti a nutrire la città, e perciò dimandavano accrescimento. Laonde il Consiglio mandò ambasciatori a Venezia gli eccellenti dottori Giacomo Gennaro e Giulio Zurla, e disputata la causa nell'eccellentissimo Consiglio di Pregadi, non fu innovata cosa alcuna. Partendo il Zeno, venne, a'16 di novembre del 1575, Nicolò Donato, sotto il quale, al fin d'aprile del 1576, quasi tutta Lombardia ad un tempo stesso si vide posta in grandissimo terrore. Il che veramente a principio cagionò gran meraviglia, non sapendosi onde ciò avesse origine. In Brescia di bel mezzogiorno si diede all'arme, si serrarono le porte della città, e si posero genti d'intorno le muraglie. Arrivata questa nuova nel Cremasco pose tal spavento, che i contadini non tenendosi sicuri cominciarono a ritirarsi con le robe loro alla volta della città. Avvertito infine il Donato, che ciò avveniva per sospetto che s'aveva de'Mantovani, de'quali si diceva gran numero esser uscito fuori di Mantova e del Mantovano, dove allora la peste era crudelissima, diede carico al capitan Gerolamo Ruggeri da Capua, capitano dell'Ordinanze, che andando per le ville del Cremasco facesse quella adunanza di persone che a lui paresse, comandando in pena della forca e confiscazion dei beni, che si avesse ad ubbidirlo. Laonde posto subito insieme gran numero di persone se ne andò alla volta di Camisano. La stessa commissione fu data a Nicolò Toso gentiluomo cremasco, abitante allora nella villa di Rivoltella Arpina, per assicurar tutto quel contorno; ma come vano fu il sospetto, così necessaria non fu la difesa. Quest'anno stesso nel mese di giugno si principiò parimenti la Compagnia della Carità. Autori di ciò furono Filippo Farrà, Antonio Ugetti, e Gio. Battista Stocchi. Entrativi poi di mano in mano diversi cittadini e gentiluomini, procurarono del 1579 ch'ella fosse unita, e fatta membro della Carità di Roma, la quale principiata già più di sessant'anni da Giulio de' Medici cardinale, che fu poi Pontefice e detto Clemente VII, fu confermata da papa Leone X e privilegiata del nome d'Arciconfraternita a fine che ella fosse capo di tutte l'altre; e quindi avviene, che la nostra Compagnia è tenuta ogni anno nella festa di s. Girolamo darle in segno di ricognizione due lire di cera lavorata.

Andava la peste facendo maggiori progressi, e di già si era appicciata non solo in Venezia, ma in Brescia ancora. Volendo perciò il Donato co'deputati della sanità rimover tutte quelle cose che in così pericolosi tempi potessero esser dannose, tra l'altre provvisioni, fece che nel Consiglio di Crema fu ordinato, che in luogo alcuno del Cremasco non si avessero a seminar risi, come quelli che rendono mal'aria. La qual parte essendo stata confermata a Venezia dal Senato, è poi sempre stata servata. Successe al Donato, a'5 di maggio del 1577, Lorenzo Priuli. Era il Cremasco per il poco timore delle pene, e per il gran numero de' banditi, che ne' luoghi circonvicini abitavano, venuto a tale che vi si commettevano infiniti omicidj e rubamenti, di maniera che nelle proprie case non erano sicuri gli abitanti. Avvertito di ciò a prima giunta il Priuli, tra l'altre gagliarde provvisioni ch' egli vi fece, procurò che fosse pubblicata quella severissima parte contro i banditi; per la quale si vieta, che alcun bandito non possa abitare se non quindici miglia oltre i confini. Venuto a morte in questo mezzo Luigi Mocenigo, l'anno del Signore 1577, e settimo del suo dogato, fu fatto in suo luogo Sebastiano Veniero, il quale per il gran valore dimostrato nella giornata seguita a' 7 di ottobre del 1571, era per innanzi stato con gran trionfo ricevuto in Venezia dal Senato. Furono perciò, secondo l'antico costume, eletti da' Cremaschi due ambasciadori, il conte Pompeo Benzone nobile veneziano, e Nicolò Focaruoli dottore, i quali andassero a fare il dovuto compimento di congratulazione con Sua Serenità; ma non poterono eseguire la loro ambasceria, impediti dalla peste, la quale portata prima da Trento a Venezia vi estinse sessanta mille persone, e sparsa poi per molte città d'Italia afflisse molto Mantova, Verona, Vicenza e più dell'altre Milano e Brescia, rimanendo però sempre sana (per la Dio grazia) la patria nostra. Fu dal doge Veniero il conte Marc'Antonio Vimercato, detto de' Sermoni, creato Conte di Palazzo, con tutte quelle solennità e prerogative che in simili contee sogliono darsi.

Prima che partisse il Priuli, fu Crema visitata spiritualmente e temporalmente. Venne nel mese di luglio del 1578 monsignor del Giglio vescovo di Piacenza, il quale al suo partire deputò per suo vicario in Crema, Zenobio Figati canonico del Duomo. Venne poco da poi monsignor Sfrondato vescovo di Cremona a visitar anch'egli la parte della sua diocesi. Vennero parimente nel seguente agosto Sforza Pallavicino, generale di tutta la milizia veneziana, e Giacomo Soranzo, il Cavalliere con titolo di general provveditore, ed Enea Pio degli Obizzi collaterale. Dimorati tutti tre per alquanti giorni in Crema vi fecero varj divisamenti, avvenga che poco ne fossero poi eseguiti. Diede quest'anno il cielo notabili segni; perciocchè il mese di luglio, il giorno appunto di s. Maddalena, fu sì gran vento con pioggia e tempesta, che svelse migliaja d'arbori per le campagne, e danneggiò fuor di modo il contado. Fece parimente molti danni in varj luoghi della città. Cadde allora la torricella di mezzo della facciata del Duomo, la quale levata dal vento, e portata sopra il vôlto della chiesa, lo fracassò in maniera che vi fece un grandissimo buco, ed ammazzò Nicolò d'Oldo, mentre che come sacristano se ne va a chiudere la porta del tempio. Di là a pochi giorni, la notte appunto precedente la festa della Madonna della Neve, cadde a Camisano, villa del Cremasco, della neve. Il che essendo per deposizione di molte persone degne di fede giustificato, fu veramente tenuto per cosa miracolosa.

Era stato il doge Veniero nel Principato nove mesi e quindici giorni, quando con infinito dispiacere della Repubblica venuto a morte fu fatto in suo luogo Nicolò da Ponte, di età di ottantasette anni, principe veramente prudentissimo. Gli ambasciadori eletti dalla nostra Comunità per andare ad allegrarsi con il nuovo Doge, furono il conte Pompeo Benzone nobile veneziano, ed il conte Lorenzo Guidone, conte di Mozzanica, avvenga che per certi impedimenti non potessero poi eseguire la lor ambasceria. Successe al Priuli, a'7 di settembre del 1578, Domenico Cicogna. Venuto al suo tempo in Crema monsignor Gio. Battista Castelli, vescovo di Rimini, e visitatore apostolico, tra le altre riforme ch' egli vi fece, levò le

Moniche di s. Monica dal governo dei Frati di s. Agostino, sottoponendole al vescovo; ed ordinò, che tutti i depositi (eccettuando quelli di marmo), le bandiere e li stendardi fossero levati dalle chiese. Ed essendo avvertito di quanto intorno a ciò era altre volte avvenuto a Gio. Andrea Vimercato prevosto del Duomo e vicario del Piacentino ne'tempi del cardinale Viani, che chiamato a Venezia vi era stato aspramente ripreso, assegnò nel suo partire il termine d'un mese, nel quale se ciascuno degl'interessati non avessero levato i depositi e le bandiere, fossero interdette le chiese. Il che non essendo eseguito nel termine prefisso, fu cagione che il Duomo con tutte quelle chiese nelle quali si trovavano esser depositi e bandiere, rimase per molti giorni interdetto. Nè mai poterono esser liberate le chiese fin che non fu obbedito all'ordine dato dal visitatore. Solo nel Duomo furono per special grazia rimessi i trofei appesi appresso la cappella della Madonna per la vittoria avuta ad Ombriano del 1514, e l'insegne e spoglie d'Evangelista Zurla conquistate nella giornata fatta contra i Turchi l'anno 1571. Egli parimente nella chiesa maggiore scomunicò pubblicamente il priore e i sindaci della disciplina di Rivolta per non aver voluto lasciarsi visitare, negando esser sottoposti al vescovo. Dal che avvenne che non molto dopo sotto Federico Sanuto fu riformata questa disciplina, benchè poco dappoi mediante l'appellazione fosse ritornata nello stato di prima.

Vide monsignor Castelli, che l'esser Crema soggetta a due capi spirituali, era cagione di molti disordini, i quali non seguirebbono ogni volta ch'ella fosse sotto un sol pastore, il quale stesse alla sua residenza. Di ciò per tanto più volte discorrendosi co'principali della Terra, fu in fine presa risoluzione di tentare che Crema fusse fatta città. Sedeva allora nel pontificato Gregorio XIII, bolognese, della famiglia de'Buoncompagni, il quale avvisato dello stato di Crema per lettere di monsignor Castelli, si mostrò prontissimo a compiacere all'onesto desiderio dei Cremaschi. Nè stett'egli molto a darne segno; perciocchè venuto a morte in que'dì monsignor Girolamo Federici vescovo di Lodi, nel conferire quel vescovato si riservò quella parte del Cremasco che era sottoposta alla diocesi Lodigiana. Vacando di là a poco per la morte di monsignor Gio. Paolo Amanio vescovo d'Anglone la prepositura de' ss. Giacomo e Filippo in Crema, d'entrata poco meno di mille ducati, egli s'astenne di conferirla, con intenzione d'applicarla per parte di dote del nuovo vescovato. Inteso il buon animo, e la prontezza del Pontefice per mezzo di Quirino Zurla dottore, allora abitante nella Corte di Roma, fu dalla Comunità preso partito di donar il palazzo nuovo congiunto alla canonica per abitazione del nuovo vescovo. I provveditori della Terra erano allora il cavalier Giulio Benzone dottore, il cavalier Cosmo Benvenuto ed Aurelio Martinengo, i quali molto caldi si mostrarono nel maneggio di questo negozio, il quale ebbe a principio varie difficoltà. Tutte nondimeno al fine superate, avvenne che poco dopo Crema fu dal Pontefice dichiarata città. Appare ciò per la bolla dell' erezione degli undici d'aprile del 1580, furono per queste lettere pagate dalla Comunità 650 scudi.

L'anno predetto, del mese d'ottobre, furono grandissime pioggie quasi per tutta l'Italia; dal che alcuni andavano pronosticando qualche gran male di guerra, di carestia, ovvero di peste. E ciò per avventura per osservazione de'tempi passati. Perciocchè alla venuta di Carlo VIII re di Francia, che fu di tanto danno alla misera Italia, precessero, un anno innanzi, simili pioggie. Il sacco parimenti di Roma, che fu a'6 di maggio del 1527, al tempo del Duca di Borbone, pare che fosse pronosticato da così fatte innondazioni d'acqua. Giunto ormai il Cicogna al fine del suo reggimento, e con una bella orazione pubblicamente lodato in palazzo da Antonio Figati dottore, ed allora uno de'tre provveditori, ebbe per successore, a'24 d'aprile dell'anno predetto, Marino Gradinico, gentiluomo di severa giustizia, il che dimostrò egli in molte sue azioni. Ma venuto a morte in capo di tre mesi, e sepolto nella chiesa di s. Bernardino, fu levato da Bergamo Bernardo Nani, dove egli era capitano, e mandato al governo di Crema fin alla venuta di Federico Sanuto. In quel poco tempo che stette in Crema il Nani vi fece diverse provvisioni. Fece egli parimente porre cinque pezzi d'artiglieria grossa mandata da Venezia sotto il palazzo de'rettori. E vedendo che le guardie, le quali di notte si facevano intorno le mure su i torrioni, erano con poca riputazione e sicurezza della città fatte per lo più da gente vile ed inesperta a tal mestiere, ordinò che fossero eletti due cittadini con titolo di capitano, i quali con trenta fanti per uno sotto di sè, da compartirsi ne'luoghi soliti, avessero scambievolmente questo carico a settimana. Nè accrebbe egli perciò spesa alla Comunità, perciocchè di 49 guardie, che prima si facevano, levandone 19 ed in lor vece aggiungendo 25 soldati degli stipendiati dal Principe, co' quali avessero ad essere interessati quelli della città, volle che di quel sopravanzo dei denari se ne pigliasse l'onoranza e provvisione dei capitani, l'elezione dei quali s'aspettasse al rettore ed a'provveditori. Fu quest'ordine lodato dal Consiglio di Crema, ed approvato dal Principe. I due capitani a ciò eletti furono Francesco Maddalena e Francesco Ghisi, ambedue uomini di valore, ed esperti nell'arte militare. Attese il Nani ad estirpare le inimicizie sparse per la città, procurando e conchiudendo egli stesso molte paci, e massime tra'Benvenuti e Zurli.

Avea il Pontefice l'aprile innanzi (come si è detto di sopra) smembrato Crema dalla diocesi di Piacenza e di Cremona, e creatala città, quando non essendo ancora fatto il nuovo vescovo, a' 19 di settembre giunsero lettere di Roma del cardinal s. Sisto, nipote del Pontefice, per le quali si commetteva al capitolo che facesse un vicario generale. Congregati perciò i canonici nella festa di s. Matteo, tutti ad una voce elessero Leandro Vimercati dottore ed arcidiacono del Duomo. Entrato Federico Sanuto a'9 di ottobre del 1580, ritornò il Nani al suo reggimento di Bergamo. Di là a poco venuta nuova da Roma e da Venezia, che monsignor Gerolamo Diedo gentiluomo veneziano e primicerio di Padova era stato dal Pontefice, a'21 di novembre dell'anno predetto, dichiarato vescovo di Crema, ed appresso avutene lettere da monsignor stesso, furono per tutta la città in più maniere fatti segni di allegrezza. E rendendo grazie a Dio d'un tanto benefizio fu cantata nel Duomo una messa solenne, dopo la quale Agostino Veggio Pettarelli, prima addottorato in Pavia, recitò intorno a ciò una bellissima orazione. Furono parimente eletti da'canonici Bernardo Vertuano e Pompeo Minardi, e con essi loro Vincenzo Francini, a fine che a nome del capitolo e di tutto il clero andassero a Padova a far riverenza al nuovo vescovo, il quale poco appresso mandò a Crema monsignor Gio. Giacomo Diedo suo nipote con titolo di vicario generale, e con procura di pigliar il possesso del nuovo vescovato, il quale a'27 di gennaro dell'anno 1581 gli fu solennemente dato dal capitolo. A'19 poi del seguente maggio egli fece la sua entrata. Ed avvenga che per modestia non entrasse pontificalmente, fu però incontrato e ricevuto con grandissimo onere. Furono alla venuta sua recitate tre orazioni. Una ne recitò nella chiesa di s. Agostino il dottor Giulio Zurla a nome della Comunità, e due altre ne furono recitate a nome de'reverendi canonici, l'una in s. Agostino da Gio. Paolo Cimalovo, e l'altra da Alemanio Fino nella chiesa cattedrale.

Nove giorni dopo l'entrata del vescovo Diedo, partendosi il Sanuto gli successe Pietro Capello. Fu in quelli stessi dì nel gran consiglio di Venezia eletto Camerlengo di Crema (cosa non più stata per l'addietro) il conte Gio. Battista Benzone cremasco, nobile veneziano. E pochi mesi dopo fu eletto podestà a Rovigno il conte Scipione suo fratello, il quale si era col conte Lodovico e con il conte Orazio ridotto a Venezia. L'anno predetto, a' 5 d'ottobre, Maria d'Austria, figliuola di Carlo V, moglie di Massimiliano, e madre di Rodolfo, tutti tre imperatori, andando al governo del regno di Portogallo passò con gran numero di gente dietro le mura di Crema accompagnata da molti personaggi italiani, spagnuoli e tedeschi. Stato il nuovo vescovo alla sua residenza intorno a quattro mesi, o fosse per l'aria, o fosse per altro, cadde in una febbre quartana. Laonde così consigliato da'medici se ne ritornò nel mese di ottobre a Venezia, lasciando suo vicario generale Cristoforo Torniola, gentiluomo cremasco di gran bontà, e di gran nome nella professione delle leggi.

L'anno seguente nel mese di marzo Gregorio XIII pontefice fece pubblicare in Roma il calendario perpetuo, dal nome suo intitolato Gregoriano. Furono perciò levati dieci giorni dal mese d'ottobre, di maniera che dopo la festa di s. Francesco dovendo dir cinque si avesse a dir quindici. La cagion di ciò fu il riportare l'equinozio della primavera al luogo nel quale fu già formato dal concilio Niceno, che fu a vent'uno di marzo, dal qual giorno in mille ducento e sessant'anni (che d'allora in quà tanti ne sono scorsi) si era scostato poco meno di undici giorni. E per provvedere in tal maniera, che la solennità della Resurrezione del Signore, la quale molte volte variava di molti giorni dal suo luogo, fosse celebrata in tempo conveniente, che verrebbe ad essere nella prima domenica dopo il quartodecimo dì della luna fatta più vicina all'equinozio di marzo. Così fu ordinato da Pio pontefice, il quale fu cento e quarantadue anni dopo il nostro Signore. Fu questo nuovo calendario detto perpetuo, perciocchè non solamente corresse l'error passato, togliendo per una volta i dieci giorni al mese di ottobre, ma diede regola che per l'avvenire più non seguisse sì fatto disordine, ordinando che ogni quattro anni si continuasse (secondo il solito) a far il bisesto, eccettuando gli anni centesimi, i quali (se ben per l'addietro sempre furono bisestili, come sarebbe eziandio l'anno 1600) non avessero a bisestare, ma ogni quattrocento anni i primi trecentesimi si passassero senza bisesto, ed il quartocentesimo poi fosse bisestile. Di maniera che nell'anno 1700, 1800 e 1900 non corresse in bisesto, ma sì bene nel 2000. E quest'ordine di far e tralasciar il bisesto di quattrocento in quattrocento anni si avesse perpetuamente a servire. Fu questa riforma e correzione dell'anno accettata da tutti i principi cristiani, e conseguentemente pubblicata per tutta la città e luoghi della cristianità.

Erano appena scorsi tre anni dopo la visita fatta da monsignor Castello vescovo di Rimini, che parve al Pontefice di nuovo farci visitare. Il visitatore, di cui piacque a Sua Santità di favorirci, fu monsignor Gerolamo Ragazzoni vescovo di Bergamo, prelato per dottrina e per bontà di vita singolarissimo, e tale appunto quale vuole s. Paolo, che sia buon vescovo; dal che mossi i Pontefici gli avean più volte dato quest'incarico. Perciocchè, prima ch'egli visitasse Crema, aveva di già con grandissima soddisfazione visitate dieciotto altre città. Giunto in tanto il Capello al fine del suo reggimento, ebbe per successore a'21 di novembre Pietro Zanne, il quale se ne venne con molta pompa e magnificenza. Prima che partisse monsignor Ragazzoni da Crema, giunse da Roma il Breve della terminazione fatta intorno alla precedenza delle due dignità della nostra cattedrale. Dichiarò per questo Breve il Pontefice (conforme alla relazione fattagli da'Cardinali deputati sopra l'interpretazione del Concilio, a'quali da Sua Santità era stato concesso la causa) che la prepositura fosse la prima dignità, e l'arcidiaconato la seconda. E che tutte quelle prerogative e preminenze, che s'aspettano alla prima dignità, fossero del prevosto così nel capitolo come nel coro, e così nella chiesa come fuori, riservando però all'arcidiaconato tutte quelle funzioni e che di ragion comune e per il pontificale romano se gli devono, comandando che ambedue sedessero nelle sedie, nelle quali erano parimente seduti per il passato. Erano allora queste due dignità in due Cremaschi della nobilissima famiglia Vimercati. Godeva la prepositura Gio. Agostino, e Leandro dottore, e prima prevosto di s. Antonino di Piacenza, era padrone dell' arcidiaconato. Quest'anno stesso desiderando il Pontefice di lasciare a'posteri qualche segno spirituale di gratitudine verso la patria sua Bologna, si risolse di darle titolo di arcivescovato. Laonde come a metropoli le sottopose Reggio, Modena, Imola, Cervia, Parma, Piacenza e Crema, la quale nell'erezion sua di città, non era stata posta sotto metropoli alcuna, ma lasciata libera. Di maniera che dopo il nostro vescovo non aveva a riconoscere altri, che la Sede Apostolica. Fatte le feste di Natale, monsignor Ragazzoni, avendo co'l finir dell'anno finita la sua visita, partissi per Roma. Fu allora tra l' altre cose ordinato, che tutti i beneficiati della cattedrale avessero a porre terza parte delle loro entrate nelle distribuzioni quotidiane. E ciò fece egli vedendo che per la tenuità d'esse distribuzioni, la chiesa non era servita come si conveniva.

Correva l'anno settimo dopo il principio dato alla Compagnia della Carità, quando ai 23 di maggio del 1583 fu sotto il titolo di s. Gio. Battista principiata la sua chiesa, essendo il giorno innanzi, che fu un giorno di domenica, fatta con solenne processione la cerimonia della fondazione. Furon poste giù tre pietre, le quali, tolte nel Duomo, furono su le proprie spalle portate in processione da Filippo Farra, da Gio. Battista Stocchi e da Antonio Ugeti, per esser stati tutti tre i primi fondatori della Compagnia. Pose la prima monsignor Eugenio Sabino da Fermo, poco innanzi venuto da Roma per vicario del vescovo, il quale per esser indisposto si trovava absente. Pose la seconda Pietro Zanne, allora podestà e capitanio di Crema, ed in questa fu messa una bella medaglia con il nome del Principe di Venezia d'un lato, e con il nome e con l'arma d'esso Rettore dall'altro. Pose la terza Leandro Vimercato, arcidiacono del Duomo e presidente della confraternita. I fabbricieri eletti per la fabbrica furono Giorgio Terni, Lodovico Braguti ed Evangelista degli Alessandri, il quale aveva fatto il modello. Nè è di tacere che il luogo, nel quale si fondò questa chiesa, fu già stanza ed abitazione di quella Caterina degli Uberti, ovvero dei Colunghi, alla quale del 1490 apparve la Beatissima Vergine ne'Noveletti, dove fu poi fabbricato quel famoso tempio di s. Maria della Croce. Quest'anno stesso d'ordine della congregazione de' Cardinali sopra il concilio, il vicario Sabino eresse il seminario, ordinando che tutti i beneficiati pagassero mezza decima. Fece egli parimenti il sinodo a'15 di settembre che fu il primo dopo l'erezione della città.

Vedeva monsignor Gerolamo Diedo, nostro primo vescovo, che non potendo egli per l'età e per l'indisposizione stare alla residenza della sua chiesa, le cose non passavano bene. Si risolse egli perciò di rinunciar il vescovato a monsignor Gio. Giacomo Diedo suo nipote, allora primicerio di Padova. Maneggiato per un pezzo il negozio a Roma sotto al pontefice Gregorio XIII, ebbe alfine quell'effetto che se ne desiderava. Perciocchè dopo la venuta di Nicolò Delfino, il quale a'20 di maggio del 1584 era succeduto al Zanne, nel qual giorno egli fu pubblicamente lodato in palazzo da Antonio Figati dottore, ed uno dei provveditori della città, venne avviso che il Pontefice ci aveva dato per nostro pastore e prelato esso monsignor Gio. Giacomo. Avuta la nuova, si fecero per tutta la città molti segni d'allegrezza, ma molto maggiori quando egli a'20 di ottobre fece la sua entrata, essendo da Nicolò Delfino, nostro rettore, e da tutta la nobiltà di Crema incontrato fin ad Offanengo, ed accompagnato al suo palazzo, avendolo il clero e la città ricevuto con grandissimo onore, benchè anch'egli per modestia, imitando lo zio, non fosse voluto entrar pontificalmente. Alla sua venuta furono recitate tre dotte orazioni, l'una da Paolo Cimalovo, l'altra da Domenico Brina, ambedue canonici cattedrali, e la terza da Francesco Maria Gennaro gentiluomo del Consiglio, la quale usci anche in luce. Partì poco dappoi il Sabino, non avendo per allora monsignor nostro eletto altro vicario. Alli 8 di dicembre dell'anno stesso venne in Crema Gio. Battista Contarini provveditore generale di Terra-ferma, dove dimorò solo per un giorno, e poi partì per Bergamo. Di là a poco tra l'altre sante opere fatte da monsignor nostro Gio. Giacomo Diedo fu ai 14 di gennajo 1585 consacrata la chiesa maggiore con tutte le cerimonie in così fatte azioni solite a farsi. A dì 10 giugno dell'anno 1585 passò a miglior vita monsignor Gerolamo Diedo, nostro primo vescovo, con infinito dispiacer di tutta la patria nostra. Di là ad alcuni giorni venne avviso che la Santità di N. S. papa Sisto V, creato Pontefice alli 23 d'aprile dell'anno stesso, avea eletto frate Massimiliano Bignami, nostro cremasco, vescovo di Chioggia, con molto contento di quella e della nostra patria, il quale già molti anni, oltre l'altre dignità e preminenze in diversi tempi avute, massime nel Concilio di Trento, nel quale egli si ritrovò oratore a nome di tutta la religione, godeva il sagro officio dell'Inquisizione di Padova, officio veramente di gran riputazione, e da non esser amministrato se non da persone letterate, ed in simil maneggi molto esperte e consumate

Passavano le cose dello Stato con grandissima tranquillità, quando vennero lettere da Venezia dandoci nuova della morte di Nicolò da Ponte, principe di quella città, in luogo del quale fu poi creato Pasqualin Cicogna, per il che furono dalla patria nostra fatti infiniti segni di allegrezza, ed a questo effetto eletti dalla Comunità, secondo l'antico costume suo, per ambasciatori il conte Lorenzo Guidone dottore, ed Ascanio Clavelli, andassero a Venezia ad allegrarsi con il nuovo Doge, li quali finita la loro ambasceria, e fatto il Clavelli cavaliere, con molta sua riputazione fecero ritorno alla patria. Non molto dopo l'arrivo degli ambasciatori a Crema, partì dal nostro governo Nicolò Delfino, rettore veramente degno d'ogni lode, sì per aver tenuto libero il paese de' banditi e d'uomini facinorosi, e provveduto alle molte fraudi che si facevano al sale, come anco per esser stato sotto il felice suo reggimento ampliata e molto abbellita la Porta di Serio e quella d'Ombriano, e ridotto a perfezione il luogo di purgare il salnitro, e fabbricato appresso una bellissima torre da porvi dentro la polvere. Fu in questi tempi eletto Camerlengo di Crema il conte Scipione Benzone nostro cremasco, fratello del conte Gio. Battista, poco innanzi uscito dal Camerlengato, ambidue gentiluomini veneziani. Diede cambio al Dolfino, a'dì 20 dicembre 1586, Andrea Dandolo, il quale, sebbene fu quasi sempre impedito dalla gota, e che poco dimorasse al governo di Crema, diede perciò tal saggio del suo valore, che meritò d'esser chiamato padre de' poveri, e dal popolo alla Porta di Serio con non più usata cerimonia incoronato. Era poco innanzi la partita del Dandolo dal governo di questa città andato monsignor Gio. Giacomo Diedo, nostro pastore, a Bologna al sinodo provinciale, sotto la cui metropoli, come già fu detto, era stata Crema da Gregorio XIII sottoposta; dove egli fu da quell'illustrissimo Cardinale amorevolmente ricevuto e molto accarezzato, e di più per aver alcuni vescovi recusato l'andar al detto sinodo fu delegato giudice sopra dei contumaci, nella qual causa dimostrò tanto giudizio e prudenza, che maravigliosamente ne fu commendato. Quest'anno stesso fu finito il palazzo del Monte di Pietà, principiato a'dì 22 marzo 1569. Successe al Dandolo, a'dì 20 luglio del 1586, Tomaso Morosini, il quale ora ci regge con somma prudenza e giustizia.

FINE DEL PRIMO VOLUME.

INDICE

DI QUESTO PRIMO VOLUME

ELENCO DEI SIGNORI ASSOCIATI

che onorarono questa edizione

DELLA STORIA DI CREMA

Agnesi Giovanni, Assistente alle scuole elementari maschili.

Ajolfi sac. Luigi, Coadjutore in s. Pietro.

Albergoni dott. Agostino.

Albergoni Amalia.

Aliprandi Antonio, Precettore privato delle quattro classi elementari e ginnasiali in Brescia.

Allocchio Gaetano, Farmacista.

Allocchio sac. Giovanni, Direttore delle scuole elementari maschili.

Allocchio dott. Luigi, Direttore dell'Ospitale Maggiore ed Uniti.

Alzeni sac. Bartolomeo, Prevosto V. F. di Trescorre.

Arrigoni dott. Giovanni.

Baletti dott. Antonio.

Baletti ing. Gaetano.

Baletti Giovanni, studente di Umanità nel Ginnasio.

Baletti Vincenzo.

Barbaglio sac. Andrea, Prevosto di s. Giacomo.

Barbaglio sac. Bartolomeo, Prevosto V. F. di Chieve.

Barbati sac. Vincenzo, Professore di Religione nel Ginnasio e Cancelliere Vescovile.

Barbieri Roberto, Chierico nel Seminario.

Barboni sac. Angelo, Canonico Teologo della Cattedrale.

Bastici ing. Vincenzo, di Montodine.

Bazzi Domenico, Amministratore dei LL. PP. in Agnadello.

Benvenuti conte Fr. Alfonso, Commendatore dell' Ordine Gerosolimitano.

Benvenuti conte Matteo.

Benaglia Pietro, di Brescia.

Bernardi nob. Luigi.

Berti Felice.

Bertoldi Antonio, di Palazzo.

Bettinelli ing. Agostino.

Bettinzoli nob. Bianca.

Bettoni sac. Carlo, Maestro elementare in Montodine.

Bianchessi Bartolomeo, studente di Umanità nel Ginnasio.

Bianchessi sac. Gio. Battista, di Pianengo.

Bianchi Faustino, Maestro nelle II. RR. Scuole elementari in Brescia.

Biblioteca del Seminario.

Bisleri dott. Antonio.

Bisleri dott. Battista.

Bolzoni Luigi.

Bolzoni Stefano, Assessore Municipale.

Bolzoni sac. Stefano, Rettore di Azzano.

Bombelli Gio. Ercole, Maestro elementare in Vajano.

Bonadeni sac. Stefano, Rettore di Bottajano.

Braguti sac. nob. Paolo.

Branchi dott. Faustino.

Branchi sac. Pietro.

Burdet dott. Natale, Chirurgo primario nell'Ospitale di Crema.

Cabini dott. Angelo, Medico Municipale.

Cabini sac. Bartolomeo, Professore di Grammatica nel Ginnasio.

Calzi Bartolomeo, di s. Michele.

Cantoni sac. Pietro, Coadjutore in Ombriano.

Cappellazzi sac. Michele, Rettore di Ombriano.

Capredoni ing. Cesare.

Carioni sac. Gio. Battista, I. R. Sub-Economo del Distretto VIII.

Carioni nob. Marco, Chierico.

Carniti Giuseppe, di Ripalta Nuova.

Causini Pietro, rappresentante dell' I. R. Privata Riunione Adriatica di Sicurtà residente in Trieste.

Cavalleri rag. Carlo.

Cavalleri R. P. D. Giovanni, Professore nel Collegio Convitto de'RR. PP. Barnabiti in Monza.

Cazzamalli sac. Giovanni, Rettore di Cremosano.

Ceresoli D. Gaetano, Prefetto emerito dell'I. R. Ginnasio di Brescia, I. R. Ispettore scolastico urbano e f. f. di I. R. Ispettore della Provincia di Brescia.

Chinelli sac. Gaetano, Prevosto V. F. di Ripalta Nuova.

Cisarri sac. Agostino, Coadjutore in Offanengo.

Consubrini sac. Giuseppe, Prebendario nella Cattedrale.

Cormieri Paolo.

Coti sac. Elia, di Ombriano.

Crespiatico sac. Paolo, di Bagnolo.

Davide Carlo, Maestro privato di tutto il corso elementare in Brescia.

Della-Giovanna Angelo, Maestro della III classe nelle scuole elementari.

Della-Noce Silvio, studente di Umanità nel Seminario.

Denti Alessandro.

Dessewffy conte Lodovico.

Diledi Luigi, Farmacista.

Dolfini Carlo, Capo farmacista presso l'Ospitale Infermi.

Donati ing. Carlo.

Donati dott. Giovanni.

Donati Gio. Battista, Protocollista, Archivista e Speditore Municipale.

Fadini nob. Giacomo.

Fadini nob. Girolamo.

Fadini nob. Orazio.

Fasoli sac. Agostino, Prefetto emerito del Ginnasio.

Fasoli sac. Angelo.

Ferrari sac. Gio. Battista, Rettore di Ricengo.

Ferré Amilcare, Chierico.

Ferré dott. Anania.

Ferré sac. Pietro, Professore di Teologia dogmatica ecc., nel Seminario.

Fiameni sac. Roberto, Prebendario nella Cattedrale.

Foppa sac. Gio. Battista, Prevosto di Pieranica.

Foppa Pedretti Paolo, Agente comunale di Caseletto Vaprio.

Franceschini Cesare.

Frecavalli nob. Prospero, Cavaliere Gerosolimitano.

Freri Lorenzo, Perito Agrimensore.

Fusar Bassini sac. Luigi, Coadjutore in Bagnolo.

Fusar Poli Gio. Antonio, Rettore di Vajano.

Gaffuri ing. Gaetano, di Agnadello.

Gallia Giuseppe, Professore di filologia e di storia nell'I. R. Liceo di Brescia.

Gerola sac. Francesco, Coadjutore nella Cattedrale.

Giacopazzi Giovanni, chierico di Padarnello.

Giavarina Pietro.

Giroletti dott. Domenico, di Sergnano.

Gobio R. P. D. Innocente, Professore nel Collegio Convitto de' RR. PP. Barnabiti in Lodi.

Grassi Francesco, di Milano.

Griffini dott. Luigi.

Griffoni Sant'Angelo conte Angelo.

Grioni Carlo Pellegrino.

Grioni Stanislao, Chirurgo maggiore ostetricante.

Grossi Francesco, chierico.

Landrò sac. Pietro, di Gabbiano.

Lavezzi Luigi chierico, di Belgiojoso.

Lazzarini Edoardo, Maestro privato elementare in Brescia.

Lena sac. Pietro, Professore di filosofia teoretica e pratica, filologia latina e storia universale nel Liceo Vescovile.

Lunghi Pio, Impiegato Municipale.

Maccali sac. Giovanni, di Izano.

Marazzi conte Paolo.

Marchesani Giovanni, Maestro comunale in Pandino.

Marini Paolo.

Marignoni Luigi.

Martini conte Alberto.

Martini conte Enrico.

Martini conte Luigi.

Martini dott. Paolo, di Lodi.

Marzetti sac. Antonio, Prebendario nella Cattedrale.

Masperi Battajni sac. Felice, Rettore del Seminario.

Massari Giovanni, Agrimensore Architetto.

Massari ing. Giuseppe, Direttore delle II. RR. scuole elementari di IV classi di Brescia.

Meleri sac. Gabriele, Professore emerito di matematica, fisica e filologia greca.

Meletti sac. Gaetano, Rettore di Izano.

Melzi don Gaetano, di Milano.

Meneghezzi Ferdinando, Professore di grammatica nel Ginnasio.

Merico sac. Carlo, Prevosto di s. Pietro.

Milesi Antonio, studente di Umanità nel Ginnasio.

Monticelli nob. Carlo.

Monticelli Strada nob. Gio. Battista, Cavaliere dell' Ordine militare di Santo Stefano di Toscana, I. R. Ciamberlano attuale.

Monza dott. Gio. Battista, Segretario Municipale.

Moretti sac. Gio. Battista, Professore di Umanità nel Seminario.

Nava ing. Faustino.

Nicoli Giuseppe, di Milano.

Oldi conte Timoteo.

Oliari sac. Antonio.

Oliari dott. Francesco, Medico chirurgo ostetricante primario dell'Ospitale.

Oliva Pacifico Luigi, studente di legge all'Università di Pavia.

Parelli rag. Giovanni.

Parelli Giuseppe, chierico.

Parocchetti ing. Angelo.

Pasquini Giuseppe, Dott. in matematica.

Passeri sac. Carlo, Vicario Perpetuo di Palazzo.

Pavesi sac. Pietro, Rettore di Moscazzano.

Pedrini sac. Gio. Battista, Prefetto del Ginnasio.

Perletti Giuseppe q.m Gio. Battista.

Perletti Giuseppe.

Persico Melchiorre.

Pezzetti dott. Paolo.

Piantoni Costantino, Chierico.

Piantoni R. P. D. Francesco, Professore nel Collegio Convitto de'RR. PP. Barnabiti in Monza.

Piantoni sac. Giuseppe, Prevosto di Camisano.

Portapuglia Bondenti conte Luigi.

Pozzoli Antonio.

Pozzoli dott. Carlo.

Pozzuoli Bernardo.

Premoli conte Carlo.

Racchetti consigliere Alessandro, Professore anziano dello studio legale e della facoltà politico-legale nell' Università di Padova.

Re Battista.

Recrosio sac. Gio. Battista, Curato P. di Scannabue.

Riboli Antonio.

Riboli dott. Cristoforo.

Riboli Cristoforo, Perito Agrimensore, di Sergnano.

Ricci Rosa.

Riva can.° Giovita, Professore di teologia morale ecc., nel Seminario.

Rolfini Paolo.

Rosaglio nob. Francesco, Convittore e studente di belle lettere nel Collegio Convitto de' RR. PP. Barnabiti in Monza.

Rosaglio avv. nob. Orazio.

Sabbia sac. Cristoforo, di s. Michele.

Sabbia sac. Francesco, Vice-Rettore del Seminario.

Sangiovanni Francesco, Farmacista.

Sanseverino conte Faustino, Cavaliere Gerosolimitano.

Sanseverino conte Gerolamo.

Sassi Emanuele, Segretario della Deputazione di Pandino.

Scarpini sac. Gemello.

Schiavini dott. Camillo.

Schiavini sac. Livio, di Pianengo.

Sertoli nob. dott. Francesco, I. R. Aggiunto della Pretura.

Severgnini Domenico.

Severgnini Francesco.

Silva rag. Angelo.

Silva sac. Annibale, Professore di Religione nel Liceo Vescovile.

Spagnoli Luigi, studente nel Liceo di Lodi.

Tensini nob. mons.[r] Giuseppe, Arciprete della Cattedrale e Vicario Generale.

Terni nob. Ferrante.

Tessadori Domenico.

Toffetti Sangiovanni conte Vincenzo.

Triulzi sac. Diego, Professore di Umanità nel Seminario.

Vadori Leonardo, Ragioniere Municipale.

Valcarenghi Fortunato, studente nel Liceo di Lodi.

Valcarenghi Luigi.

Valdameri Antonio, di Pandino.

Valdameri sac. Lorenzo, Professore di grammatica nel Seminario.

Valenti nob. Bortolo.

Venturelli sac. Pietro, di Bagnolo.

Vimercati sac. Francesco, Canonico.

Viola Costantino.

Voena sac. Camillo, di Bagnolo.

Zanardelli Margherita, di Brescia.

Zanchi Gabriele, chierico.

Zanetti dott. Angelo, Medico primario dell'Ospitale.

Zurla nob. Agostino.

Zurla nob. Antonio.

Zurla marchese Enrico, studente di Umanità nel Ginnasio.

Zurla Rovereti marchese Angelo, Commendatore dell' Ordine Gerosolimitano e Cav. dell'Ordine Pontificio di Cristo.

(Sarà continuato).